# CRI/CIBN

# 海外分台受众市场研究

王庚年　主编

中国国际广播出版社

# 体现时代性　把握规律性　富于创造性

## （总序）

### 王庚年

2004 年 11 月，我从中央电视台调回到曾经工作过 13 个春秋的中国国际广播电台。八年来，中国国际广播电台在中宣部和国家广电总局的正确领导下，以科学发展观为指导，认真贯彻中央关于增强国际传播能力建设总体部署，紧紧围绕构建现代国际传播体系，打造现代综合新型国际传媒集团战略目标，抓改革，求创新，谋发展，各项事业实现了又好又快发展，国际传播能力和国际舆论竞争力显著增强，为中华民族伟大复兴，全面建成小康社会营造良好的国际舆论环境发挥了愈来愈重要的作用。

回顾八年奋斗历程，有三大特征值得总结。

一是体现时代性。首先，我国正处在中华民族复兴的伟大时代，中国国际广播电台肩负着为中华民族伟大复兴提供强大国际舆论支持的神圣使命。实现中华民族的伟大复兴是近代以来无数志士仁人的崇高理想。经过 90 多年艰苦奋斗，中国共产党团结带领全国各族人民，把贫穷落后的旧中国变成日益走向繁荣富强的新中国，中华民族伟大复兴展现出光明前景。国家和民族复兴是一个综合概念，它包括政治实力、经济实力、科技实力、军事实力、文化实力等诸多方面。而体现这些实力的最直接表现是国际竞争力和舆论影响力。中国国际广播电台作为专门从事国际传播的国家媒体机构，始终把为中华民族伟大复兴营造良好国际舆论环境作为第一要务。八年来，我和我的同事们，正是在这一大的时代背景下，高举中国特色社会主义伟大旗帜，与时代同行，与祖国同步，与人民同进，团结奋斗，改革创新，初步建成了以无线广播为基础，以在线广播为支撑，以新媒体发展为方向，以多媒体传播为特征的语种多、信息量大、受众面广、影响力强、覆盖全球的现代综合新型国际传媒集团，中国国际传播地位在国际舆论格局中成为重要一极。其次，我国正处于建设中国国际传播能力的关键历史时期，中国国际广播电台在国际舆论格局建设中具有重要战略地位。文化实力和竞争力是国家富强、民族振兴的重要标志。中央高度重视主流媒体增强国际传播能力建设，要求中国国际广播电台在不远的将来建成现代综合新型的国际一流媒体。八年来，我和我的同事们，认真贯彻中央关于增强国际传播能力建设总体要求，坚持

"中国立场、世界眼光、人类胸怀"传播理念，坚持"开放办台、改革立台、创新强台、人才兴台"办台理念，全面推进国际传播能力建设。据到 2012 年 10 月的统计，国际台每天使用 61 种语言，向全世界累计播出节目近 3500 小时；在全球拥有 81 家境外整频率电台，180 家合作电台，24 家境外节目制作室，40 个海外地区总站和记者站，18 家环球网络电台，15 家广播孔子课堂，4112 家听众俱乐部。从综合影响力看，中国国际广播电台已经发展成为世界上最重要、最有影响力的国际传播机构之一。再次，当前世界各国主流媒体正在进行向现代化、综合化、新型化、国际化的战略转型，中国国际广播电台抓住机遇，迎接挑战，全面进入构建现代国际传播体系，打造现代综合新型国际一流媒体的重要发展阶段。2004 年初，中央领导同志在视察国际台时，提出了构建现代国际传播体系的战略目标。随后，中央又专门提出，要求国际台积极建设现代综合新型国际传媒。八年来，我和我的同事们，紧紧围绕这一战略目标，努力贯通事业和产业两个机制，加快推进由单一媒体向综合媒体转变、由传统媒体向现代媒体转变、由本土媒体向跨国媒体转变、由对外广播向国际传播转变，坚持无线广播与在线广播并重、宣传创新与技术进步并重、传统媒体与现代媒体并重、国际市场与国内市场并重，积极创新宣传管理、行政管理、人事管理、财务管理、技术管理等五大系统，统筹宏观规划和微观细化、规模传播和有效传播、大众传播和分众传播、境内制作和境外制作、统一管理和分类管理、无线广播和在线广播、传统媒体和新型媒体、事业机制和市场机制、人才使用与人才培养、宣传创新和技术进步等十大关系，积极建设环球广播电台、海外城市分台、边境外宣分台、对内外宣广播频率、外宣电视媒体业务、多语种平面媒体、海外合作电台、多语种网站、多语种网络电台、多语种网络电视台、多语种移动媒体、全球节目制作室、全球记者站、专业人才、外籍人才、海外孔子课堂、海外听众俱乐部、国广系外宣公司等十八大业务集群，初步形成以现代技术为支撑，以综合传播为手段，以新媒体发展为方向，以雄厚经济实力为基础的新型国际传媒集团，在采集能力、制作能力、发布能力、技术装备、传播影响等方面，日益接近世界主要国际传播媒体水平。

二是把握规律性。规律是指事物之间的内在的必然联系，决定着事物发展的必然趋向。把握规律是做好事、做成事的前提。八年来，我和我的同事们，始终把研究规律、尊重规律作为做好国际台各项工作的重要方法论。我们重点把握了三大规律：首先，把握了国际传播基本规律。由于世界各国社会经济发展不平衡，受众获取信息的主要手段也各不相同。从总体上看，发达国家基本上是以互联网及其新媒体为主；发展中国家的大中城市基本上以互联网、电视、广播为主，农村和偏远地区基本上以广播和报纸为主；第三世界和贫穷落后国家基本上是以广播和报刊为主。根据这种情况，我们在国

# 目　录

# 前　言

近年来，中国国际广播电台（CRI，以下简称国际台）海外分台建设突飞猛进，有效扩大了国际台节目的到达率和在受众中的影响力。应该看到，海外分台建设是一项开创性事业，没有现成经验可资借鉴。海外分台建设在飞速发展的同时，也面临着一些挑战。海外分台各个国家媒体环境不同，受众需求不同，对海外分台的传播策略、运营模式等也提出了不同的要求。为此，中国国际广播电台台长王庚年多次强调，办好节目海外落地事业，要以市场和受众需求为依归。在节目海外落地事业快速突进的背景下，国际台于2012年上半年组织实施了此次海外分台受众市场调研，以摸清海外分台面临的市场环境和受众特征，规避海外分台建设中面临的风险，提高海外分台的传播效果和媒体效益。

此次调研具有以下几个突出特点：

## 一、开拓性

海外分台建设是全新的事业，此次调研是我台针对海外分台市场环境及受众群体进行的首次调研，也是国际台实施的首次全台性海外媒体受众调研，调研结果都是全新的第一手资料。

## 二、针对性

此次调研高度重视所选海外分台的代表性，在所处国别、受众工作开展情况等方面都有一定的独特性。通过对这些海外分台受众市场的调研，能够对国际台整体海外分台受众市场情况有个相对完整的了解。

## 三、调研方法的科学性

在调研方法上，本次调查采取定性与定量相结合的方法，根据所选取分台所在国家背景、媒体环境等，设计有针对性的问题，并对调研资料进行详细深入的分析，为海外分台的媒体发展、品牌打造和受众培养提供切实的依据。

当然，由于是首次针对海外分台受众的调研，此次调研还有一些需要改进和提高之处，如调研力量仍显不足，科学抽样、数据分析、调研深度等均有待加强。随着国际台海外事业的发展，针对海外媒体受众的调研将越来越多。因此，此次海外分台受众调研不仅对当前海外分台建设有重要参考价值，对国际台以后的海外受众调研也积累了经验，现存的不足也为以后的实践提供了改进的着力点。

《CRI/CIBN 海外分台受众市场研究》课题组

# 绪　论

党的十七大以来，中央明确提出国际传播能力是国家软实力的重要组成部分，关系到我国国家利益、国家安全和国际地位。加强我国重点媒体国际传播能力建设，成为一项重要而紧迫的战略任务。中国国际广播电台（以下简称国际台，对外呼号缩写为 CRI）作为我国主流外宣媒体，根据中央关于国际台要提高落地率，加快覆盖全球，努力扩大国际影响力的要求，从 2006 年开始，在世界各地的重点国家和重点城市的调频或中波电台实现整频率节目播出。经过短短 6 年时间，国际台海外分台从无到有，初具规模。截至 2012 年 10 月 15 日，已在五大洲建立了 80 个海外整频率落地电台，并取得了明显的传播效果，海外分台成为世界各国了解中国的重要窗口。

## 第一节　国际台海外分台的建设与现有规模

### 一、海外分台的建设进程

海外整频率落地是指在境外建台，独占一个频率播出国际台节目；或在境外电台租用整频率播出国际台节目；或在境外电台每天租用 10 小时以上的时段播出国际台节目。

2006 年是国际台海外整频率落地从无到有的一年。2006 年 2 月 27 日，国际台肯尼亚内罗毕调频台（FM91.9，全称 CRI 内罗毕调频台）正式开播，每天播出 19 个小时的英语、斯瓦希里语和汉语普通话节目，节目信号覆盖内罗毕及周边地区的大约 200 万人口。CRI 内罗毕调频台是国际台在海外开设的首个整频率调频电台，在我国对外广播史上具有里程碑的意义。

从当年 3 月 1 日起，国际台的节目在蒙古第二大城市达尔罕的 FM103.7 调频台（全称 CRI 达尔罕调频台）正式落地播出，每天播出 15 小时的蒙古语、俄语、汉语普通话和英语节目。

同年 11 月 19 日，国际台老挝万象调频台（全称 CRI 万象调频台）开播。该频率每天播出 12.5 小时的老挝语、汉语普通话和英语节目。

3 个海外分台的出现，实现了国际台英语、汉语、蒙古语、老挝语、斯瓦希里语、俄语 6 种语言节目在海外调频电台落地，促进了国际台相关语言广播大幅提高节目制作能力，制作符合对外传播规律和贴近海外受众信息接受特点和审美取向的广播节目。

2007 年 10 月 1 日，国际台尼日尔尼亚美 FM106 调频台（全称 CRI 尼亚美调频台）开播，每天播出 18 小时的法语、豪萨语、英语和汉语普通话节目。该台是国际台委托尼日尔 R&M 调频电台建成的，是国际台在西非法语区国家开办的第一个整频率电台。

2007 年，国际台在蒙古国乌兰巴托、澳大利亚珀斯、瓦努阿图马拉库拉、尼日尔、摩纳哥、巴拿马等 6 个国家和地区共建立了 9 个整频率落地电台，首次实现了法语、西班牙语、意大利语、豪萨语节目海外整频率落地。

2008 年 11 月 19 日，国际台在利比里亚蒙罗维亚等城市建立的 5 个调频台正式开播，每台每天播出 18 个小时的英语和汉语普通话节目，节目信号覆盖利比里亚全国 60% 的人口。

2008 年，国际台在美国、加拿大、利比里亚和柬埔寨共建立了 8 个整频率落地电台。

在推动节目海外落地和建设海外分台的实践中，国际台经过不断探索，大胆创新，开辟在西方发达国家的节目整频率落地新途径。2010 年，这一工作取得突破性进展。在当年新增的 17 个海外分台中，有 11 个海外分台在美国、加拿大、新西兰、澳大利亚等西方发达国家建立的。此外，国际台还在墨西哥蒂华纳和匈牙利布达佩斯建立了 2 个海外分台。其中，蒂华纳 AM1470 中波台每天播出 12 个小时的西班牙语节目，覆盖约 600 万人口，是国际台在拉美地区建立的首个整频率西班牙语电台。2011 年，国际台全年完成 19 个整频率落地项目，成为迄今为止国际台落地项目最多的一年。其中，国际台的英语、法语和汉语普通话节目纷纷登陆欧美国家，扩大了国际台的英语、法语和汉语普通话节目纷纷登陆欧美国家，扩大了国际台节目在欧美发达国家的有效覆盖，成功破解了国际台节目难以在西方发达国家落地的难题。

截至 2012 年 10 月 15 日，国际台已建成 80 个海外分台。

## 二、国际台海外分台现有规模

### （一）海外分台覆盖 38 个国家和地区

国际台海外分台的重点落地地区是华人华侨比较集中的地方、汉语学习比较热的地方、西方主流媒体比较活跃的地方，国家战略和能源安全急需的地方。经过 6 年的努力，国际台海外分台从无到有，现已建成 80 个海外整频率落地电台，分布于五大洲 38 个国家和地区，其中亚洲 15 个，约占 19%，分别在阿富汗、柬埔寨、老挝、蒙古国、斯里兰卡、泰国、亚美尼亚、印度尼西亚、吉尔吉斯斯坦、韩国和尼泊尔；非洲 20 个，约占 25%，分别在刚果（布）、肯尼亚、利比里亚、尼日尔、塞内加尔、坦桑尼亚、中非、乌干达和毛里塔尼亚；欧洲 12 个，约占 15%，分别在芬兰、立陶宛、马其顿、摩纳哥、塞尔维亚、希腊、匈牙利、意大利和葡萄牙；美洲 22 个，约占 27%，分别在加拿大、美国、墨西哥和巴拿马；大洋洲 11 个，约占 14%，分别在澳大利亚、新西兰、萨摩亚、瓦努阿图和汤加。（见图 1）

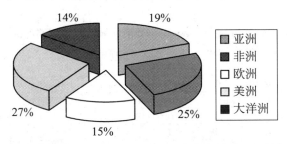

**图 1　国际台海外分台全球分布情况**（截至 2012 年 10 月 15 日）

　　由于起步晚，国际台海外分台建设虽在近几年快速发展，但与英国广播公司（BBC）等西方媒体的海外分台数量相比，仍存在悬殊的差距。以亚太地区为例，国际台在亚太地区 16 个国家和地区建立了 26 个海外分台，BBC 则已在这一地区的 29 个国家和地区建立了 252 个调频或中波电台。在澳大利亚，有 97 个调频或中波电台转播 BBC 节目。在泰国，BBC 使用英语在曼谷、清迈、普吉岛等地的 12 个频率播出节目。在阿富汗，BBC 使用英语、波斯语、普什图语、乌兹别克语在 18 个调频电台或中波台播出节目。[①] 由此可见，无论是从分台数量，还是从分布的广泛性来看，国际台都与 BBC 存在很大差距。

　　尤其是在一些我国周边邻国和亚太地区的重要国家，国际台还没有实现整频率落地。例如，在我国 14 个陆上邻国中，截至 2012 年 10 月 15 日，国际台只在老挝、阿富汗、吉尔吉斯斯坦、蒙古国和尼泊尔 5 个国家实现了整频率落地。而在俄罗斯、朝鲜、越南、印度等 9 个我国的陆上邻国，国际台尚无海外整频率落地电台。在我国的海上邻国日本、朝鲜、韩国、菲律宾、马来西亚、文莱、印度尼西亚、越南 8 个国家中，国际台迄今只在韩国和印度尼西亚有 2 个海外分台。而 BBC 已在印度、尼泊尔、日本、韩国、菲律宾、文莱、蒙古国、巴基斯坦等亚洲国家建立了诸多海外分台。

---

① http：//www.bbc.co.uk/worldservice/institutional/2009/03/000000_ asiapacificeng.shtml

## （二）海外分台节目信号覆盖人口超过 1.9 亿

国际台 80 个海外分台的节目可覆盖 38 个国家和地区约 1.9 亿人口。其中，在亚洲，国际台海外分台节目信号覆盖约 8736 万人；在美洲，节目可覆盖约 5627 万人；在欧洲，节目信号覆盖约 2558 万人；在非洲，节目信号可覆盖约 1680 万人；在大洋洲，节目信号覆盖约 590 万人。国际台海外分台节目信号覆盖人口较多的国家包括美国、印度尼西亚、韩国、斯里兰卡和意大利等。截至 2012 年 10 月 15 日，国际台海外分台节目信号覆盖人口情况见下表：

**表 1　国际台 80 个海外分台节目覆盖人口情况（单位：万）**

| 非洲覆盖人口 | | 亚洲覆盖人口 | | 大洋洲覆盖人口 | | 欧洲覆盖人口 | | 美洲覆盖人口 | | 全球覆盖人口 |
| --- | --- | --- | --- | --- | --- | --- | --- | --- | --- | --- |
| 肯尼亚 | 250 | 蒙古国 | 110 | 澳大利亚 | 430 | 摩纳哥 | 3 | 美国 | 4577 | |
| 尼日尔 | 400 | 老挝 | 60 | 瓦努阿图 | 20 | 芬兰 | 350 | 巴拿马 | 50 | |
| 利比里亚 | 180 | 柬埔寨 | 190 | 新西兰 | 120 | 匈牙利 | 180 | 加拿大 | 400 | |
| 刚果（布） | 100 | 斯里兰卡 | 860 | 萨摩亚 | 10 | 意大利 | 850 | 墨西哥 | 600 | |
| 塞内加尔 | 250 | 阿富汗 | 520 | 汤加 | 10 | 希腊 | 550 | | | |
| 坦桑尼亚 | 80 | 泰国 | 686 | | | 立陶宛 | 55 | | | |
| 中非 | 70 | 亚美尼亚 | 200 | | | 马其顿 | 70 | | | |
| 乌干达 | 250 | 印度尼西亚 | 4000 | | | 塞尔维亚 | 200 | | | |
| 毛里塔尼亚 | 100 | 吉尔吉斯斯坦 | 10 | | | 葡萄牙 | 300 | | | |
| | | 韩国 | 1500 | | | | | | | |
| | | 尼泊尔 | 600 | | | | | | | |
| | 1680 | | 8736 | | 590 | | 2558 | | 5627 | 19191 |

不过，在今后一段时间内，提高节目海外覆盖率仍是国际台面临的巨大挑战。特别是国际台目前在一些世界人口大国尚无海外分台。截至 2012 年 10 月 15 日，在世界人口最多的 20 个国家中，国际台已在美国、印度尼西亚、墨西哥和泰国 4 个国家实现了整频率落地。在美国约 3.087 亿人口（2010 年）中，国际台节目覆盖约 4577 万人口，约占 14.8%；在印度尼西亚约 2.376 亿人口（2010 年）中，国际台节目覆盖约 4000 万人，约占 17%；在墨西哥约 1.12 亿人口（2010 年）中，国际台节目覆盖约 600 万人，约占 5%；在泰国约 6740 万人口中，国际台节目覆盖约 686 万人，约占 10%。而对于印度、巴西、巴基斯坦、孟加拉国、尼日利亚、俄罗斯、日本、菲律宾、越南、埃塞俄比亚、德国、埃及、伊朗、土耳其、刚果（金）等其他 15 个人口大国总计约 28 亿人口，国际台尚无整频率落地节目覆盖。[1]

国际台在上述人口大国建立海外分台，可有效提升节目的海外覆盖率，缩小自身与 BBC 等世界一流媒体在节目海外覆盖率上的巨大差距。

---

[1]　各国人口数据来自外交部网站：http://www.fmprc.gov.cn/chn/pds/gjhdq/。

## （三）海外分台使用 33 个语种播出节目

截至 2012 年 10 月 15 日，国际台 80 个海外分台使用英语、汉语（普通话、潮州话、广州话）、蒙古语、僧伽罗语、泰米尔语、老挝语、柬埔寨语、泰语、印尼语、普什图语、尼泊尔语、阿拉伯语、豪萨语、斯瓦希里语、俄语、塞尔维亚语、匈牙利语、法语、德语、意大利语、西班牙语、葡萄牙语、波兰语、捷克语、立陶宛语、爱沙尼亚语、希腊语、芬兰语、马其顿语、吉尔吉斯语和朝鲜语等 33 个语种播出节目。

在 80 个海外分台中，有 50 个是单一语种频率，30 个为多语种频率。24 小时单一语种的整频率电台有 11 个，分别是美国休斯敦 AM1540 英语中波台、美国夏威夷 KUPA AM1370 英语中波台、美国波特兰 AM1040 英语中波台、美国拉斯维加斯 FM93.5 英语调频台、美国旧金山 AM1510 汉语普通话中波台、马其顿斯科普里 FM90.8 马其顿语调频台、新西兰奥克兰 FM104.2 英语调频台、新西兰奥克兰 FM90.6 汉语普通话调频台、意大利罗马 FM100.5 意大利语调频台、意大利米兰 FM101.5 意大利语调频台和葡萄牙里斯本 FM91.4 葡萄牙语调频台。

目前，覆盖海外人口最多的国际台节目是英语节目，实现了在美国、加拿大、新西兰、澳大利亚、肯尼亚、利比里亚、瓦努阿图、蒙古国、斯里兰卡、柬埔寨、乌干达、阿富汗、萨摩亚、坦桑尼亚、汤加 15 个国家 35 个城市的整频率落地电台播出。其次是汉语普通话节目，在美国、利比里亚、柬埔寨、蒙古国、斯里兰卡、肯尼亚、坦桑尼亚、澳大利亚、新西兰、尼日尔、刚果（布）、摩纳哥、巴拿马等 13 个国家和地区的 25 个城市整频率落地电台播出。法语节目在毛里塔尼亚、中非、塞内加尔、刚果（布）、尼日尔、摩纳哥 6 个国家的 12 个城市的整频率落地电台播出。

今后一段时间，国际台应大力提高其他在全球使用广泛的非通用语言，如阿拉伯语、俄语、西班牙语、葡萄牙语节目的海外覆盖率。目前，国际台俄语节目在亚美尼亚每天播出 10 小时；阿拉伯语节目在毛里塔尼亚每天播出 16 小时节目；西班牙语节目在墨西哥蒂华纳每天播出 12 小时；葡萄牙语节目在葡萄牙里斯本实现 24 小时落地。

## （四）海外分台日播节目超过 1600 小时

国际台 80 个海外分台每天播出节目超过 1600 小时。英语、汉语普通话、法语、芬兰语和意大利语成为海外分台每天播出节目时数最多的语言。其中，英语节目每天在各海外分台总计播出 544 小时、汉语普通话节目总计播出 175 小时、法语节目播出 172 小时、芬兰语节目播出 110 小时、意大利语节目播出 51 小时。

**（五）海外分台的专业化定位各有不同**

在国际台已建的 80 个海外分台中，有一类属于新开频率，如国际台柬埔寨金边调频台、利比里亚 5 个城市调频台、塞内加尔 4 个城市调频台等。新开频率需要国际台根据当地受众的需求和自身的传播目标进行全新的频率定位，明确传播重点，确定栏目设置。

另一类海外分台，同时也是绝大多数海外分台，属于在已有频率上播出，尚需根据当地实际对国际台节目进行不断调整，使之与原有频率的定位、风格相统一，能够在保持原有听众群的基础上，吸引新听众。这一类海外分台的原有电台类型可大致分为四种：一是华人背景的华语电台，包括新西兰奥克兰中华电视网华人之声电台、澳大利亚 3CW 中文台、美国纽约中国广播网、巴拿马中文台、加拿大温哥华华侨之声电台等；二是音乐台，包括播出古典音乐的芬兰 Rondo FM、播放黑人音乐、谈话节目为主的美国波士顿 WILD-AM1090 中波台、播放经典音乐的匈牙利布达佩斯经典音乐台、播放经典音乐和爵士乐的马其顿斯科普里调频台等；三是新闻资讯综合性电台，其中包括阿富汗新月电台、墨西哥蒂华纳 XRCNAM1470 中波台等；四是宗教电台，如美国亚特兰大 WJTPAM890 中波台，该台原为一家以播出西班牙语基督教节目为主的电台。

在 2011 年之前，国际台海外分台大多采取的是"国内生产、海外播出"的节目制作模式，绝大多数海外落地节目在国内制作完成，通过卫星或网络发往世界各地。国内节目制作团队难以为海外分台量身定制个性化的节目，体现不同频率的定位，只能生产标准化的节目，供各地海外分台播出。所以，国际台海外分台目前大多是由新闻资讯、专题、汉语教学、音乐、谈话类栏目构成的综合性频率。

## 三、启动海外节目制作室，推动传播内容本土化

为推进各海外分台内容建设，实现海外分台节目本土化制作和发布，使分台节目不但能被外国听众听得见，而且能听得进，国际台从 2010 年开始，启动海外节目制作室建设，大力推进海外分台内容制作本土化。节目制作室是我台派驻对象国（地区）的代表机构，代表我台在对象国（地区）全方位开展工作，主要负责：管理我台在当地的落地电台；实施广播和网络节目的本土策划、本土制作、本土发布与本土推介；向总部提供当地和周边国家的音视频节目素材；推动我台在当地的节目落地；开展公关联络和对外文化交流活动等。

至 2011 年 12 月底，国际台已有 24 个境外节目制作室建设项目获得国家广电总局的批准。这些海外节目制作室可分为自行建设、委托建设和委托制

作三类。

### （一）自行建设

老挝万象节目制作室和柬埔寨金边节目制作室由国际台派驻人员在当地租用办公室和机房，或委托当地国家电台建设机房，实现节目制作。

2011年3月，国际台老挝语部派遣3名工作人员赴万象，筹建节目制作室。从7月1日起，万象节目制作室正式开播，每天通过万象调频台直播2小时本土化节目，节目采取说新闻，聊话题的方式营造轻松、欢快的收听氛围。内容紧紧围绕老挝受众的关注点和兴趣点。其中，《老挝快报》浓缩当地新闻事件，突出时效性；《93茶餐厅》开通热线电话，建立短信平台，突出节目的交互性。万象节目制作室在老挝制作的本土化节目顺利开播标志着国际台对老挝广播的一次根本性转变，为最终把万象调频台改版为老挝语单一语种频率打下了坚实的基础。老挝万象调频台在开播之初，12.5小时的节目由老挝语、汉语普通话和英语节目共同组成。随着万象节目制作室的建成，该频率已于2011年10月15日改版为全频率老挝语广播，其中万象节目制作室每天在当地直播的本土化节目达6.5小时。

国际台自建的柬埔寨金边节目制作室于2012年6月26日正式开始本土化直播，每天通过金边中柬友谊台和暹粒调频台分别播出3小时的直播节目。节目栏目包括《谈笑人生》、《时尚生活》和《音乐下午茶》。三个栏目的时长都为1小时，其中《谈笑人生》介绍中国普通百姓的生活，展现当代人都市生活情怀，多层面折射中国的发展，倡导积极向上的生活态度；《时尚生活》为生活服务类节目，满足当地听众对资讯的需求，介绍中国的流行时尚；《音乐下午茶》主要推介中、柬两国流行音乐，栏目设有点歌环节，以加强互动性。

### （二）委托建设

国际台通过委托建设的方式正在建设蒙古国乌兰巴托、斯里兰卡科伦坡、尼泊尔加德满都、印度尼西亚雅加达、土耳其伊斯坦布尔和塞内加尔达喀尔6个海外节目制作室。

### （三）委托制作

2012年7月16日，国际台设立的意大利米兰、法国巴黎、芬兰、埃及开罗、加拿大温哥华、澳大利亚墨尔本、新西兰奥克兰、泰国曼谷、美国洛杉矶和墨西哥墨西哥城10个海外节目制作室正式启动本土化节目制作。如开罗节目制作室经过招聘签约了6名埃及雇员，这6人均曾在埃及主流媒体就职，有着丰富的工作经验，喜欢中国文化，能独立完成播音、主持、编辑和采访工作，除用阿拉伯语工作外，还可以用英语或法语、西班牙语撰写稿件。

## 第二节　本次海外分台受众调研设计和实施

近年来，海外分台发展迅速，数量逐年递增，总体规模实现质的飞跃，初步实现了对重点国家（地区）和重点城市的有效覆盖。根据规划，在 2020 年前，国际台将在全球建成 150 个整频率电台，实现对世界主要国家的首都和重要城市的全面有效覆盖。①

在海外分台快速发展的同时，这一新生事物也面临着新环境、新形势的挑战。传播要讲求实效，国际传播尤其要讲求实效，换言之，就是要让迥异于传播者文化、思维、观念等的受传者能够理解甚至认同传播者传递的信息及其内涵。这就首先需要全面了解受众和受众所在的传播环境。国际台各海外分台面对的是不同地域、不同国情、不同民族、不同传播市场、不同信仰、不同语言、不同习俗、不同社会特征、不同媒介消费习惯、不同思维习惯、不同审美趣味而且是不断变化、情况复杂的受众群体，需要不同的、有针对性的节目模式和传播载体。只有如此才能真正融入当地的社情文化，才能进入受众耳中、心中、脑中。仅靠海外分台创建初期时在总部制作"标准化"模式的节目，译以不同语言的方式来支撑海外分台落地节目，显然是行不通也走不下去的。同时，已形成一定规模的国际台海外分台如何根据传播对象地区、国家、民族的发展变化趋向，来科学地、具有前瞻性地制定下一阶段可持续发展战略与策略，也是国际台面临的日益紧迫的问题。这一切，只有通过全面的而不是片面的、常规的而不是偶发式的、规范的而不是随意性的受众调研，才能得到比较科学、准确的答案。限于多种因素，国际台此前尚未对海外分台受众做过普遍调研，在中国伴随国际地位的提高需要向世界发出自己的更强音，进一步加强中华文化国际影响力的当下，海外分台担负着让对象地区、国家的受众了解中国、认识中国，为我国的现代化建设营造良好国际舆论氛围的重任，做好受众调研，是海外分台一切发展的前提和首要基础工作。因此，国际台海外落地事业即将进入发展新阶段之际，组织和实施了这一次对全台 80 个海外分台全面调研的行动。

### 一、调研目的

本次调研的目的之一是准确把握国际台海外分台受众的群体特征，受众

---

① 王庚年：《加快实现建设现代综合新型国际传媒的宏伟目标》，《中国广播电视学刊》2011 年 11 增刊。

是谁、他们有哪些社会特征、他们的媒体使用行为如何、个人喜好、倾向如何，以便对海外分台听众进行准确定位，为其提供贴近的个性化服务，使分台由综合性电台逐步向定位准确的类型化电台转变。

本次调研的目的之二是测评海外分台现有节目的受众到达率，受众对现有节目的满意度、忠诚度，现有节目与受众需求的差距，目标受众与实际受众的吻合度等，为电台节目改版收集受众意见，提供指针，促使海外分台节目设置更合理、传播内容更具针对性、传播效果更显著。

本次调研的目的之三是分析、评估海外分台所处的媒体市场环境，如受众主要通过何种渠道获得有关中国的资讯；国际台海外分台在当地的主要竞争对手及市场机遇等。知己知彼，百战不殆。通过了解不同媒体市场的竞争态势，明确自身的优势和劣势，才有可能在激烈的媒体竞争中明确自身定位，扬长避短，实现海外分台的可持续发展。

本次调研的目的之四是通过全面分析调研结果，总结前一段海外分台建设和发展的经验、教训，转变传播理念，明确发展方向，制订新的发展战略与策略，打造频率品牌，切实增强我海外媒体在落地国家和地区的传播力、影响力。

## 二、调研方法

本次调研采取文献法、文本分析法、比较法、定量研究与定性研究相结合的方法，以问卷调查为主、实地考察为辅，通过随机发放、定向发放、邮寄问卷、电话访问和电台网站刊发的方式，对海外分台受众进行此次调研。

## 三、问卷设计

本次调研的问卷为统一设计，由10个封闭式问题构成（见附录），问题采用多项选择式。个别地区因需要，在统一模板的调查问卷基础上，增加了少量开放式问题，如老挝万象调频台设计了"你喜欢电台的哪些主持人"这个开放式问题。

调查问卷有中文、英语、柬埔寨语、泰语、印尼语、老挝语、豪萨语、斯瓦希里语、阿拉伯语、土耳其语、波斯语、普什图语、匈牙利语、塞尔维亚语、立陶宛语、意大利亚语、法语、西班牙语、蒙古语、僧伽罗语、马其顿语等21种语言版本。

问卷的主要内容之一是了解受访地区国际台听众的基本社会特征，如性别、年龄、文化程度，使用何种语言收听广播等。由于人们独特的品位和偏好会受到文化程度、年龄、性别等因素的影响，因此准确掌握听众的社会特征信息将为国际台海外分台在决策选择何种当地语言传播、通过什么方式、使用哪些手段吸引听众、传播何种类型的内容时提供重要依据。

问卷的主要内容之二是受众的媒体接触行为，如通过何种方式收听广播、在哪个时段收听广播、收听广播的主要目的和时长以及是否愿意参加电台组织的互动节目等。准确了解不同国家和地区受众的媒体接触行为，如收听广播的目的是娱乐还是了解信息等，将为国际台海外分台调整节目设置、安排节目时长、组织频率品牌推介活动等提供风向标。

问卷的主要内容之三是受众对国际台海外分台的知晓程度、对电台节目的态度等重要问题，如"您一般通过哪些媒体了解中国"、"您喜欢哪些类型的节目"、"您认为电台节目在哪些方面还有待改进"等。此类问题的设计是为了了解国际台海外分台在当地的传播效果和影响力、主要竞争对手、媒体市场环境等，以帮助国际台海外分台准确了解听众的实际需求和收听喜好，从而为电台进一步明确频率定位、受众定位，改进节目，更好地为当地听众服务提供决策依据；也为海外分台适应国外电台类型化、细分化的特征，向分众传播转换，制定未来传播的重点和策略提供决策依据。

## 四、调查范围

本次调研时间于 2012 年 5 月至 7 月间，在国际台 80 个海外分台或落地节目所在的 20 个国家和地区进行。本次调查问卷发放地包括亚洲国家蒙古国首都乌兰巴托、斯里兰卡首都科伦坡、老挝首都万象、柬埔寨首都金边、泰国首都曼谷、印度尼西亚首都雅加达、土耳其伊斯坦布尔；非洲国家肯尼亚首都内罗毕、塞内加尔首都达喀尔、尼日利亚、尼日尔等；欧洲国家匈牙利首都布达佩斯、塞尔维亚首都贝尔格莱德、马其顿首都斯科普里、意大利米兰、立陶宛；美洲国家美国波特兰、加拿大温哥华、墨西哥；大洋洲国家澳大利亚墨尔本。上述问卷发放地除土耳其、尼日利亚两个国家尚无国际台整频率落地节目外，其他地区均是国际台海外分台的所在地。此外，国际台国际在线法文网、阿拉伯文网、西班牙文网、普什图文网、波斯文网在其首页刊登了调查问卷，吸引受众参与调查。通过电子邮件向国际台提交调查问卷的受众来自美洲、欧洲、亚洲和非洲多个国家。

本次调查问卷的发放覆盖了五大洲国际台海外分台的受众，其中既有来自美国、加拿大、意大利等西方主要工业化国家的听众，也有来自土耳其等新兴国家的听众，还有来自老挝、柬埔寨、塞内加尔等全球最不发达国家的受众。受访者的广泛性有助于研究人员把握全球范围内广播受众的媒体行为特征，了解不同地区、不同国家广播业发展的态势，使研究更加全面和客观，为各海外分台明确受众定位、频率定位提供参考和启示。

## 五、问卷发放方式

本次调查问卷的发放形式如下：

随机发放。如针对美国的 CRI 波特兰中波台受众进行的调查在波特兰市区及其周边城市的商场和停车场进行。调查人员选择了 200 名听众进行访问，收回有效调查问卷 200 份。采用此方式开展调查的海外分台还有国际台老挝万象调频台，工作人员于 2012 年 7 月在万象街头随机发放问卷 1050 份，回收有效调查问卷 938 份。肯尼亚 CRI 内罗毕调频台指派调查员向内罗毕听众分发了 200 份英语调查问卷和 456 份斯瓦希里语调查问卷，收回英文有效调查问卷 182、斯瓦希里语有效调查问卷 353 份。蒙古国 CRI 乌兰巴托调频台发放调查问卷 500 份，收回有效调查问卷 336 份。

网上调查。即通过海外分台的官网或国际在线多语种网站刊登调查问卷，自愿参与调查的听众以电子邮件的形式寄回调查问卷。如泰国 CRI 曼谷调频台，通过在线调查收回有效问卷 300 份。国际在线阿拉伯文网、西班牙文网、法文网、普什图文网、波斯文网刊登了调查问卷，收回 1338 份有效问卷。

邮局定向寄送问卷。采取此方法的斯里兰卡 CRI 科伦坡调频台发出了 1000 份调查问卷，回收有效调查问卷 315 份。

电话访问。如塞尔维亚 CRI 贝尔格莱德调频台，工作人员通过电话访问和在电台官网上刊登调查问卷的形式，收回了 206 份有效调查问卷。

受访听众绝大多数为随机抽取，只有少部分听众属于定向调查的听众，如肯尼亚 CRI 内罗毕调频台斯瓦希里语调查问卷集中在内罗毕大学发放；匈牙利 CRI 布达佩斯调频台通过其听众组织向听众发放调查问卷；马其顿 CRI 斯科普里调频台的 100 份问卷是通过邮局定向邮寄给与电台有联系的听众。本次海外分台受众调查问卷及其发放、回收情况见书后所附"国际台海外分台受众抽样调查情况一览表"和"国际台海外分台受众调查问卷（2012 年 5—7 月）"。

总计，此次全球受众调查共收回世界各地听众有效问卷 8944 份，问卷来自 20 多个国家，体现了国际台海外分台 21 个语种听众的基本信息。

# 第三节　本书基本结构

本书是根据本次调研结果与分析编撰而成的。

绪论主要介绍了国际台海外分台的建设概况及其现有规模，本次调研的必要性、调研目的、调研方法、问卷设计与发放及其覆盖范围等，并简要介绍本书结构，以使读者能清楚了解本书要旨与主要内容。

第一至第七章分别以国际台传播对象地区的海外分台受众为对象，按照华语、英语传播地区（全球性）以及东北亚、南亚、东南亚、西亚非洲、俄罗斯东欧和西欧拉美地区排序，各选择不同地区具有代表性的海外分台，对其受众进行调研；同时，也对分台所在地区或国家的媒体环境或广播市场环境进行了数据收集与分析。

第八章是对作为海外分台必要补充的国际台近年建设的边境分台受众进行的调研。

各章除分析调查结果的数据、得出结论外，还都提纲挈领地根据调研结果与结论，对海外分台的未来定位、节目的调整改进和进一步发展的方向、措施进行了阐述。

结语是对本次调研成果的全面总结与阐释，并强调了此次调研对国际台海外分台及整个海外落地事业发展的重要性、现实意义与启示。

随着国际台向现代综合新型国际一流媒体迈进的步伐，受众调研工作已变得越来越重要。本次调研和本书的出版只是国际台受众调研工作的一个新起点，国际台海外落地事业将由此再次登上一个新的高峰。

## 附表 1　国际台海外分台受众抽样调查情况一览表

| 问卷发放地 | 发放问卷（份） | 回收问卷 | 问卷发放方式 | 问卷语种 |
| --- | --- | --- | --- | --- |
| 加拿大温哥华 | 1400 | 1021 | 街头发放、商店自取、邮寄 | 中文 |
| 澳大利亚墨尔本 | 1400 | 1127 | 街头发放、商店自取、邮寄 | 中文 |
| 美国波特兰 | 200 | 200 | 商场、停车场发放 | 英语 |
| 肯尼亚内罗毕 | 200 | 182 | 面访 | 英语 |
| 肯尼亚内罗毕 | 456 | 353 | 内罗毕大学内面访 | 斯瓦希里语 |
| 蒙古国乌兰巴托 | 500 | 336 | 面访 | 蒙古语 |
| 斯里兰卡科伦坡 | 1000 | 315 | 邮寄 | 僧伽罗语 |
| 柬埔寨金边 | | 420 | 面访 | 柬埔寨语 |
| 老挝万象 | 1050 | 938 | 街头随机发放 | 老挝语 |
| 泰国曼谷 | 300 | 300 | 在线调查 | 泰语 |
| 印度尼西亚 | | 134 | | 印尼语 |
| 土耳其伊斯坦布尔 | | 510 | 调查机构发放 | 土耳其语 |
| 尼日尔 | | 253 | 委托当地电台发放 | 豪萨语 |
| 尼日利亚 | | 331 | 电子邮件发送 | 豪萨语 |
| 国际台普什图文网 | | 325 | 网站刊发问卷 | 普什图语 |
| 国际台波斯文网 | | 330 | 网站刊发问卷、邮寄 | 波斯语 |
| 塞尔维亚贝尔格莱德 | 208 | 206 | 电话访问、网站刊发 | 塞尔维亚语 |
| 匈牙利布达佩斯 | | 292 | 听众组织发放、官网刊发 | 匈牙利语 |
| 立陶宛 | | 117 | 电台网站刊发 | 立陶宛语 |
| 马其顿 | | 100 | 邮寄至听众 | 马其顿语 |
| 意大利米兰 | | 234 | 网上调查和面访 | 意大利语 |
| 塞内加尔达喀尔 | | 207 | 面访 | 法语 |
| 国际台法文网 | 300 | 128 | 网站刊发 | 法语 |

续表

| | | | | |
|---|---|---|---|---|
| 国际台阿拉伯文网 | 390 | 315 | 网站刊发 | 阿拉伯语 |
| 国际台西语部 | 2300 | 240 | 网站刊发、电子邮件发送 | 西班牙语 |
| 墨西哥墨西哥城 | 200 | 30 | 街头随机发放 | 西班牙语 |
| | | 8944 | | |

## 附表2　国际台海外分台受众调查问卷（2012年5—7月）

### 一、个人信息

1. 年龄：① 20 岁以下　② 20—49 岁　③ 50 岁以上
2. 性别：① 男　② 女
3. 教育程度：① 高中及以下　② 大学本科　③ 硕士及以上
4. 职业：
5. 居住城市：
6. 经常收听的节目语种：

### 二、测答问题

1. 您所在城市接收 ** 调频/中波台的信号情况：
① 信号很清晰，并能完整播出　② 信号不清晰，声音断断续续
③ 其他（请注明）

2. 您一般通过什么方式收听 ** 调频/中波台：（可多选）
① 收音机　② 手机、MP3 等移动设备　③ 车载广播　④ 网络电台　⑤ 其他（请注明）

3. 您平时收听 ** 调频/中波台节目的时段：
① 清晨　② 上午　③ 下午　④ 晚上　⑤ 深夜

4. 您一般持续收听 ** 调频/中波台多长时间：
① 1 小时以内　② 1—3 小时　③ 3 小时以上

5. 您一般通过哪些媒体了解中国：（可多选）
① 本地媒体　② 中国媒体　③ 其他外国媒体

6. 您为什么收听 ** 调频/中波台：（可多选）
① 想了解有关中国的信息　② 娱乐消遣，打发时间　③ 喜欢某个栏目（请填写该栏目名称）　④ 其他（请注明）

7. 您喜欢收听哪些类型的节目：（可多选）
① 新闻资讯类　② 中国文化及旅游类　③ 音乐类　④ 经济生活类　⑤ 汉语教学类　⑥ 其他（请注明）

8. 您收听 ＊＊ 调频/中波台时是否有固定收听的栏目：

① 是，请填写栏目名称　② 否，随机收听

9. 您收听 ＊＊ 调频/中波台节目时愿意参加哪些类型节目互动：

① 征文　② 有奖竞赛　③ 听众见面会　④ 其他（请注明）

10. 您觉得 ＊＊ 调频/中波台节目在哪些方面还有待改进：（可多选）

① 题材选取　② 音乐编排　③ 主持人播音水平及主持风格　④ 栏目设置　⑤ 其他（请注明）

# 第一章　华语海外分台受众分析与传播对策

中国国际广播电台（以下简称国际台，英文缩写 CRI）华语广播于 1949 年 6 月 20 日正式播出，使用广州话、闽南话和潮州话三种侨乡方言，受众对象是海外华人华侨。1950 年，对东南亚广播的客家话节目正式开播。1955 年，正式开办对东南亚的普通话节目。至此，形成了以海外华人华侨和港、澳、台同胞普遍使用的五种语言广播的格局。2009 年 10 月又增加了温州话广播。目前，华语广播普通话和五种侨乡方言的受众分布在世界各地，比较集中的地区是东南亚、大洋洲、北美洲和拉美大部以及欧洲部分地区。

进入新世纪以来，国际台根据目标受众——海外华人华侨分布、构成等基本特点，积极加强环球华语广播体系建设，推动华语海外分台建设和布局。目前，国际台华语海外分台主要分布在美国、加拿大、澳大利亚、新西兰等国家，它们是：CRI 美国旧金山中波台、CRI 休斯敦中波台、CRI 纽约中波台，CRI 温哥华中波台、CRI 墨尔本中波台、CRI 珀斯调频台、CRI 奥克兰 FM104.2 调频台及 CRI 奥克兰 FM90.6 调频台。此外，华语广播节目也在巴拿马、肯尼亚、利比里亚、尼日尔、坦桑尼亚、刚果（布）、摩纳哥、柬埔寨、蒙古国、澳大利亚等国有时间不等的落地播出时段。

随着改革开放以来中国与世界各国政治、经济、文化交流合作更加密切，更多中国机构、企业和个人走出国门，中国与世界各国人员往来更加频繁，不仅海外华人华侨群体不断发展壮大，在当地社会的影响力也得到了显著提升。因此，在新时期，面向华语海外分台受众基本情况进行一次全面、深入的调查研究，摸清华人华侨受众的分布、构成等基本情况，弄清受众需求偏好和接受习惯，对于进一步推进华语海外分台建设、加强本土化媒体内容和品牌建设、提升传播实效无疑有着积极而重要的意义。

2012 年 6 至 7 月，国际台分别委托海外分台的两家合作电台（温哥华 AM1320 华侨之声中波台和澳大利亚墨尔本 AM1341 中波台）和其他合作伙伴进行了一次受众调查。本章将采用文献法、文本分析法、比较法和问卷调查法，分析华语海外分台的市场环境、受众的基本接受习惯以及海外分台的实际影响力，对传播策略进行深入探讨，为未来华语海外分台的建设提供借鉴。

## 第一节　国际台海外分台华语广播受众概况

### 一、海外华人华侨①基本情况

2011 年 11 月 30 日举行的第二届中国侨务论坛公布的一项研究成果，较为明确地统计出全球华人华侨总数约为 5000 万人。甚至在拉丁美洲、非洲和中东各地，也出现多个华人华侨聚居区。目前，海外华人华侨聚居区已经遍及全球各大洲的各个国家。

#### （一）海外华人华侨构成情况分析

从构成来看，当前海外华人华侨主要包括老一代华人华侨、新华人华侨、华裔新生代。新华人华侨（也称新移民）指 1978 年后通过国际迁移途径取得华人华侨身份的人员，主要由留居海外的出国人员组成，另有一部分以投资移民、技术移民、亲属团聚、个人出国发展等多种方式定居海外，成为新一代华人华侨的主体。华裔新生代则有广义和狭义之分。广义的华裔新生代是指在中国大陆、台湾和回归祖国后的香港、澳门以外出生的华人华侨；狭义的华裔新生代是指在中国大陆、台湾和回归祖国后的香港、澳门以外出生并正处于少年儿童和中青年的华人华侨。本文所称华裔新生代是指前者。现在新移民与华裔新生代快速增长，在某些国家和地区甚至改变了当地华人社会的布局，他们当中出现了大量的科技、教育、商界等领域的精英，在海外从政的华人人数也不断增加。作为对外传播的受众，新移民与华裔新生代与老一代华人华侨既有血脉亲情、文化认同感等方面的相同性，又在需求等方面存在不小的差异。新移民往往具有学历高，经济能力和流动性强和来自国内各地等特点，因此他们移民的动机与老一代华人华侨也不一样，并非谋生存，而是求发展。

#### （二）海外华人华侨的地区分布和增长趋势分析

从我国改革开放以来，海外华人华侨增长较快。不过在新移民潮中，东南亚已经不再是移民的首选目的地。从改革开放初期到 20 世纪 90 年代中期，发达国家转而成为我国新移民的主要目的地。20 世纪 90 年代中期以后，随着

---

① 华人与华侨的概念是有区别的，华人是指已加入或已取得居住国国籍的华侨或华人的后裔；华侨是指生活、居住在海外的中国公民。

发达国家提高了外国移民准入的门槛以及我国与发展中国家经贸关系的飞速发展，越来越多的中国商人开始前往广大发展中国家寻求商机，并逐渐定居在世界各国。这些新移民的出国动机、教育程度、经济能力、职业结构、定居状况等方面与老一代华人华侨相比有着显著的不同。目前，除东南亚地区外，北美、大洋洲等地区已经成为海外华人华侨分布最为集中的地区，包括非洲、中西亚和南亚、拉美地区的海外华人华侨也在显著增加。海外华人华侨在世界不同地区都存在明显增长的趋势：

1. 东南亚地区华人华侨约有 3000 多万人，约占东南亚总人口的 6%，约占海外华人华侨总数的 70% 强，是世界海外华人华侨最集中、人数最多的地区。其中，新加坡的华人比例占 70% 以上，其次是马来西亚，约占 30%。

2. 美洲是仅次于东南亚海外华人华侨人口最集中的地区。由于 20 世纪 80 年代以后中国新移民的大批涌入，导致美洲特别是北美地区华人华侨数量激增，成为华人华侨数量增长最快的地区之一。据估算，当前，整个美洲地区华人华侨已超过 670 万人，其中绝大多数集中在北美洲，约有 530 万。由于当前仍处于新移民和生育的高峰时期，北美华人数量仍将保持快速增长。

3. 大洋洲的华人华侨数量增长较快，总数约为 95 万人。其中，澳大利亚华人华侨规模在 2011 年达到约 75 万人，2016 年将达到 79.8 万人，预计 2021 年将达到 84.8 万人。新西兰华人华侨数量 2011 年达到约 16 万人，预计 2016 年将达到 16.8 万人，2021 年将达到 17.5 万人。

4. 欧洲的华人华侨数量迅速增长的最高峰期已经过去。未来 5 到 10 年，预计欧洲华人华侨总量还会有所增长，但增幅减缓，来源和构成将更为多样化，通过留学、旅游、劳务等途径的增长将长期延续。

5. 虽然目前还没有确切的统计数据，但随着经贸关系的发展，广大亚、非、拉地区的海外华人华侨也在显著增加，特别是在各大城市均有分布，在当地经贸活动中发挥重要的作用。[①]

鉴于海外华人华侨分布、构成等基本特点，国际台华语广播在全面加强环球广播能力建设的同时，也应当面向东南亚、北美、大洋洲等重点地区和国家加强海外分台和传播能力建设。此外，面对近年来非洲、欧洲等地区因经商和求学等活动华人华侨持续增长的情况，加强上述地区海外分台和传播能力建设，为海外华人华侨提供信息服务和营造良好舆论环境的必要性也日趋凸显。

---

① 以上 5 点中的数据均来自《2009 年海外华侨华人概述》，王望波、庄国土编著，世界知识出版社 2011 年 8 月 1 日出版。

## 二、国际台华语海外分台华人受众的国别分布情况

随着全球化的发展以及中国实行改革开放后与世界各国联系的日益紧密，海外华人社会也由过去以老一辈华人华侨与港台东南亚华人移民为主体，转变为以新移民、华裔新生代占多数。随着留学生、新移民的增加，海外华人华侨受众的构成、受教育程度和整体素质逐步提高，经济条件日益改善，对节目质量要求更高，需求也更趋多元化。据统计，CRI 温哥华中波台的受众中拥有大学本科学历以上的受众就达到 70% 以上。因此，深入了解北美和大洋洲地区华人华侨受众的特点，不仅对加强这两大地区华语广播海外分台建设具有重要的意义，对其他地区海外分台的建设也有较强的借鉴意义。

### （一）美国华人华侨情况

美国国土面积超过 962 万平方公里，东濒大西洋，西临太平洋，北靠加拿大，南接墨西哥。其在经济、政治、科技、军事、娱乐等诸多领域的巨大影响力均领衔全球。美国有高度发达的现代市场经济，是世界第一经济强国。华人华侨在美国不仅人数众多，且遍布美国的 53 个州。2010 年，全美人口普查中，美国华人华侨总数超过 400 万人，华人移民已成为亚裔移民中最大的族群，在所有外来族群中仅次于墨西哥人，位居第二。虽然相对于当年美国 3.0875 亿的总量人口来说，华人华侨仅占到美国总人口的约 1.3%，但美国华人华侨的增速很快，预测到 2015 年美国华人将达 460 万到 470 万，2020 年将达 550 万。

虽然华人华侨在美国总人口中的比例不高，但分布相对集中，呈现大聚居、小分散的状态。根据 2006 年美国马里兰州立大学亚裔研究课题组的数据，美国华人的八大聚居地分别是：大纽约—新泽西地区，共有华人 58 万多人，占当地人口的 3.1%；大洛杉矶地区，共有华人 46 万多人，占当地人口的 3.6%；旧金山—奥克兰湾区，共有 38 万多人，占当地人口的 9.2%；圣荷西—圣他克拉拉湾区，共有 14 万多人，占当地人口的 8%；大波士顿地区，共有 10 万多人，占当地人口的 2.3%；大芝加哥地区，共有 9 万多人，占当地人口的 1%；首都华盛顿和巴尔的摩地区，共有 9 万多人，占当地人口的 1.7%；大西雅图地区，共有 7 万多人，占当地人口的 2.2%。可见，半数以上的美国华人居住在加利福尼亚州和纽约州。加州有 58 万华人移民，而纽约有 38 万。

近年来，美国华人受众不但人口增长快，社会经济地位乃至政治影响力也在上升。早年华人华侨大多为低技术劳工，从事餐饮等职业。现在，除了低技术劳工，还大量涌现专业人士，包括科技、文化等方面的精英。

在过去 20 年间，许多华人逐渐搬出传统意义上的"唐人街"，特别是富裕起来的华人，他们搬至大都会的郊区，与其他亚裔或白人和睦相处。此外，华人参政意识增强，体现在华人参加选举登记和投票人数增加、参加政党活动、当选官员增加等，比如有不少华裔还担任了市长、州和联邦政府部长等要职。

### （二）加拿大华人华侨情况

加拿大位于北美洲北部，国土面积约九百九十八万多平方公里（列世界第二位），国土面积仅次于俄罗斯，是一个地广人稀的国家。加拿大是一个具有现代化工业科技水平且能源与资源充足的发达国家，经济体制主要依靠自然资源。2012 年，加拿大人口数量为 3489.8 万，其中华裔人口已占加拿大总人口的 4.5%，成为加拿大最大的少数族裔，即白种人和原住民以外的最大族裔。华裔人口中 25% 是在加拿大本土出生的，其余大部分来自中国大陆、香港和台湾。华人华侨在加拿大的分布也相对集中，主要分布在大多伦多地区、大温哥华地区等五大城市。据 2006 年人口普查数据，加拿大华裔人口达 121 万，占全国少数族裔总人口的 24%，仅大多伦多地区就有 48.63 万华裔。大温哥华地区有华人人口 38.15 万人。据预测，到 2017 年加拿大庆祝建国 150 周年时，加拿大的华裔人口将达到 180 万。

从人口结构上来看，1997 年以前，从香港移民到加拿大的华人华侨超过来自中国大陆、台湾的华人总数。据 2000 年的统计数据，加拿大华人达 80 万，27.7% 来自大陆，45.6% 来自香港，11.8% 来自台湾，余下的 14.9% 来自世界其他国家或地区。就年龄结构而言，华人移民的整体年龄相对年轻，处于 15 岁到 64 岁年龄段的人占全部华人移民人口的 3/4。更为重要的是，有 46% 的华人移民正处于创业的最佳年龄段，即 24 岁至 44 岁。这些数据表明，加拿大华人移民具备较大的"人力资源"潜力。

### （三）澳大利亚华人华侨情况

澳大利亚位于南半球，面积居世界第六，仅次于俄罗斯、加拿大、中国、美国和巴西，约相当于五分之四个中国。它东临太平洋，西临印度洋，由澳大利亚大陆和塔斯马尼亚等岛屿组成，面积 769.2 万平方公里，占大洋洲的绝大部分。澳大利亚物产丰富，是南半球经济最发达的国家，是全球第四大农产品出口国，也是多种矿产出口量全球第一的国家。澳大利亚是一个移民国家，奉行多元文化。2011 年人口为 2250 万人，根据 2006 年人口普查的结果，华人的后裔（华裔）占 3.37%。根据人口普查资料，截至 2006 年 8 月 8 日，澳大利亚华人有 66.99 万人。据澳大利亚移民部 2009 年 2 月公布的《2007—2008 年度移民人口流动报告》数据显示，截至 2007

年 6 月 30 日，出生于中国大陆的新移民有 28.1 万人，出生于香港的新移民 8.63 万人，出生于台湾的新移民 3.11 万人。此外，来自中国大陆的留学生人数增长明显，截至 2008 年 6 月 30 日，来自中国大陆的留学生 3.15 万人，排名第二。

### （四）新西兰华人华侨情况

新西兰位于太平洋西南部，面积 26.8 万平方公里，是个岛屿国家。新西兰两大岛屿以库克海峡分隔，南岛邻近南极洲，北岛与斐济及汤加相望。新西兰属于发达国家，过去二十年来，新西兰经济成功地从农业为主，转型为具有国际竞争力的工业化自由市场经济。新西兰畜牧业发达，是国民经济的基础。工业以农林牧产品加工为主，新西兰的食物加工技术、电讯等方面的竞争力也越来越强。据新西兰统计局公布的 2006 年人口普查资料，华人是新西兰人口增长最快的族裔之一，已成为亚裔中最大的移民群体。截至 2006 年 3 月 7 日，华人人口已上升到 14.76 万人，已占新西兰人口总数的 3.7% 左右。以出生地分析，中国大陆、台湾、香港、澳门新移民占新西兰华人总数的 65% 以上。

## 三、国际台华语海外分台及所在城市基本情况

长期以来，国际台华语传统短波广播在海外形成并保留着一群忠实的老受众，特别是东南亚地区的华语方言广播受众一直通过来信、网络等多种方式积极反馈。近年来，国际台根据"由短波节目为主，向调频台节目为主转变"的要求，把城市调频台和中波台作为海外分台建设的主要渠道，推动华语广播海外分台建设取得了突破性的进展。当前，华语海外落地频率的受众群体正在逐步形成。特别是自巴拿马、澳大利亚开播落地节目以来，受众的反馈更加频繁。目前国际台已在巴拿马成立了华语受众俱乐部，在东南亚成立了潮州话受众俱乐部。国际台华语广播主要海外分台以及所在城市基本情况如下：

### （一）CRI 旧金山中波台

该台 2010 年 8 月 15 日开播，每天 24 小时播出国际台汉语普通话节目，播出频率为 1510 千赫，节目信号覆盖旧金山湾区。

旧金山又称"圣弗朗西斯科"、"三藩市"，市区面积 116 平方公里，城南边是著名的硅谷。旧金山也是一座文化都市，共有 18 所高等院校。早在 19 世纪中叶，华侨就被作为苦力贩卖至旧金山挖金矿、修铁路。此后，大批华工在这里安家。该市的唐人街是美国城市中最大的唐人街，已有一百二十余年历史。旧金山的少数族裔人口占有相当比例。截至 2011 年 6 月，全市人口

约 80.59 万人，亚裔占总人口 31%，其中大部分为华裔。据估算，华人华侨占到旧金山总人口的近两成。

旧金山市比较有影响的华语广电媒体包括成立于 1996 年的旧金山星岛中文电台、成立于 1983 年的美国旧金山世界电视台、1989 年首播的旧金山 KTSF26 号华语电视台。目前，旧金山 KTSF26 号华语电视台在当地和周边地区拥有几十万华人华侨收视群体。此外，旧金山市还发行多份中文报纸，包括《侨报》、《世界日报》和《星岛日报》等。

### （二）CRI 休斯敦中波台

该台 2010 年 10 月 1 日开播，每天 16 小时播出华语节目，节目播出时间为当地时间每天 11：00—17：00，20：00—06：00。该台播出频率 1320 千赫，覆盖休斯敦地区。

休斯敦是美国第四大城市，位于德克萨斯州东南墨西哥湾平原上部，距墨西哥湾 80 公里。大休斯敦地区（包括周围 7 个县），面积为 6304 平方英里，人口约 430 万。大休斯敦地区有 54 家广播电台、16 家电视台。《休斯敦纪事报》是当地主要报纸，已有百年历史。

休斯敦市亚裔人口约占 5%，其中多数是华裔，约 20 万人。当地还有两个比较大的华人组织：中国人活动中心、德州广东总会。华人华侨对当地经济社会发挥着很大的作用。

### （三）CRI 纽约中波台

该台于 2009 年 9 月开播。国际台汉语普通话节目每周一至周五在当地时间 08：00—18：00 时段播出，该台播出频率 1340 千赫，覆盖范围为大纽约地区，包括纽约市曼哈顿、皇后区、布朗克斯、布鲁克林和史丹顿岛五个区；纽约州纳苏郡、苏福克郡；以及紧邻纽约的新泽西州、康涅狄格州、宾夕法尼亚州帕克郡等地的听众，受众人数已超过三十万。

目前，纽约市是美国少数民族最为集中的地区，拥有来自全球 180 多个国家和地区的大量移民。纽约华人华侨已经超过五十万人，著名的唐人街现有 23 万华人。纽约拥有发达的经贸、文化等产业，还有许多著名媒体集团。美国三大广播电视网和一些有影响的报刊、通讯社的总部都设在纽约，并办有大纽约侨声广播电台等多家华文媒体机构。

### （四）CRI 温哥华中波台

该台于 2008 年 10 月 15 日开播，覆盖温哥华地区（具体情况详见下节）。

温哥华位于加拿大不列颠哥伦比亚省南端，既是加拿大著名的旅游胜地，也是加拿大西海岸最大的工商、金融、科技和文化中心。温哥华港是加拿大最大和最繁忙的港口，旅游业是继林木业后第二大经济支柱。据 2008 年人口统计数据，温哥华 8% 的人口是白人，亚裔约占城市人口的 92%；华裔人口约 50 万，占大温哥华地区人口的 20%。

温哥华的华语媒体业较为发达。电视方面，温哥华拥有以广东话播出的新时代电视和以普通话播出的城市电视。此外，由罗杰斯广播公司控股的多元文化频道每天各有一个小时的广东话和普通话节目。中文报纸包括《星岛日报》、《世界日报》和《明报》三大日报，以及《环球华报》、《加中时报》等几十家小型中文报纸。温哥华主要的广播电视台均有自己的网站，此外中文网络媒体还包括由当地留学生和移民创办的枫华园、心意网、加国无忧、多伦多在线、相约加拿大、移民互助平台等。

### （五）CRI 墨尔本中波台

该台于 2010 年 3 月 22 日开播。（具体情况详见下节）

墨尔本为澳大利亚第二大城市，是有"花园之州"之称的维多利亚州的首府、知名的国际大都市，城市的绿化面积高达 40%。墨尔本也是澳大利亚的文化重镇和体育之都，是华人华侨较早到达的地区之一。该市中心的唐人街始建于 1854 年，是澳大利亚最早的唐人街，也是世界上最早的唐人街之一，聚集着众多华人餐馆和商店。

### （六）CRI 珀斯调频台

2007 年 6 月 18 日，国际台在澳大利亚西澳首府珀斯实现 10 小时的落地。每天当地时间 12：00—22：00 播出国际台 6 小时英语和 4 小时汉语普通话节目，该台播出频率 104.9MHz，节目信号覆盖珀斯及周边地区约190 万人口。CRI 珀斯调频台为国际台在西方发达国家整频率落地的第一个调频电台。

珀斯是澳大利亚第四大城市、西澳大利亚州的首府，位于澳大利亚西南角的斯旺河畔，是著名的观光旅游目的地。北桥区是珀斯著名的唐人街，有很多华人餐厅和华人商店，是华人聚集的地方之一。

### （七）CRI 奥克兰 FM104.2 调频台及 FM90.6 调频台

CRI 奥克兰 FM104.2 调频台 2010 年 3 月开播，每天通过奥克兰中华电视网华人之声 FM104.2 调频台播出国际台英语和华语节目各 12 小时。CRI 奥克兰 FM90.6 调频台 2011 年 11 月 24 日开播，这是国际台在新西兰奥克兰正频率落地的第二家调频台，24 小时播放汉语普通话节目。鉴于 FM90.6 电台开播后播出 24 小时汉语普通话节目，国际台对 FM104.2 调频台播出的节目进行调整，在该台 24 小时播出英语节目。

奥克兰是新西兰的经济中心，是新西兰工业、贸易中心和交通枢纽，也是重要的海军基地。奥克兰集中了新西兰全国近四分之一的人口。来新西兰的中国移民和留学生 70% 居住在奥克兰。奥克兰北、中、东至西区都有来自亚洲各地的华人及亚洲人居住，中国大陆移民多居于中区，而东区以中国香港台湾移民为多。

### (八) CRI 夏威夷中波台

该台 2009 年 7 月 1 日开播。该台播出频率 880 千赫，24 小时不间断播出国际台英语、华语、日语和朝鲜语节目，可覆盖夏威夷首府火奴鲁鲁市、夏威夷县、可爱县和茂宜县共计约一百一十万人口。

与旧金山一样，夏威夷也是早期华侨较早海外谋生的选择地之一，19 世纪中期，华人社会就开始在夏威夷群岛形成，在 19 世纪末的几十年中，夏威夷的华人数量仅次于加州的旧金山。夏威夷位于北太平洋中，距离美国本土 3700 公里，总面积 16633 平方公里，是夏威夷群岛中最大的岛屿，是世界上旅游工业最发达的地方之一，拥有得天独厚的美丽环境。

在族群分布上是美国唯一白种人不过半数的州。白种人约占三分之一，其余为日本人、玻利尼西亚人等。比起其他各州，夏威夷州拥有最大的亚裔人口比例，2000 年美国人口统计数据显示，夏威夷州华人华侨人数 17 万。

## 第二节　CRI 温哥华中波台华语受众构成、特点与需求

### 一、CRI 温哥华中波台概况

CRI 温哥华中波台从 2008 年 10 月开始正式播出，每周 7 天、每天在下午及晚上时段转播国际台制作的汉语普通话节目，每天节目时长 5 个小时。节目内容主要是与中国相关的新闻、时事、文化、教育、历史、音乐、体育、旅游及传统艺术等，对象受众为加拿大收听汉语普通话的人群。节目的具体编排详见下表：

表 1　CRI 温哥华中波台节目表

| 时间 | 星期一 | 星期二 | 星期三 | 星期四 | 星期五 | 星期六 | 星期日 |
|---|---|---|---|---|---|---|---|
| 06：00am | | | | | | 英语 | 北欧语言 |
| 07：00am | | | 温哥华早晨（8 点新闻速递） | | | 菲律宾 | 希腊 |
| 07：30am | | | | | | | 泰米尔 |
| 08：00am | | | | | | 周末骚灵 | 越南 |
| 08：30am | | | 平心而论 | | | | |
| 08：45am | | | 社论民情 | | | | |
| 09：00am | | | 声中情/郑经翰议事论事 | | | 珊珊情怀 | 日语 |
| 09：30am | | | 香港家书/查小欣快讯 | | | | |
| 10：00am | | | 至型至美十点钟 | | | 汇声论坛 | 跨世代音乐空间 |
| 11：00am | 音乐原动力 | 健康之门 | | 音乐原动力 | | | |
| 12：noon | | | 中午新闻专辑 | | | 家车热线 | 今日你至威 |
| 12：30pm | 乐意伴随 | 西曲寄心声 | 妙韵传情 | 西曲寄心声 | 醉美音符 | | 无限乐韵 |
| 1：00pm | | | 慧言轻音 | | | 优闲国度 | 乐门乐榜 |
| 2：00pm | | | | | | 灵机妙算 | 斗秀星期天 |
| 3：00pm | | | 天男地北 | | | 周末至够 Fun | 周末杂志 |
| 3：30pm | | | | | | | 越洋讲东西 |
| 3：50pm | | | 威哥你系边 | | | | |
| 4：00pm | | | 四点新闻专辑 | | | 理法线 | 嘁啪 959 |
| 4：30pm | | | | | | | |
| 5：00pm | | | 时事风云 | | | 投资金页 | 乌克兰 |
| 5：30pm | | | | | | | |
| 6：00pm | | | 六点新闻专辑 | | | 葡萄牙巴西 | 今日浙江 |
| 6：25pm | | | 全天候运动场 | | | | |
| 6：30pm | | | 非常制作坊 | | | | |
| 7：00pm | | | 音乐杂志 | | | Tea House | 音乐杂志周末版 |
| 7：30pm | | | 今日中国 | | | | |
| 7：45pm | | | 健康贴士 | | | | |
| 8：00pm | | 孔子学堂/民乐道遥游/风暴体育秀 | | | | 周末同乐会 | 曲苑群英会 |
| 9：00pm | | | 直播中国 | | | CRI 会客厅 | |
| 10：00pm | | | 碟中碟 | | | 新闻壹周刊 | 奇书轶事 |
| 10：40pm | | | 娱乐快报 | | | | |
| 11：00pm | | | 中华养生 | | | | |
| 12midnight | | | 经典串串烧 | | | | |
| 1：00am | | 创富蓝海/直播中国/娱乐 E 时代/小说评书连播 | | | | 非常记录 | 飞鸿书友会 |
| 5：00am | | | 香港新闻 | | | | |
| 5：25am | | | 萱中情/郑经翰议事论事（重播） | | | 粤唱愈晓 | |
| 5：40am | | | 香港家书/查小欣快讯（重播） | | | | |
| 时间 | 星期一 | 星期二 | 星期三 | 星期四 | 星期五 | 星期六 | 星期日 |

　　▨ 广州话节目　　■ 普通话节目　　▨ 其他外语节目

表 1 显示，▓部分的广州话节目占到电台的主导地位，栏目丰富，实力最强。其次是▓部分的汉语普通话节目。这部分节目除了转播国际台节目外，也有部分本地制作的音乐及休闲节目，并同中国浙江省电台合作，开辟了介绍浙江的《今日浙江》栏目，节目外包特征明显。▓部分为其他外语节目，主要集中在周末上午和下午时段，时间为半小时到 2 小时不等。

## 二、温哥华地区主要华文电台概况

### （一）加拿大 AM1470 中文电台

加拿大 AM1470 中文电台（呼号：CJVB）于 1972 年开播，是加拿大不列颠哥伦比亚省温哥华地区的另一主要华语电台，覆盖范围遍及加拿大不列颠哥伦比亚省西南部大部分地区。该台从周一至周六（除晚上 7 时至 10 时外）以广州话广播，其余时段则提供超过 45 种语言的广播服务，包括汉语普通话、英语、印地语，以及荷兰语、希腊语、越南语、菲律宾语等。1992 年该台被新时代传媒集团收购，现在是温哥华 AM1320 华侨之声中波台最主要的竞争对手。

### （二）加拿大 FM96.1 中文电台

加拿大 FM96.1 中文电台（呼号：CHKG-FM）为新时代传媒集团旗下的另一华语台。该台主要以普通话广播，时段为周一至周六的下午 3 时至翌日凌晨 3 时。周日早上 6 时至午夜 12 时则以广州话广播，而其余时段则提供其他语言的广播服务，包括阿富汗语、柬埔寨语、匈牙利语、意大利语、朝鲜语、老挝语、马其顿语、马来语、罗马尼亚语、俄罗斯语、西班牙语、泰语和越南语。

加拿大 FM96.1 中文电台于 1997 年 9 月开播，成为新时代传媒集团继加拿大 AM1470 中文电台后在温哥华的第二个电台频道，并且是加拿大西部首家以调频频率播放的多元文化电台。加拿大 FM96.1 中文电台开播初期的对象以年轻受众为主，每天在中文时段播放广州话和普通话节目；后来转为针对不同年龄的普通话受众。

## 三、CRI 温哥华中波台受众构成、特点与需求

为了解 CRI 温哥华中波台的受众构成、特点及需求情况，国际台联合温哥华 AM1320 华侨之声中波台在 2012 年 6 月到 7 月在温哥华进行了受众调查。本次调查采用书面问卷方式，共打印发放 1400 份，由温哥华 AM1320 华侨之声中波台以街头发放、商铺自取、定向邮寄、受众参与等多种方式进行发放及回收。最后回收到有效问卷 1021 份。调查问卷涵盖了温哥华地区主要区

域，与广播覆盖区域相同，样本数量也足够丰富，体现了此次问卷的真实性及有效性。

### （一）CRI 温哥华中波台受众构成特点

此次调查问卷分受众信息和收听测试两个部分。

在受众信息方面，主要包括受众年龄、性别、教育程度、职业、居住地区以及经常收听语言等方面的个人信息。通过这些信息可以对该电台受众有基本的了解。

在收听测试问答方面，调查问卷主要设置了广播信号清晰程度、收听方式、收听时段、收听时长等受众收听习惯。另外，问卷还设计了通过哪些媒体了解中国、收听该电台原因、喜欢哪类节目、是否有固定收听栏目、愿意参加何种互动活动以及还有哪些节目待改善等问题，以此测评受众对电台的印象，需求以及今后节目的设计方向。

1. CRI 温哥华中波台受众年龄构成

根据此次问卷调查统计，CRI 温哥华中波台的受众主要年龄层为 20 到 49 岁之间的中青年受众，这一部分人群比例占到受众总数的 67%（见图 1）。由此可见，中青年是电台收听主力。在其他年龄人群中，50 岁以上受众人群比例占到 24%，这也是一个不小的群体。早期广东华侨移民，现在大陆地区新移民的父母长辈，都包含在这一群体中，其重要性不可忽视。另外，20 岁以下受众群体比占到 9%，这一部分主要是来温哥华留学的高中及大学学生。随着近年来中国留学生低龄化趋势加剧，越来越多的小留学生发展成华语广播的受众，这也是一个新现象。

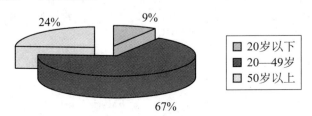

图 1　CRI 温哥华中波台受众年龄构成

2. CRI 温哥华中波台受众收听语言构成

根据此次问卷调查（见图 2），在 CRI 温哥华中波台受众中，收听广州话的受众最多，占到一半以上，为 51%。这与温哥华 AM1320 华侨之声中波台的历史及温哥华华侨史有着密切关系。至今，该台仍是来自香港等广州话地区华人华侨受众喜爱的电台之一，广州话广播及香港电台文化在温哥华 AM1320 华侨之声中波台节目中占有重要篇幅，广州话受众也是该电台主要服务对象。

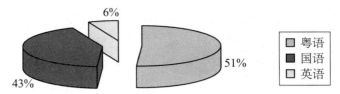

**图2　CRI温哥华中波台受众收听语言构成**

其次，汉语普通话受众比例也在不断攀高，在此次调查中占到了43%，接近一半，几乎可以与广州话节目平分秋色。汉语普通话受众人数的增多，与近些年中国大陆地区新移民数量不断增加有关；另外，留学生、商务人士数量的增加，中加两国间经济文化交流不断加强，也是汉语普通话受众增长的原因之一。

在调查中，还有6%的华人华侨受众选择收听英语，这部分人群主要是在英语工作生活环境中的适应性需要。由于CRI温哥华中波台的受众主要集中在中青年，这些人年富力强，拥有较高学历及良好的英语水平，因此英语节目也成为他们的选择之一。

3. CRI温哥华中波台受众性别构成

问卷调查中显示（见图3），CRI温哥华中波台的受众男女较为均衡，比例为11：9，男性受众占到调查总数的55%，女性受众占45%。总体来说，CRI温哥华中波台的收听性别虽然比较均衡，但仍可看出男性受众要比女性受众多10个百分点，这与合作台温哥华AM1320华侨之声中波台的节目设置较男性化不无关系。如该台面向男性受众的广州话节目《天男地北》中有多达9位主持人，在该台中占有很大比重的时政、体育、评论类节目也是许多男性受众喜欢的节目。

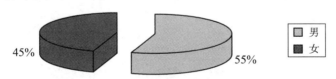

**图3　CRI温哥华中波台受众听众性别构成**

4. CRI温哥华中波台受众教育程度构成

受众的受教育程度是媒体传播过程中需要着重考虑的方面，它对节目风格、编排以及传播策略都有着重要的影响。此次问卷调查显示（见图4），CRI温哥华中波台的受众中拥有大学本科学历的占到55%，而硕士及以上学历的受众占到16%，两者加起来的比例占到了71%。如此高学历的受众群体为CRI温哥华中波台打造与受众互动，连线评论等受众参与式的节目提供了很好的群众基础，也促使CRI温哥华中波台提高节目的文化品位。同时，这对主持人、编辑的节目综合编排及演播能力与水平都提出了高标准。

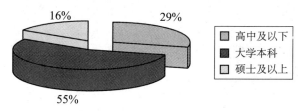

**图4　CRI 温哥华中波台受众教育程度构成**

此外，CRI 温哥华中波台还有近三成（29%）的受众为高中以下学历，这是以全体社会大众为传播对象的媒体所必须面对的群体。这一部分人群大多是早期来到加拿大年龄较大的华人华侨，也有从事体力及技术性劳动的劳务人员，他们也是电台受众的重要组成部分。

5. CRI 温哥华中波台受众职业构成

根据问卷结果显示（见图5），CRI 温哥华中波台的受众职业构成比较分散，并没有特别倾向于某一行业。不过公司和企业职员占到32%，为最大比例；再加上5%的公务员，4%的教师、医生、律师等高收入群体以及4%的技术工人，总计超过45%的受众群体具有消费能力和稳定工作。这也印证了该台主要受众拥有较高文化技术水平和能力，即上班族为电台最大受众群体。此外，自由职业者占到13%，这部分人群主要是中餐馆、超市及小商品经营者，以及在家创业经营小商铺或手工业经营者，也包括部分文字、公关、服务、家政人员，因工作不固定，群体流动性大，与温哥华当地主流社会融入较浅，但却具有浓重的华人社会特点。同时，学生、无业、家庭主妇、退休人员加起来占到39%，这部分人群占到受众三分之一强的比例，他们拥有较少或没有经济能力，但却有较多时间，一般选择收听广播作为消遣娱乐，打发时间，这从后面的收听原因调查中也可以看出来。

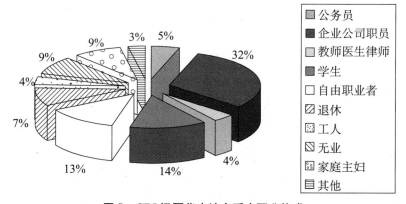

**图5　CRI 温哥华中波台受众职业构成**

6. CRI 温哥华中波台受众所在区域构成

由于 CRI 在温哥华的这家海外分台是中波台，相对于调频电台来说，广播覆盖区域会大一些。但从问卷来看（见图6），有46%的受众仍集中在温哥华市区，可见温哥华的受众是该台主要受众群体。该台第二主要收听地区是位于大温哥华地区的列治文市，那里的受众占30%。这是因为列治文市是加拿大华人比例最高的城市，当地华人人口比重超过40%，这也是整个北美地区华人比例最高的城市，因此拥有大量受众。

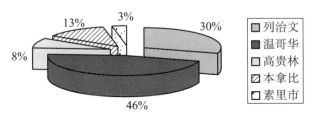

图6　CRI温哥华中波台受众所在区域构成

此外，CRI温哥华中波台的受众也有部分高贵林市、高贵林港以及本拿比市、素里市等其他大温哥华地区的城市居民，收听比重合计约24%。可见，CRI温哥华中波台的受众在大温哥华地区的华人中分布较广，该台在整个温哥华地区华人社会中也有较高知名度。

### （二）CRI温哥华中波台受众收听习惯调查

在本次问卷调查中，受众收听习惯是调查的重要组成部分。调查方在问卷中设置了10个问题，就电台信号、收听方式、收听时段、持续收听时长等广播相关因素，以及收听本频率电台原因、喜欢节目类型、固定栏目、参加节目互动、电台有待改进方面等受众节目需求偏好因素进行调查。调查显示，CRI温哥华中波台受众对电台信号满意，拥有较多长时间收听用户，并且积极参与节目互动，为改进节目提供了宝贵的参考意见。

1. CRI温哥华中波台受众接收信号情况

根据调查（见图7），超过97%的受访者认为CRI温哥华中波台频率信号很清晰，并能完整播出。只有3%的受众认为信号有时不清晰，没有人表示信号不清楚。由此可知，在温哥华地区，中波广播仍然有很好的传播效果，信号清晰，收听完整性良好，受众有较好的收听体验。这也是在全球其他地区以城市调频广播为主的情况下，在北美等发达国家中波广播仍占有很大比例的原因。

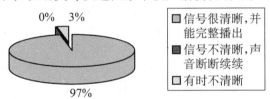

图7　CRI温哥华中波台受众接收信号情况

### 2. CRI 温哥华中波台受众收听方式构成

在网络、视频、手机、MP3 等移动设备及汽车普及的时代，广播受众的接收方式呈现出多元化发展趋势，不只局限在收音机一种设备上。这也是在多媒体竞争日渐激烈的情况下，广播得以不断发展的一个重要原因。但是，根据本次问卷调查（见图8），CRI 温哥华中波台的受众似乎很保守，有一半的受众仍然选择以收音机为听广播的首选方式。另有 28% 的受众选择车载电台收听，也就是在开车时候收听。通过网络电台和手机等移动设备收听的，分别为 12% 和 10%。可见，CRI 温哥华中波台的受众仍是以传统收听方式为主，并且以固定收听为最多数。新兴的网络及手机、MP3 等移动收听方式并不是主流。

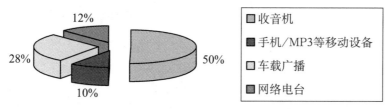

**图8　CRI 温哥华中波台受众收听方式构成**

### 3. CRI 温哥华中波台受众收听时段构成

收听时段是所有电子传播媒体都非常看重的一个要素。一般电台都分为黄金时段、平常时段及垃圾时段。但从本次受众问卷调查结果（见图9）来看，CRI 温哥华中波台并没有特别明显的黄金时段与垃圾时段之分，一天之中的五个时段受众收听段基本平均分配，没有特别集中或特别冷清的时段。

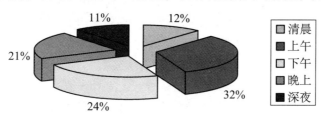

**图9　CRI 温哥华中波台受众收听时段构成**

具体调查数据是：收听率最高的时段为上午时段，即 8 点到 12 点，占到32%；其次为下午 1 点到 6 点时段，为 24%；接下来是晚上 7 点到 12 点时段，为 21%；而 0 点到 5 点的深夜时段收听率为 11%，5 点到 8 点的清晨时段收听率为 12%。通过这个收听率可以看出，CRI 温哥华中波台的受众是随着日常工作、生活作息时间来收听广播的，充分体现出广播的伴随性特点。比如在上午、下午的工作高峰时段，也出现了收听高峰。但在晚上的 7 点到10 点的电视黄金时间并没相应出现收听高峰，说明这一时段不是广播的黄金时段。总的来说，CRI 温哥华中波台的受众收听时段较为均匀，主要以白天时段为主，其中上午到中午的时段为最高峰期。

4. CRI 温哥华中波台受众持续收听时间构成

受众持续收听时间是衡量一家电台节目质量、可听性以及受众忠诚度的重要标准。根据本次问卷调查结果（见图 10），CRI 温哥华中波台的受众收听时间在 1—3 个小时的占到 57%，另外在 3 小时以上的达到 23%，1 小时以内的为 20%。

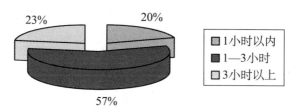

**图 10　CRI 温哥华中波台受众持续收听时间构成**

根据上面的调查分析，该台受众近半数为工薪族，并且收听时间主要在白天，因此以伴随性收听为主。按照正常收听情况和电台节目编排，3 个小时内基本上能涵盖两到三个栏目，连续收听 3 个小时已经是很高的收听时间，说明节目很具有吸引力。而超过五分之一的受众会收听 3 个小时以上，则说明这些受众是该台的忠实受众，有固定喜爱收听的栏目及主持人，对该台也较有感情。

5. CRI 温哥华中波台受众了解中国情况的途径

对于旅居国外的海外华侨来说，对中国的了解一直是生活中关注的重点。如何更及时准确地了解中国，与所接触的媒体如何报道中国有着莫大关系。为了能更好地搞清楚海外华人了解中国的途径，在本次问卷中，特意设置了这个问题。调查显示（见图 11），有一半的受访者表示是通过本地媒体，即包括本地华文媒体在内的加拿大本土媒体来了解中国的。有 34% 的受访者是通过中国媒体获得中国的信息，其中包括中国广播、电视、报纸，中国媒体的海外分台或海外版以及网站等。另外，还有 16% 的受众表示是从其他外国媒体来了解中国的，这包括来自美国有线电视网（CNN）、英国广播公司（BBC）等国际传媒的信息，也包括一些港、台、新加坡等地区的华文媒体。

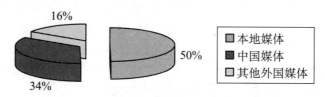

**图 11　CRI 温哥华中波台受众了解中国媒体构成**

由此可见，本地媒体是温哥华地区华人获取有关中国信息的主要来源，这也符合信息传播的接近性原则，身边的媒体传达出的信息，会产生更可信、更亲近的感觉，也会使受众较快接受。

6. CRI 温哥华中波台受众收听目的

根据本次问卷调查（见图12），CRI 温哥华中波台的受众中有一半的受访者选择以娱乐消遣、打发时间为收听目的；另有36%的受访者收听电台节目是为了了解国际新闻及有关中国的信息；还有14%的受众是因为喜欢某个栏目而收听该台。从中可以看出，在媒体的监督、信息、娱乐、教育四大功能中，CRI 温哥华中波台的受众倾向于娱乐和信息功能。在喜欢栏目选项中，受访者所填写的栏目多半是娱乐栏目和谈话节目，总计以娱乐消遣类节目为收听目的的受众占到了总受访者的86%，可以说这也是 CRI 温哥华中波台的特点之一。

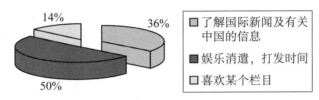

**图 12　CRI 温哥华中波台受众收听目的**

在收听国际及中国新闻信息方面，也多是以资讯播报、信息传达为主，并不以舆论监督和导向为目的，这体现了合作台温哥华 AM1320 华侨之声中波台作为少数族裔的华人社区电台的特质，即不肩负主流媒体的舆论监督功能，以服务社区华人华侨受众，提供便利的资讯信息和娱乐为主。

7. CRI 温哥华中波台受众喜爱的节目类型

受众喜爱的栏目是电台生存的根本，打造名牌栏目也一直是所有商业电台所追求与努力的目标。此次问卷调查结果显示（见图13），CRI 温哥华中波台中音乐类、中国文化及旅游类及时政新闻资讯类节目最受欢迎。其中音乐类和时政新闻资讯类节目的喜欢程度各占31%，中国文化及旅游类节目占到14%，经济生活类节目也有相当的比例，占到19%。另外，汉语教学类节目也占到了6%。这说明，除纯音乐类节目外，新闻资讯和经济生活类节目也很受受众关注。受众听该台节目除了消遣，放松外，更想得到一些有效信息，关注时事及经济信息、生活提示、旅游资讯以至广告促销信息，这也体现该台的商业化元素。

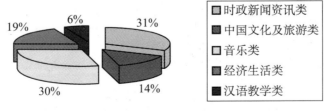

**图 13　CRI 温哥华中波台受众喜爱的节目类型**

8. CRI 温哥华中波台受众收听固定栏目的情况

根据问卷调查显示（见图 14），接受调查的 CRI 温哥华中波台 83% 的受众收听节目为随机收听，并没有固定喜欢收听的栏目。但仍有 17% 的受众有喜欢的栏目，能坚持固定收听。这些栏目有：《时事风云》、《温哥华早晨》、《投资金页》、《理法线》、《时事评论》、《新闻报道》、《噼啪 959》、《娱乐快报》、《经典串串烧》等栏目。从栏目中可以看出，大部分栏目为本土制作，较有针对性。中国北京总部制作的栏目以新闻类、音乐类为主，这也印证了新闻类和音乐类节目是该台受众最喜爱的节目，也说明了国际台华语广播节目海外落地所具有的积极意义。

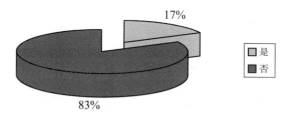

**图 14　CRI 温哥华中波台受众收听固定栏目的情况**

但对于绝大多数受众来说，随机收听仍是受众接触广播的常态，也就是随手打开收音机，赶上什么节目就听什么节目，并不会刻意等待某个节目播出。而有固定收听栏目习惯的受众，多半是有较长收听经历，喜爱某主持人风格，更喜欢节目内容，像小说连播等节目极具连续性，易于形成该栏目的固定收听受众群体。

9. CRI 温哥华中波台受众喜欢参与节目互动类型

开展丰富多彩的受众互动活动，是一家媒体展现活动能力与影响力的重要方面。CRI 温哥华中波台的合作台温哥华 AM1320 华侨之声中波台在开展受众互动活动方面有着悠久的传统和丰富的经验，如每年举行的受众抽奖得加油卡的"打爆油缸大行动"、"新丝路北美模特大赛"、"华侨之声全能广播人训练班"、"心情金曲歌唱大赛"、"开心同聚圣诞夜"等，在大温哥华地区已经有极大影响力。

调查显示（见图 15），有奖竞赛是受众最喜欢参与的方式，有 60% 的受访者表示愿意参加有奖竞赛，如"打爆油缸大行动"，就是通过节目参与有奖竞猜，最终获得不同面值的加油卡，使受众得到实惠。另外，调查显示，受众见面会、电话互动、选秀等活动均会吸引受众参与，征文活动吸引了 9% 的受众参与，这是由于受众文化水平等因素的限制，此类耗时费力的活动不太受欢迎。

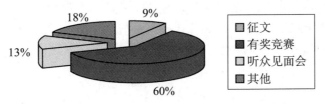

**图 15 CRI 温哥华中波台受众喜欢参与节目互动类型**

10. CRI 温哥华中波台受众认为节目有待改进的方面

根据问卷调查（见图 16），受众最后为 CRI 温哥华中波台提出了诸多改进意见，其中认为主持人水平及风格需要改进的占到 36%，认为节目题材选取有待改进的占到 28%，认为音乐编排有待提高的占到 19%，认为栏目设置需要改进的占到 12%。由此可以看出，主持人水平及风格占到了电台节目改进的主要部分，这也是今后电台的主要改进方向，即培养出更有才华、魅力的主持人，与受众相互磨合互动，相互支持与理解，将节目办好。

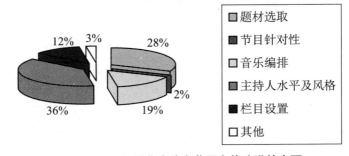

**图 16 CRI 温哥华中波台节目有待改进的方面**

在节目编排与栏目设置方面，受众也提出不少的改进意见。可以看出，最受喜爱的音乐类节目方面还有很大的提升空间；而节目题材选取更是需要编辑记者着重考虑的方面，应该努力体现出新闻性与娱乐性并重的编辑方针。

## （三）CRI 温哥华中波台受众特点分析

调查发现，CRI 温哥华中波台的信号非常好，效果清晰、节目播出完整，极少出现不清晰或不稳定的情况。虽然受众在开车时收听广播占有一定比例，但依然把收音机作为接收信息的主要方式，移动接收方式这一新生事物依然没有占据主流。华人受众对参与有奖竞赛活动也表现出很高的兴趣，近七成受众表示会参与有奖活动。此外，CRI 温哥华中波台的受众还具有以下鲜明的特点：

1. 华人受众分布集中，偏好汉语方言节目

根据此次接受调查的一千余个受访者初步分析，从地域分布上来看，华

人华侨受众主要集中在温哥华、列治文、本拿比等大温哥华地区，呈现小聚居、大分散分布特色。CRI 温哥华中波台的受众主要群体是生活在大温哥华地区的华人华侨群体。从语言文化上来看，华人华侨受众近一半以上为广州话受众，拥有广东、香港文化背景，广府文化、岭南文化及香港电台的商业文化是他们的主流文化。随着 20 世纪 90 年代以后来自中国大陆的新移民逐渐增多，汉语普通话的受众已经占到三成。合作台温哥华 AM1320 华侨之声中波台拥有大批忠实受众，其独特的香港电台文化吸引大批广州话文化背景受众，因此大部分受众收听时间在 1 到 3 小时之间。因此，发挥语言文化优势，面向华人华侨聚居城市发展华语广播海外分台具有积极的意义。

2. 华人受众内容需求以新闻资讯、信息服务和娱乐消遣为主

从学历和职业构成来看，本科及以上的高学历人士构成华人华侨受众群体的主要部分，但他们仍以普通公司文员、技术人员和自由职业者居多。同时，学生、退休人员、家庭主妇群体也是重要受众群体，而处于当地主流社会的公务员及医生、律师、教师层面的受众较少。对受众收听习惯的调查印证了这一点，即收听率最高的时段是上午和下午的白天时段，表明了受众的工作时间与收听时间的基本重叠，这充分体现了电台媒体伴随性的特点。参与调查的华人华侨受众收听节目主要目的以娱乐消遣为主，占了一多半的比例。CRI 温哥华中波台的受众对音乐节目情有独钟，有一半以上的受众是以消遣娱乐和听音乐为目的收听广播。另外，获取包括中国在内的新闻资讯信息也是受众另一大需求，占到近三分之一比重。调查还发现，近一半受众是通过本土媒体获取有关中国的信息的。

**（四）CRI 温哥华中波台传播内容与受众需求契合度分析**

CRI 温哥华中波台同合作台温哥华 AM1320 华侨之声中波台的合作较好地契合了当地华人受众需求和多元文化背景，形成了"合作台温哥华 AM1320 华侨之声中波台本土化节目 + 国际台特色节目"的节目模式，通过优势互补，已经培育了一批忠实受众。不过，此次调查也发现，CRI 温哥华中波台还需要进一步加强节目的本土化制作，以提高传播的针对性和实效。

1. 以包容并蓄为节目方针，体现华语受众多元文化特色

合作台温哥华 AM1320 华侨之声中波台的节目立足大温哥华地区多种族人群，以打造多元文化的广播为特色，以多语种、多视角、包容并蓄为节目方针，迎合受众收听需求。就华语广播来说，合作台温哥华 AM1320 华侨之声中波台以广州话、汉语普通话和英语作为传播语言，并在本土着重打造广州话节目，发挥电台自身香港电台风格及传统。综合该台周一至周五全天节目构成来看，近 70% 的时间为广州话广播节目，以广州话受众为主要目标群体。节目内容方面，以广东文化为特点，如《香港家书》、《至型至美十点

钟》、《今日系你威》、《天男地北》、《粤唱愈晓》等栏目，都有着浓厚的粤港特色，涵盖了资讯、评论、文化、音乐等多种节目类型，契合了当地华人中广州话受众的需求。另外，作为温哥华知名的多元文化电台，合作台温哥华AM1320 华侨之声中波台还在周末时段播出英语、日语、葡萄牙语多种外语节目，以服务社区内不同族群受众。这为 CRI 温哥华中波台吸引更广泛的受众提供了很好的基础。

2. 加强华语普通话节目本土化制作，提升时效性和针对性

2008 年 10 月国际台与温哥华 AM1320 华侨之声中波台开始合作之前，国际台没有对温哥华地区的汉语普通话受众进行过专门的调研，国际台华语中心主要参考温哥华 AM1320 华侨之声中波台原有节目，制作和提供汉语普通话节目，因此与受众需求的结合上做得还很不够。此次调查发现，北京总部提供的文化类汉语普通话节目总体尚可，但也存在一些突出的问题：比如，新闻资讯类节目时效性不够强，文化类节目娱乐性显不足、题材选取过严肃，节目的制作编排也不够灵活等。这些节目与温哥华 AM1320 华侨之声中波台自身的广州话节目风格也不统一，形成鲜明反差。原因主要是北京总部提供的节目以传统的录制方式合成，一方面，主持人基本以播报方式录制节目，内容不够本土化，还缺乏与受众的互动；另一方面，节目录制完成后，经过一套繁琐的制作、审核、传输、下载及再加工流程后，节目的时效性也难以保证。因此，当前应加强 CRI 温哥华中波台普通话节目的本土化制作，位于北京总部的华语中心则应当考虑提供更具有针对性、便利于本土化制作的节目素材。

# 第三节　CRI 墨尔本中波台华语受众构成、特点与需求

## 一、CRI 墨尔本中波台基本情况

自 2000 年 8 月 1 日起，CRI 墨尔本中波台在澳大利亚墨尔本当地节目落地。落地节目播出的语种为汉语普通话，播出时间为每天的 19：00—20：00。该台发射功率为 5 千瓦，节目信号覆盖墨尔本市及周边地区。2004 年 5 月 1日起，国际台又在墨尔本 3CW 中波台增加播出 1 小时汉语普通话节目，播出时间为每天的 20：00—21：00，同时每周六 12：00—13：00，增加播出国际台1 小时的客家话节目。2010 年 3 月 22 日，国际台与墨尔本 3CW 中波台的合作扩展到了 10 个小时，并以该台为依托，建了国际台海外节目制作室。

**表2 CRI墨尔本中波台节目单（灰色为 CRI 时段）**

| 时间 | 星期一至周五 | 星期六至星期日 | | |
|---|---|---|---|---|
| 06：00 | 《中华养生》 | | | |
| 07：00 | 《早安墨尔本》 | 《非常记录》 | | 《非常记录》 |
| 08：00 | 《新闻直通车》 | 《直播中国》 | | 《FACE TO FACE》 |
| 09：00 | 《生活流行色》 | 《智慧心语》 | | 《希望之声》 |
| 10：00 | 《电台导购》《商家大看台》 | 《信息高速路》 | 《鸳鸯新城情感加油站》 | 《电台导购》 |
| | | | | 《商家大看台》 |
| 11：00 | 《我爱我家》《风云高尔夫》《你好，墨尔本！天津向你问候》《列娜厨房》 | 《人间姻缘》 | 《澳洲地产》 | 《你好，墨尔本！天津向你问候》 |
| | | 《商家大看台》 | 《商家大看台》 | |
| 12：00 | 《新闻直通车》 | 《商家大看台》 | | 《体育杂志》 |
| | | 《商家大看台》 | | |
| 13：00 | 《商家大看台》 | 《商家大看台》 | | 《留学移民加油站》 |
| | 《李玲故事会》 | 《商家大看台》 | | |
| 14：00 | 《经典串串烧》 | | | |
| 15：00 | 《我行我秀》 | 《周末同乐会》 | | 《飞鸿书友会》 |
| 16：00 | 《空中课堂》《文化时空》《宏城玩转地球》《车友俱乐部》《东方一周》 | 《国家大剧院》 | | 《影视天空》 |
| 17：00 | 《新闻直通车》 | 《澳游台湾》 | | 《周日论坛》 |
| 18：00 | 《生活在澳洲》《有话就说》《空中会客厅》《有话就说》《综艺快车道》 | 《周末点歌台》 | | |
| 19：00 | 《风尚中国 IN CHINA》 | | | |
| 20：00 | 《娱乐 E 时代》 | | | |
| 21：00 | 《小说评书联播》 | | | |
| 22：00 | 《文苑情思》周二晚间为《希望之声》 | 《空中会客厅》 | | 《空中会客厅》 |
| | | 《李玲故事会》 | | 《李玲故事会》 |
| 23：00 | 重播 AM1341 当天 14 点节目 | | | |
| 24：00 | 重播 AM1341 当天 08 点节目 | | | |
| 01：00 | 重播 AM1341 当天 09 点节目 | | | |
| 02：00 | 重播 AM1341 当天 11 点节目 | | | |
| 03：00 | 重播 AM1341 当天 22 点节目 | | | |
| 04：00 | 重播 AM1341 当天 16 点节目 | | | 重播 AM1341 当天 17 点节目 |
| 05：00 | 重播 AM1341 当天 18 点节目 | | | 重播 AM1341 当天 18 点节目 |

## 二、墨尔本地区主要华文媒体简况

1990 年后，与西方其他移民国家大城市一样，随着一些华人社区在城市郊区的崛起，华埠在墨尔本市区亦有衰败的迹象。城市远郊的博士山、威福利谷以及东卡斯特等以华人为主的区域先后云集了大量的华人商业中心，有越来越多的华人聚集在这些区域，形成了墨城的"华人社区"。2000 年后，随着中国大陆改革开放的进一步深入，越来越多的大陆留学生和新移民涌入墨尔本，为这些区域的工商业带来了繁荣。

墨尔本地区的华语媒体十分发达。墨尔本当地有多份华语报纸，一些香港和台湾的传媒也进入墨尔本发展，如《星岛日报（墨尔本版）》、《新报（墨尔本版）》、《大洋时报》、《墨尔本日报》、《澳大利亚日报》、《东方邮报》、《澳大利亚新报》、《联合时报》等。本地的华人电台在 1990 年后开始繁荣，主要电台除墨尔本 3CW 中波台外，还有全天 24 小时不间断播放的特别广播公司（SBS）。SBS 隶属于澳大利亚联邦政府，面对澳大利亚国内的多元文化社区以 68 种语言提供电台和电视服务，华语是其中一个重要的语言。[①]

## 三、CRI 墨尔本中波台受众构成、特点与需求

为了解 CRI 墨尔本中波台的受众构成、特点及需求情况，国际台在 2012 年 6 月到 7 月在墨尔本进行了受众调查。本次调查采用书面问卷方式，共打印发放 1400 份，以街头发放、商铺自取、定向邮寄、受众参与等方式进行发放及回收，最后回收到有效问卷 1127 份。调查问卷涵盖了大墨尔本地区主要区域，与广播覆盖区域相同，样本数量也足够丰富，体现了此次问卷的真实性及有效性。

### （一）CRI 墨尔本中波台受众构成的特点

此次调查问卷分受众信息和收听测试两个方面。

在受众信息方面，主要包括受众年龄、性别、教育程度、职业、居住地区以及经常收听语言等方面的个人信息。通过这些信息可以对该电台受众有基本的了解。

在收听测试问答方面，调查问卷主要设置了广播信号清晰程度、收听方式、收听时段、收听时长等受众收听习惯。另外，问卷还设计了通过哪些媒体了解中国、收听该电台的原因、喜欢哪类节目、是否有固定收听栏目、愿意参加何种互动活动以及还有哪些节目待改善等问题，以此测评受众对电台的印象，需求以及今后节目设计的方向。

---

① 参见澳大利亚 SBS 广播公司新浪官方微博。

1. CRI 墨尔本中波台受众的年龄构成

调查表明（见图17），CRI 墨尔本中波台的受众集中在中年群体，其中收听最多的人群是40岁到50岁这一年龄层，30岁、20岁以及50岁年龄层的受众也是主要的受众群体。而40岁以上的受众占到近一半的比例，可见中老年受众是该台的主要受众群体。形成这一现象的主要原因是由于早期来澳的华人移民英文水平不高，主要从事手工及体力劳动，当时工厂的工人有边劳动边开着收音机的习惯。特别是在当地听中文广播，更能缓解思乡之情，排遣寂寞，很多在墨尔本的老华侨以中文广播为精神支柱，在日常生活中已经离不开，因此构成中老年受众集中的现象。

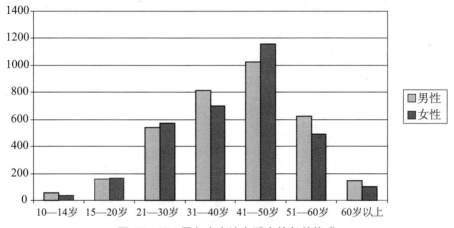

**图17　CRI 墨尔本中波台受众的年龄构成**

2. CRI 墨尔本中波台受众的性别构成

图18显示的是 CRI 墨尔本中波台受众的男女比例。根据问卷调查数据，从饼状图可以看出，电台受众的男女比例基本上差不多，但是男性受众相对更多一些，占到了总比例的58%。而女性受众为42%，比男性受众低了16个百分点。

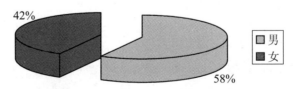

**图18　CRI 墨尔本中波台受众的性别构成**

男性受众占多数，与墨尔本当地华侨构成有关。早年来墨尔本的华人华侨多是淘金、修路、剪羊毛、采矿以及做中餐、洗衣、修理或其他体力劳动，主要以男性劳工为主，当时华人社区的性别比就是男多女少，存在比例失调的现象。自20世纪90年代以后，虽然有大批来自中国大陆、港台地区以及东南亚的华人移入，但总体上男多女少的性别比并没有太大改变，因此形成男性受众占了大多数的现象。此外，根据此次调查，老年男性更钟情于收听电台节目，其中养生类、戏曲类、时政谈话类节目深受这一群体的喜爱。

3. CRI 墨尔本中波台受众教育程度构成

通过图 19 的柱状图可以明确地看出，收听 CRI 墨尔本中波台节目受众的教育程度主要集中在中学阶段，其中以高中水平的受众人群最多，占到三分之二以上。总的来说，高中以下学历受众为主要受众群，是该台的一大特点。这也表明了该台的主要受众群是以工人、手工业者、个体经营者以及退休、无业人员为主，受众受教育水平普遍不高，接受专科以上高等教育的受众不到 10%。面对这样的低学历水平受众群体，就要求电台节目要通俗易懂，以浅显明白的语言播报为主，增加娱乐、信息、教育节目比例。

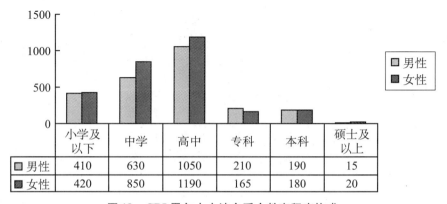

| | 小学及以下 | 中学 | 高中 | 专科 | 本科 | 硕士及以上 |
|---|---|---|---|---|---|---|
| 男性 | 410 | 630 | 1050 | 210 | 190 | 15 |
| 女性 | 420 | 850 | 1190 | 165 | 180 | 20 |

**图 19　CRI 墨尔本中波台受众教育程度构成**

由于合作台墨尔本 3CW 中波台是以汉语普通话播音，并不像其他地区华人电台以广州话为主，所以调查显示，当地华人受众群体以来自中国北方的受众居多，以粤、潮、闽南、客家话为主要交流语言的中国南方及港、台、东南亚地区的华人受众收听较少。

4. CRI 墨尔本中波台受众职业构成

调查显示（见图 20），CRI 墨尔本中波台的受众职业以职员、工人、自由职业和教师等高级技术人员为主，这部分人员的比例占到接受调查人群总数的 73%。其中，工人数量占到 24%，接近五分之一，自由职业也有 15% 的比例，这也证明了在墨尔本地区的华人主要以采矿、剪羊毛、厨师等体力劳动为主要职业。自由职业中多以中餐、超市、小商铺、服务业为主。企业公司职员及教师、医生、律师等高级技术人员，也占有 36% 的比例，这与近年来全世界包括澳大利亚政府不断开放，放宽对华人工作限制有关，越来越多的华人进入当地主流社会，拥有白领工作。但从本次调查来看，能进入政府任公务员的受众还是没有，显示受众仍局限于本社区的华人群体中。

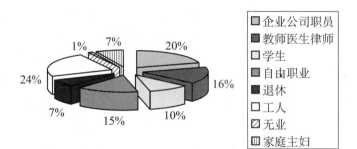

图 20 CRI 墨尔本中波台受众职业构成

另据调查显示，学生、退休、无业和家庭主妇人员占到受众的四分之一，这部分受众很少或没有经济能力，英语语言能力也相对较差，与主流社会、主流媒体的交往及接收信息能力较差，因此更依赖于中文媒体和电台节目提供信息和娱乐，是电台较为忠实的受众群体。

**（二）CRI 墨尔本中波台受众收听习惯调查**

在本次问卷调查中，受众收听习惯是调查的重要组成部分。调查方在问卷中设置了 10 个问题，就电台信号、收听方式、收听时段、持续收听时长等广播相关因素，以及收听本频率电台原因、喜欢节目类型、固定栏目、参加节目互动、电台有待改进方面等节目因素进行调查。调查显示，CRI 墨尔本中波台受众对电台信号满意，拥有较多的长时间收听用户，并且能积极参与节目互动以及为电台节目改进提出了宝贵意见。

1. CRI 墨尔本中波台受众接收信号情况

根据调查（见图 21），超过 93% 的受访者认为 CRI 墨尔本中波台信号很清晰，并能完整播出。只有 7% 的受众认为信号有时不清晰，没有人表示信号不清楚。由此可知，在大墨尔本地区，中波广播仍然有很好的传播效果，信号清晰，收听完整性良好，受众有较好的收听体验。作为持小受众广播牌照（narrow broadcasting license）的社区电台，信号清晰度能达到这种程度是相当不错的。

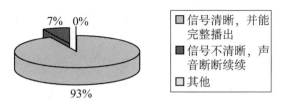

图 21 CRI 墨尔本中波台受众接收信号情况

2. CRI 墨尔本中波台受众收听方式构成

调查显示（见图 22），车载广播是 CRI 墨尔本中波台受众中最普遍的收听方式，占到 56%。这说明该台的受众大多是有车族，收听多是在上班、下班的早晚高峰时段进行。选择通过收音机收听节目的受众仍然达到 29%，这表明仍有不少人在家中收听广播电台节目，收音机仍然是重要的信息渠道之一。另外，网络电台作为新兴的媒体，也占到了 9% 的份额。而通过手机、MP3 等移动设备来收听的受众人数最少，只占到 6%，这说明移动接收设备仍处在起步阶段，不是受众收听方式的主流。

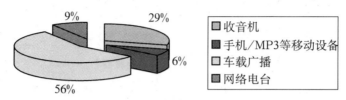

图 22　CRI 墨尔本中波台受众收听方式构成

3. CRI 墨尔本中波台受众收听时段构成

3CW 中文电台的节目有三个黄金时段，分别是早上 06：00—09：00，中午 12：00—14：00，以及下午 5：00—6：00。这是以当地人作息时间加上华人的生活习惯来确定的。此次问卷调查显示（见图 23），上午和下午（包括中午）时段是收听高峰时段，两者加起来有 63% 的受众选择在此期间收听。

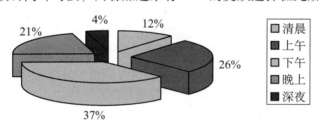

图 23　CRI 墨尔本中波台受众收听时段构成

另外晚上和清晨时段也有 21% 和 12% 的受众收听。在夜里 12 点以后的深夜时段收听人数最少，只有 4%。

从收听栏目来看，早晨 6 点的《中华养生》栏目的受众多为老年人，他们有早起的习惯，在喝早茶的时候，多半会打开收音机，收声养生节目。7 点钟新闻节目的主要收听人群是开车上班的上班族，以中年男性群体居多。

上午 9 点钟的《生活流行色》更多被家庭中的妇女所喜爱。中午 12 点钟的《新闻直通车》的受众群体多为有高学历背景的知识分子男性受众。《李玲故事会》有比较固定的收听群体，他们会准时收听并跟进节目。下午 3 点的《经典串串烧》的节目内容由港台歌手和大陆歌手间隔播出。在播出大陆歌手的经典歌曲时会吸引比较多的中年受众群体，而播放港台歌曲时受众的平均年龄会年轻很多。下午 4 点钟《生活在澳洲》、《有话就说》、《空中会客厅》、《综艺快车道》等节目，也有相对比较固定追随的受众群体。

4. CRI 墨尔本中波台受众的收听时长

调查显示（见图24），CRI 墨尔本中波台的受众每次持续收听时间并不太长，其中一小时以下的占到54%，另有32%的受众持续收听时间在1—3小时之间，只有不到14%的受众收听时间在3小时以上。因为电台的栏目时长基本都在一个小时之内，再加上有一半以上的受众都是通过车载电台来收听节目，据此可以推断都是在上下班的路上完成收听，因此持续收听时长不会超过1小时。对于超过3小时收听的受众，这部分人群大都为退休、无业及家庭主妇，由于拥有较多时间，因此可以长时间伴随收听。

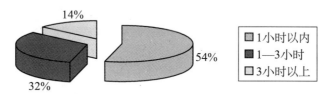

图24　CRI 墨尔本中波台受众收听时长构成

5. CRI 墨尔本中波台受众了解中国情况的媒体渠道

调查显示（见图25），有62%的受访者是通过本地媒体，即墨尔本的本土媒体，其中也包括当地华文媒体来了解中国。有25%的受访者是通过中国媒体获得有关中国的信息，其中包括来自中国的广播海外分台、电视卫星频道、报纸海外版以及中国网站等的信息。另外，还有13%的受众表示通过其他外国媒体来了解中国，包括 CNN、BBC 等国际传媒，也包括一些港、台、新加坡等地区的华文媒体。值得一提的是，墨尔本地区港台平面媒体非常发达，像《星岛日报》、《新报》等专门有墨尔本版，专门面向当地华人传递信息。

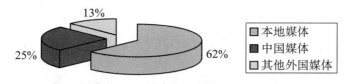

图25　CRI 墨尔本中波台受众了解中国媒体构成

调查显示，大部分受众表示，希望了解中国的资讯信息，即有关政治、经济、文化等最新消息。旅游、音乐、养生、商业资讯也是关注方面之一，而有关中澳双边关系的新闻最受关注，特别是中国对两国关系的表态，是当地电台受众最想听到的内容。

6. CRI 墨尔本中波台受众收听目的

调查显示（见图26），在接受调查的受众中，有55%的受众收听节目是为了娱乐消遣，39%的受众收听是想了解国际新闻和有关中国的信息，还有

6% 的受众是因为喜欢某个栏目而收听电台节目。作为只面向华人社区广播的狭播电台，提供娱乐节目、音乐节目是主要播出内容之一。就世界范围来看，电台节目中音乐、娱乐类节目也占大部分时间，寻求放松娱乐也是大部分电台受众的选择。

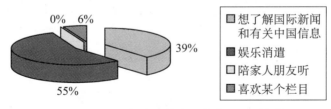

图 26　CRI 墨尔本中波台受众收听原因构成

此外，近四成的电台受众表示想通过电台了解国际新闻和中国信息，其中主要是希望了解中国对国际新闻事件的表态。这刚好与 CRI 墨尔本中波台的特色相一致，即对有关中国的信息拥有较权威的解读。

7. CRI 墨尔本中波台受众喜爱的节目类型

此次调查中，受众最喜爱的电台节目类型是经济生活类节目，所占比例最大，达到 30%。其次是时政新闻和资讯类节目，占到 24%，音乐类节目比例为 23%，中国文化及旅游类节目占到 16%，还有 7% 的汉语教学类节目。（见图 27）

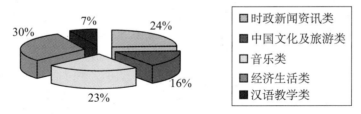

图 27　CRI 墨尔本中波台受众喜爱的节目类型构成

总的来看，新闻资讯、音乐和经济生活类节目的占比相差不大，但经济生活类比例更高一些。这说明，除音乐和新闻资讯类节目外，该台的经济生活类节目很受受众关注。这也与电台经济生活类节目办得比较有特色有关，比如《商家大看台》栏目，会提供大量购物打折信息，很受家庭主妇喜爱。另外，生活服务类栏目也会提供很多用工、租房、签证、保险、旅游、租车等诸多生活方面信息，帮助解决受众生活上的问题，提供便利。由于受众年龄、知识水平低等原因，高端的财经类节目可能并不受欢迎。

8. CRI 墨尔本中波台受众收听固定栏目情况

根据调查（见图 28），CRI 墨尔本中波台受众 90% 没有收听固定栏目的习惯，都为随机收听。另有 10% 的受众收听固定栏目，且多半是评书、小说连播这类具有连续性的节目。也有部分受众对都市情感类节目有钟爱，会在固定时段收听。受众喜欢的主要栏目有《访谈说事》、《经典串串烧》、《评书小说连播》等，这些受众主要是有较长收听经历的忠实受众。

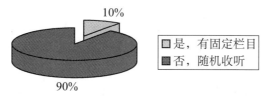

**图28 CRI墨尔本中波台受众收听固定栏目比例**

9. CRI墨尔本中波台受众喜欢参与互动的节目类型

调查显示（见图29），受众见面会是CRI墨尔本中波台受众最喜欢参与的方式，有72%的受访者表示愿意参加受众见面会。这与当地听众俱乐部有强大的号召力相关。CRI墨尔本中波台的合作电台墨尔本3CW中波台听众俱乐部在举办活动方面十分有经验，是西澳地区很有影响的听众组织。另外，调查显示，有奖竞赛是第二受欢迎的互动形式，占到23%的比例。而征文活动只吸引了4%的受众参与，这可能与电台受众整体文化水平不高有关。

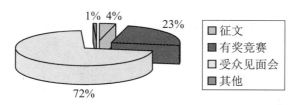

**图29 CRI墨尔本中波台受众愿意参与互动的节目类型构成**

10. CRI墨尔本中波台受众认为有待改进的方面

在调查中，CRI墨尔本中波台受众最后为该台提出了诸多改进意见，其中认为栏目设置需要改进的占到33%，认为节目题材选取有待改进的占到27%，认为音乐编排有待提高的占到22%，认为主持人风格及水平需要改进的占到10%。（见图30）

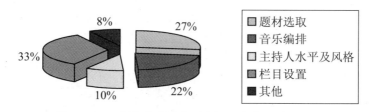

**图30 CRI墨尔本中波台受众认为有待改进的方面**

由此可以看出，受众认为，在栏目设置方面，还有必要改进，部分栏目还需要调整；在节目题材选取方面，更是需要编辑记者着重考虑，体现出新闻性和娱乐性的结合；在音乐编排方面，也需要进一步改进，研究不同层面受众对音乐的理解与需求。

### （三）CRI 墨尔本中波台受众的主要需求与应对

通过此次对 CRI 墨尔本中波台受众调查，我们掌握了有关受众年龄、性别、教育程度、职业、收听方式、收听时段、持续收听时长、收听电台原因、喜欢节目类型、参加节目互动等情况的大量第一手数据。经过对数据的梳理和分析，我们可以对受众特点和需求形成基本的判断，并以此为更好地推进包括 CRI 墨尔本中波台在内的国际台海外分台建设提供有益的参考意见。

1. CRI 墨尔本中波台受众感兴趣节目的类型

根据调查中 CRI 墨尔本中波台受众对播出内容感兴趣的程度，大致可分为三种类型：

第一类是新闻资讯类、历史类以及音乐类和医疗养生类节目。这些是受众非常喜欢和感兴趣的节目题材。其中，新闻资讯类的节目能够让受众在第一时间接触到各类重要信息，是很受欢迎的品牌节目。而历史纪实类节目的故事性强、可听性强。调查显示，历史纪实类节目的选题并不是关键，主持人的播讲水平是吸引受众的主要因素。音乐类的节目分为经典音乐和最新歌曲两种类型，其受众群体也分为两个群体。经典类歌曲更多地受到中年受众追捧，最新歌曲多是年轻人在收听。但是这两类音乐在两个受众群体中的受欢迎程度是基本一样的。小说评书类节目的收听群体则普遍以男性受众为主。

第二类是经济和生活服务类节目。包括当地经济新闻、实用性生活服务新闻，比如介绍如何开账户、投资赚钱等服务性信息。有的经济类节目和当地华人旅行社挂钩合作，推出介绍出行线路和服务的节目，还有体育比赛信息节目等都比较受欢迎。比如，同当地华人旅行社合作的旅游信息节目，会根据不同季节推出不同的旅游线图、特色和报价，很有服务性。体育节目不仅播报国际体育赛事，也播报墨尔本当地的体育赛事。这一类型节目的信息性、服务性都很强，方便当地受众的日常生活。受众会根据自己的兴趣来选择喜欢的内容，受众面也比较广泛，因此这类节目也很受受众喜爱，但是收听热情不及第一类。

第三类是《学汉语》等知识性强的节目。受众对这类节目的热情相对比较平淡。以《学汉语》栏目为例，受众反应平淡一方面可能因为大部分受众的母语就是汉语；另一方面，调查也显示，大部分受众收听电台主要为了休闲娱乐或打发时间，以学习为目的的受众并不多。此外，一些来自母语非汉语的西方受众以及当地出生的需要加强汉语学习的二代华人的反馈也显示，当前《学汉语》节目的内容还不够系统，不利于持续学习。

2. CRI 墨尔本中波台受众关注"中国报道"

根据调查结果，CRI 墨尔本中波台受众对于"来自中国的报道内容"最感兴趣，特别是报道的真实性和可靠性是吸引受众的主要因素。受众尤其对与中澳关系相关的一些报道特别感兴趣。另外，受众还希望有更多客观、且有指导意义的时事评论节目，包括加强国际问题的现场报道和对重要人物的访谈，加强新闻分析和评论，以便让受众能更完整地了解整个新闻事件。对海外华语受众来说，对新闻事件的解读显得比传递新闻信息更为重要，因此《直播中国》应加大对新闻事件的解读，也可以考虑开设专门的新闻分析评论节目。

**（四）关于国际台与墨尔本 3CW 中波台合作的建议**

1. 服务于海外华人华侨为核心的华语受众，加强媒体内容建设

CRI 墨尔本中波台以中华文化背景的人群为目标市场，必然要立足中国内容进行节目生产。它提供的不只是简单的一般信息服务，还承担了满足华人华侨受众思念家乡、关注祖国以及对母语文化环境的需求。当前 CRI 墨尔本中波台的受众群体已基本锁定在成熟的中年群体，而进一步开拓年轻受众的市场也显得十分必要。因此，未来应该推出更多针对年轻人的节目，以便扩大电台的受众群体。同时，加强电台主持人的选拔和培养，增强节目的互动性，以吸引更多受众收听。

2. 树立面向普通大众的制作方针，加强品牌栏目节目建设

合作电台墨尔本 3CW 中波台是当地面向华人华侨受众的商业广播媒体，节目设置要满足当地受众的需求。因此，CRI 墨尔本中波台首先应勇于放弃为"精品文化人群"服务的倾向，树立亲和大众的服务路线；并以当地受众需要为核心，量身打造品牌栏目。其次，要勇于提出"为中老年受众"服务为主的节目方针，专心打造面向中年的社区居家服务型广播媒体；同时在抛弃"时尚电台"观念，立足于为中老年受众群体服务的基础上，积极发展年轻受众群体。由于 CRI 墨尔本中波台华语广播节目是在澳大利亚墨尔本地区播出，节目主持人或记者在遣词用句方面应更为国际化，突出国际视角，以便于不同文化背景的受众群体更好地接收信息。

3. 积极转变媒体经营管理方式，走"市场化"之路

实现从传统官方媒体的播出格调，转向民办媒体的制作播出格调；从公营媒体的制作思路转向市场化媒体的制作思路；"全面化"节目生产思路转向精品化、定向化节目生产思路，为制作室、合作媒体生产精品节目和素材。

## 第四节　基于受众调查的华语海外分台传播策略

### 一、华语海外分台受众特点

根据此次问卷调查，国际台海外分台华语广播受众群体主要集中生活在加拿大温哥华地区、美国的洛杉矶地区、澳大利亚墨尔本地区以及新西兰奥克兰地区，但构成复杂。他们之中既有百年前漂洋过海打拼的第一代华工后代，也有近年来随着投资移民潮定居的新移民；既有台、港、澳地区的华人，也有东南亚各国的华人。来自不同地区、不同的出生文化大环境以及现在所居住国的文化不同，使得不同海外分台受众对广播节目的需求各不相同，对广播的接受与理解也各有差别，但去繁存简，归纳起来，传递中国及世界信息、传播中华文化、联系华人感情、抒解思乡之情、服务工作生活、提供娱乐消遣等方面，是当今华语海外分台受众的主要需求，也是海外华语广播的基本功用。

在此次接受调查的两千余人受众样本中，从性别来说，男性受众与女性受众的性别比例相差不大，男性占相对多数，比女性多10个百分点。

从学历和职业构成来看，各地区并不统一。总的来说，北美地区本科及以上的高学历人士构成受众群体的主要部分，他们以普通公司文员及技术人员居多。而大洋洲地区则以高中以下受众为主。同时，在所有受调查地区，学生、退休人员、家庭主妇群体都是重要受众群体，而处于当地主流社会的公务员及医生、律师、教师层面的受众较少。

从电台信号及受众收听习惯来看，各分台不论是中波还是调频，广播信号都非常好，效果清晰、节目播出完整，极少出现不清晰或不稳定的情况。收音机仍是当地居民主要收听方式，基本占到一半，开车时收听也占有一定比例，但移动的接收方式仍是新生事物，并没有占主流。

参与调查的受众收听节目主要目的是为了娱乐消遣，这占了一多半的比例。另外，获取有关中国的信息及其他资讯信息也是海外分台华语广播受众的主要需求，占到约三成。

在对节目内容、电台活动及需求方面，各海外分台的受众对音乐、娱乐节目情有独钟，有一半以上的受众以消遣娱乐和听音乐为目的收听广播。此外，国际及中国新闻资讯也为受众所关心，占到近三分之一比重。

在电台活动方面，有奖竞赛、受众见面会等活动最能吸引受众参加。另外，主持人水平及风格是影响电台受众收听率的最大因素，这也是受众提出需要改进意见最集中的部分。其他像题材选取、节目编排、音乐编排等的改进，也是受众提出意见较多的。

## 二、国际台华语海外分台节目现状

### （一）优势

作为国际台华语海外分台节目的提供方——国际台华语环球节目中心，目前实现 24 小时全天播出，节目全天候更新制作。在对外广播落地方面，华语环球节目从原来的以半小时或十分钟为一个单位的节目形态，到如今在海外整频率落地，节目时长大幅度增加，已经有了完整的整时段节目形态。在节目风格方面，主持人也从原来的播报式节目形态转变为现在的边播边聊，更加活泼，更具可听性。整体来说，华语海外分台节目具有浓郁的特色，有较强的新闻性、文化性和娱乐性。

第一，新闻类节目紧跟国内重大事件，及时报道、注重时效，突出新闻锐度，向世界发出中国声音。华语环球节目中心提供的海外分台新闻节目主要由《直播中国》和整点新闻构成。《直播中国》是一档新闻资讯类的直播节目，周一至周五以直播形式播出，每天分上、下午各更新一次，力求及时、权威、准确、全方位地向海外华语受众展现中国发生的新闻。该节目时长一小时，主要由"时政新闻"、"财经新闻"、"社会文体新闻"及"华闻华声"四部分构成，内容为 24 小时之内中国发生的新闻事件，不涉及国际新闻，但在"华闻华声"部分，则以海外华人华侨的社区新闻为主。该节目以国际台国内外记者及记者站自采新闻为主，辅以中国官方通讯社及主要媒体报道，确保新闻真实、准确。在报道形式上以记者连线、专家解读、录音报道为主，增强现场感、可信度和可听性。在重大新闻事件发生时，《直播中国》会打破以往节目构成框架，实现全天候直播或滚动跟踪报道，对重要新闻事件做专题式深入报道与解读，进行更灵活的新闻编排与播报。整点新闻则在每个小时的整点滚动播出，每次 3 分钟，播放最重要的国内外新闻，并实现实时更新，让受众最快、最及时地了解国内国际大事。

第二，专题类节目精心策划，紧密配合国内重大宣传报道。华语环球节目中心提供的海外分台普通话节目中，编发的专题节目有《创富蓝海》、《孔子学堂》、《中国之窗》等栏目，主要是深入解读新闻事件，透视解析社会现象以及跟踪最新资讯时尚潮流。专题节目能更深入、更有逻辑性的分析阐述问题，与新闻资讯类节目相配合，会使受众对新闻事件有更全面的理解及掌握。在专题节目中，主要采用录音报道方式，展现真实性和现场感。对于某一重要事件或人物，也有专家访谈、嘉宾访谈等形式，通过主持人与嘉宾的互动问题，解疑释惑。

第三，文化类节目深入挖掘中国传统及现代文化，向世界展示底蕴厚重的中国。文化类节目是华语海外分台节目中篇幅最多的，也是对外传播的重点。中国传统文化、读书、戏剧、音乐、小说以及历史、旅游、教育、文艺思潮等诸多方面，都是文化类节目的选题。在节目形式方面，主要以主持人调度为主，配以采访现场音响，也有专家解读、嘉宾访谈，对中国当代文化中事物、动向、事件及源流进行全景式播报，展现中华文化风采。

第四，娱乐类节目紧跟时尚潮流，轻松活泼，着重娱乐、旅游、美食及音乐资讯的混合串烧。华语环球节目中心提供的海外分台娱乐节目包括以文艺资讯为主的《娱乐 E 时代》和以音乐为主的《经典串串烧》等栏目。《娱乐 E 时代》主要是当下国内音乐、戏剧、电影等娱乐资讯的集合，引领华语地区最新娱乐及时尚潮流。《经典串串烧》则以歌曲播放为主，串联以主持人对歌曲的理解，曲目选择以名歌金曲为主，引发受众怀旧与思念，吸引很多海外受众收听。

第五，服务类节目《中华养生》向海外华语受众传播中华传统医学、养生等知识，为受众解决一些常见病症提供帮助。

第六，主持人、播音员发挥各自优势，配合节目风格，塑造特色声音形象。主持人在广播节目中起着关键性的作用。随着电台节目日益大众化、海外落地电台的增加，打造具有个性的主持人、培养忠实受众是电台提高收听率的必然选择。国际台华语广播现有除新闻节目外的主持人，基本实现编播一体，在节目中有很大的自由发挥空间，已经形成的各自的主持风格和特色，并在北美、澳大利亚等地拥有一批受众。

## （二）不足

从长远来看，随着国际台华语海外分台不断增多，影响力不断增强，受众对来自祖国的声音必定有独特的需求。特别是各国海外华人华侨背景不同，构成不同，欣赏习惯不同，信息需求不同，必然会对华语海外落地节目提出各不相同的要求，对主持人也会有更高的期待。而目前的华语海外分台节目与受众的要求相比，还存在一些不足。主要是：

1. 新闻类节目互动性、分析评论不足，缺少独家新闻及影响力报道。目前新闻节目设置仍然以主持人播报为主，辅以记者连线，但在直播节目中同记者、专家的直连较少，多以录音报道为主，现场互动感较差。在新闻评论方面，还没有本台的评论员对新闻事件做到实时分析解读，与海外受众想在第一时间了解新闻背景及进展的需求有差距，亟待加强。另外，也缺少有影响力的独家新闻发布。不过，在微博等网络社交媒体日益普及的今天，华语海外分台可以通过加强自主策划，制造新闻点，积极进行新闻营销，来提升影响力。

2. 专题类节目形式单一，风格比较倾向于传统保守。目前华语海外分台所播出的专题类节目，无论从选题、制作和播出方面来看，都显得创新不足。如在形式上仍是由播音员播报，混合采访录音，缺少受众参与，很难吸引受众关注。同时，大多数专题节目时效性较差，特别是一些新闻性较强的选题，常会出现报道滞后情况。

3. 娱乐文化类节目缺乏个性鲜明的主持人，选题策划还须改进，节目风格也须进一步调整。华语海外分台目前的娱乐文化节目主要是由主持人负责，大部分栏目没有专门的编辑和签审，因此节目质量难于保证，节目选题及主持人播报比较随意，没有严格的标准衡量，也没有对节目的监听反馈及整改意见。

## 三、华语海外分台传播策略分析

从 2008 年国际台华语广播着手打造海外分台以来，海外分台不断增加，华语广播节目整频率海外落地业务已取得长足进步。建设好海外分台，推动海外分台的积极稳妥发展，使其节目不断提高贴近性、针对性、可听性和亲和力，为我国的现代化建设营造良好国际舆论氛围，是华语环球广播，也是华语海外分台日后的发展目标。为了更好地实现这一目标，华语海外分台在传播策略方面可以在以下几个方面进一步加强：

### （一）加强媒体意识，以媒体为抓手推动海外分台建设

国际台华语广播在向现代综合新型国际传媒转型的进程中，必须要有媒体意识。也就是说，全部精力都要放在"媒体"上，要精确落实到华语广播拥有的每个媒体及其受众特点上。华语环球节目中心为海外分台制作节目、安排节目设置时，要考虑播出平台和当地受众，考虑每个分台的特点，结合每个电台的定位，有针对性地安排节目。对于新开的海外分台，要做好受众和市场调研，根据调研情况做好电台定位，并根据定位安排节目。特别是在北美、澳大利亚、新西兰等广播市场发达、类型化电台非常成熟的地区，要明确自己的目标受众、节目风格、内容等。没有媒体意识，制作的节目没有播出平台，自以为做得再好的节目也难以取得实际效果。[①]

### （二）加强内容建设，打造海外华语受众需求的精品节目

1. 依据受众和市场情况科学编排、及时调整节目内容与风格

此次调查显示，北美地区华语海外分台的受众整体素质较高，普遍拥有大学本科以上学历，故可以加强文化类节目的话题深度。而澳大利亚的华语海外分台的受众文化水平主要集中在高中以下，因此节目风格需要更加通俗

---

① 参见国际台台长王庚年 2012 年 7 月在国际台中文媒体座谈会上的讲话。

明白，更大众化。此外，要充分了解海外同类型电台情况，并调整节目内容及风格，以拓宽受众市场，提高竞争力。在充分调查后，要避开竞争电台的优势节目，另辟蹊径，打造出更吸引当地受众的新一档节目，避免同质化竞争。

华语广播将在受众调研的基础上，努力提高节目质量及水平。此次受众调查结果显示，有70%的受众认为华语海外分台的节目选题还须改进，在音乐节目编排、新闻节目时效性和新闻评论分析等方面都有进一步提高的空间。在节目制作方面，为了更好地打造出精品节目，将采用更专业的制作标准，明确节目制作流程，加强对节目的策划、管理和审查，制定出制度标准和可行性方案，按照规定实施。加强节目可听性，在保留优良传统的基础上大胆创新，让节目内容更紧凑、风格更鲜明。

2. 加强选题策划和节目播前、播后管理

精心选题、周密布置，全力打造符合媒体发展需求的精品节目。对此华语中心建立了每日报选题制度，结合重大事件和海外媒体受众关注点提前策划选题，中心每天召开编务会讨论并提出意见和建议，对采访和播出进行布置与安排。选题也要与媒体相结合，要委托海外节目制作室对当前播出节目开展收听调查，以调查研究的结果为依据，清楚认识受众市场，不断制作出为受众所欢迎的节目。

加强监制监听，并根据受众反馈及时调整节目制作，也是打造精品节目的重要举措。以《直播中国》为例，本档节目每天早晨要参加中心选题会，集结全台各中心新闻采编力量和资源。在这档1小时的节目中，可以包括40多条新闻，每一条都经过六七名编辑精心编排，以确保节目直播顺利，可听性强。此外，要进一步重视对专题节目的审听和评估，以中心编务会意见和受众意见结合，提出改进意见；根据海外受众需求对华语广播节目构成进行调整，增加或减少部分节目；在调整过程中针对海外不同合作电台特点，听取合作方需求，共同拟定节目构成。

3. 加强节目的本土化制作，提高针对性和贴近性

利用国际台海外节目制作室，与海外合作伙伴携手，整合前后方资源，实现节目制作前移，在前方制作和播出针对性强、互动性好的节目。

根据此次受众调查及海外分台的反馈，文化类节目，特别是介绍中国传统文化或当代中国文化活动及思潮的节目，凡内容生动形式活泼，有较高艺术欣赏性同时又制作精良的，都大受欢迎。对这类节目可以由后方提供完整的节目。对新闻资讯类和服务类节目，由于华语海外分台主要面向本土受众，在新闻中应突出本地新闻，后方只需要提供部分中国新闻方面的素材。

因此，华语海外分台的节目构成将以北京本部制作的精品节目和前方制作的本土化节目的方式呈现。北京总部制作的节目力求做精做深，内容以中

国国内的时政、财经、社会、文化、教育、娱乐等为主，主打权威、独家、时效等新闻要素，突出可信性与中国特色。海外节目制作室制作的节目内容根据当地市场需求确定，节目形式不拘一格，着力打造人气，增加当地频率品牌知名度，包装频率形象，主要目标是占领受众市场。在节目最后制作及合成时要注意前后方及时沟通，联合打造，节目播出成品风格应统一，以形成合力。

4. 提高主持水平，打造名牌主持团队

加强主持人培训，明确主持人的主持风格及节目风格，在节目中建立整频率概念。调查显示，海外分台受众认为主持人水平需要再加强提高的平均占到 60% 以上，这说明华语广播节目中的主持人确实需要继续进修和培训。尤其是在合作电台中，华语主持人与当地本土节目主持人在主持风格上有很大差距，与海外分台频率节目的整体性不一致，导致频率在内容上缺乏统一性，容易使受众误解。所以今后应加强对主持人在频率风格上的培训，更贴近本土受众，着重打造名牌主持人，名牌栏目，形成有竞争力的栏目及主持团队，为整频率走向海外打好基础。此外，还要从对象地区招聘节目主持人，或派遣节目主持人到海外分台工作，直接与目标受众接触。

**（三）丰富媒体类型，推出类型化媒体新品牌**

目前华语海外分台在类型上偏重综合性的资讯专题电台，少有类型化电台。而在国外特别是北美、澳大利亚和新西兰等地区，广播市场以类型化电台为主，符合当地受众的需求和收听习惯。根据上述广播市场的特点，华语中心计划推出华语环球音乐台，打造全天候 24 小时的类型化华语流行音乐频率。华语环球音乐台将以 1990 年以来华语流行音乐为核心，涵盖华语流行、独立、民谣、摇滚、电影原声、电子等最为丰富的音乐风格，为全球华人打造一个来自故土的全天候流行音乐频率。

在今后几年中，华语环球音乐台可尝试先与市场成熟、细分程度高的北美地区的有关传媒合作，用国际成熟的类型化音乐电台概念来联合策划和打造海外分台，开办类型化华语流行音乐电台，以作为国际台在北美打造媒体品牌的重要举措。采取电台类型化策略，一方面可以更好地服务海外华人华侨受众，满足他们对不同年代、不同地域、不同风格的华语流行音乐的需求；另一方面，有利于丰富国际台海外分台媒体类型，确定清晰的、差异化的定位，有助于海外分台在竞争激烈的媒体市场上赢得一席之地，也有助于推进海外公司开展广告经营。

**（四）加强品牌打造，提高媒体影响力和传播力**

海外分台品牌建设要从整频率包装着手，统一频率宣传片花、节目版头、节目宣传等，使频率形象更丰满、更统一。这样做，有助于加深海外受众对国际台节目的印象、记住频率品牌。对于海外分台华语节目的制作和包装，要积极吸收海外合作方的意见，借鉴合作方的经验，以合作电台频率定位和特点为主，既要在每个栏目的版头和片花中展现国际台华语广播的特色和中国形象，又要做到不喧宾夺主。

　　加强品牌推广活动的策划组织，也是品牌建设的重要手段。有针对性地策划和组织各种推广活动，有助于加深受众对媒体的了解和印象，开拓新的受众群体。海外分台与北京总部应联合策划和举办多种形式的品牌宣传推广及受众互动活动，并借助海外节目制作室资源，形成中外联动，扩大影响。实践证明，即便是在华人社区内举办小范围的受众互动活动，也会对推广频率品牌起到十分明显的作用。今后，华语广播中心将进一步加强媒体品牌推广的规划，有针对性地定期协同各海外分台，策划和举办不同主题的线下推广活动，增强频率品牌的影响力。

# 第二章　英语广播海外分台受众分析与传播对策

## 第一节　英语环球广播海外受众概况

作为中国国际广播电台（以下简称国际台，英语缩写 CRI）最大的通用语言对外广播业务，英语环球广播在 21 世纪的第一个十年取得了跨越式发展，海外广播覆盖范围不断扩大，节目时长不断增加，节目形态不断丰富，节目播出技术手段不断发展，媒体影响力不断加强，已逐渐成为海外听众最为熟悉的英语国际广播媒体之一。在全方位展示中国政治、经济、社会、文化等各领域事业发展成就的进程中，英语环球广播扮演着越来越重要、且不可替代的角色。2011 年 3 月 25 日，美国著名学者、"软实力"的提出者哈佛大学约瑟夫·奈教授在《华盛顿邮报》上撰文指出："就在美国之音缩减中文广播的同时，中国国际广播电台的英语广播却在全球范围内全天候播出。"2012 年 8 月 16 日，美国《纽约时报》在一篇名为《中国在非洲的外宣攻势》的报道中也描述了国际台在肯尼亚的广播情况。文中写道："在广播方面，从美国之音和英国广播公司的频段再往上调一点，就是中国国际广播电台。电台提供普通话教学，同时提供有关中非合作援助以及中国领导人环球访问的正面报道。"

目前，英语环球广播通过环球短波广播、海外落地中波和调频广播、微波、卫星线路及对内中波和调频广播等各种广播方式，向全球听众传播各类新闻资讯和广播专题节目，覆盖亚洲、欧洲、非洲、北美洲、大洋洲和南太平洋等多个地区，覆盖全球人口近 30 亿。其中，涉及整频率落地电台（日广播时数超过 10 小时）的项目达到了 42 个，涉及 15 个国家 34 个城市，有效覆盖人口超过了 7300 万。

### 一、英语环球广播海外落地发展概况

2008 年至今，随着海外落地项目增多，英语环球广播的广播时数呈现出明显增长趋势，如图 1 所示：

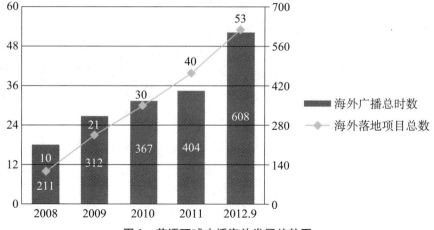

**图 1　英语环球广播海外发展趋势图**

截至 2012 年 10 月，英语环球广播在全球共有 55 个播出项目（不包括短波广播），除了北京的两个中波频率外，共有 53 个在海外落地广播项目，包括 52 个中波或调频频率和 1 个有线电视广播频道。英语环球广播每日累计播出节目时间总量已经超过 600 小时，其中海外落地节目时数超过 500 小时。

在节目生产方面，英语环球广播日平均生产新节目的时数已经达到 28 个小时，其中北京总部生产的节目有 18 个小时，包括 10 个小时的直播节目；美国洛杉矶节目制作室生产的节目 6 个小时；加拿大温哥华节目制作室和新西兰奥克兰节目制作室各生产 2 个小时的节目。如图 2 所示：

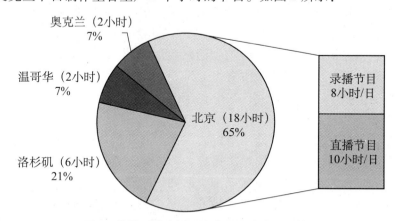

**图 2　英语环球广播日均节目生产量分布情况**

从区域分布上来看，英语环球广播目前的 53 个海外落地项目中，亚洲的落地项目有 14 个，北美洲的落地项目有 15 个，非洲的落地项目有 12 个，大洋洲的落地项目有 10 个，欧洲的落地项目有 2 个。具体比例分布如图 3 所示：

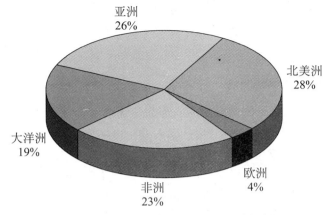

**图 3　英语环球广播海外落地项目分布比例图**

在这 53 个落地项目中，42 个属整频率电台项目。其中，英语节目日播超过 10 小时的项目为 35 个，其他 7 个频率为英语和其他语种的节目组合播出，但英语节目所占比例不足 10 小时。（见图 4）

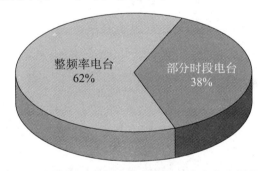

**图 4　英语环球广播海外落地整频率电台比例图**

在 53 个海外落地项目中，共有调频广播电台 37 个，中波广播电台 14 个，有线电视广播频道 1 个，其他类型项目 1 个。如图 5 所示：

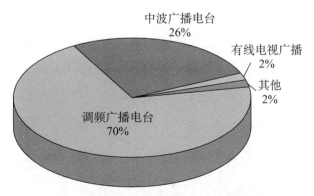

**图 5　英语环球广播海外落地电台类型**

## 二、英语环球广播海外整频率落地具体情况

英语环球广播所涉及的 42 个海外整频率电台的具体情况如下：

### （一）CRI 渥太华调频台

2010 年 2 月 10 日，国际台加拿大渥太华 FM97.9 调频台广播时段播出 12 小时英语节目。播出时间为当地时间19：00—07：00。该台播出频率为 97.9 兆赫，发射功率为 6.77 千瓦，节目信号覆盖渥太华及周边地区。播出节目内容以新闻类节目和音乐类节目为主，同时包括两小时的本土制作节目。

### （二）CRI 多伦多中波台和 CRI 多伦多调频台

2010 年 2 月 10 日，国际台加拿大多伦多 AM1540 中波台（CHIN RADIO）和 FM91.9 调频台广播时段播出 12 小时英语节目。节目播出时间为当地时间 19：00—07：00。中波台播出频率为 1540 千赫，发射功率为 50 千瓦，调频台播出频率为 91.9 兆赫，发射功率为 350 瓦，节目信号覆盖多伦多及周边地区。播出节目内容以新闻类节目和音乐类节目为主，同时包括由温哥华节目制作室制作的两小时本土化节目。

### （三）CRI 北加州中波台

2009 年 11 月 15 日，国际台 AM570 中波台实现了整频率落地播出。该台发射功率为 5 千瓦，播出频率为 570 千赫。该台位于美国北加州，节目信号覆盖范围包括雷诺市、太浩湖等旅游胜地。该台每天播出 10 小时英语节目，分别在当地时间05：00—08：00 和 17：00—24：00。播出节目内容以新闻类为主，同时播出国际台洛杉矶节目制作室（CRI-G&E）制作的本土化节目。

### （四）CRI 亚特兰大中波台

2010 年 8 月 15 日，国际台在美国亚特兰大实现节目落地，每天 14 小时播出国际台英语广播节目，节目播出时间为当地时间每天 05：00—20：00。该台播出频率为 890 千赫，发射功率为 5 千瓦，节目信号覆盖亚特兰大地区。播出节目内容以新闻资讯类和音乐类为主，同时播出国际台洛杉矶节目制作室（CRI-G&E）制作的本土化节目。

### （五）CRI 休斯敦 AM1540 中波台和 CRI 休斯敦 AM1520 中波台

2010 年 1 月 1 日，国际台休斯敦 KGBC AM1540 电台每天 24 小时广播时段播出国际台英语节目。该台播出频率为 1540 千赫，发射台位于得克萨斯州

东南部的加尔维斯顿港市，白天有四座发射塔定向发射，发射功率为 10 千瓦；夜间有两座发射塔工作，发射功率为 500 瓦。发射信号日间可覆盖加尔维斯顿市及休斯敦地区，覆盖人口约为 500 万，晚间覆盖区域更广。

2010 年 6 月 15 日，国际台休斯敦 KYND AM1520 中波电台每天播出国际台 12.3 小时英语节目，该台发射功率为 3 千瓦，节目信号覆盖休斯敦地区。这两家电台播出的英语节目以新闻类和音乐类为主，同时播出国际台洛杉矶节目制作室（CRI-G&E）制作的本土化节目。

### （六）CRI 费城中波台

2001 年开始，国际台费城 WNWR 中波台 1540 频率播出一个小时英语节目，至 2011 年已经发展到每天播出 16 小时英语节目，播出时间为当地时间 05：00—21：00。该电台的发射功率为 5 千瓦，节目信号覆盖费城地区。播出的英语节目以新闻资讯类和音乐类为主，同时播出国际台洛杉矶节目制作室（CRI-G&E）制作的本土化节目。

### （七）CRI 波士顿中波台

2011 年 6 月 1 日开始，国际台波士顿 WILD AM1090 中波电台，每天播出国际台英语节目 16 小时。播出时间为当地时间 05：00—21：00。该电台能覆盖波士顿及其周边地区。播出节目以新闻资讯类和音乐类为主，同时播出国际台洛杉矶节目制作室（CRI-G&E）制作的本土化节目。

### （八）CRI 华盛顿特区中波台

2011 年 4 月 11 日开始，国际台华盛顿特区 WCRW AM1190 中波电台，每天播出国际台英语节目 13 小时。播出时间为当地时间 07：00—20：00。该电台能覆盖美国首都华盛顿特区及其周边地区。播出节目以新闻资讯类和音乐类为主，同时播出国际台洛杉矶节目制作室（CRI-G&E）制作的本土化节目。

### （九）CRI 波特兰全频率中波台

2011 年 6 月 30 日开始，国际台波特兰 KXPD AM1040 中波电台，全天 24 小时播出国际台英语节目。该电台是国际台在北美的第一家完全意义上的全频率中波电台。该电台能覆盖波特兰及其周边地区。播出节目以新闻资讯类和音乐类为主，同时播出国际台洛杉矶节目制作室（CRI-G&E）制作的本土化节目。

### （十）CRI 夏威夷 AM880 中波台

2009 年 7 月 1 日，国际台实现了在美国夏威夷的中波落地。该台的发射功率为 2 千瓦，播出频率为 880 千赫，每天播出国际台 24 小时节目，其中英语 15 小时、汉语普通话 5 小时、广州话 1 小时、日语 2 小时、朝鲜语 1 小时。节目信号可覆盖夏威夷首府火奴鲁鲁市、夏威夷县、可爱县和茂宜县共计约 110 万人口。

### （十一）CRI 夏威夷 AM1370 中波台和 CRI 夏威夷 FM103.9 调频台

2012 年 7 月 30 日开始，国际台美国夏威夷的 KUPA AM1370 中波电台，全天 24 小时播出国际台英语节目。夏威夷 KUPA AM1370 中波台位于夏威夷的珍珠城市内，使用一个日夜功率为 6200 瓦的非指向性发射机，可有效覆盖夏威夷檀香山市，覆盖人口约 100 万。该电台原来主要播出体育谈话节目，从 2012 年 8 月起开始全天候播出国际台英语节目。该中波台还附赠一个 100 瓦的调频台，频率为 FM103.9。

檀香山是美国夏威夷州首府和港口城市，是著名的旅游城市，年接待游客约 700 万人。檀香山也是美国现任总统奥巴马的出生地。在当地进行国际台节目落地可以加强对当地听众的影响力，有效提高国际台外宣效果。目前在当地播出的英语节目内容以新闻资讯类和音乐类为主，同时播出国际台洛杉矶节目制作室（CRI-G&E）制作的本土化节目。

### （十二）CRI 拉斯维加斯调频台

2011 年 11 月 21 日开始，国际台美国拉斯维加斯的 KADD FM93.5 调频电台，全天 24 小时播出国际台英语节目。该电台是国际台在北美地区的第一家全频率调频电台。节目覆盖拉斯维加斯及其周边地区。目前在当地播出的英语节目内容以新闻资讯类和音乐类为主，同时播出国际台洛杉矶节目制作室（CRI-G&E）制作的本土化节目。由于拉斯维加斯娱乐产业发达，未来该电台计划打造成全音乐台。

### （十三）CRI 达拉斯中波台

2012 年 9 月 28 日起达拉斯 AM890 中波台播出国际台英语节目，该台为日出日落电台，现每天播出 15 个小时英语节目。播出频率为 AM890 赫兹，日间播出功率为 20 千瓦，节目传输采用卫星方式，可有效覆盖达拉斯地区。节目内容为新闻专题和音乐类节目。

### （十四）CRI 堪培拉调频台

2009 年 5 月 8 日，国际台堪培拉 FM88 调频台项目正式开播。该台共分 7 个点发射，每个点发射功率为 1 瓦，7 台并机发射。该台的播出频率为 88 兆赫。节目信号覆盖堪培拉城区约 30 万人口。这是国际台在西方国家开办的第一家英语整频率调频电台。该台每天播出 12 个小时的英语节目，播出时间为当地时间 08：00—20：00。播出节目内容以新闻资讯类和谈话类为主。

### （十五）　CRI 珀斯调频台

2007 年 6 月 18 日，国际台在澳大利亚西澳首府珀斯实现 10 小时的租时落地。其中，每天播出国际台 6 小时英语节目。播出时间为当地时间12：00—18：00。该台播出频率 104.9 兆赫，发射功率为 500 瓦，节目信号覆盖珀斯及周边地区约 190 万人口。CRI 珀斯 FM104.9 调频台为国际台在西方发达国家整频率落地的第一个调频电台，实现了国际台在西方国家节目整频率落地零的突破。目前，珀斯 FM104.9 调频台播出的英语节目内容主要为新闻资讯类节目。

### （十六）　CRI 布里斯班中波台

2010 年 9 月 27 日，国际台在澳大利亚布里斯班实现节目落地，每天播出国际台英语节目 12 小时，节目播出时间为当地时间每天 06：00—18：00。该台播出频率 1197 千赫，发射功率 5 千瓦，覆盖布里斯班。目前该电台播出的英语节目内容主要为新闻资讯类和音乐类。

### （十七）　CRI 奥克兰调频台

2010 年 3 月 5 日，国际台新西兰中华电视网华人之声电台 104.2 兆赫的调频频率全部 24 小时广播时段，播出国际台汉语普通话和英语节目。其中英语节目为 12 个小时。2011 年改为 24 小时全天候播出英语节目。该台发射功率为 3 千瓦。节目信号覆盖奥克兰市。奥克兰 FM104.2 调频台是国际台在大洋洲第一个真正意义的全时段英语电台，目前该台播出的节目以新闻资讯类和音乐类为主，同时播出国际台奥克兰节目制作室生产的本土化节目。

### （十八）　CRI 阿皮亚调频台

2010 年 8 月 2 日，国际台在南太平洋岛国萨摩亚首都阿皮亚建设的调频电台正式开播，该台发射功率为 500 瓦，播出频率为 100.4 兆赫。节目信号覆盖以萨摩亚首都阿皮亚为中心的 90% 的岛屿和 10 多万人口。该台每天播出 18 个小时的英语节目，播出时间为当地时间 08：00—（次日）02：00。目前该台播出的节目内容以新闻资讯类和音乐类为主。

### （十九）　CRI 维拉港调频台、CRI 桑托岛调频台和 CRI 马拉库拉岛调频台

2007 年 9 月 10 日，国际台在南太平洋岛国瓦努阿图维拉港、桑托岛和马

拉库拉岛建设的三家调频台正式开播。三台发射功率各为 500 瓦,维拉台的播出频率为 102 兆赫、桑托台的播出频率为 102 兆赫、马拉库拉台的发播出频率 106 兆赫,节目信号覆盖瓦努阿图近 20 万人口。这三座调频台的建成和播出增强了我国对南太平洋国家和地区的话语权。三家电台每天播出 18 小时的英语节目,播出时间为当地时间 06∶00—24∶00。目前播出的节目内容以新闻资讯类和音乐类为主。

### (二十) CRI 努库阿洛法调频台

2012 年 9 月 29 日起国际台在南太平洋岛国汤加播出国际台英语节目。该台为建台项目,具体播出时间为当地时间 06∶00—24∶00,播出频率为 FM92.1 兆赫,播出功率为 500 瓦,节目传输采用卫星方式。可有效覆盖汤加努库阿洛法地区。播出内容为新闻资讯和音乐专题类。

### (二十一) CRI 内罗毕调频台

2006 年 2 月 27 日,国际台在肯尼亚首都内罗毕建设的调频电台正式开播。其播出频率为 91.9 兆赫,发射功率为 2 千瓦,节目信号覆盖内罗毕及周边地区约 200 万人口,内罗毕调频台是国际台在海外开设的第一家调频电台,在我国对外广播史上具有里程碑的意义。该台每天现在每天播出 12 小时英语节目,播出时间为当地时间 06∶00—08∶00,09∶00—12∶00,13∶00—20∶00。目前该台播出的节目内容以新闻资讯类和音乐类为主。

### (二十二) CRI 蒙巴萨调频台项目

2011 年 1 月 10 日,国际台在肯尼亚建设的第二家调频电台——CRI 蒙巴萨调频台正式开播。该调频台播出频率为 FM103.9 兆赫,发射功率为 2 千瓦。CRI 蒙巴萨调频台每天播出 12 个小时的英语节目,节目内容套用 CRI 内罗毕调频台播出的落地节目,节目信号覆盖蒙巴萨及周边地区。

### (二十三) CRI 桑给巴尔调频台

2010 年 7 月 20 日,国际台在坦桑尼亚桑给巴尔岛新建的调频电台正式开播,该台发射功率为 2 千瓦,播出频率为 99.7 兆赫。该台节目信号覆盖范围约 45 公里,覆盖人口约 80 万。目前该台每天播出 12 个小时的英语节目,节目播出内容套用国际台在肯尼亚内罗毕调频台播出的落地节目。

### (二十四) CRI 坎帕拉调频台

2012 年 3 月 28 日,国际台在乌干达首都坎帕拉建设的落地调频台正式开播。该项目是我国商务部对乌援建项目的一部分。乌干达位于非洲东部,首都坎帕拉人口约 200 万，是全国政治、经济和文化中心。首都坎帕拉的播出频率为 107.3 兆赫，播出功率为 2 千瓦，可有效覆盖周边半径 40 公里地区。目前每天播出英语节目 14 个小时。播出时间为当地时间 05：00—06：00、08：00—12：00、14：00—20：00、21：00—24：00。播出内容以新闻资讯类和音乐类节目为主。

### （二十五）CRI 金贾调频台

2012 年 3 月 28 日，国际台在乌干达第二大城市金贾建设的落地调频台正式开播。CRI 金贾调频台也是我国商务部对乌援建项目的一部分。CRI 金贾调频台的播出频率为 107.1 兆赫，发射功率为 1 千瓦，覆盖半径 30 公里。金贾调频台每天播出 19 个小时的英语节目，播出时间为当地时间 05：00—24：00。播出内容以新闻资讯类和音乐类节目为主。

### （二十六）CRI 利比里亚五城市调频台

2008 年 11 月 19 日，国际台在利比里亚建立的 5 个调频台正式开播。这五家调频台分别为 CRI 蒙罗维亚调频台（FM104.7），发射功率 10 千瓦；CRI 布坎南调频台（FM105.6），发射功率 1 千瓦；CRI 杜伯曼堡调频台（FM91.7），发射功率 1 千瓦；CRI 绥德鲁调频台（FM91.7），发射功率 1 千瓦；CRI 沃因加玛调频台（FM104.7），发射功率 1 千瓦。五家电台的节目信号可覆盖利比里亚全国 60% 的人口，约 180 万。目前五家电台每天播出 15 个小时的英语节目，播出时间为当地时间 06：00—21：00。播出内容以新闻资讯类节目和音乐类节目为主。

### （二十七）CRI 达尔汗调频台和 CRI 额尔登特调频台

2006 年 3 月 1 日起，国际台节目在蒙古第二大城市乌拉省府达尔汗正式落地播出。该台的发射功率为 1 千瓦、播出频率为 103.7 兆赫，节目信号覆盖达尔罕市及周边地区 30 万人口。2009 年 12 月 1 日，国际台节目开始在蒙古国北部城市额尔登特的 FM103.1 调频台播出。目前这两家电台每天播出两个小时的英语节目，播出时间为当地时间 17：00—19：00。播出节目内容为新闻资讯类。

### （二十八）CRI 科伦坡调频台

2010 年 4 月 26 日，国际台在斯里兰卡首都科伦坡建立的调频电台正式开播。该台发射功率为 5 千瓦，播出频率为 102 兆赫，节目信号覆盖包括大科伦坡在内的西方省（含加姆珀哈、科伦坡和卡鲁特勒三个区），面积 3700 平方公里，固定人口 560 万，流动人口 300 万。该台是国际台委托中广公司代为建设，由斯里兰卡 VIS 广播公司负责日常运行和维护。该台每天播出英语节目 7 个小时，播出时间为当地时间 5：30—7：30，15：30—17：30，21：30—00：30。播出内容为新闻资讯类节目。

### （二十九） CRI 金边中柬友谊调频台和 CCFR 暹粒中柬友谊调频台

2008 年 12 月 11 日，配合我国与柬埔寨建交 50 周年活动，国际台在柬埔寨首都金边开播"金边中柬友谊台"。该台播出频率为 96.5 兆赫，发射功率为 10 千瓦，节目信号覆盖金边市及周边地区 100 多万人口。2011 年 8 月 29 日，国际台与柬埔寨国家电台合作开办的第二家调频台在旅游城市暹粒的 FM105 调频频率开播，即 CCFR 暹粒中柬友谊调频台。目前这两家中柬友谊台共播出国际台 4 个小时的英语节目，时间为当地时间 13：00—16：00 和 23：00—24：00，内容为以介绍中国文化和其他信息为主的新闻专题和杂志类节目。

### （三十） CRI 坎大哈调频台和 CRI 喀布尔调频台

2010 年 10 月 27 日，国际台在阿富汗坎大哈实现节目落地，坎大哈是阿富汗第二大城市，位于阿富汗南部，地理位置重要，北通首都喀布尔，具有重要战略意义。坎大哈人口约 21 万。CRI 坎大哈调频台播出频率为 102.2 兆赫，发射功率 1 千瓦，覆盖坎大哈。2012 年 4 月 27 日，国际台在阿富汗首都喀布尔开始播出英语节目。CRI 喀布尔调频台播出频率为 102.2 兆赫，发射功率为 1 千瓦，可有效覆盖喀布尔及周边县市，覆盖人口约 350 万。目前，两台每天播出 8 小时英语节目，播出时间为当地时间 09：00—17：00，播出内容以新闻资讯类为主。

## 三、英语环球广播海外受众特性分析

英语环球广播的海外落地发展不但大力拓展了国际台英语节目的传播范围，也极大程度丰富了我国对外传播的手段，改变了对外传播的传统思维，有效改善了英语广播的收听质量，拉近了与海外受众的距离，传播效果受到广泛好评。随着海外落地项目的不断扩展，通过海外落地电台收听国际台节目的听众数量也在稳步上升，发展势头十分喜人。根据英语环球广播听联组的统计，目前全球与英语环球广播保持定期联系的听众已经接近万人，如图 6 所示。这些听众分布在北美、欧洲、非洲、大洋洲、亚洲等多个地区，很多都是通过海外落地频率收听国际台节目的。他们会通过电子邮件、信件、电话、手机短信以及网络留言等多种方式将节目反馈发给英语中心。

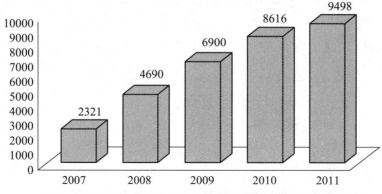

**图 6　英语环球广播固定联系听众增长数量（2007—2011）**

不少听众每周都会把他们听到最新节目的感受发给英语中心。我们整理了部分海外听众的反馈内容，这些内容涉及多个方面：比如对节目播出质量的反馈，多数听众表示能够清晰地收听到英语环球广播的节目，信号清晰，尤其是落地播出以后，效果往往比短波更好，但也有部分地区偶尔会出现收听质量不良的情况；还有很多收听节目的感受，多数听众表示他们通过节目对中国有了更直接、更深入的了解，他们从英语环球广播上获得了很多在其他媒体上无法了解到的信息，这让他们受益匪浅。

在认真梳理英语环球广播海外受众的反馈内容后，我们把英语环球广播海外落地项目的受众大致划分为以下九种类型，并在每种类型后面都附上了三个比较典型的反馈样本：

**（一）长期收听英语环球广播的忠实听众**

英语环球广播在过去的 65 年发展中，已经通过短波积累了大量全球听众。不少海外听众在得知国际台的英语节目在当地调频电台或中波电台落地播出后，又开始收听英语环球广播的落地广播节目，并且非常专注，定时撰写收听报告，及时对节目给予反馈。

【例1】英语环球广播节目在乌干达首都坎帕拉 FM107.3 调频台播出后，当地听众 Ibrahim Barhati 发邮件说，他已经通过短波收听国际台的英语节目十几年了，现在很高兴能在当地电台听到熟悉的声音："能在调频台收听你们的英文节目，真令人欣喜万分。听你们的节目，就如同注入新鲜的血液一样，很是振奋！"

【例2】英语环球广播节目在美国休斯敦 AM1540 中波台播出后，当地听众 Bill Walters 发邮件说："我以前都在短波上收听国际台的节目，最近一直在中波 1540 上收听你们的节目。中波的节目效果更好，更方便。我喜欢了解中国新闻，收听有关中国文化的专题。"

【例3】孟加拉达卡的听众 M. H. Rony 在来信中说："我一直是中国国际广播电台英语节目的忠实听众。我喜欢听你们的国际新闻和音乐类节目。现在我在孟加拉达卡，很高兴能在这里的 FM103.2 调频台上收听到你们的节目。节目质量更好了，我和朋友们都爱听，希望以后能有更多节目在调频台上听到。"

### （二）对中国感兴趣，想了解中国的听众

还有很多听众开始收听英语环球广播的海外落地节目是因为他们非常关注中国，渴望了解与中国有关的一切信息。而在国外媒体上这样的信息并不多，因此选择了英语环球广播。他们关心中国的原因有很多，比如喜欢中国文化，和中国有生意或工作往来，曾经在中国旅游或居住过，所在的城市里有很多华人或者纯粹是对中国的现状或发展充满好奇。

【例1】来自美国的 Hedley Williams 在收听了英语环球广播的节目后来信说："我在美国从事商业地产开发工作，我很喜欢旅游。我去过中国四次，包括北京、上海、西藏、成都、西安、苏州等。我非常喜欢中国和中国人，希望有机会还能去中国旅游。谢谢你们的广播节目让我更加了解中国。"

【例2】来自澳大利亚的 Benny 是出生在澳大利亚的华裔，目前居住在珀斯，在收听了英语环球广播在珀斯 FM104.9 调频台的节目后，他通过邮件表示自己非常高兴能听到更多关于中国的信息，因为自己的父亲来自中国，但是在澳大利亚当地有关中国的信息还是非常有限。"虽然我是华裔，但并不了解中国，感谢你们的节目让我对中国有了更多了解。我喜欢听有关外国人在中国生活的故事，也很喜欢你们的直播讨论节目。"

【例3】来自巴基斯坦的听众 Punhal Khoso 是一个学生，他非常关注中国，并因此长期收听国际台的英语节目，现在已经考上大学。他在邮件中说："大学里没有收音机，不过每周末我回家晚上还是会坚持在 FM93 上听你们的节目。虽然只有一个小时，但让我对中国有了更多了解。中国是巴基斯坦的邻居，我对中国很感兴趣。以前我以为台湾是一个单独的国家，现在知道了它是中国的一部分。"

### （三）因为学习汉语而收听广播的听众

由于英语环球广播的海外节目基本上每个整点都有五分钟的汉语教学节目，还有一些节目是中英文双语主持的，因此也吸引了不少正在学汉语的海外听众。有听众把收听英语环球广播视作巩固汉语水平的重要途径，并通过收听一些文化专题类节目来丰富自身对中国的了解，借以帮助提升汉语水平，也有听众来信希望能增加与汉语教学相关的内容。

【例1】来自肯尼亚的 Samuel Maina 是内罗毕 FM91.9 的听众，他在邮件

中说："我是一位商人，目前正在这边的大学里学习汉语。我很喜欢收听你们的节目，对我学习很有帮助。希望你们再接再厉！"

【例2】来自英国的听众 Ian Evans 也是英语环球广播学汉语节目的爱好者。他在邮件中说："我必须承认 Raymond 和亚捷主持的学汉语节目总是让我捧腹不止，让我每天在快乐的气氛中学习。"

【例3】来自美国的听众 Carolyn Lysandrou 在邮件中说："你们通过广播节目教听众学汉语真是个好主意。我会让我的三个孩子和我一起听。学汉语的广播节目很有意思。要是能下载到 Podcast 上就更好了。"

### （四）随机收听，喜欢发表评论的听众

很多海外听众在收听英语环球广播的节目时，并没有特别的喜好，或固定收听的节目，但是当他们听到他们感兴趣的新闻或话题时，他们会很愿意分享自己的看法。他们会通过电子邮件或网络留言的方式表达自己的观点，以及对节目的看法。

【例1】来自肯尼亚的听众 Daniel Odhiambo 在收听了英语环球广播的时事访谈节目《专家论坛》对叙利亚局势的讨论后，在邮件中表示："主持人的提问非常到位，很有智慧。我个人认为中国和俄罗斯有能力通过向国际社会施压或其他方式在叙利亚危机上发挥更大作用。"

【例2】来自美国费城的 Brian Procter 在听到了另一期《专家论坛》有关中医药在国际市场发展情况的节目后，通过邮件表示："我在中波 1540 上听到了你们有关中医药的讨论节目，我对这个话题非常感兴趣，我很想知道中医药是否能够作为现代医学诊断和治疗的另一种方式。我会继续收听你们的节目。"

【例3】来自美国的听众 Mike Peraaho 在听到有关台风海苔的新闻后，通过网络留言表示："从你们的新闻节目中得知台风海苔对广西壮族自治区造成了严重损害和人员伤亡，我感到很伤心。2008 年我曾经去过广西，那里的人民非常友好，我希望他们能尽快从灾难中走出来，重建家园。"

### （五）喜欢某固定栏目或主持人的听众

很多听众与英语环球广播结缘是因为收听到了某个他们喜欢的节目，或者被某一位特定的节目主持人所吸引，并因此开始关注英语环球广播在当地的播出，他们会定期写信来对自己喜欢的节目给予评价，并询问主持人的情况，可以算是非常忠诚的粉丝。

【例1】来自加拿大多伦多 Paul Caulfield 来信说，他在 2011 年 11 月的某一天偶尔在当地的中波电台 AM1540 上听到了英语环球广播的新闻节目《新闻纵贯线》，他非常喜欢这档节目，并开始每天固定收听。除了《新闻纵贯

线》以外，他还会收听英语环球广播的其他一些新闻节目，他非常喜欢其中两位主持人 Paul James 和 Brandon Blackburn Dyer 的主持方式，并会定期给英语环球广播提建议，比如："我希望英语环球广播的新闻节目能增加对加拿大的新闻的关注，甚至可以考虑向多伦多派驻记者，因为这边的华人数量很多。"

【例 2】来自美国波特兰 Sam Hochberg 是 AM1040 中波台的听众，也是英语环球广播的音乐节目《The Shuffle》的忠实粉丝。他在邮件中说："非常喜欢在 AM1040 上收听你们的音乐节目 The Shuffle，这个节目做得比我们当地的很多电台都好，而且还没有广告。我几乎每天都听。"

【例 3】来自美国华盛顿特区的听众 John Fox 是英语环球广播新闻杂志类节目《脉动中国》主持人曼玲的粉丝。他在邮件中说："我在华盛顿特区工作，每天开车上下班。开车的时候都会通过 AM1190 中波台收听你们的节目。我特别喜欢《脉动中国》的曼玲，她的英语非常好，声音很好听。你们的节目和美国电台的节目很不一样，让人听了有一种焕然一新的感觉。"

### （六）关注国际广播发展的听众

英语环球广播的听众中有很多都是长期关注国际广播的专业听众，其中不乏短波收听爱好者，他们在对短波广播的衰退感到失望的同时，也会转而关注国际广播媒体在落地广播上的发展。他们会拿中国国际广播电台的节目与 BBC、VOA 等国际广播媒体进行比较，并对节目播出质量和内容给出专业评价。

【例 1】来自英国 Terry Starr 在给英语环球广播的邮件中表示，收听国际广播节目是自己毕生爱好，他也参与当地调频广播电台的工作。他认为 "CRI 的节目让人感觉这个媒体非常友好可亲近，播音员的水平非常专业，让听众感觉亲切。比许多国际广播媒体都更令人喜欢"。

【例 2】另一位来自英国的 Brian Kendall 也是英语环球广播的老听众，几乎每周都会把自己对节目的意见以邮件的形式发过来，从节目形式、内容编排、主持人的播音质量各个方面进行非常专业的点评。他曾在邮件里说："我对国际广播媒体在短波广播上的衰落感到非常可惜，但也很高兴看到你们开始通过中波和调频台在很多地方实现了落地广播，而且节目质量依然非常好。"

【例 3】来自乌干达的 Ibrahim Bahati 也是一位国际广播的爱好者，他在邮件中表示："很高兴能在坎帕拉的调频台上听到你们的节目。节目的声音质量非常好，和 BBC 在这边的播出质量不相上下，晚上的收听效果比早上更好。很喜欢通过你们的节目了解中国，也希望你们能更多地关注乌干达。我会继续收听你们的节目。"

### （七）关注中国媒体的听众

有一部分海外听众以前对中国的媒体并不熟悉，在偶尔收听到英语环球广播在海外的落地节目后，因为发现是中国的媒体而产生了浓厚的兴趣。他们认为中国的广播给他们带来了不同的选择，而且很多节目内容是本国媒体无法提供的。

【例1】来自英国的 Ian Anderson 来信说：“我非常高兴能在卢森堡的1440 中波台上收听到你们的节目，我很好奇来自中国的节目怎么会出现在这里，这真是太奇妙了！我是 BBC 的忠实听众，但也很高兴能听到一些来自世界其他地方的不同声音和观点。我知道现在获取信息的渠道很多，但能听到从北京传来的直播节目，感觉还是不一样。”

【例2】来自美国的 Ken Godfrey 在来信中说：“很高兴能听到中国制作的广播节目。没想到你们的节目那么欢乐、有趣，有很多内容都是在其他一些媒体上听不到的。谢谢你们的努力，请继续保持你们轻松、生动的风格。”

【例3】来自澳大利亚悉尼的听众 Najam 在来信中说：“我在 FM98.5 调频台上听到了你们的节目，很高兴能够听到中国国际广播电台的节目。希望每天都能听到来自中国的新闻。你们以后会在这里的中波台播出吗？”

### （八）认真收听并积极提出建议的听众

一些海外听众在认真收听英语环球广播的节目同时，还会对节目的不足之处，比如播出质量、主持人的播音风格、节目内容编排等方面，提出非常详细和中肯的意见，这些建议和意见也成了英语环球广播改进节目质量的重要依据。

【例1】来自澳大利亚 Terry Robinson 是英语环球广播新闻节目《新闻纵贯线》的忠实听众。一次他在邮件中说：“这几天我没有收听《新闻纵贯线》，因为你们的主持人说得实在太快了。我很难听清楚他说的内容，过快的语速让人头痛，信息量太大，让人很难全部听懂。”

【例2】来自利比里亚的听众 Siafa G. Sheriff 是利比里亚中国友好协会的会员。他在邮件中反映说：“我很喜欢听你们的节目，但是你们对于非洲的发展报道并不多。我希望你们的节目中有更多与非洲有关的信息。”

【例3】来自英国的听众 Lionel Gay 在给英语环球广播的邮件中说：“我收听了你们很多节目，发现你们喜欢用美语主持人，很多主持人的英语表达都是美语的习惯，而且你们讨论节目的嘉宾大部分也是美国人。作为一家国际广播电台，应该考虑到不同地区的受众，你们可以请一些不同地区的专家学者参加节目。”

### （九）想通过收听节目解疑释惑的听众

有很多收听英语环球广播的海外听众他们对中国的了解有限，非常希望能够通过节目对中国文化、经济、社会发展等各个方面有更多了解，因此他们会提出各种各样的问题，期待在收听节目的过程中获得答案。这些问题有时也会成为节目制作人员制作节目的灵感。

【例1】来自孟加拉的听众 Dewan Rafiqul Islam 是中国文化的爱好者。他希望英语环球广播的节目能帮他解释有关龙在十二生肖中排序的问题："我知道 2012 年是中国的龙年。据我了解，在中国历史上，龙是很神秘的动物，对中国人非常重要，它是十二生肖之一，象征着皇权和吉祥。我想知道，它在十二生肖中的位置是怎么决定的？"

【例2】来自坦桑尼亚的听众 Abdulkadir Ibrahim 给英语环球广播写信说："我很喜欢听你们的《新闻纵贯线》和《轻松杂志》节目。我听到节目里说中国的外资总额已经连续六个月下滑，我有点担心中国的经济。我想问一个问题，在出现像欧债危机这样的全球经济问题时，中国这样的新兴经济体该如何解决自身的经济发展问题？"

【例3】来自美国的听众 Don Rousseau 写信问道："我知道中国买了很多的美国债券，你们的节目里也经常说到。现在美国经济不景气，中国会抛售这些债券吗？如果不会的话，中国是期望美国能够偿还这些债券吗？"

## 四、英语环球广播海外节目内容介绍

由于英语环球广播覆盖范围广泛，面向的听众群差异化程度较大，而且在各个地区的播出时间、播出时长都不一样，因此英语环球广播的海外节目设置也是一项非常复杂的系统工程。为适应不同地区受众的需求，英语环球广播在节目设置和内容选择上会尽可能注意到不同节目的地区针对性，并专门为北美、大洋洲和非洲等重点传播区域的听众开设了一些量身定做的节目。2012 年 8 月开始，英语环球广播的三个海外节目制作室开始运转，海外广播节目的本土性得到提升。目前，英语环球广播的四个节目生产基地（北京总部、洛杉矶节目制作室、温哥华节目制作室、奥克兰节目制作室）每天生产的节目按照内容可以分为新闻类、音乐类、专题类和汉语教学类四种类型。在日均生产的 28 小时节目中，新闻类节目时数达到了 17.5 个小时，音乐类节目有 7 个小时，专题类节目有 3.5 个小时，各类型节目所占比例如图 1—7 所示。由于汉语教学类节目目前为插播在各整点节目之间的 5 分钟内容，暂没有计算在每天生产的 28 小时节目内。各类节目比例如图 7 所示。

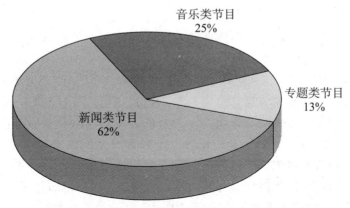

**图 7　英语环球广播日均生产节目类型比例图**

　　作为英语环球广播的主打品牌，新闻类节目是电台的立台之本，也是英语环球广播每天投入人力资源最多的节目类型。英语环球广播的新闻类节目在近十年里得到迅速发展和壮大。新闻的丰富度和实效性都大幅加强，更多的直播新闻节目凸现了媒体的专业性。目前英语环球广播每天生产的新闻类节目包括新闻资讯类、新闻访谈类、新闻杂志类等多个类型。主要节目的具体情况如下：

### （一）《新闻纵贯线》（The Beijing Hour）

　　北京总部制作的新闻资讯类直播节目。2010 年 1 月 25 日，经过周密筹划和精心准备，英语中心推出了早晚两小时的《新闻纵贯线》直播节目，首次实现了新闻直播节目在对内和对外平台上的分频播出。《新闻纵贯线》也是英语中心首次尝试围绕明星主持人打造名牌新闻节目。早晚节目的两名资深外籍主持人均有国际媒体从业经验，在业界有较高知名度。团队由中方员工担任新闻主管，中方主持人以板块主持人身份参与，在新闻的编排和设计上除重点新闻报道外，其他新闻以板块新闻出现，如财经、体育、报摘及文化娱乐等，同时穿插音响及特约评论员的连线点评，整体风格十分大气和国际化，令人耳目一新。世界短波节目的权威杂志——短波监听综合月刊《收听时报》（Monitoring Times）在其 2010 年 7 月号的杂志上，推出特别文章高度评价《新闻纵贯线》。文章称《新闻纵贯线》是一档出色的、让人兴奋的新闻节目，与世界主要国际电台如 BBC 的节目风格类似，无论是报道中国新闻，还是报道国际新闻，都有中国的独特视角。2012 年 8 月 1 日，《新闻纵贯线》又再接再厉推出了一个小时的午间直播版，早中晚三个小时的《新闻纵贯线》在内容还会针对不同大洲的海外听众有所选择。

### （二）《今日》（Today）

北京总部制作的新闻杂志类直播节目。2009 年 5 月 8 日，随着国际台堪培拉调频落地电台的正式开播，英语中心首档新闻杂志类直播节目《今日》也顺利推出。《今日》周一至周五每天直播两小时，是一档专为澳大利亚和美国听众精心打造的新闻节目，由中外员工搭档主持。节目的第一个小时以热点话题讨论为主，主要针对听众关注的全球热点问题以及中国正在发生的新闻事件，广泛邀请专家、学者和业界人士作客直播间或通过电话直播连线，与主持人一起进行讨论。节目的第二个小时以中外新闻报道为主，通过中外主持人之间的互动，帮助听众分析五大洲的要闻和中国新闻，节目还设立了"网闻搜索"等一些小板块，为听众提供全角度的新闻解读，以全球视角关注人间万象。

### （三）《脉动中国》（China Now）

北京总部制作的新闻杂志类直播节目。2006 年底，为迎接英语环球广播在澳大利亚珀斯的落地播出，英语环球广播特地为澳大利亚听众量身打造了一档长达三小时的直播节目《脉动中国》。这也是英语环球广播第一档在海外调频落地电台同步直播的大型新闻板块类节目。《脉动中国》的内容集资讯、文化、娱乐、互动于一体，主打轻松休闲，节目风格清新、主持方式生动活泼，由中外主持人和记者一起为听众送去一个又一个在中国和世界各地发生的新鲜故事，并进行风趣的点评，可听性很强。每天三小时的直播节目中除了各种新闻资讯外，还会穿插中西方流行音乐，还为听众们提供旅游、烹饪等实用生活信息。

### （四）《专家论坛》（People in the Know）

北京总部制作的新闻访谈类节目。每周一到周五，每天 25 分钟的时事类新闻访谈节目，是英语环球广播的旗舰栏目之一。该栏目创办于 1998 年，历史悠久。节目通过访谈形式，邀请中外专家讨论国际、国内热点话题，话题涵盖国内外政治、经济、外交、文化、科技、社会、体育等领域的重大事件，是中外精英就热点时事问题交流观点的平台。2004 年曾荣获国际广播联盟评选的当年世界十大最佳短波节目奖。

### （五）《轻松杂志》（China Drive）

北京总部制作的新闻杂志类直播节目。一周七天，每天两个小时的都市化新闻资讯。节目风格轻松愉快，中外主持人搭档主持。第一个小时为新闻播报，关注经济资讯、社会新闻、科技报道、文化娱乐等多个方面；第二个小时为演播室圆桌讨论，多位主持人一起就近期中国社会的热点话题侃侃而谈，从不同的视角产生中西观点的碰撞，为听众带来不一样的感受。

### （六）《全球财经播报》（Global Biz Report）

由国际台洛杉矶节目制作室完成。2012 年 8 月开始播出。每天一个小时的财经新闻，关注美国及全球的经济资讯，包括华尔街动态新闻及纽约股市信息。节目在美国落地频率播出，包括北加州 AM570、休斯敦 AM1540、休斯敦 1520、华盛顿 AM1190、费城 AM1540、亚特兰大 AM890、波士顿 1090、波特兰 AM1040。

### （七）《世界体育和娱乐报道》（World Sport and Entertainment）

由国际台洛杉矶节目制作室完成。每天一个小时的体育和娱乐新闻播报。2012 年 8 月开始播出。前半个小时关注北美及全球的体育赛事，后半个小时关注北美及全球的文化娱乐新闻。节目在美国落地频率播出，包括北加州 AM570、休斯敦 AM1540、休斯敦 1520、华盛顿 AM1190、费城 AM1540、亚特兰大 AM890、波士顿 1090、波特兰 AM1040。

### （八）《环球新闻眼》（Global Monitor）

由国际台洛杉矶节目制作室完成。2012 年 8 月开始播出。每天一个小时的另类新闻，以轻松的主持风格介绍近期世界各地发生的一些社会新闻，具有人文关怀的新闻或奇闻轶事，为听众提供另一个看世界的角度。节目在美国落地频率播出，包括北加州 AM570、休斯敦 AM1540、休斯敦 1520、华盛顿 AM1190、费城 AM1540、亚特兰大 AM890、波士顿 1090、波特兰 AM1040。

### （九）《潮流追踪》（Trend Detective）

由国际台洛杉矶节目制作室完成。2012 年 8 月开始播出。每天一个小时的与人们生活相关的行业新闻播报，由两位主持人以对话的形式共同主持，为听众带来各行业的最新发展趋势，如科技、环保、健康、时尚等，引领生活潮流。节目在美国落地频率播出，包括北加州 AM570、休斯敦 AM1540、休斯敦 1520、华盛顿 AM1190、费城 AM1540、亚特兰大 AM890、波士顿 1090、波特兰 AM1040。

（十）《我爱纽西兰》（Asia Focus）

由国际台新西兰奥克兰的节目制作室完成。2012 年 8 月开始播出。每天两个小时的新闻时事类节目。由新西兰籍主持人与华裔主持人一起播报亚太地区及新西兰当地资讯，包括当地华人社群的新闻。节目中听众可以直接电话参与讨论，节目还会定期访问政要与新闻事件人物。节目播出平台为奥克兰 FM104.2 调频台。

除新闻类节目外，专题类节目也是英语环球广播向海外听众传播中国信息的重要途径。英语环球广播的专题节目历史悠久，制作精良，包括文化专题、财经专题、社会专题、人物专访等多种类型。每个节目都有固定的海外听众群，并多次在国内外广播节目评比中获奖。

（十一）《社会前沿》（Frontline）

由北京总部制作的一档网罗中国社会百态的专题节目，每周一播出。社会前沿故事，平民生活百态，点点滴滴无处不在，《社会前沿》带您走入中国社会全景图。2009 年入选国际广播联盟世界年度十大最佳短波节目。

（十二）《中国商务》（Biz-China）

由北京总部制作的一档财经综合类专题栏目，每周二播出。全面介绍中国财经领域最新动态，结合政府财经、贸易政策的变化，从企业、投资人和百姓的角度解读中国的经济政策、行业动向、投资趋势。

（十三）《文化大观》（In the Spotlight）

由北京总部制作的一档综合文化类专题节目，每周三播出，以介绍传统文化为目的，同时关注国内最新文化热点和动态，融知识性和趣味性为一体。

（十四）《海外嘉宾》（Voices from Other Lands）

由北京总部制作的一档文化交流类访谈节目，每周四播出。以中国的视角，通过与海外社会各界人士进行深入交谈，介绍海外人士在中国生活、工作的经历，比较中外文化特点，架起沟通中外文化的桥梁。2009 年入选国际广播联盟世界年度十大最佳短波节目。

（十五）《社会生活》（Life in China）

由北京总部制作的一档社会综合类栏目，每周五播出。通过生动活泼的故事，报道中国普通百姓生活的方方面面，反映社会变迁，于细微处洞察人间万象。

### （十六）《听众园地》（Listeners' Garden）

由北京总部制作的一档周刊服务类栏目，每周六播出。选取有代表性的听众来信播出，解答众关心的热点问题，预告英语环球广播的下周节目安排，并提供与节目制作人的交流机会，通过电波架起与听众沟通的桥梁。

### （十七）《九州方圆》（China Horizons）

由北京总部制作的一档地区综合类栏目，每周日播出。国际电台版的《祖国各地》，中国的"旅游指南"。节目反映国内各地政治、经济、社会、文化等方面的最新发展动态。每期节目都会介绍一处中国的名胜景区。

### （十八）《中国万花筒》（Heartbeat）

由北京总部制作的一档针对落地调频广播创办的综合信息类专题节目，内容主要为其他各档节目中与中国有关的内容的精华节选，包括介绍中国成语、京剧、民间故事和如何学做中国菜。每周六日各一小时。

### （十九）《热词看天下》（World According to Words）

由北京总部制作的一档针对海外年轻受众的词汇类专题节目。每期节目解析一个因为热点新闻事件或热门社会现象产生的新词，通过主持人和嘉宾的风趣讨论，解释热词产生的原因，透视社会变化，在愉快的氛围中学习到新的知识。

### （二十）《深度中国》（China Insight）

由国际台温哥华节目制作室完成，是一档每天播出的两小时文化社会综合专题节目。2012 年 8 月开始播出。节目在每小时的前五分钟，会有简明国际新闻、本地新闻和财经新闻，之后是有关中国的访谈、报道和讨论。节目致力于以西方人的思维、从西方人的视角为听众呈现中国历史和文化。第二小时的内容则更偏重于向听众介绍中国当前的发展形势和中加关系上的一些亮点。节目的主要播出平台是国际台在加拿大的落地频率，包括多伦多 AM1540 中波台、多伦多 FM91.9 调频台、渥太华 FM97.9 调频台。

### （二十一）《东西对话》（From East to West）

由国际台洛杉矶节目制作室完成的一档深度访谈节目。2012 年 8 月开始播出。节目每期邀请一位嘉宾就东西方文化差异中的热点问题结合自身经历进行深入讨论，所邀请的嘉宾往往是美国当地华人的杰出代表、对中国有深入研究的学者或者与中国有生意往来或其他关系的业界精英。节目在美国落地频率播出，包括北加州 AM570、休斯敦 AM1540、休斯敦1520、华盛顿 AM1190、费城 AM1540、亚特兰大 AM890、波士顿 1090、波特兰 AM1040。

除新闻类和专题类节目外，英语环球广播在北京总部还专门制作三档不同特色的音乐类节目，满足海外听众需求。《中国什锦秀》（The Hot Pot Show）以介绍中外流行音乐为主，并穿插对中国文化、旅游景点和风土人情等方面的介绍内容，在轻松的环境中，向听众介绍中国社会。节目主持人是长期在亚太地区工作的英国 DJ 制作，主要针对亚太地区国家。《音乐旅程》（The Shuffle）由美国专业 DJ 主持，以介绍世界各地风格迥异的流行音乐，节目风格轻松自由。《音乐空间》（Groove Sessions）是一档适合在晚间收听的音乐节目，节目中不仅可以听到世界各地的音乐，还有专业的评论和访谈。

# 第二节　CRI 美国波特兰中波台英语受众的构成特点与需求

## 一、波特兰城市及广播市场基本情况

波特兰（Portland）是美国俄勒冈州的首府。拥有人口 247 万，其中82.9% 的白种人，拉美裔占 12.2%，2.6% 是非裔美国人和 5.5% 的亚裔（越南 2.2%，中国人 1.7%，菲律宾 0.6%，日本 0.5%，韩国 0.4%，老挝0.4%，柬埔寨 0.1%）。

波特兰被誉为"最绿色"的美国城市，这座城市强调绿色生活和轻松的生活方式。高科技产业是波特兰的支柱产业。波特兰拥有超过 1200 家科技公司，并有"硅森林"的绰号。其中拥有员工数量最多的是负责生产微型计算机零部件的英特尔公司。它雇用了超过 15000 名员工。波特兰主要生产电子产品、机械、食品和交通运输设施。很多世界知名体育品牌大公司的总部也设在波特兰，例如耐克、哥伦比亚运动服装、Hi-Tec Sports、KEEN，等等，阿迪达斯也有地区总部设在该市。

根据专业网站 stationratings 的统计，波特兰现有广播电台近 50 家，其中调频台和中波台的数量基本上是各占一半。根据 2012 年 5—7 月的最新收听率排行，前 10 位的电台都是调频电台，详情参见表 1。

表1 美国俄勒冈州波特兰市电台收听率排名 (2012.5—7)

| | 电台名称 | 频率类型 | 内容 | 所属公司 | 累计听众数 |
|---|---|---|---|---|---|
| 1 | KKCW | 调频台 | 成人流行音乐 | Clear Channel Media &Entertainment | 685500 |
| 2 | KWJJ-F | 调频台 | 乡村音乐 | Entercom | 435500 |
| 3 | KKRZ | 调频台 | 当代流行金曲 | Clear Channel Media & Entertainment | 615500 |
| 4 | KOPB-F | 调频台 | 新闻谈话 | Oregon Public Broadcasting | 252100 |
| 5 | KUPL | 调频台 | 乡村音乐 | Alpha Broadcasting | 383500 |
| 6 | KINK | 调频台 | 成人另类摇滚 | Alpha Broadcasting | 385900 |
| 7 | KGON | 调频台 | 经典摇滚 | Entercom | 417400 |
| 8 | KXJM | 调频台 | 当代流行金曲 | Clear Channel Media & Entertainment | 494600 |
| 9 | KXL-F | 调频台 | 新闻谈话 | Alpha Broadcasting | 197800 |
| 10 | KLTH | 调频台 | 怀旧金曲 | Clear Channel Media & Entertainment | 500800 |

波特兰当地的电台按内容划分可分为音乐类电台、新闻谈话类电台、体育类电台和宗教类电台等，其中将近半数的电台为音乐类电台，这些电台的音乐类型划分非常详细，包括乡村音乐、怀旧音乐、成人流行乐、摇滚乐、古典音乐等多个类型。宗教类电台数量也不少，其内容包括宗教教育、宗教伦理和不同族裔的宗教广播等。新闻谈话类电台又可细分为综合新闻台、纯谈话类电台、财经新闻台等。

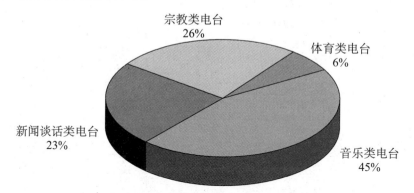

图8 美国俄勒冈州波特兰广播电台分类情况

在波特兰最受欢迎的10家电台中，只有KOPB FM91.5调频台是新闻谈话类电台。该电台为公共电台，隶属于俄勒冈公共广播公司，播出功率为7千瓦。播出的节目以美国国家公共广播电台（NPR）、美国公共广播电台（APR）、国际公共广播电台（PRI）和英国广播公司（BBC）的新闻节目为主，也有部分自制节目。

## 二、CRI 波特兰中波台概况

国际台在美国波特兰市租用落地频率的原波特兰 KXPD AM1040 中波台是一家商业电台，该台位于波特兰南部的泰格德，属于 Churchill Communications

公司所有。1993 年 6 月正式开播，播出功率 2 千瓦，覆盖波特兰中心城区。该台主要播出西班牙语节目和墨西哥宗教音乐，也转播一些当地的体育赛事，2009 年底停播。2011 年 7 月开始全天候播出国际台和洛杉矶海外制作室制作的英语节目。目前国际台在波特兰播出的节目包括新闻类、音乐类、专题类等多个类型。表 2 是 CRI 波特兰中波台目前播出的节目单。

**表 2　CRI 波特兰中波台节目单**

| 周一至周五 | | | | | 周六/日 | | 波特兰当地时间 |
|---|---|---|---|---|---|---|---|
| 简明新闻 | | | | | | | 08：00—09：00 |
| 脉动中国 | | | | | | | |
| 简明新闻 | | | | | | | 09：00—10：00 |
| 脉动中国 | | | | | | | |
| 简明新闻 | | | | | | | 10：00—11：00 |
| 脉动中国 | | | | | | | |
| 简明新闻 | | | | | | | 11：00—12：00 |
| 北美制作：东西对话 | | | | | | | |
| 简明新闻 | | | | | | | 12：00—13：00 |
| 北美制作：潮流追踪 | | | | | | | |
| 简明新闻 | | | | | | | 13：00—14：00 |
| 北美制作：环球新闻眼 | | | | | | | |
| 简明新闻 | | | | | | | 14：00—15：00 |
| 专家论坛 | | | | | 万花筒 | | |
| 社会前沿 | 中国财经 | 文化大观 | 海外嘉宾 | 社会生活 | 听众园地 | 九州方圆 | |
| 学汉语 | | | | | | | |
| 简明新闻 | | | | | | | 15：00—16：00 |
| 北美制作：全球财经播报 | | | | | | | |
| 简明新闻 | | | | | | | 16：00—17：00 |
| 北美制作：世界体育和娱乐报道 | | | | | | | |
| 新闻纵贯线（晚间版） | | | | | 新闻报道 | | 17：00—18：00 |
| | | | | | 热词看天下 | | |
| 学汉语 | | | | | | | |
| 简明新闻 | | | | | | | 18：00—19：00 |
| 今日 | | | | | | | |
| 简明新闻 | | | | | | | 19：00—20：00 |
| 今日 | | | | | | | |
| 简明新闻 | | | | | | | 20：00—21：00 |
| 专家论坛 | | | | | 万花筒 | | |
| 社会前沿 | 中国财经 | 文化大观 | 海外嘉宾 | 社会生活 | 听众园地 | 九州方圆 | |
| 学汉语 | | | | | | | |

续表

| | | | | | | | 时间 |
|---|---|---|---|---|---|---|---|
| 简明新闻 | | | | | | | 21：00—22：00 |
| 音乐空间 | | | | | | | |
| 简明新闻 | | | | | | | 22：00—23：00 |
| 音乐空间 | | | | | | | |
| 简明新闻 | | | | | | | 23：00—24：00 |
| 音乐旅程 | | | | | | | |
| 简明新闻 | | | | | | | 00：00—01：00 |
| 音乐旅程 | | | | | | | |
| 简明新闻 | | | | | | | 01：00—02：00 |
| 音乐旅程 | | | | | | | |
| 简明新闻 | | | | | | | 02：00—03：00 |
| 专家论坛 | | | | | 万花筒 | | |
| 社会前沿 | 中国财经 | 文化大观 | 海外嘉宾 | 社会生活 | 听众园地 | 九州方圆 | |
| 学汉语 | | | | | | | |
| 简明新闻 | | | | | | | 03：00—04：00 |
| 轻松杂志 | | | | | | | |
| 学汉语 | | | | | | | |
| 简明新闻 | | | | | | | 04：00—05：00 |
| 轻松杂志 | | | | | | | |
| 学汉语 | | | | | | | |
| 新闻纵贯线（晚间版） | | | | | 新闻报道 | | 05：00—06：00 |
| | | | | | 热词看天下 | | |
| 学汉语 | | | | | | | |
| 简明新闻 | | | | | | | 06：00—07：00 |
| 今日 | | | | | | | |
| 简明新闻 | | | | | | | 07：00—08：00 |
| 今日 | | | | | | | |

　　2011 年 7 月，国际台英语环球广播的节目在波特兰落地播出，立即引起了当地听众的关注。一些听众开始在当地的广播爱好者网站上讨论这个新出现的声音。最开始被关注到的是该电台呼号的念法，有人觉得电台呼号中"泰格德"（Tigard）的念法不符合当地规范，并因此断定该电台的节目不是本地人制作的。英语环球广播根据这一信息，及时重新制作了电台呼号。

　　在播出一段时间后，波特兰 KXPD AM1040 中波台的节目逐渐得到了一些听众的认可。有听众表示很喜欢该电台播出的音乐节目，听到很多当地电台都很少播放的音乐；有听众很高兴能在节目中学习一些汉语；有听众很喜欢《脉动中国》的节目风格，觉得值得波特兰当地电台借鉴；还有听众开始比较中美两国媒体的新闻报道，觉得英语环球广播的新闻甚至比美国媒体更客观准确。

一位名叫山姆的波特兰听众写信给英语环球广播说："当你们的中国主持人对美国文化比较熟悉时，新闻访谈节目的效果是最好的。我非常喜欢收听来自中国的节目，你们的主持人和记者英语流利，感觉就像是生活在美国或加拿大一样。他们能非常清晰地向北美听众介绍他们在中国的经历。电台的信号在波特兰很清楚，只是音乐类节目的声音似乎小了点，这可能和本地电台的设备有关。但不管怎样，我非常喜欢中国味道的广播，还有你们的音乐节目 The Shuffle！即便是我们美国本地的电台也听不到这么多样的音乐！"

### 三、CRI 波特兰中波台受众的构成、收听习惯与需求

为了解 CRI 波特兰中波台受众的情况，2012 年 6 月，国际台在当地进行了随机抽样问卷调查。调查地点选取了波特兰地区及附近城市的商场和停车场，活动现场发布问卷 200 份，回收 200 份，回收率为 100%。

#### （一）受众构成

本调查问卷涉及受众构成的个人信息部分共包括五个调查项目，分别是居住城市、年龄、性别、教育程度和职业。

1. 居住城市分布及年龄结构

200 位接受调查者分别来自波特兰市区及其周边城市，包括温哥华、格雷沙姆、克拉克马斯、泰格德、塞勒姆、比佛敦、希尔斯伯勒、奥斯威戈湖、米尔沃基等。

在 200 位接受调查者中，年龄在 20 岁以下的占 6%，年龄在 20—49 岁的占到了 46%，年龄在 50 岁以上的占到了 48%，具体情况如图 9 所示：

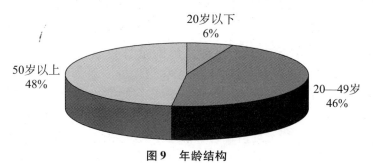

**图9　年龄结构**

2. 性别比例

在性别比例上，在 200 位接受调查者中，男性有 72 位，占受调查总人数的 36%；女性有 128 人，占受调查总人数的 64%。（见图 10）

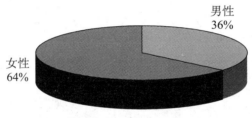

**图 10　性别比例**

3. 教育程度

在 200 位接受调查者中，高中及以下教育程度有 84 人，占接受调查总人数的 42%；大学本科有 100 人，占接受调查总人数的 50%；硕士及以上教育程度 16 人，占接受调查总人数的 8%。（见图 11）

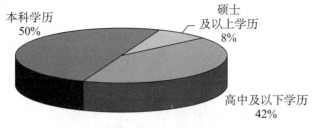

**图 11　教育程度**

4. 职业背景

在 200 位接受调查者中，从事教育类行业的有 18 人，包括学生、大学教授、中学教师、职业培训师等，占接受调查总人数的 9%；经商或从事金融行业的有 46 人，包括银行职员、理财顾问、保险推销员、个体老板、销售经理等，占接受调查总人数的 23%；从事服务类行业的 72 人，包括保姆、理发师、餐饮服务员、医护人员、保健师、营养师、导游、司机、社区服务员等，占接受调查总人数的 36%；从事互联网等高科技类行业的有 22 人，包括网络设计师、技术主管、电子产品设计师等，占接受调查总人数的 11%；其他行业人员 42 人，包括艺术家、公务员、编辑、工人、家庭主妇、自由职业者等，占接受调查总人数的 21%。（见图 12）

**（二）收听习惯**

本次调查问卷涉及受众收听习惯的有六个调查项目，具体包括收听信号、收听方式、收听时段、持续收听时间、经常收听的广播语种、了解中国的渠道等。

1. 收听信号

在收听信号方面，199 位接受调查者都认为 CRI 波特兰中波台播出信号良好，能够完整收听，占接受调查总人数的 99%。只有一位接受调查者表示在

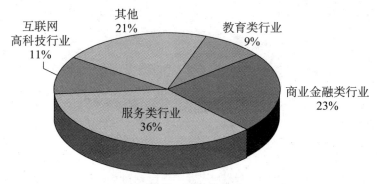

图 12　职业构成

他上班的地方电台信号不好，难以收听。经了解得知，这位接受调查者的上班地点不在波特兰，而是在距离波特兰 50 英里以外的另一个城市。（见图 13）

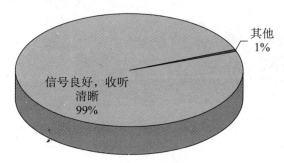

图 13　收听信号

2. 收听方式

在 200 位接受调查者中，通过车载广播收听 CRI 波特兰中波台的有 144 人，约占接受调查总人数的 38%；通过传统的收音机收听的有 62 人，约占接受调查总人数的 24%；通过网络电台收听的有 30 人，约占接受调查总人数的 12%，通过手机或 MP3 收听的有 24 人，约占接受调查总人数的 9%。（见图 14）

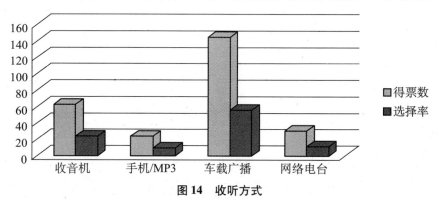

图 14　收听方式

3. 收听时段

在收听时段上，200 位接受调查者中，在清晨收听 CRI 波特兰中波台的有 4 人，占接受调查总人数的 2%；在上午收听的有 116 人，占接受调查总人数的 58%；在下午收听的有 40 人，占接受调查总人数的 20%；在晚上收听的有 34 人，占接受调查总人数的 17%；在深夜收听的有 6 人，占接受调查总人数的 3%。（见图 15）

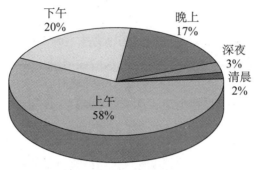

图 15　收听时段

4. 持续收听时间

在持续收听时间上，200 位接受调查者中，持续收听 CRI 波特兰中波台 1 小时以内的有 172 人，占接受调查总人数的 86%；持续收听时间在 1—3 小时的有 26 人，占接受调查总人数的 13%；持续收听时间在 3 小时以上的有 2 人，占接受调查总人数的 1%。（见图 16）

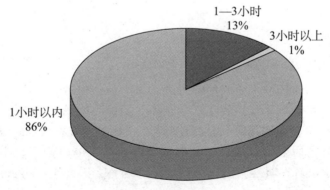

图 16　持续收听时间

5. 经常收听的广播节目语种

在 200 位接受调查者中，194 人经常收听的广播节目语种为英文，占接受调查总人数的 97%；6 人经常收听英语和西班牙语双语广播节目，占接受调查总人数的 3%。（见图 17）

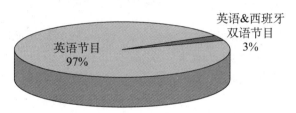

**图 17　经常收听的广播节目语种**

6. 了解中国的渠道

在了解中国的渠道上，200 位接受调查者中，174 人选择通过本地媒体了解中国，占接受调查总人数的 87%；36 人选择通过其他外国媒体了解中国，占接受调查总人数的 12%；2 人选择通过中国媒体了解中国，占接受调查总人数的 1%，这与波特兰当地缺少中国媒体有关。（见图 18）

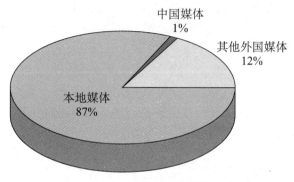

**图 18　了解中国的渠道**

### （三）受众需求

1. 收听原因

关于收听 CRI 波特兰中波台的原因，想了解与中国有关信息的有 32 人，占接受调查总人数的 16%；为了娱乐休闲、消磨时间的有 164 人，占接受调查总人数的 82%；选择其他原因的有 4 人，占接受调查总人数的 2%，说明的原因有对某特定话题感兴趣、当其他电台播放广告的时候可以学习汉语等。接受调查者中没有人能准确说出某特定节目名称，因此也没有人选择喜欢某个特别节目。（见图 19）

2. 节目喜好

关于喜欢的节目类型是一个多项选择题，200 位接受调查者中，喜欢新闻资讯类节目的有 140 人，占接受调查总人数的 70%；喜欢中国文化和旅游类节目的有 68 人，占接受调查总人数的 34%；喜欢音乐类节目的有 86 人，占接受调查总人数的 43%；喜欢经济生活类节目的有 32 人，占接受调查总人数的 16%；喜欢汉语教学类节目的有 20 人，占接受调查总人数的 10%；喜欢其

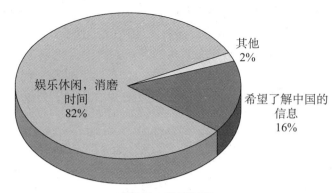

**图 19　收听原因**

他节目类型的有 6 人，占接受调查总人数的 3%，注明节目类型包括美食类节目、经济分析类节目、体育类节目、新闻评论类节目等。（见图 20）

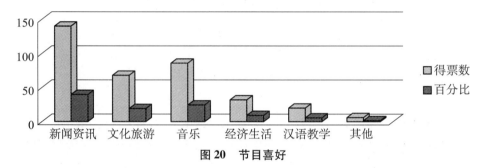

**图 20　节目喜好**

3. 固定收听节目

在接受问卷调查的 200 人中，194 人只是随机收听，没有固定收听某个节目的习惯，占接受调查总人数的 97%；6 人表示有固定收听的节目，但是都忘记了节目的具体名称，占接受调查总人数的 3%。（见图 21）

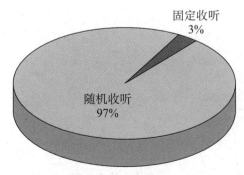

**图 21　固定收听节目**

4. 喜欢的互动活动类型

关于喜欢的互动活动类型，在接受调查的 200 人中，喜欢参与有奖竞赛的有 140 人，占接受调查总人数的 70%；喜欢打电话参与直播节目讨论的有 30 人，占接受调查总人数的 15%；喜欢参与听众见面会的有 20 人，占接受调查总人数的 10%；喜欢参与征文活动的有 6 人，占接受调查总人数的 3%；选择其他类型的有 4 人，占接受调查总人数的 2%，其他类型包括：希望通过语言课程进行互动、通过邮件互动、通过美食活动互动，通过举办商业讲座互动。（见图 22）

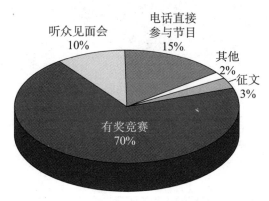

**图 22　喜欢的互动活动类型**

5. 节目还有待改进的方面

关于节目还有待改进的方面，认为题材选择还有待改进的人有 138 人，占接受调查总人数的 63%；认为主持人播音水平及主持风格还有待改进的有 44 人，占接受调查总人数的 20%；认为音乐编排还有待改进的有 30 人，占接受调查总人数的 14%；认为栏目设置还有待改进的有 4 人，占接受调查总人数的 2%；选择其他方面的给出的意见包括：增加汉语教学节目的时间长度，增加旅游类节目，增加美食类节目等。（见图 23）

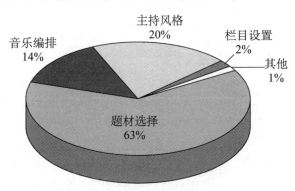

**图 23　节目还有待改进的方面**

## 第三节　CRI 内罗毕调频台英语受众构成、收听习惯与需求

在肯尼亚的 CRI 内罗毕调频台是国际台在非洲建立的第一个海外落地调频台，也是目前英语环球广播在非洲的落地项目中，时间最长的一个。作为发展中国家落地电台的代表，国际台对该电台英语受众的收听情况进行了小范围的问卷调查。

### 一、CRI 内罗毕 FM91.9 调频台概况

除了北美以外，非洲大陆也是英语环球广播覆盖的重点区域。2006 年 3 月，国际台在肯尼亚首都内罗毕开通了 FM91.9 调频台，这也是国际台发展历史上建立的第一家海外电台。内罗毕是东非国家肯尼亚的首都和最大城市，也是整个非洲较为发达的大城市之一。内罗毕人口约 300 万，经济以制造业为主。内罗毕是联合国在非洲的总部。联合国内罗毕办事处由联合国环境署和人居署的总部以及其他联合国机构驻肯办事处组成，是联合国唯一设在第三世界国家的办事处级别的机构。鉴于英语在当地居民和国际机构中的影响力，英语节目在国际台内罗毕调频台的落地节目中占据了重要分量，在全天 19 小时有效播出时段中，英语节目达到 12 小时。这 12 个小时的节目以音乐类为主，也包括部分新闻和专题类节目，如表 3 所示。

**表 3　CRI 内罗毕调频台英语节目单**

| 周一至周五 | | | | | 周六／日 | | 当地时间 |
|---|---|---|---|---|---|---|---|
| 简明新闻 | | | | | | | 06：00—07：00 |
| 专家论坛 | | | | | 万花筒 | | |
| 社会前沿 | 中国财经 | 文化大观 | 海外嘉宾 | 社会生活 | 听众园地 | 九州方圆 | |
| 学汉语 | | | | | | | |
| 新闻纵贯线 | | | | | 新闻与报道 | 新闻与报道 | 07：00—08：00 |
| | | | | | 热词听天下 | 热词听天下 | |
| 学汉语 | | | | | | | |
| 简明新闻 | | | | | | | 09：00—10：00 |
| 脉动中国 | | | | | | | |
| 简明新闻 | | | | | | | 10：00—11：00 |
| 脉动中国 | | | | | | | |
| 简明新闻 | | | | | | | 11：00—12：00 |
| 脉动中国 | | | | | | | |

续表

| 节目 | | | | | | | 时间 |
|---|---|---|---|---|---|---|---|
| 简明新闻 | | | | | | | 13:00—14:00 |
| 音乐旅程 | | | | | | | |
| 简明新闻 | | | | | | | 14:00—15:00 |
| 音乐旅程 | | | | | | | |
| 简明新闻 | | | | | | | 15:00—16:00 |
| 音乐旅程 | | | | | | | |
| 简明新闻 | | | | | | | 16:00—17:00 |
| 中国什锦秀 | | | | | | | |
| 简明新闻 | | | | | | | 17:00—18:00 |
| 中国什锦秀 | | | | | | | |
| 简明新闻 | | | | | | | 18:00—19:00 |
| 专家论坛 | | | | | 万花筒 | | |
| 社会前沿 | 中国财经 | 文化大观 | 海外嘉宾 | 社会生活 | 听众园地 | 九州方圆 | |
| 学汉语 | | | | | | | |
| 新闻与报道 | 新闻纵贯线 | | | | | 新闻与报道 | 19:00—20:00 |
| 九州方圆 | | | | | | 听众园地 | |
| 学汉语 | | | | | | | |

## 二、CRI 内罗毕调频台英语节目反馈情况

CRI 内罗毕调频台（FM91.9）是英语环球广播在非洲的第一家落地电台，至今已经播出 6 年时间，在内罗毕当地已经积累了一部分固定听众。英语中心每周都能收到不少来自肯尼亚当地听众的反馈信息。多数听众表示他们对该调频台的播出质量感到满意，也非常喜欢该调频台的英语节目。通过收听英语环球广播的节目，他们对中国有了更多了解，感情也更加深厚。以下是部分内罗毕听众的反馈内容：

听众 Joseph 在来信中说："我是内罗毕 FM91.9 调频台（即 CRI 内罗毕调频台，下同）的忠实听众，我非常喜欢你们新闻和音乐节目。我认为我们应该从全球的视角看事物，而国际台的节目就是这样的。"

听众 Abdallah Gathithi 在电子邮件中说："内罗毕 FM91.9 调频台是我听到的最好的电台。我非常喜欢中国文化和中国人，我希望到中国来学习。"

听众 Mogire Machuki 的听众在来信中说："从内罗毕 FM91.9 调频台可以听到很丰富的中国新闻，希望你们继续保持。"

听众 Jendeka Goldah 在来信中说："内罗毕 FM91.9 调频台拉近了我和国际台的距离。你们的很多节目我都喜欢，比如《社会生活》、《中国商务》，

还有一些专题报道。"

听众 Robert Amahirwe 在来信中说："几周前我开始收听内罗毕 FM91.9 调频台，现在已经成为固定听众。我喜欢学汉语，因为中国在非洲经济发展中发挥了很大作用，汉语在这边很实用。"

### 三、CRI 内罗毕调频台英语受众的构成、收听习惯与需求

为了解国际台英语节目在非洲落地的情况，英语环球广播委托国际台非洲总站于 2012 年 6—7 月在肯尼亚首都内罗毕进行了问卷调查。本次调查共发放问卷 200 份，回收有效问卷 182 份，有效问卷回收率为 91%。

**（一）受众构成**

1. 性别比例

在 182 位接受调查者中，男性有 87 人，占接受调查总人数的 48%，女性有 95 人，占接受调查总人数的 52%。（见图 24）

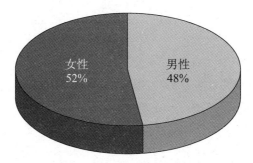

**图 24　性别比例**

2. 年龄结构

年龄在 20 岁以下的接受调查者有 43 人，占接受调查总人数的 24%，20—50 岁之间的有 113 人，占接受调查总人数的 62%；50 岁以上的有 26 人，占接受调查总人数的 14%。（见图 25）

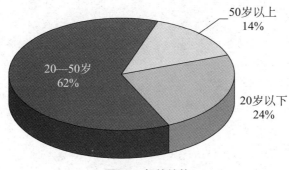

**图 25　年龄结构**

3. 教育程度

在 182 位接受调查者中，高中及以下教育程度有 28 人，占接受调查总人数的 15%；大学本科有 61 人，占接受调查总人数的 34%；硕士及以上有 5 人，占接受调查总人数的 3%；另有 88 人没有透露教育程度。（见图 26）

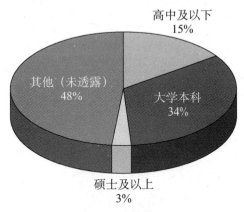

**图 26　教育程度**

4. 职业背景

在接受调查的 182 人中，除了 59 人为学生外，其他接受调查者的职业相对广泛，有 48 名自由职业者、12 名家庭主妇、11 名商人、9 名教师、5 名农民，另有工程师、文秘、会计、记者、行政助理、公务员、IT 技术人员、裁缝、建筑工人、护士、售货员、司机、石匠、图书管理员、演员、护士等若干。（见图 27）

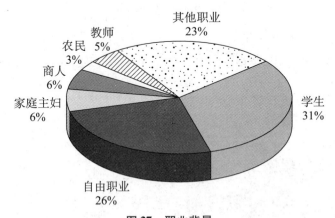

**图 27　职业背景**

### （二）收听习惯

#### 1. 收听方式

在收音机、手机/MP3 等移动播放器、车载广播、互联网广播等选项中，收音机依然是肯尼亚听众收听广播的首选方式，选择使用率达到了 50%。手机和 MP3 等移动媒体由于发展迅速，也成了很多年轻一代的选择，选择使用率达到了 33%，车载广播位居第三位。（见图 28）

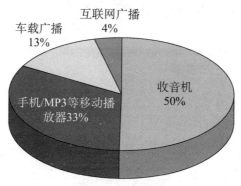

**图 28　收听方式**

#### 2. 收听时段

在清晨（6—8 点）、上午（9—11 点）、下午（13—18 点）、晚上（18—20 点）这四个有英语节目的时间段中，听众的分布较为平均，如图 29 所示。

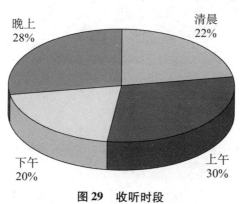

**图 29　收听时段**

#### 3. 持续收听时间

在持续收听时间为 1 小时以内，持续收听达到 1—3 小时和持续收听时间在 3 小时以上这三个选项中，有 24 人表示能够连续收听 3 小时以上的广播节目，85 人表示收听广播节目的时间在 1—3 小时以内，73 人表示收听广播时间在 1 小时以内。具体比例如图 30 所示。

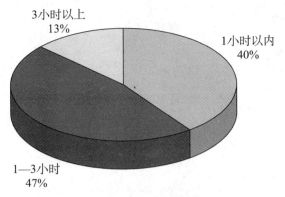

**图 30　持续收听时间**

4. 了解中国的渠道

在本地媒体、中国媒体和其他外国媒体这三个选项中，本地媒体和中国媒体成为首选，从其他外国媒体中了解中国的听众相对较少。（见图 31）

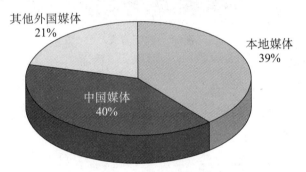

**图 31　了解中国的渠道**

**（三）受众需求**

1. 收听信号满意度

有 169 名接受调查者对 CRI 内罗毕 FM91.9 调频台的收听信号表示满意，认为声音非常清楚，能够完整流畅地收听广播内容，约占接受调查总人数的 93%；7 名接受调查者对收听信号不满意，认为节目信号时断时续，约占接受调查总人数的 4%；6 名接受调查者没有表态，约占接受调查总人数的 3%。（见图 32）

2. 收听原因

关于收听 CRI 内罗毕 FM91.9 调频台英语广播的原因，182 名接受调查者中，希望了解与中国有关的信息的有 82 人，约占接受调查总人数的 45%；为了娱乐休闲、消磨时间的有 73 人，约占接受调查总人数的 40%；喜欢某个特别节目的有 27 人，约占接受调查总人数的 15%。（见图 33）

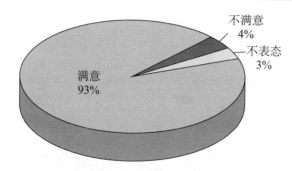

**图32 收听信号满意度**

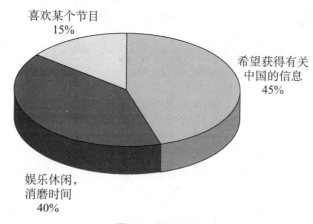

**图33 收听原因**

## 3. 节目喜好

喜欢新闻资讯类节目的有115人，约占接受调查总人数的63%；喜欢汉语教学类节目的有90人，约占接受调查总人数的49%；喜欢中国文化和旅游类节目的和音乐类节目的人数相当，分别为73人和74人；喜欢经济生活类节目的相对较少，有50人；另有5人选择了其他类型节目，如上下班时段的交通类节目、体育类节目和脱口秀节目。（见图34）

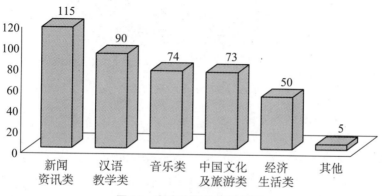

**图34 喜欢收听的节目类型**

4. 固定收听节目

在回收的 182 份问卷中，157 人表示他们只是随机收听节目，占接受调查总人数的 86%；25 人表示他们有固定收听的节目，节目类型包括新闻类节目、学汉语类、音乐类和中国文化类节目，但没有明确指出节目名称。（见图 35）

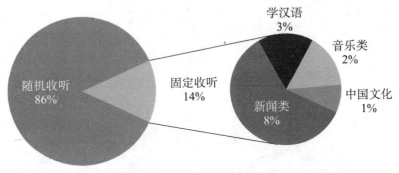

**图 35　固定收听节目**

5. 喜欢的互动活动类型

关于喜欢的互动活动类型，在接受调查的 182 人中，喜欢打电话参与直播节目讨论的有 69 人，约占接受调查总人数的 38%；喜欢参加有奖竞赛的有 53 人，约占接受调查总人数的 29%；喜欢参与听众见面会的有 31 人，约占接受调查总人数的 17%；喜欢参加征文活动的有 29 人，约占接受调查总人数的 16%。（见图 36）

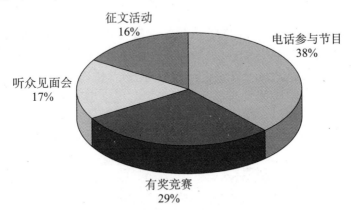

**图 36　喜欢的互动活动类型**

6. 节目还有待改进的方面

关于节目还有待改进的方面，认为题材选择还有待改进的有 62 人，约占接受调查总人数的 34%；认为栏目设置还有待改进的有 58 人，约占接受调查总人数的 32%；认为音乐编排还有待改进的有 28 人，约占接受调查总人数的

20%；认为主持人播音水平及主持风格还有待改进的有 24 人，约占接受调查总人数的 13%；认为其他方面还有待改进的有 10 人，约占接受调查总人数的 1%，其中有人是要求安排更多学汉语的节目，也有人表示对电台的内容已经非常满意。（见图 37）

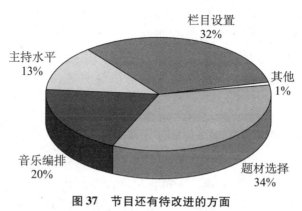

图 37  节目还有待改进的方面

## 第四节  以受众为基础的英语环球广播体系建设策略

### 一、本次调研的结论

受众是广播媒体的上帝。充分了解目标受众的所需所想有助于提升对外广播的传播力。CRI 波特兰中波台是国际台在广播高度发达的北美地区精心打造的 24 小时中波频道，而 CRI 内罗毕调频台则是国际台在非洲实现落地广播的第一家调频台。两家电台，一个来自发达国家，一个来自发展中国家，受众特征迥异，对这两家电台的受众调研基本上能够完整、准确地反映出英语环球广播海外受众的大体情况。本章的前三节阐述了英语环球广播海外受众的概况以及针对上述两家海外落地电台受众的问卷调查结果，由此，我们可以得出以下几点结论：

#### （一）英语环球广播的海外受众差异化明显

由于所处地区不同，社会发展、文化背景等方面都不相同，导致英语环球广播的海外受众存在明显差异性。各地听众收听广播的习惯、喜欢的节目内容都有很大区别。比如，北美、澳洲等地区的听众由于身处发达国家，一般有良好的教育背景，而且英语是母语，因此对英语广播节目的要求也相对较高。他们会对节目主持人、记者提出更高的要求，在节目内容上也有所选择。他们一般喜欢在上下班的开车途中收听广播，收听广播主要是为了消磨时间，并获得一些资讯信息，他们的收听时长多半在 1 个小时之内，基本上不会专心致志地坐在收音机前收听几个小时的广播节目。而非洲、亚洲等发展中国家的听众相对来说能够接触到英语媒体有限，而且对中国的态度更为友好，他们更容易接受中国国际广播电台的英语节目，也会更加专注地收听，收听的时长要高于北美听众。而且亚非等国家和地区的听众对中国的印象较好，他们更乐于介绍来自中国的信息，更关注中国作为最大发展中国家的发展现状，也对中国文化有浓厚兴趣，还希望能够通过广播节目学习汉语。

### （二）英语环球广播的本土化制作还需加强

在被问到在当地的国际台海外分台的英语节目还有哪些有待改进的地方时，不论是美国波特兰的听众，还是肯尼亚内罗毕的听众，选择最多的都是题材选择，这说明我们的节目内容还缺乏贴近性。同时，在很多听众关于英语落地节目的反馈中都提到了希望能够增加对本地新闻的关注，这也是广播贴近性的基本要求。但这样的要求很难由北京的节目制作人员完成，必须要加快海外节目制作室的建设，生产出更多本土化节目。从 2011 年开始，国际台开始为英语广播在美国部分城市播出的落地节目制作整点新闻和交通天气预告，增强了对本土听众的服务功能。2012 年 8 月，洛杉矶节目制作室开始制作五小时新闻谈话类节目在美国落地电台播出，这也是英语环球广播本土化进程的重要一步。除洛杉矶海外节目制作室外，英语环球广播在加拿大温哥华和新西兰奥克兰的节目制作室也开始生产尝试本土化节目。这些海外制作室的本土化节目将弥补英语落地节目受众贴近性较弱的部分缺陷，但还远远不够。在非洲、欧洲等还没有建立制作室的地方，缺乏贴近性和针对性的问题依然存在。

### （三）英语环球广播的国际影响力尚待强化

英语环球广播虽然已经有六十五年的历史，但对外广播业务一直是以传统短波为主，海外落地发展是近十年的事情。尽管势头迅猛，且已经初见成效，但要形成一定的国际影响力还有待时日。尤其是在美国这种广播高度发达的市场上，广播电台的类型化已经高度细分，一个城市里可供选择的电台往往多达数十家，我们的落地节目要与那些专业的商业电台的节目竞争，是非常困难的事情。广播是一个受众忠诚度相对较高的媒体形态，受众如果有了喜欢的节目，往往会坚持收听下去，很难转移。我们可以看到，在美国波特兰这样的广播市场上，国际台海外分台的节目还没有实力跻身到前列，目前还属于比较小众的电台。即便是在非洲的发展中国家，国际台也需要同

BBC、VOA 等老牌国际媒体争夺市场。但同时我们也应该看到，国际台海外分台的英语节目在肯尼亚等非洲国家，已经吸引了部分拥趸，打入主流广播市场并非没有可能。首先，肯尼亚这样的国家英语受众很多；其次，非洲听众对于中国更为友好，更愿意了解中国，我们一方面需要保持自己的内容特色，同时也要学习国际优秀电台的节目制作经验，把节目做得更专业，更好听，才能吸引到更多的听众，不断扩大影响力。

### （四）英语环球广播需要继续打造节目品牌

从本次针对海外分台英语受众的问卷调查中不难发现，不论是美国波特兰的听众还是肯尼亚内罗毕的听众，大部分都是随机收听国际台海外分台的英语节目，只有少部分人能够做到固定收听某个节目，但他们并没有在问卷中正确填写出他们喜欢的节目名称。这一方面与国际台英语节目在当地落地的时间长短有关，但另一方面也说明，海外受众对于英语落地节目的钟爱程度还有待提高。目前我们还缺少能够让听众过耳不忘的节目，换言之，英语落地节目还缺乏具有品牌效应的名牌节目。名节目、名主持是电台的拳头产品，是吸引听众的关键所在。一档有高口碑的节目或者一个具有魅力的主持人往往能够带活整个电台。目前英语落地节目虽然缺乏具有国际知名度的节目品牌，但是有一些具有发展潜力的节目和主持人，而且也已经培养了一批喜欢这些节目和主持人的忠实听众，只要我们继续精心打造，注重品牌效应，相信在不久的将来这些节目和主持人就能成为国际台海外分台英语落地节目金字招牌。

### （五）英语环球广播的独特性在于中国信息

不论是海外受众的日常反馈，还是这次专门的问卷调查，可以得出的一个明显结论就是听众之所以选择收听英语广播的海外落地节目，很大程度上是因为节目能提供大量有关中国的信息，而这些信息是在当地媒体或其他国际媒体上很难找到的。这正是国际台英语广播落地节目的独特性。本次接受问卷调查的海外听众职业、教育背景都各不相同，但是他们中的很多人都对中国很感兴趣。在非洲地区，这种关注度更为明显。随着中国的不断发展，中国的国际影响力不断加强，很多中国的新闻实际上就是具有全球性的。不论是关于中国的时政新闻，还是针对中国经济发展趋势的分析；不论是对中国文化的介绍，还是对中国的旅游景点的推荐；不论是有关中国美食的报道，还是针对中国社会热点问题的讨论，这些都是其他国际广播媒体很难提供的，这也是英语落地节目吸引听众的重要原因之一。是否能做好关于中国的报道，是否能以海外听众更喜闻乐见的方式介绍中国，传播中国，将在很大程度上决定海外分台英语落地节目的国际影响力。

## 二、英语环球广播的未来发展策略

中国的不断发展和强大，美欧等传统强国实力的衰退以及西方媒体在国际广播上的回收，都给我们继续扩大海外广播市场，打造国际化的环球广播媒体带来契机。英语环球广播发展到今天，已在落地国家和地区形成了一定影响力，但正如中宣部副部长、国家广电总局局长蔡赴朝 2011 年 11 月 7 日在《人民日报》上发表的文章《发展现代传播体系提高社会主义先进文化辐射力和影响力》中指出的，与国际大型传媒集团相比，中国重点媒体在制播能力、传播能力、新媒体发展能力等方面还有明显的差距，国际舆论影响力、国际事务话语权还相对较弱。必须加大工作力度，采取有力措施，加快打造语种多、受众广、信息量大、影响力强、覆盖全球的国际一流媒体，实现中国重点媒体国际传播能力的跨越式发展，使中国主流媒体的图像、声音、文字、信息更广泛地传播到世界各地。

英语环球广播的跨越式发展目标，就是建立以海外受众为基础的全球广播体系，打造真正意义上的环球广播。根据已获批的国际台十二五发展规划，英语环球广播要在 2012—2016 的五年里打造 7 套不同特色的节目，能够满足不同地区受众的需求，实现对重点国家和地区的有效收听时段的播出覆盖。实现该目标，需要我们在未来的发展中，再接再厉，整合资源，实现传播内容的对象化、分众化、精准化和本土化；需要我们建立以北京总部为指挥管理中心，以各海外节目制作室为分部的全球性媒体运营网络；需要我们用精品内容创节目品牌，用精品节目创特色媒体。具体而言，英语环球广播的未来发展策略包括：

### （一）继续扩大英语环球广播的海外覆盖

王庚年台长在国际台 70 周年纪念大会上提出了"在全球建设 150 个整频率台，实现对世界主要国家首都和重要城市的有效覆盖"的发展目标。目前，英语环球广播的节目在国际台的海外落地项目中几乎占据了半壁江山，但是分布并不平均。在欧洲的落地情况还不理想，在拉丁美洲和南美洲还是一片空白。我们在美国已经实现了 10 个地区和城市的落地项目，但是还没有进入像纽约这样的国际金融中心。我们在非洲、亚洲也还有很大的发展空间。要提升英语环球广播的全球影响力，还需要进一步扩大海外落地覆盖，包括尝试网络电台、数字电台、手机广播等新型广播形式，让更多的听众能够轻松、便捷、清晰地听到我们的节目。

### （二）继续做好海外受众的听联互动工作

广播媒体的听联工作是一项日积月累的细微工作。英语环球广播的海外听众是一个庞大而多样化的群体，英语环球广播的听联工作也是一项复杂的工程。对听众的系统化科学管理，有利于我们对海外落地市场进行细分，对受众反馈信息进行科学分析，在节目设置和编排上尽量满足受众的需求，做到心中有数，有的放矢。目前英语环球广播的第二代受众反馈数据收录系统已经进入测试阶段，新系统将能更加准确地记录海外受众的情况，并直接提供数据分析。加强与受众的互动也是广播媒体增加与受众黏合度的重要手段。随着自媒体时代的到来，广播听众已经不再是被动的收听者，他们完全可以加入到节目制作中来，成为节目的一部分。除了日常的听联工作外，英语环球广播会继续在海外落地地区发展听众俱乐部，定期组织听众活动。同时，根据本次听众调研的结果及一些相关反馈，英语环球广播还将针对不同地区听众的特性开展特色性的听联工作，比如在节目中开设有奖参与的环节，在海外节目制作室的本土化节目中增加听众互动，邀请听众电话参与节目等。

### （三）继续扩大海外本土化节目生产规模

要实现对对象国和地区的精准化传播，英语环球广播的节目制作团队必须前移，推动本土化制作，本土化传播，本土化管理。到对象国落地播出，以更直接的方式为目标受众服务，已成为国际广播媒体的又一项重要发展策略。2011 年 6 月，俄罗斯之声（Voice of Russia）在美国首都华盛顿的节目制作室正式落成。俄罗斯之声不仅从本部派出了一批精兵强将，还在美国本土聘用了一批广播精英，每天在华盛顿节目制作室完成 6 个小时的直播节目，在华盛顿和纽约的中波电台播出。自 2012 年 8 月起，国际台英语环球广播的三个海外节目制作室（美国洛杉矶、加拿大温哥华、新西兰奥克兰）也正式开始启动，每天共生产 10 个小时的广播节目，分别在北美和新西兰播出。目前这三个节目制作室的节目都还在初期试水阶段，而且由于英语环球广播北京总部尚未向这三个海外节目制作室派出节目管理和制作人员，本土制作的节目和总部制作的节目在质量上尚有一定差距。未来英语环球广播将继续扩大本土化节目生产的规模，一是要争取在欧洲、非洲分别建立节目制作室；二是要加强对海外节目制作室的管理，向海外节目制作室输出有实力的节目管理和制作人员，生产出既符合本土广播特色，又能提升我对外传播效果的广播节目；三是要强化本土化节目的针对性，让本土生产的节目能够满足本土听众的需求，推出更多的本土化精品；四是实现北京总部与海外节目制作室的良性互动，资源共享，能够把节目的产量和效益都实现最大化。

### （四）坚持传播中国信息，保持中国特色

作为国家级对外传播媒体，英语环球广播将继续坚持向世界全方位地介绍中国，成为海外听众了解中国的一个重要的、可靠的窗口。任何国际媒体

都是有其国家属性的。在美国播出的俄罗斯之声，虽然增加了很多有关美国的内容，但也不会放过任何与俄罗斯有关的新闻，而且大部分节目还是在介绍俄罗斯文化、经济、科技、体育等方面的内容。其目的还是希望增强美国人对俄罗斯的了解。国际台的英语环球广播同样担负着这样的任务。中国的发展使得很多海外听众都渴望了解中国，英语环球广播恰恰为他们提供了他们需要的信息。今后，英语环球广播将坚持用贴近海外受众的方式报道中国新闻，准确、全面地传递中国信息；为海外节目制作室提供与中国相关的节目素材；在一些国际问题的报道上，要坚持中国立场，保持自身的中国特色，为海外听众提供不一样的声音。

### （五）细分海外落地市场，打造品牌频率

英语环球广播的海外落地项目中，还有不少是与其他语言共享的播出平台。在当今媒体市场不断细分的背景下，要建设好这些平台，首先需要平台自身具备统一的定位和风格，多个语言共享同一平台资源显然不利于媒体建设和品牌打造。当然，这种状况是由于我们各语言发展不平衡所造成的，需要通过不断调整来逐步解决。同样受节目生产能力的影响，英语环球广播在大部分海外落地平台的内容设置上还是采用了综合频道的风格，面对不同国家的不同市场，以及不同的传播平台（调频和中波：调频平台多为音乐类节目，中波平台多为语言类节目），也只能提供一套综合内容的节目。英语环球广播已经开始着手解决这些问题。今后会在受众调研的基础上对海外落地市场进行细分，向不同地区的市场提供不同内容但风格统一的节目，比如在美国首都华盛顿这样的政治中心主打全套的新闻资讯类节目，在拉斯维加斯这样的旅游城市主打全套的音乐娱乐类节目，最终结合海外节目制作室的本土化节目实现针对不同地区的 7 套节目方案，满足不同听众的需求。此外，英语环球广播还将统一重点地区海外平台的名称和风格定位，按照中波和调频传播的特点统一海外频道的名称，并在呼号、频道广告语、频道音乐等方面尽量统一包装，打造具有可识别性和记忆性的英语环球广播品牌。

# 第三章  东北亚、南亚地区海外分台受众调查与分析

2012 年上半年，中国国际广播电台（CRI，以下简称国际台）对 CRI 乌兰巴托调频台和 CRI 科伦坡调频台进行了一次受众调查。本章将采用文献法、文本分析法和问卷调查法，以此次调查结果为依据，分析 CRI 乌兰巴托调频台和 CRI 科伦坡调频台的市场环境、受众特点和两调频台在当地的实际影响力，并对东北亚、南亚地区海外分台的传播策略进行探讨，为进一步加强该地区海外分台建设提供借鉴。

## 第一节  东北亚、南亚地区广播市场环境和 CRI 海外分台概况

### 一、东北亚、南亚地区的地理概念

东北亚南亚地区由东北亚和南亚两个部分组成。

关于东北亚的定义，并没有固定的说法，一般可从地理位置和地缘政治两个方面进行界定。从地理位置的分布来看，东北亚是指亚洲的东北部，包括俄罗斯联邦的东部地区（萨哈林岛等地）、中华人民共和国的东北和华北地区、日本国、大韩民国、朝鲜民主主义人民共和国以及蒙古国。如果从地缘政治角度说，狭义的东北亚包括日本国、大韩民国和朝鲜民主主义人民共和国。[1] 也有观点认为东北亚包括中华人民共和国、日本国、大韩民国和朝鲜民主主义人民共和国。[2]

根据联合国的地理区域分类[3]，南亚指亚洲南部地区，位于 0°—北纬 40°、东经 60°—100° 之间，陆地基本在北纬 10°—30° 之间，大体以印度洋和

---

[1]  根据美国外交委员会网站：http：//www.cfr.org。

[2]  Jeffrey J. Schott, Senior Fellow, and Ben Goodrich, Research Assistant,《Economic Integration in Northeast Asia》, Presented at the 2001 KIEP/KEI/CKS Conference on The Challenges of Reconciliation and Reform in Korea Los Angeles, California 24-26 October 2001.

[3]  http：//www.un.org/Depts/Cartographic/map/profile/Souteast-Asia.pdf

喜马拉雅山脉为南北界线。该地区共有 7 个国家，其中尼泊尔、不丹为内陆国，印度、巴基斯坦、孟加拉国为临海国，斯里兰卡、马尔代夫为岛国。西方社会有时也将阿富汗作为南亚国家。[①]

国际台目前针对东北亚地区采用日语、朝鲜语（韩语）和蒙古语共 3 种语言进行传播，针对南亚地区采用尼泊尔语、印地语、泰米尔语[②]、乌尔都语[③]、孟加拉语和僧伽罗语[④]共 6 种语言进行传播。因此，本章所论述的东北亚地区，基本是以地缘政治上的东北亚（不包括中国）为基础，综合考虑地理位置上的划分，主要指日本国、大韩民国、朝鲜民主主义人民共和国和蒙古国。本文所涉及的南亚国家，主要指尼泊尔、印度、巴基斯坦、孟加拉国和斯里兰卡。

## 二、东北亚、南亚地区广播市场环境

在东北亚地区，日本和韩国均为发达国家，其媒体规模和媒体影响力在亚洲乃至全世界均位居前列，而数字化广播的发展更是方兴未艾。2012 年 3 月 1 日，日本广播卫星系统公司（B-SAT）宣布，BS 数字广播将从当天开始，在 BSS 频段的 21、23 信道播出广播节目，而在此前，该公司已在 BSS 频段的 1、3、5、7、9、11、13、15、17、19 等信道提供广播节目。迄今为止，国际电信联盟（ITU）分配给日本的 12 个 BSS 频段（17/12GHZ）广播频率已全部使用，日本迎来了一个 BS 数字广播新时代。[⑤]

韩国也发展了特有的 DMB 数字广播业务，包括卫星 DMB 和地面 DMB。前者是一项新的数字广播业务，它通过卫星发送内容，因而能向使用个人移动接收机或汽车内接收机的移动用户提供各种多媒体业务，诸如视频、音频和数据业务。[⑥] DMB 正逐渐成为高音质、便携式无线电和移动电视的新规范。

相比之下，蒙古国和朝鲜的媒体发展相对较弱。在蒙古国，收听广播仍是最重要的获取信息的手段，对于偏僻地区分散居住的牧民更是如此。蒙古国拥有多家广播电台，主要集中在乌兰巴托。据蒙方统计，全国有 43 家广播电台。其中，创办于 1931 年的公共广播电台（原国家广播电台）是蒙古国唯

---

① http：//web. worldbank. org/WBSITE/EXTERNAL/COUNTRIES/SOUTHASIAEXT/0，pagePK：158889 ~ piPK：146815 ~ theSitePK：223547，00. html

② 泰米尔语：印度泰米尔纳德邦的官方语言，在斯里兰卡部分地区也被使用。

③ 乌尔都语，巴基斯坦的官方语言。

④ 僧伽罗语：斯里兰卡的主要官方语言。

⑤ 谢丰奕：《日本迎来全新的 BS 数字广播时代》，《卫星电视与宽带多媒体》2012 年第 07 期，P18。

⑥ 润雨：《韩国数字多媒体广播开发状况》，《卫星电视与宽带多媒体》2005 年 04 期，P29。

一非私营广播电台，现使用喀尔喀蒙古语面向蒙古国全境广播。① 而在朝鲜，1945 年 10 月 14 日成立的朝鲜中央广播电台是国家广播电台，除使用朝鲜语进行广播外，还用多种外语对外广播。② 截至 2006 年，朝鲜拥有 14 家调频广播电台、16 家调幅广播电台以及 11 家短波电台。

南亚的五个国家中，印度、斯里兰卡和巴基斯坦是发展中国家，而尼泊尔和孟加拉国则属于最不发达国家。除了印度以外，其他四国的广播媒体发展均较为落后。

在印度，报刊等印刷媒体作为自由发展和市场竞争的产物，可以由私人经营；而广播电视行业则被政府牢牢掌控，于是形成了独特的"媒体双轨制"。③ 2006 年 11 月 16 日，印度政府颁布了与社区广播有关的政策，允许农业中心、教育机构和公民社团组织申请社区广播许可证，较大程度地促进了印度广播业的多元化发展。全印广播电台隶属政府新闻广播部，广播网覆盖全国人口 99.1%，对内使用 24 种语言和 146 种方言播音，对外使用 27 种语言广播。④

在尼泊尔，广播一直都是最普遍的大众媒介。1951 年成立的官方电台尼泊尔广播电台（Radio Nepal）是尼泊尔唯一的一家国内电台，使用尼泊尔语和英语制作广播节目。⑤ 截至 2006 年，尼泊尔共有 50 家调频广播电台、6 家调幅广播电台以及 1 家短波电台。

巴基斯坦主要的广播媒体是巴基斯坦广播公司，归巴基斯坦政府所有，成立于 1947 年 8 月 14 日。成立之初，巴基斯坦广播公司在达卡、拉合尔和白沙瓦都建立了电台。20 世纪 80 年代和 90 年代，该公司将其网络延伸到巴基斯坦的各城镇，为当地人民提供了更优质的服务。1998 年 10 月，巴基斯坦广播公司开始了其首次调频广播。如今，巴基斯坦广播公司已有 27 个电台，对外用 7 种语言广播⑥，而巴基斯坦全国范围内已有超过 100 家公共电台和私人电台。

在孟加拉国，目前获得政府承认的电台有 9 家，分别是国有的孟加拉电台（Bangladesh Betar）、福尔蒂电台（Radio Foorti）、今日电台（Radio Today）、阿马尔电台（Radio Amar）、ABC 电台（ABC Radio）、达卡调频电台（DHAKA FM）、人民电台（People's Radio）、孟加拉社区电台（Community Radio in Bangladesh）和英国广播公司孟加拉分台（BBC Bangla）。其中，孟加

① http：//www. fmprc. gov. cn/chn/pds/gjhdq/gj/yz/1206_ 21
② http：//www. fmprc. gov. cn/chn/pds/gjhdq/gj/yz/1206_ 7
③ 张放：《印度的广播电视》，《中国广播电视学刊》2002 年第 05 期，P50。
④ http：//www. fmprc. gov. cn/chn/pds/gjhdq/gj/yz/1206_ 42
⑤ http：//www. fmprc. gov. cn/chn/pds/gjhdq/gj/yz/1206_ 24
⑥ http：//www. fmprc. gov. cn/chn/pds/gjhdq/gj/yz/1206_ 3

拉电台建于 1982 年，总台设在达卡，每天用英语、乌尔都语、印地语、阿拉伯语和尼泊尔语等对外广播 5 个小时。①

斯里兰卡的广播电台历史非常悠久。1925 年 12 月 16 日开播的科伦坡电台（也称锡兰广播电台）是亚洲第一家电台，也是世界第二家电台。20 世纪 50 年代和 60 年代锡兰广播曾以杰出的商业服务节目引领着南亚各国电台，并占据了巨大市场份额。1972 年斯里兰卡成为共和国后，斯里兰卡政府正式将锡兰广播电台更名为斯里兰卡广播公司。1993 年 6 月 13 日，放松管制后的斯里兰卡出现第一家私营电台 "FM99 Sri Lanka"，以英语、僧伽罗语和泰米尔语三种斯里兰卡官方语言为播出语种。目前，斯里兰卡的电台除了斯里兰卡广播公司和兰卡之声广播电台外，其余全部为私营电台。

从媒介使用的角度来看，日本和韩国等发达国家的广播受众比例低于其他国家，但在广播技术发展方面较为领先；其他国家尤其是南亚地区的国家，广播在受众媒介使用方面占据相对和暂时的优势。根据国际机构的总体调查数据显示，东北亚、南亚地区的媒介使用率在不断发生变化。估计该地区近几年内的媒介使用情况会发生较大的变化，主要原因是随着广播技术的发展，部分国家逐渐进入了媒介更新换代或者广播与新媒体融合的重要历史时期。

### 三、国际台在东北亚、南亚地区海外分台概况

截至 2012 年 10 月 15 日，国际台在东北亚、南亚地区已建成了五个海外分台，其中三个位于蒙古国境内，分别是 CRI 达尔汗调频台、CRI 乌兰巴托调频台和 CRI 额尔登特调频台；另两个是位于斯里兰卡民主社会主义共和国（以下简称为斯里兰卡）境内的 CRI 科伦坡调频台和位于尼泊尔的 CRI 加德满都调频台。（详见本节后的表1）

#### （一）CRI 乌兰巴托调频台

2007 年 1 月 15 日，国际台与内蒙古人民广播电台合作，建成 CRI 乌兰巴托调频台，在蒙古国首都乌兰巴托实现了整频率调频落地。CRI 乌兰巴托调频台的频率现为 FM105 MHz，发射功率 1 千瓦，节目信号覆盖乌兰巴托城市及周边地区人口 80 多万。该台每天当地时间 06：00 至次日 00：00 播出 18 小时节目，其中 CRI 提供 4 小时蒙古语节目，其余节目由内蒙古人民广播电台和中央人民广播电台提供。

乌兰巴托是蒙古国的政治和交通中心，也是蒙古国第一大城市。面积 4704 平方公里，常住人口 124 万（2011 年），其中 70% 是 35 岁以下的年轻人，是世界上人口最年轻的城市之一。乌兰巴托的文教程度远远高于蒙古国

---

① http：//www.fmprc.gov.cn/chn/pds/gjhdq/gj/yz/1206_ 22

其他地区，全国 8 所高等院校中的 7 所在乌兰巴托。乌兰巴托还有很多中等专科学校、职业技术学校和十年制中学。据统计，乌兰巴托人平均每 4 人中就有 1 人在上学。蒙古国通讯社、国家公共广播电视台等主流媒体均设在乌兰巴托。

### （二）CRI 科伦坡调频台

2010 年 4 月 26 日，CRI 科伦坡调频台正式开播。每天当地时间 05：30 至次日 00：30 播出 19 小时的英语、僧伽罗语、泰米尔语和汉语普通话节目。该台发射功率为 5 千瓦，播出频率为 FM102MHz，节目信号覆盖包括大科伦坡在内的西方省（含加姆珀哈、科伦坡和卡鲁特勒三个区），面积 3700 平方公里，固定人口 560 万，流动人口 300 万。该台由国际台委托中广公司代为建设，由斯里兰卡 VIS 广播公司负责日常运行和维护。

斯里兰卡首都科伦坡是该国政治、经济、文化和交通中心，也是该国最大的城市。斯里兰卡唯一的国际机场就在科伦坡。国际台在斯里兰卡的海外分台设立在科伦坡，能够最大限度利用其区位优势和影响力，辐射斯里兰卡全境。

### （三）CRI 达尔汗调频台和 CRI 额尔登特调频台

2006 年 3 月 1 日起，国际台在蒙古国第二大城市达尔汗实现海外调频节目落地，开播 CRI 达尔汗调频台。该台的发射功率为 1 千瓦、播出频率为FM103.7MHz，每天当地时间 08：00 至 23：00 播出国际台蒙古语、俄语、汉语普通话和英语共 15 小时节目，节目信号覆盖达尔汗市及周边地区 30 万人口。

达尔汗市是蒙古国第二大工业中心。根据 2003 年的统计，达尔汗的人口为 8.65 万人，35 岁以下人口占 75.2%。达尔汗市有 4 所中等专业学校，当地有听众自发组建的 CRI "彩虹" 听众俱乐部，注册用户有 1000 人以上。

2009 年 12 月 1 日，CRI 通过 FM103.1MHz 频率实现了在蒙古国额尔登特市的落地播出，开播 CRI 额尔登特调频台。该台发射功率为 500 瓦，每天当地时间 08：00 至 23：00 播出 CRI15 小时节目，节目套播 CRI 达尔汗调频台的节目，节目信号覆盖额尔登特市及周边地区。CRI 额尔登特调频台的开播，进一步完善了国际台在蒙古国广播节目落地的整体布局。

额尔登特市是蒙古国北部城市，人口有 8.69 万人（2008 年）。该市有两个获得 CRI 认可的听众俱乐部，分别是蒙古国 "额尔登特—友谊" 俱乐部和蒙古国额尔登特市 "彩虹" 俱乐部，会员总数达四千余人。

### （四）CRI 加德满都调频台

CRI 加德满都调频台于 2012 年 10 月 13 日正式开播。该台租用尼泊尔加德满都 FM92.4 调频台整频率 24 小时播出国际台尼泊尔语节目。该台播出功率 500 瓦，可有效覆盖首都加德满都市，覆盖人口 600 万。

**表 1　国际台东北亚、南亚地区海外分台一览表（截至 2012 年 10 月 15 日）**

| 电台名称 | 国家 | 覆盖地区 | 开办方式 | 频率 | | 播出状况 | | 传送方式 | 开播时间 |
|---|---|---|---|---|---|---|---|---|---|
| | | | | 波段 | 频率 | 小时数 | 时段、语种 | | |
| 蒙古国达尔汗 FM103.7 调频台 | 蒙古国 | 达尔汗 | 租台 | 调频 | FM103.7 | 15 | 08：00—10：00 蒙古语，10：00—12：00 俄语，12：00—14：00 蒙古语，14：00—17：00 普通话，17：00—19：00 英语，19：00—21：00 俄语，21：00—23：00 蒙古语 | 卫星 | 2006-3-1 |
| 蒙古国乌兰巴托 FM105 调频台 | 蒙古国 | 乌兰巴托 | 租台 | 调频 | FM105 | 18 | 06：00—24：00 蒙古语 | 卫星 | 2007-1-15 |
| 蒙古国额尔登特 FM101.4 调频台 | 蒙古国 | 额尔登特 | 租台 | 调频 | FM101.4 | 15 | 08：00—10：00 蒙古语，10：00—12：00 俄语，12：00—14：00 蒙古语，14：00—17：00 普通话，17：00—19：00 英语，19：00—21：00 俄语，21：00—23：00 蒙古语 | 卫星 | 2009-12-1 |

续表

| 斯里兰卡科伦坡 FM102 调频台 | 斯里兰卡 | 科伦坡 | 自建 | 调频 | FM102.0 | 19 | 05：30—07：30 英语，07：30—11：30 普通话，11：30—13：30 僧伽罗语，13：30—15：30 泰米尔语，15：30—17：30 英语，17：30—19：30 僧伽罗语，19：30—21：30 泰米尔语，21：30—00：30 英语 | 卫星 | 2010-4-26 |
|---|---|---|---|---|---|---|---|---|---|
| 尼泊尔的加德满都 FM92.4 调频台 | 尼泊尔 | 加德满都 | 租台 | 调频 | FM92.4 | 24 | 尼泊尔语 | 卫星 | 2012-10-13 |

## 第二节　CRI 乌兰巴托调频台受众的构成、收听习惯与需求

2012 年上半年，国际台通过乌兰巴托节目制作室和育才广播孔子课堂进行了"CRI 乌兰巴托调频台受众市场调查"，以现场填写方式共发放 500 份纸质调查问卷，收到有效问卷 336 份，合格率为 67%。

### 一、受众构成

在性别比例上，男性为 152 人，占受调查总人数的 45%；女性为 184 人，占受调查总人数的 55%。受众性别比例基本正常。（见图 1）

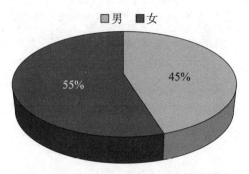

**图 1　CRI 乌兰巴托调频台受众性别构成**

在年龄构成上，参与回答问卷的受众中 20 岁以下的为 130 人，占受调查总人数的 39%；20—49 岁的为 104 人，占受调查总人数的 31%；50 岁以上的为 102 人，占受调查总人数的 30%。（见图 2）受众年龄分布较为合理，基本符合 CRI 乌兰巴托调频台的预期受众定位。其中 20 岁以下的听众居多，加上 50 岁以上的受众，共占总体的近 7 成。因此，从长远角度考虑，CRI 乌兰巴托调频台应该进一步增强节目的针对性，提高年轻受众，尤其是 35 岁以下受众的黏着度。

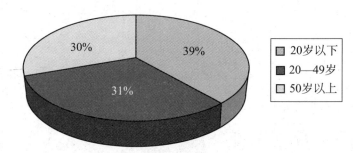

**图 2　CRI 乌兰巴托调频台受众年龄构成**

在受教育程度上，受访者中高中及以下的为 132 人，占受调查总人数的 39%；大学本科的 178 人，占受调查总人数的 53%；硕士及以上 26 人，占受调查总人数的 8%。（见图 3）可以看出，CRI 乌兰巴托调频台受众的受教育水平普遍较高，大学本科以上学历占整体的 6 成多，可以认为该台吸引的都是高端受众。

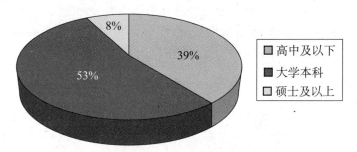

**图 3　CRI 乌兰巴托调频台受众受教育程度**

在职业分布上，CRI 乌兰巴托调频台的受众主要由学生（中小学）、大学生、教师、公司职员、政府官员、商人、牧民以及退休人员等构成。受访者中，中学生和大学生受众的人数合计占整体的 39%。（见图 4）从长远角度考虑，应该针对青少年制作互动性强、具有知识性和趣味性的娱乐节目。

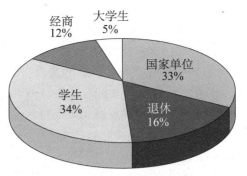

**图4 CRI 乌兰巴托调频台受众职业构成**

## 二、收听习惯与需求

### (一)收听方式

对于"您一般通过什么方式收听乌兰巴托 FM105 调频台?"的问题,32%的受众选择在线收听网络电台,31%的受众选择使用收音机收听广播,30%的受众选择使用手机、MP3 等多媒体设备收听广播,而选择在车中使用车载设备收听广播的受众则较少,只有 5%。(见图 5)

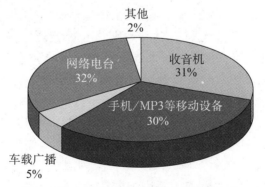

**图5 CRI 乌兰巴托调频台受众收听方式**

从以上数据中可以看出,目前,蒙古国受众倾向于使用收音机和电脑进行收听,而随着新媒体的不断发展,使用手机和 MP3 等移动终端的受众也在不断增加。但是,使用车载广播的受众数量偏少,这一点值得引起我们的重视。蒙古国的汽车比较普及,乌兰巴托市的汽车保有量为四十万左右,其中有 16. 27 万私家小轿车。乌兰巴托的市民习惯在上下班途中以及外出度假时收听广播节目。因此,如何吸引汽车驾乘者收听乌兰巴托 FM105 的广播节目,还有待我们进一步思考。

### （二）对节目的满意度

目前，CRI 乌兰巴托调频台所有的广播节目中，中国文化和旅游、经济生活是受众最喜欢收听的节目类型，表示满意的受众分别有 26% 和 21%。汉语教学类节目和新闻资讯类节目也较受欢迎，喜欢这两类节目的受众各占全部受众的 18%。此外，还有 13% 的受众钟爱音乐类节目。（见图 6）

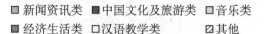

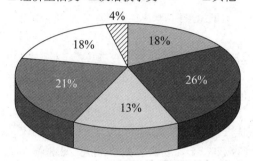

**图 6　CRI 乌兰巴托调频台受众的节目满意度**

以上数据说明，获取中国文化和旅游以及经济信息是乌兰巴托受众群体的主要收听目的。同时，汉语教学等 CRI 传统节目也仍然拥有大量受众。蒙古国近几年出现了学汉语热潮，国际台在乌兰巴托还开设了广播孔子课堂。CRI 乌兰巴托调频台有必要进一步加强汉语教学等服务类节目的制作。此外，CRI 乌兰巴托调频台的听众对于健康保健话题也十分关注，很多听众还来信询问中医药相关的问题，今后可考虑进一步丰富该类节目的功能性和服务性。

从整体来看，调查结果符合我们对于蒙古国受众的基本理解，也符合乌兰巴托受众的收听习惯。蒙古国国民热爱文化艺术，注重休闲生活，因此文化旅游类节目满足了受众了解中国文化及中国旅游方面信息的需求。同时，受访者在问卷中也表达出想要了解中国蒙古族人民的生活状况、蒙古族牧民的新生活、内蒙古的城市建设以及内蒙古治沙防沙取得的成绩等相关信息，因此，CRI 乌兰巴托调频台有必要加强和内蒙古相关媒体的合作，进一步提供与内蒙古自治区以及我国蒙古族群众相关的动态信息。

### （三）收听时段和持续收听时间

在收听广播的时段方面，27% 的受众习惯在早晨收听（06：00—10：00），14% 的受众习惯于在上午收听（10：00—14：00），11% 的受众选择在下午收听（14：00—19：00），而高达 47% 的受众习惯在晚上（19：00—00：00）收听广播。只有 1% 的受众习惯在深夜收听（00：00—06：00）。（见图 7）可以看出，CRI 乌兰巴托调频台受众的收听时段相对集中在 06：00—10：00 以及 19：00—00：00，其他时段的收听率较低。这与对象国民众的生活习惯相吻合，说明他们一般选择在工作之余收听广播、获取信息。

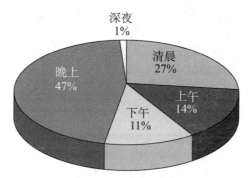

图 7　CRI 乌兰巴托调频台受众收听节目的时段

在连续收听节目时长方面，56% 的受众每天连续收听 1—3 个小时节目，27% 的受众每天连续收听 1 个小时以内的节目，还有 17% 的受众每天收听时长超过了 3 小时。（见图 8）

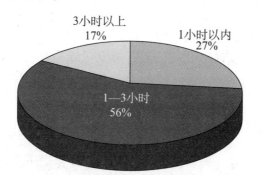

图 8　CRI 乌兰巴托调频台受众收听节目的时长

## （四）信息获取渠道

关于获取中国相关信息的常用渠道，47% 的受众表示一般通过本地媒体获取，35% 的受众表示通过中国媒体获取，还有 18% 的受众表示通过其他国家的媒体获取。（见图 9）

通过调查结果可以看到，蒙古国媒体是乌兰巴托海外分台受众获取中国信息的第一渠道，其次才是中国媒体，最后是其他国家的媒体。有很多海外媒体在蒙古国开设了分支机构，但较少使用蒙古语对蒙古国境内发布信息，而通常仅向媒体总部发布信息，因此蒙古国国民的关注度不高。

在报道和介绍中国信息方面，中国媒体具有得天独厚的优势，应该成为蒙古国民众获取中国真实情况的主要渠道。随着中国综合国力的不断提高、

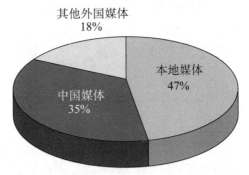

**图9　CRI 乌兰巴托调频台受众获取信息渠道情况**

对外传播实力的进一步增强，中国媒体在蒙古国受众心中的地位会逐步提高，CRI 乌兰巴托调频台在当地将会发挥独特而且重要的作用。

## 第三节　CRI 科伦坡调频台受众的构成、收听习惯与需求

2012 年上半年，国际台僧伽罗语广播部对 CRI 科伦坡调频台实施了受众调查。本次调查问卷以邮寄形式发放了 1000 份纸质答卷，最终通过国际邮件以及来华友人携带方式回收到 277 份有效答卷，还通过电子邮件形式回收到 38 份有效答卷，总计回收 315 份有效调查问卷。

### 一、受众构成

在年龄分布上，参与回答问卷的受众中，18 岁以下受众占收听总人数的 15% 左右，绝大多数听众年龄在 18 至 50 岁之间，50 岁以上收听人群主要为高端听众和媒体人士。（见图 10）综合来看，CRI 科伦坡调频台受众年龄构成比较合理，成人收听比例较大，符合城市调频台受众需求定位。

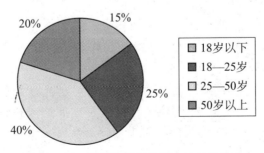

**图 10　CRI 科伦坡调频台受众的年龄构成**

在性别构成上，受访者男女受众比例大致相当，男性听众略多于女性听

众。男性听众 171 名，女性听众 144 名。

在职业分布上，受访者中大学生 123 名，大中学校教师 35 名，政府官员 23 名，公司高管、职员、律师、媒体从业人员等 78 名。（见图 11）据了解，国际台在斯里兰卡各俱乐部成员构成情况也大致相同，主要由大、中小学生、教师、学者、媒体人士、公司职员、农民、僧侣、政府官员以及商人等构成。学生及教师、学者是主体。听众的受教育程度也不相同，主要以中学文化程度为主，兼有少数具有大学以上学历者。

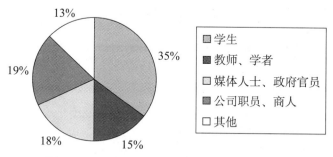

**图 11　CRI 科伦坡调频台受众的职业构成情况**

在地域分布上，由于 CRI 僧伽罗语的传统对外广播在斯里兰卡全境拥有超过 30 万的听众，尤其以大科伦坡地区（属于西方省）的听众居多（见图 12）。因此，CRI 科伦坡调频台开播伊始，科伦坡、甘姆巴哈和卡鲁特拉三大城市（都属于西方省）原先的短波节目受众也主动开始收听调频台的节目。

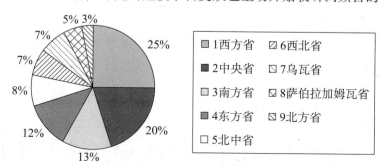

**图 12　CRI 僧伽罗语传统短波节目受众的地域分布**

## 二、收听习惯与需求

在收听方式上，参加调查者中，通过普通收音机收听节目的有 153 名，通过车载收音机收听节目的有 49 名，其余的主要通过网吧、家庭电脑或办公电脑在线收听 CRI 科伦坡调频台的节目。

在收听动机上，按照统计结果的先后顺序，有如下四类：及时了解中国信息；喜欢收听专题或特别专题；学习汉语、了解中国文化；休闲时的爱好。

在节目满意度上，绝大多数听众对 CRI 科伦坡调频台僧伽罗语广播节目的内容与形式给予了高度评价和认可。其中尤其对通过 CRI 科伦坡调频台学习汉语充满渴望和期待。受众学习汉语的目的非常明确。主要为：通过学习、掌握汉语，能够更深入了解中国、中国的文化和经济发展；进一步增进斯中传统友谊；学习、了解中国先进科学技术；有利于到中国旅游、经商、交友。另外，反映中国社会生活、文化以及经济建设的专题节目、周末的休闲娱乐益智性大型杂志型节目和体育节目也都拥有大量受众。对 CRI 科伦坡调频台现有的节目设置，受众也较为满意。（见图 13）

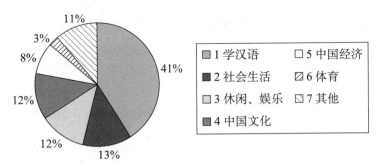

**图 13　CRI 科伦坡调频台受众对于节目的满意度**

不过，在播出时间和信号质量上有一定数量的听众提出意见。有不少听众认为现有的节目播出时间与工作和学习之间存在冲突，建议增加播出时间或增加重播。另外，有听众反映收听效果较差，很多时候由于噪音或"串台"无法清晰收听广播节目。据实地了解，科伦坡附近地区存在 FM102.4、FM102.6 等多个调频电台，不仅电台较多而且频率与 CRI 科伦坡调频台的频率（FM102）过于接近，造成了干扰。今后宜采取加大功率或更换电台频率的方式加以改进。

# 第四节　CRI 东北亚、南亚地区海外分台的本土化策略

## 一、CRI 蒙古国海外分台的本土化策略分析

### （一）发挥海外分台优势，凸显媒体价值

蒙古国既是中国北方重要的邻国之一，也是上海合作组织的观察员国之一。蒙古国与中国接壤的区域最广、边境线最长。自 1949 年 10 月 16 日中蒙两国建交以来，中蒙关系经历了半个多世纪的发展，在政治、经济、文化和

社会生活等领域都展开了广泛的交流与合作。尤其是经济层面，新世纪以来中蒙两国经贸合作保持着平稳、较快的增长势头。截至 2009 年，中国已经连续 11 年保持蒙古国第一大贸易伙伴国的地位。因此，国际台蒙古国海外分台担负着加深蒙古国国民对中国的了解、进一步强化中蒙两国民间交流、促进中蒙商贸互动交流、树立中国良好国际形象的使命。

国际台在蒙古国的海外分台具有多方面的优势。从地理位置来看，国际台在达尔汗、乌兰巴托和额尔登特都实现了海外调频电台落地。乌兰巴托是蒙古国的首都，也是蒙古国最大的城市和政治、经济、文化中心。这三座城市又都是蒙古国的主要经济中心城市。从受众构成看，仅这三个城市的人口就占蒙古国总人口的一半以上，其年轻人在总人口中所占比例也超过 70%。此外，在达尔汗和额尔登特市的三个国际台听众俱乐部，在蒙古国设有多个分支机构，拥有数千名成员，都是国际台及其海外分台的热心、忠实听众。同时，从 CRI 乌兰巴托调频台的受众调查数据来看，蒙古国的高端受众对于国际台蒙古国海外分台有较高关注度。综上所述，在这三个城市设立海外分台，影响广，覆盖人口多，有着培养优质的受众市场、发挥海外分台舆论引导作用的良好先决条件。

为了体现海外分台的媒体价值，蒙古国海外分台应该同时具有中国媒体、蒙古国媒体乃至国际媒体的多重身份。换言之，即应考虑尽快设置单一语种的蒙古语分台、英语环球和华语环球分台。其中，英语环球和华语环球分台采用国际版通用节目架构，增加蒙古国当地的资讯和特设栏目。蒙古语分台则应该以蒙古国当地媒体的身份出现在受众面前，其节目内容不应有明显的外来特征，但同时又可以与中国媒体（包括 CRI 总部）联合制作具有中国特色的节目或者提供具有中国元素的资讯。而这种"既蒙古国又中国"的特色就是蒙古语分台有别于其他蒙古国调频电台的突出特色之一。

蒙古语分台节目应主要以蒙古国当地人作为主持人、记者和嘉宾，谈论的话题以蒙古国本国的话题为主，或者是能够引起蒙古国国民兴趣的话题。议程设置由中方人员负责，蒙方工作人员负责实际操作。

举例来说，对于很多中国的热点新闻，蒙古国媒体并不关注。但是，在必要的时候，可以通过巧妙的议程设置，不动声色地引导当地受众的关注点。如中日钓鱼岛争端并非蒙古国民众普遍关注的话题。但为了使蒙古国受众了解、理解并支持中国的观点、立场和态度，争取蒙古国的社会舆论，就可以进行相应的议程设置。比如可以邀请蒙古国资深的媒体人，围绕"中国企业家陈光标花费 3 万美元在纽约时报刊登广告，强调钓鱼岛自古以来就是中国的领土"的新闻话题，进行讨论、介绍、说明，从而让蒙古国受众了解钓鱼岛争端的历史由来、中国政府与人民捍卫领土的正当性，等等。

在实际操作中，除了聘请蒙古国资深媒体人参与节目策划和制作外，还应该雇用蒙古国当地的媒体从业人员进行采访活动。通过平时的采访活动，才能加强与蒙古国政界、商界等高端人士的接触。在蒙古国海外分台的本土化进程中，这样的高端访谈尤其是中蒙经贸合作相关的高端访谈，作为体现媒体价值的必要因素，应以灵活多样的表现形式进行传播。高端访谈的采访内容或者在分台节目中播出，或者在分台开设的网站中设立专栏。甚至可以考虑和蒙古国、中国的平面媒体合作，以独家专访的形式发布相关内容，以提升媒体价值。高端访谈内容特别应该为中蒙商贸相关资讯类节目服务，从中提炼的简短讯息不仅可以广播的形式，还可以网站专栏甚至付费资料的形式，作为中蒙商贸快讯对外发布。

## （二）抓住机遇，加强内容建设，扩大覆盖范围

20 世纪 90 年代以后，随着蒙古国政治、经济上的变革，蒙古国的媒体呈现自由化发展的趋势，各类媒体数量激增。蒙古国广播行业也同样开始迅猛发展。根据蒙古国新闻媒体研究院统计发布的蒙古国媒体情况研究报告显示，1999 年至 2010 年仅 1 年的时间，蒙古国电台由原来的 24 个增加到 76 个，数量增加了 3 倍多。目前仅乌兰巴托市就有 27 家调频电台，每天制作 155 小时的节目。在媒体发展的大潮中，有几个现象值得我们注意。第一，尽管蒙古国广播业发展迅速，但从整体水平来看，蒙古国的调频电台大多属于私营，很多电台的资金、设备和人员都相对匮乏，调频电台设施相对简陋，更缺乏专业播音人才和技术人员，节目质量良莠不齐，很多调频电台为了填充时间，节目以广播小说、音乐点播和电话连线为主，制作简单、随意性强。第二，境外主流媒体尚未涉足蒙古语调频广播。目前，VOA 和 BBC 的英语广播节目在蒙古实现了落地，蒙古国家公共电台每天转播莫斯科电台 30 分钟的蒙古语节目。除此之外，蒙古国境内由外国媒体开设的蒙古语广播，只有内蒙古人民广播电台和中国国际广播电台两家。① 境外主流媒体并未涉足蒙古语调频广播，仅涉足蒙古国电视业。第三，广播仍是蒙古国主要媒介手段。据蒙古国媒体报道，乌兰巴托市民月均纯收入 800 人民币左右，29% 的人在贫困线以下。根据当地市民的平均收入水平判断，收听广播仍然是获取信息和休闲娱乐的主要手段之一。事实上，乌兰巴托市民中，每 3 人就有 1 人每天收听 1 小时以上的广播节目。而且，广播媒体的发展历史较长，建于 1931 年的蒙古国家广播电台自开办之初，信号覆盖率就达到了 90% 以上，从 1954 年开始，蒙古国国内所有的居民点和居民区都可以接收到无线广播信号。第四，虽然蒙古国传统媒体目前开办的网站还略显简陋，但从网站开设的数量来看，蒙古国的传统媒体显然都已经意识到了新媒体的重要性。据不完全统计，在蒙古

① http：//www. news. mn/content/107174. shtml#Scene_ 1

国新闻研究院注册登记的网站中，电视媒体开设了 17 家，报刊媒体开设了 23 家。这一方面说明，传统媒体正在积极探索与新媒体的融合；另一方面也说明，蒙古国的广播媒体探索新媒体的积极性逊于电视媒体和平面媒体。这提醒我们，国际台蒙古国海外分台的本土化策略可以结合新媒体的传播手段，通过在蒙古国境内搭建主题网站，实现调频电台和网络平台之间的良性互动，提升媒体影响力。

综上所述，广播仍然是蒙古国主要的媒介手段之一，并具有广阔的发展前景，但需要考虑和新媒体的融合；同时境外主流媒体尚未参与蒙古国境内的蒙古语调频广播市场的竞争。蒙古国的广播行业仿佛正处在"群雄割据，度量衡尚未统一"的混沌时期，对于国际台蒙古国海外分台来说，这意味着机遇和挑战并存，应该抓住机遇，制作并播出经过本土化改良的节目，增加节目吸引力，扩大影响力。

以乌兰巴托市为例，该市的 27 家主要调频电台（不包括 CRI 乌兰巴托调频台），除了教会电台、儿童台和交通台等，大部分电台的节目都以播放音乐为主。（见表 2）这从一方面说明了乌兰巴托，甚至蒙古国的受众比较钟爱音乐节目。可是，CRI 乌兰巴托调频台的受众中只有 13% 喜爱其音乐类节目。可见，CRI 乌兰巴托调频台的音乐类节目还需大力加强。

**表 2　乌兰巴托地区的主要调频电台**

|  | FM 名称 | 频率 | 所属机构 | 接收范围 |
|---|---|---|---|---|
| 1 | FM "Kiss 广播" | FM 100.1 | PФ XXK | 乌兰巴托 |
| 2 | FM "家庭广播" | FM 104.5 | 萨利赫娱乐公司 | 乌兰巴托 |
| 3 | FM "温馨广播" | FM 103.6 | Media Holding 责任有限公司 | 乌兰巴托 |
| 4 | FM "先锋" | FM 101.7 | 乌兰巴托广播责任有限公司 | 乌兰巴托 |
| 5 | FM "新调频" | FM 107.5 | 毕力格萨那责任有限公司 | 乌兰巴托 |
| 6 | FM "我的蒙古" | FM 100.5 | HC 联盟责任有限公司 | 乌兰巴托 |
| 7 | FM "Formula" | FM 98.1 | Radio.com 蒙古责任有限公司 | 乌兰巴托 |
| 8 | FM "微笑" | FM 99.3 | NEW MEDIA 责任有限公司 | 乌兰巴托 |
| 9 | FM "Roayal radio" | FM 98.9 | MONGOL MUSIC MEDIA 责任有限公司 | 乌兰巴托 |
| 10 | FM "自由" | FM 104 | 斯日古勒格责任有限公司 | 乌兰巴托 |
| 11 | FM "Best" | FM 98.5 | 蒙古国家盲人联盟（非国营组织） | 乌兰巴托 |
| 12 | FM "乌兰巴托" | FM 102.5 | 八达润责任有限公司 | 乌兰巴托 |
| 13 | FM "伊合蒙古" 广播 | FM 99.7 | 毕力格都勒根责任有限公司 | 乌兰巴托 |
| 14 | FM "海螺音" | FM 97.5 | 甘丹寺教会 | 乌兰巴托 |
| 15 | FM "交通广播" | FM 96.3 | 交通安全管理委员会 | 乌兰巴托 |
| 16 | FM "VOG 广播" | FM 106 | 标准 BOA 有限责任公司 | 乌兰巴托 |

续表

| 17 | FM "在您身边" | FM 105 | 通讯科技学校 | 乌兰巴托 |
|----|----|----|----|----|
| 18 | FM "领结" | FM 105.5 | 楚谷责任有限公司 | 乌兰巴托 |
| 19 | FM "蜜蜂广播" | FM 107 | MEDIA GROUP 有限责任公司 | 乌兰巴托 |
| 20 | FM "阴阳八卦广播" | FM 95.7 | 少儿文化教育协会 | 乌兰巴托 |
| 21 | FM "全蒙古广播" | FM 95.1 | 达西达尔吉教会 | 乌兰巴托 |
| 22 | FM "故乡" | FM 96.9 | 古土有限责任公司 | 乌兰巴托 |

除传播内容需要加强外，也要丰富覆盖技术手段。为了实现更大限度的收听人群覆盖，国际台蒙古国海外分台正尝试利用卫星传输节目内容。如果实现，理论上可覆盖蒙古国全境以及俄罗斯联邦布里亚特地区和中国蒙古族聚居的大部分边境地区。

### （三）内外联动，提升传播实效

以国际台北京总部作为蒙古国海外分台的大本营，为蒙古国海外分台提供强有力的节目支持和其他各种帮助；以国际台乌兰巴托节目制作室和在我国内蒙古的边境节目制作室为支撑，实现节目的采编播本土化。这两者形成的内外联动机制，将从地理区位上保证国际台蒙古国海外分台获取多种渠道的快捷信息，进一步增强蒙古国海外分台节目的针对性和贴近性，拉近海外分台与受众之间的距离，提升传播实效。

国际台乌兰巴托节目制作室从 2010 年开始筹建，现已作为国际台驻蒙古国分支机构在蒙古国登记注册并通过认可。这是境外媒体在蒙古国获得合法注册登记的第一家分支机构。CRI 乌兰巴托节目制作室除日常节目采访和制作外，还可以从事其他媒体业务活动。

2010 年，国际台还和内蒙古人民广播电台、二连浩特市广播电影电视局合作，开始筹建边境节目制作室。边境节目制作室将为蒙古国海外分台提供当地的新闻资讯，协助采集中蒙边境商贸的动态讯息，并可独立制作播出蒙古语节目。

乌兰巴托节目制作室和内蒙古地区的两处边境节目制作室共三处节目制作室均具备直播条件，建成后可以实现北京（CRI 本部）、边境（呼和浩特和二连浩特）、蒙古国（乌兰巴托、达尔汗、额尔登特）三方之间的无缝切换。届时，国际台乌兰巴托节目制作室可独立承担每天 9 个小时的节目制作。其余的 16 个小时节目暂时由边境节目制作室和北京总部分担。为了改善收听体验，蒙古国海外分台播出的节目，也将从现在的多语种（蒙古语、普通话、俄语、英语）改为单一语种——蒙古语。

### （四）针对受众定位，提高节目可听性

如前所述，国际台在蒙古国的三座海外分台所处的三个城市汇集了蒙古国总人口的一半以上，而且其中年轻人所占比例也较大。另外，国际台蒙古国海外分台现有 8 个听众俱乐部，其中有约六千人左右是青少年，很多都是在校学生。对 CRI 乌兰巴托调频台的受众调查也显示，35 岁以下的听众占接受调查者总数的 63.69%。因此，无论是现有受众，还是潜在受众，国际台蒙古国海外分台的受众都以年轻人为主。

根据这一受众定位，国际台蒙古国海外分台必须针对年轻受众特点，打造电台的时尚特色。如在节目形式上，可推出一些互动趣味性栏目，将音乐和汉语元素相结合，例如中文歌曲接龙、中文歌星模仿秀等。在节目内容上，考虑到年轻人关注时尚和潮流，应加大科技、时尚生活、流行音乐等节目的比重。由于 CRI 乌兰巴托调频台受众调查显示高达 69% 的受众习惯在晚上收听广播，所以可以考虑在该时段针对年轻受众提高节目的可听性，增强节目整体的休闲感。除了介绍最新流行资讯外，可以邀请蒙古国或者蒙古族的知名艺人、影视歌明星等参与节目制作。如果条件允许，甚至可以开设"***会客室"，邀请知名艺人客串主持人。在制作人员的安排上，应着重考虑由年轻主持人负责相关节目的制作。在音乐的使用上，也应注意曲目的挑选和搭配，突出"时髦和流行"的因素。

### （五）借鉴类型电台，打造品牌栏目

蒙古国的汽车保有量并不算高，据 2012 年统计数据，蒙古国保有的汽车总数约 48.69 万辆。[①] 所以在蒙古国，驾乘机动车还属于高端人群的消费行为。而这部分人属于 CRI 乌兰巴托调频台的目标受众。调频广播作为车载媒体具有得天独厚的优势。但在对 CRI 乌兰巴托调频台的受众调查中，只有 0.7% 的受众选择在车中使用车载设备收听广播。从今后的发展趋势来考虑，国际台蒙古国海外分台必须要有意识地强调"车载媒体"的特质，同时在节目构成上也应该根据"车载媒体"的特性打造适合驾乘者收听的节目内容，引导高端受众锁定海外分台的频率。

根据 CRI 乌兰巴托节目制作室的初步调查结果，CRI 乌兰巴托调频台目前还没有成为机动车驾乘者的锁定电台的原因包括两方面：一是由于该台的音乐节目不太符合蒙古国受众的收听习惯，二是由于该台的节目不是单一语

---

① http：//www. shuud. mn/% D0% B7% D0% B0% D0% BC% D1% 8B% D0% BD-% D1%
86% D0% B0% D0% B3% D0% B4% D0% B0% D0% B0% D0% B3% D0% B8% D0% B9% D0%
BD-% D0% B3% D0% B0% D0% B7% D1% 80% D0% B0% D1% 81-% D0% BC% D1%
8D% D0% B4% D1% 8D% D0% B3% D0% B4% D1% 8D% D0% BB-% D1% 85% D2% AF/#Scene_ 1

种，还有汉语普通话和英语的节目。为了提高节目的可听性，需要对音乐节目进行改进，同时需要制作单一语种——蒙古语的广播节目。

因此，国际台蒙古国海外分台有必要借鉴类型化电台的经验和模式，将自身设定为音乐资讯台，目标受众兼顾政界和商界的高端人士（机动车驾乘者）以及大中院校学生（年轻听众）。

根据实际情况，国际台蒙古国海外分台可围绕三个音乐排行榜，即内蒙古地区蒙古语歌曲排行榜、蒙古国歌曲排行榜和中文流行歌曲排行榜，打造品牌栏目《音乐故事》和《新闻节拍》。

其中，三大音乐排行榜将通过版权购买和媒体合作的形式获得相关音乐的广播使用权，邀请资深音乐人参与排行榜的相关制作，引领流行音乐文化的潮流。

《音乐故事》将紧紧围绕三大音乐排行榜，探寻音乐背后的故事，在确保可听性的同时，挖掘深度题材，提升节目质量。尤其是在中文流行歌曲排行榜的选曲上，充分考虑音乐水准的同时，重点挖掘音乐创作的时代背景和文化内涵，选择有品位，值得回味的好音乐。

《新闻节拍》穿插在音乐主线中，既能够提供新闻食粮，又要提供功能性服务。节目编排和制作将充分考虑蒙古国当地民众的关注点和收听习惯，采用电话和短信参与的方式进行竞猜和有奖答题，突出互动性和趣味性，在新闻内容的选择上针对目标受众提供实用信息。

由于边境贸易在中蒙贸易中扮演着重要的角色，内蒙古自治区更是对蒙古国开展边境贸易合作的主要阵地，而内蒙古自治区边境贸易主要又以二连浩特市为主。因此，《新闻节拍》的新闻应以中蒙经贸合作、中蒙边贸信息、在华蒙资企业以及在蒙中资企业的相关讯息等为主，同时可以充分利用在内蒙古二连浩特市的边境节目制作室提供快捷实用的中蒙边贸资讯。考虑到在蒙中资企业的需求，《新闻节拍》也可以对蒙古国受众发布中资企业的相关动态信息，包括产品和服务信息，扩大中资企业在蒙古国的品牌影响力。这样，《新闻节拍》将不仅以趣味互动品牌栏目吸引受众，还能成为中蒙经贸资讯交流平台，为中蒙两国企业牵线搭桥发挥重要的作用。

## 二、CRI 科伦坡调频台的本土化策略分析

### （一）斯里兰卡广播业的历史沿革

斯里兰卡是南亚次大陆南端印度洋上的岛国，南亚区域联盟成员国，博鳌论坛共同发起国。斯里兰卡现有人口 2010 万（2011 年 12 月），主体民族是僧伽罗族，占全国人口的 81.9%，最大的少数民族是泰米尔族，泰米尔族占全国人口的 9.5%，摩尔族占全国人口的 8.0%，其他民族占 0.6%。僧伽罗

语、泰米尔语与英语同为斯里兰卡官方语言。斯里兰卡居民中76.7%信奉佛教，8.5%信奉伊斯兰教，7.9%信奉印度教，6.9%信奉基督教。

斯里兰卡的广播电台历史非常悠久。1925年12月16日，亚洲第一家、世界第二家广播电台——科伦坡电台（也称锡兰广播电台）在锡兰（今斯里兰卡）正式开播。科伦坡电台的出现，改变了当时的锡兰社会习惯。民众开始改变生活习惯，开始习惯于早晨或者在晚上家庭聚会的时间收听电台节目。第二次世界大战期间，盟军在科伦坡接管了科伦坡电台，改称东南亚战区电台。战后，东南亚战区电台被移交给了锡兰政府。1967年，锡兰政府将其更名为锡兰广播电台。在20世纪50年代和60年代锡兰广播曾以杰出的商业服务节目引领着南亚各国电台，并占据了巨大市场份额。在众多的南亚广播电台中，锡兰广播电台一直处于领军地位。这一时期是锡兰广播电台的黄金时期，数以百万计的听众收听锡兰广播电台的节目。

1972年斯里兰卡成为共和国后，斯里兰卡政府正式将锡兰广播电台更名为斯里兰卡广播公司。20世纪90年代初斯里兰卡政府对传媒领域放松了管制，允许私营机构涉足广播电视领域，开办电台、电视台。于是，1993年6月13日，放松管制后的斯里兰卡第一家私营电台"斯里兰卡FM99"电台正式创立开播，使用英语、僧伽罗语和泰米尔语三种斯里兰卡官方语言播出，每天播出18个小时。此后，斯里兰卡出现了大量私营的调频电台。

目前，除斯里兰卡广播公司和兰卡之声广播电台外，其余全部为私营电台。这些私营的电台多将自身定位为专业化频率，以吸引受众、占领市场。

表3　斯里兰卡的主要调频电台

| 电台名称 | 语言 | 所有形式 |
| --- | --- | --- |
| Sri Lanka Broadcasting Corporation　斯里兰卡广播公司 | 僧伽罗语、英语、泰米尔语 | 国营 |
| Lakhanda Radio 兰卡之声 | 僧伽罗语、英语 | 国营 |
| Sirasa FM | 僧伽罗语、英语 | 私营 |
| Siyatha FM | 僧伽罗语、英语 | 私营 |
| Lak FM | 僧伽罗语 | 私营 |
| Asura FM | 僧伽罗语 | 私营 |
| Yes FM | 英语 | 私营 |
| TNL Radio | 英语 | 私营 |
| Shakthi FM | 泰米尔语 | 私营 |
| Max Radio | 僧伽罗语 | 私营 |
| Lite FM | 英语 | 私营 |
| Y FM | 英语 | 私营 |
| Real Radio | 英语 | 私营 |
| V FM | 泰米尔语 | 私营 |
| SATH FM | 泰米尔语 | 国营 |

续表

| | | |
|---|---|---|
| Vettri FM | 泰米尔语 | 国营 |
| Ran FM | 僧伽罗语 | 国营 |
| Shree FM | 僧伽罗语 | 私营 |
| Hiru FM | 僧伽罗语 | 私营 |
| Gold FM | 英语 | 私营 |
| Sooriyan FM | 泰米尔语 | 私营 |
| Rangiri Sri Lanka Radio | 僧伽罗语 | 私营 |
| Isira TNL | 僧伽罗语 | 私营 |
| Isura FM | 僧伽罗语 | 私营 |
| FM Derana | 僧伽罗语、英语 | 私营 |
| Neth FM | 僧伽罗语 | 私营 |
| Youth Radio | 僧伽罗语 | 私营 |
| Radio2 | 英语 | 私营 |
| Kiss Fm | 僧伽罗语 | 私营 |
| Lakviru Fm | 僧伽罗语 | 私营 |
| Prime Radio | 英语 | 国营 |

### （二）利用优势条件，占领传播制高点

CRI 科伦坡调频台虽然开办仅两年多，但由于有多重优势，因而具有较好的品牌拓展条件。

第一，CRI 科伦坡调频台选址在斯里兰卡首都科伦坡，为自己创造了良好的传播条件。

第二，CRI 科伦坡调频台目标受众的年龄层定位比较准确。据斯里兰卡最权威的独立调查公司——斯里兰卡市场调查公司（Lanka Market Research Bureau Prv. Ltd，简称 LMRB）发布的 2012 年第二季度重点电台受众和收听率调查数据，仅大科伦坡地区的受众就占到斯里兰卡全国广播受众的 13.67%，而且 45 岁以下的听众占全体听众的 73%。而 CRI 科伦坡调频台受众调查结果显示，50 岁以下的受众占全体受众的 80%。这两者的高重合度说明 CRI 科伦坡调频台覆盖了斯里兰卡广播受众的主体。

第三，CRI 科伦坡调频台依托国际台对斯里兰卡的传统短波节目，培养了良好的受众基础，国际台僧伽罗语短波节目自 1975 年开播以来，听众现已遍布斯里兰卡全国各个地区，涵盖了斯里兰卡各阶层和各年龄段的使用僧伽罗语的人群。几乎所有大、中、小城市及乡村都有大量国际台僧伽罗语广播的听众，总数约有三十万余，他们很快就成为 CRI 科伦坡调频台的热心受众。

第四，2009 年 7 月起正式挂牌运营的 CRI 斯里兰卡兰比尼广播孔子课堂，独家享有中国国家汉办斯里兰卡汉语水平考试资格（HSK）和青少年汉语水

平考试资格（YCT），该课堂为 CRI 科伦坡调频台也带来不少听众，同时，国际台僧伽罗语部编辑出版的《友谊桥》汉语—僧伽罗语双语杂志也吸引了大批对中国感兴趣的斯里兰卡读者。

此外，长期以来，国际台僧伽罗语部和斯里兰卡政界保持着良好的关系，大型采访和大型活动等均能得到斯里兰卡政要的大力支持。斯里兰卡海外分台能够在科伦坡落地，也说明了斯里兰卡政府对于该项目的重视。由于 CRI 科伦坡调频台的建设获得了斯里兰卡政府层面的支持，而且斯里兰卡民众较为推崇中华文化，因此，CRI 科伦坡调频台可以紧紧围绕中国主题，展开品牌推广和节目制作。

目前，CRI 科伦坡调频台节目形态以主持人对谈为主，辅以电话连线与听众进行互动，邀请斯里兰卡社会名流以嘉宾身份参与节目制作，主要介绍中国社会、经济、科技、教育以及文化等各领域最新发展、动态和成果、推广中国文化、介绍中斯经济文化交流发展。同时，为了增加地区针对性，充分发挥海外报道员积极性，及时以口播连线的形式报道斯里兰卡各地发生的重大的社会、经济、文化事件。

为加强传播中国声音的力度，CRI 科伦坡调频台可进一步增加介绍中国流行文化和都市文化的节目比重，以"介绍来自中国的时尚文化"作为电台的性格标签。从节目的语种构成来说，在科伦坡和附近区域可增设英语环球和华语环球的分台，在国际版通用节目中增加斯里兰卡的本体资讯和本土化栏目。同时，可考虑将 CRI 科伦坡调频台打造成僧伽罗语单一语种的电台。如果近期由于条件所限，也可考虑加大僧伽罗语节目的比重，尽快占领文化制高点。

在节目制作方面，可以邀请斯里兰卡的资深媒体人参与节目策划，采用斯里兰卡受众认可的高端节目形式和内容。在节目主持人的选择上，也要考虑聘请斯里兰卡当地的知名广播人参与节目制作。通过全方位立体化的品牌包装和节目制作，尽快树立 CRI 科伦坡调频台"高端电台"的品牌形象。

为了进一步巩固 CRI 科伦坡调频台的媒体地位，还可以邀请斯里兰卡的政要、商界精英和文娱界知名人士参与线下活动。通过全方位的品牌推广，提高斯里兰卡海外分台的品牌曝光度，提升其传播效果。

### （三）立足斯里兰卡节目制作室，全面实现节目本土制作

CRI 斯里兰卡节目制作室正处于筹备阶段。该节目制作室将实行总监负责制，总监人选由总部派出，主管制作室行政、节目制播以及与公司合作等全面工作，直接对总部负责。制作室设节目编委会，节目编委会具体负责日常节目的采访、编辑、制作及运等营事项。总监以下设置高级制作人、制作

人和受众反馈主管等。

制作室的日常工作由中外籍工作人员共同实施，中方人员主要负责行政管理、节目策划以及议程设置、节目内容监管和内部协调、外联和推广等，外方人员负责采访和节目制作等。外方工作人员主要聘用斯里兰卡的资深媒体人，需要精通广播业务，并熟悉国际新闻知识，有丰富的媒体从业经验和极强的写作技能，并能熟练使用英文进行采访和写作，具备英语和僧伽罗语互译的能力。同时，外方工作人员还应该熟悉当地的政治、经济、社会、文化、宗教、种族等情况，能够为节目策划提供建议，并与政府及媒体关系密切，可以协助外联工作。

CRI 斯里兰卡节目制作室建成后，可以实现国际时政、地区新闻、时政评论等新闻类节目的前方制作，同时主要制作文化和音乐类专题。节目播出形式以直播为主。

由于斯里兰卡的广播媒介发展历史比较悠久，广播行业的专业水准较高，因此，CRI 斯里兰卡节目制作室的运作也将遵循斯里兰卡广播媒体的相关规范，实行专业化运作。节目制作实行总监负责制，编委会决策并对总监负责，高级制作人和制作人具体负责节目编播事宜。

CRI 斯里兰卡节目制作室还将收集、整理斯里兰卡媒体专家、社会知名学者、电台时政评论家社会名流资料，建立节目制作室专家库。根据长期以来累积的听众资料，从遍布斯里兰卡全国各个地区的数十万僧伽罗语广播节目听众中挑选各行各业具代表性听众，建立重点听众资料库。

节目制作室肩负着"向斯里兰卡介绍中国，向中国介绍斯里兰卡，向斯里兰卡介绍世界，传播和平友谊之声"的使命。需要立足斯里兰卡本土，满足斯里兰卡本土受众需求，以本土化制作方式，"润物细无声"地传播中国声音，跻身斯里兰卡本土传媒中坚，实现中国文化软实力斯里兰卡本土化有效传播。

### （四）定位资讯文化，增强节目权威性

斯里兰卡在旅游业和基础设施建设领域与中国有着密切合作。据中国商务部统计数据显示，2011 年 1 至 10 月，斯里兰卡的中国游客人次达 13889 人次，同比增长了 71%。[①] 另一方面，中资企业在斯里兰卡的基础设施建设方面发挥着重要作用。截至 2009 年底，中国在斯承建项目共计 27 项，合同总额达 19.1752 亿美元，中方技术管理和施工人员约计 2941 人。由于中国游客和中资企业员工在斯里兰卡的社会活动越来越频繁，斯里兰卡的国民接触中国公民的机会也越来越多。相比之下，斯里兰卡国民了解中国国内相关信息

---

① http://www.mofcom.gov.cn/aarticle/i/jyjl/j/201111/20111107856008.html

和中国文化、甚至是汉语的机会相对较少。

为此，CRI 科伦坡调频台有必要提供大量权威的源自中国的新鲜资讯、有必要对国际关注的热点问题发出中国声音、有必要传播中国文化的同时普及汉语。

从实际操作来看，北京的国际台总部可以为 CRI 科伦坡调频台提供坚强的后盾，2009 年 7 月起正式挂牌运营的 CRI 斯里兰卡兰比尼广播孔子课堂也可以为调频台提供汉语教学的内容和路演平台，正在筹建的 CRI 斯里兰卡节目制作室更是可以确保来自中国的权威声音，通过斯里兰卡资深媒体人之口传递到广大受众耳中。

综合考虑，CRI 科伦坡调频台需要对新闻资讯和文化类（包括汉语教学类节目）节目的制作加大投入，丰富节目内容并且改进节目形式。

新闻资讯类节目，除了选择斯里兰卡国民感兴趣的中国资讯外，主要以斯里兰卡民众关注的焦点内容和地区性新闻事件为主，尤其是斯里兰卡、南亚、东南亚以及海湾各国的政治、经济和文化事件。简要新闻大致可分为三类：第一类是有关斯里兰卡政治、宗教和政党活动的新闻；第二类是斯里兰卡民众关注的斯里兰卡国内新闻；第三类是有关国际政治的新闻。前两类新闻主要由受雇于制作室的斯里兰卡本土媒体人士来提供消息来源并制作。第三类新闻主要由国际台本部驻世界各国记者提供。

为了突出权威性，必须加大时政评论类节目的比重。考虑在简明时政新闻后，以电话连线的方式，邀请斯里兰卡社会学者、电台时政评论家对具体事件进行简短评述，将时政评论引入新闻节目中。为了确保传播口径，由节目制作人确定评论员人选并采取录播形式。同时，为了保证时效性，可采用当天录播的形式。该节目主要采访政府各机构主要官员、知名人士，通过他们来对斯里兰卡社会、文化、经济、体育等领域发生的事件展开评述，阐述他们对事件的认识和看法。

关于文化类节目，节目形式多样，可在实际节目制作和播出过程中，探索一条适合斯里兰卡当地受众收听习惯的道路。从目前来看，首要任务是利用 CRI 斯里兰卡兰比尼广播孔子课堂的现有教学资源，向海外分台提供汉语学习和中国文化相关的音频节目。通过充分利用 CRI 广播孔子课堂的本土优势和影响力，打造面向市场的经营性汉僧双语杂志，力争将中文教学课程引入斯里兰卡中学校。同时，CRI 斯里兰卡兰比尼广播孔子课堂将全面参与 CRI 斯里兰卡节目制作室中文学习和中国文化相关广播节目的制作和播出。

广播孔子课堂每天将提供一档时长不超过 10 分钟的实景汉语教学课堂音频节目，每周提供一档时长不少于 20 分钟的中国文化相关讲座、演讲或其他形式推广活动音频内容。并设置与节目相关竞赛题，鼓励受众参与节目互动。

CRI 科伦坡调频台将通过建设广泛覆盖斯里兰卡全国、具有领先技术的，以城市调频台为特征的现代媒体传播平台，以适应斯里兰卡受众日益增长的了解中国、了解世界的强烈需求。在引入市场化运作的基础上，努力构建广播、网络、平面媒体（双语杂志、报纸）立体传播体系，积极融入当地主流社会，强化信息服务功能，将 CRI 斯里兰卡节目制作室建成向斯里兰卡传播中国资讯和中国文化的权威渠道。

## 第五节　关于进一步加强东北亚、南亚地区海外分台建设的思考

### 一、CRI 东北亚地区海外分台建设

#### （一）蒙古国海外分台的建设

鉴于中蒙两国之间的睦邻友好合作关系，在整个东北亚地区来说，蒙古国海外分台的建设环境，无论是政治环境、经济环境还是当地的媒体环境，都是比较良好的。但同时也应该看到，蒙古国对于境内海外媒体的管控较严，而且蒙古国民众受到西方文化的影响较大。因此，蒙古国海外分台在建设初期，应该避免出现明显的"中国标签"。

为了尽快融入蒙古国国民的日常生活，蒙古国海外分台需要借助流行音乐排行榜等音乐文化类节目，尽快在蒙古国广播媒体中占据主要地位。从今后的发展趋势来看，更应该强调"车载媒体"的特质，引导蒙古国的机动车驾乘者成为忠实受众。至于汉语教学等内容，可以考虑和当地教育机构（包括 CRI 的广播孔子课堂）"合作节目"的形式，作为特色服务内容推出，而应该避免与电台自主节目挂钩。在占据市场主导地位之后，再慢慢尝试增加中国元素的内容。

从实际操作来看，还需要尽快实现蒙古语单一语种的节目制作，聘用蒙古国当地的资深媒体人，利用乌兰巴托节目制作室实现蒙古国国内新闻和特色专栏的采编播制作。同时，借助边境节目制作室和国际台总部的资源，进一步充实与蒙古国有关的双边资讯，适当加入国际热点问题。

音乐类节目和资讯类节目需要有机结合，节目编排和制作要充分考虑蒙古国当地民众的关注点和收听习惯，可采用电话和短信参与等蒙古国受众熟悉的方式进行互动，在新闻内容的选择上针对目标受众提供实用信息。

### （二）日韩海外分台的建设

1. 通过新媒体手段实现海外落地

日本和韩国是媒体环境非常完善的国家，各种媒体形态已经比较成熟。同时，传统媒体也基本都使用新媒体手段进行辅助传播。海外媒体进入日本和韩国的主要渠道是卫星电视和网络。

从实际出发，日韩地区的海外分台建设可以两条腿走路。一是以节目互换为开端，与日本和韩国等主流媒体展开合作，积极推进调频分台的建设；二是搭建新媒体海外分台，利用网站、网络电台和移动终端等平台进行传播。

原因主要有两点：

一是日韩地区的媒体都遵循严格的商业运作规律，如果只有资金投入而不考虑产出，合作方即使愿意合作，也会招致"文化侵略"的声讨，导致项目中途夭折。日韩地区的海外分台建设，应该而且必须通过寻求可靠的合作方，在当地成立公司的方式，以商业化的运作方式予以推进。不仅要有投入，更要考虑产出，要考虑盈利。不但能够避免引起误解，还能够凭借本地法人的身份，规避很多法律风险。

二是新媒体传播平台可以减少传统媒体品牌认知度所造成的影响。换句话说，由于日韩媒体比较发达，CRI 的海外分台很难在短期之内占据优势地位。但是，如果采用新媒体的方式，不但可以缩小这种差距，还可以为形成优势。

例如，国际台通过苹果公司的软件商店（App Store）于 2012 年 3 月 2 日面向日本和韩国推出日语和韩语版的"知中国"智能手机应用服务。截至 3 月 9 日，"知中国"已经入选苹果商店日本和韩国区的免费新闻程序 Top 排行榜。

苹果商店为各类应用程序设置 Top 排行榜，根据综合评价指标进行自动排名，排名前 200 位的程序可入选。据统计，日文版"知中国"在日本的 9606 个同类程序中，历史最好排名为第 61 位。韩文版"知中国"在韩国的 9494 个同类程序中，历史最好排名为第 42 位。

值得一提的是，"知中国"推出后并未开展任何推介活动，而且也没有通过网络提供任何外部下载链接，日韩用户必须自行登录苹果商店搜索关键词才可下载安装。尽管如此，"知中国"应用仍然在 Top 排行榜中保持较高排名，这进一步证明了在日韩海外分台使用新媒体手段实现海外落地的必要性。

除了继续利用手机等移动终端，还应该尽快在日韩注册使用国家后缀的网络域名（例如.jp 和.kr），提供网络信息等综合服务。

对于日韩成立的子公司，国际台应该给予充分的自由运营空间。这不仅能为机构发展带来活力，而且能够更好地以本土化的方式开展业务建设。

2. 以市场化运作服务市场

2012 年 4 月，CRI 代表团一行 5 人对日本、泰国和斯里兰卡进行了访问。在日本访问期间，代表团对人民网日本株式会社、日本朝日电视台株式会社和 CCTV 大富频道进行了考察。根据本次考察的调研报告，综合各方的调研成果，可以认为日韩地区的海外分台建设，应牢固树立市场意识，以市场化模式进行运作。

在进行对外传播时，必须树立客户观念。人民网日本株式会社张善菊社长深有感触地说："没有市场的外宣不是成功的外宣"，只有将客户观念贯彻到每一项媒体策划中，才能打造真正有影响力的对外传播媒体。

人民网日本株式会社成立于 2008 年 12 月，是中国国家重点网站中第一个在日本成立株式会社的网络公司。旗下运营人民网日文网站（http：//j. people. com. cn/）及人民网日本频道（http：//japan. people. com. cn/）。

人民网日文网站主要报道中国的国内新闻为主；日本频道则以中文面向中国民众介绍日本相关资讯。上述两个网站的新闻采编中心及技术中心均在日本东京，并在东京和北京同时拥有两个编辑平台。每天由日籍工作人员负责编译稿件，中方工作人员负责定稿，再根据不同类别向两个网站提供大量图文以及视频内容。

人民网日本株式会社的业务内容包括：提供广告服务；为国内企业在日本举行推介会和新闻发布会等提供会务服务；为希望进入日本市场的中国机构搭建日本域名的网站并提供技术和内容支持；为中国社会团体赴日考察提供接待服务；举办中日双边的论坛和研讨会；为需要在日本主流媒体上发布信息的中国机构提供策划和文案服务并负责实施。

人民网日本株式会社由中共中央对外宣传办公室和人民日报共同投资成立，注册资金 400 万人民币。法人代表张善菊（担任人民网日本株式会社社长）不会日语，曾在人民日报社负责地方合作工作，在协调和整合资源方面具有较丰富的经验。目前该公司有中方正式员工 5 人，日本籍兼职人员十余名，人民日报东京记者站 2 名记者配合进行部分报道工作。

在经营机制上，该公司完全实行自主经营，在人事管理和财务管理上基本实现独立。会计工作委托当地专业机构进行，由日本专业会计机构定期派员负责财务结算和报税工作。

其盈利模式有几下几种。

首先是媒体宣传。通过日常采编工作，依托人民网强大的信息发布平台，巩固媒体品牌。加强与日本当地政府、组织和企业的沟通，挖掘投资来源。

其次是承办活动。根据中日双方的需求（以政府投资为主，兼顾企业宣传经费），举办各类研讨会、推介会和展会等活动。

另外还包括承接各类中日相关的翻译和咨询等业务。

该会社近几年的盈利情况如下：2008年至2009年，盈利100多万元人民币，2009年至2010年盈利600多万元人民币，2010年至2011年盈利1000万元人民币。

在考察中，日方对于国际台《环球奇观》有线电视频道6000万户的入户率、开播一年即有了显著效益的《环球购物频道》和日文版"知中国"智能手机服务等都表现出了浓厚的兴趣。

对于国际台来说，必须要以服务市场为宗旨，整合自身的优势资讯，自筹资金的同时，寻求外部合作。尽快搭建有日韩国家域名后缀的外文网站，整合《环球奇观》和《环球购物频道》以及"知中国"智能手机服务平台等优势资源，开发中国影视剧视频等潜在资源，提供具有特殊文化标签的品牌服务。

在公司管理方面，注册法人优先考虑拥有日本和韩国国籍的自然人，实际管理由中方人员负责。节目制作方面，可以参考人民网日本子公司的运作方式，中方负责方针把握和内容审核，外方负责策划和具体实施。

3. 与海外华人媒体机构展开深入合作

尽管海外华人媒体机构普遍比较弱小，但随着中国国力的增强，海外华人媒体逐渐引起关注。以日本为例，日本大富电视株式会社成立于1998年，主要针对在日华人转播中央电视台节目。经过十几年的努力，2012年，大富电视以中日双语的播出方式，携CCTV和凤凰卫视两套节目成功登陆日本主流电视网络，进入了日本普通受众的家庭。

与此相似，北美的华人电视媒体环球东方卫视覆盖美洲地区，欧洲中谊传媒公司在法国主流电视频道开设《明日中国》时段等信息，均表明了海外华人机构的影响力日益显现。

鉴于海外华人媒体机构的分散和弱小，身份的缺失与内容的不足是海外华人媒体的发展瓶颈。国际台以国家级媒体的实力与背景，通过优秀的多媒体内容整合海外华人媒体资源，统一品牌，连结全球，可以首先占领海外华人的传播市场。从这点考虑，可能是国际台在日本和韩国等发达国家建设海外分台的有效切入点。

## 二、CRI 南亚地区海外分台建设

国际台对南亚地区传播的国家中，除在斯里兰卡和尼泊尔已建成海外分台并顺利运营外，在其他几国的海外分台建设情况如下：

在巴基斯坦，中国国际广播电台伊斯兰堡FM98中巴友谊调频台开播仪式已于2012年10月17日在巴基斯坦总统府隆重举行。巴基斯坦总统扎尔达里和中央政治局常委李长春共同为中巴友谊调频台开播纪念牌揭幕，国际台台长王庚年与巴基斯坦广播公司总裁索朗基陪同揭幕。FM98中巴友谊调频台从

10 月 17 日开始在巴基斯坦首都伊斯兰堡每天播出 6 小时乌尔都语节目和 12 小时英语节目。根据中巴两国电台签署的协议，FM98 将于 2013 年初在南部最大城市卡拉奇开播。目前，国际台在卡拉奇、拉合尔、木尔坦、科哈特 4 个城市的 FM93 每天播出一小时英语节目和一小时乌尔都语节目。

至于孟加拉国等国，虽然尚未建立海外分台，但已通过租时等方式实现了部分节目落地。从目前来看，落地节目时长较短，也没有太多的本土化节目内容。但是，由于国际台传统短波节目在上述地区拥有大批忠实受众，通过在短波节目中插播预告、发送邮件邀请听众试听节目以及为调频落地节目开通短信互动平台等方式，已经有很多短波受众开始收听调频落地节目，并以手机短信等方式积极参与互动。

上述国家（除印度）的受众基础良好，一旦海外分台建成，可以迅速吸引大批忠实受众，形成传播影响力。因此，可以基本参照斯里兰卡海外分台的建设模式。

### （一）利用传统短波节目的影响力，引导受众关注海外分台节目

国际台的乌尔都语部、泰米尔语部、僧伽罗语部、尼泊尔语部、孟加拉语部，甚至包括印地语部都和对象国的媒体、政界保持着良好的关系。尤其是在巴基斯坦、尼泊尔、孟加拉国、斯里兰卡等南亚国家，国际台的传统短波广播都拥有大批的热心听众，其中不乏国家领导人、学术界和商界的精英。在印度以外的南亚国家建设海外分台，可享有天时地利人和，建台的模式也会比较多样。

南亚海外分台开办初期，可以充分利用传统短波节目的影响力，引导原先听众俱乐部的成员收听海外分台的节目。目标受众以政要、学术界和商界精英等高端人群为主，影响一批"可以影响更多人的人"。为了保证节目质量，需要充分利用全部的优质资源，加大投入，以攻占主流媒体阵地为目标，抢占媒体舆论的制高点。

### （二）雇用当地资深媒体从业人员，倡导时尚文化

从人力成本角度考虑，南亚海外分台都可以聘用当地的资深媒体从业人员参与节目的策划和制作。而且，只要条件允许，都可以在海外分台所在国建立节目制作室或工作站。因此，无论是从技术条件，还是人员条件，都可以确保制作出符合当地受众收听习惯，可听性很强的高质量广播节目。

由于南亚国家的受众基础比较好，而且与政府、媒体等各方面的联系都相对紧密，因此，南亚海外分台可以动用多种资源组织或参与当地的活动，可以提高海外分台的品牌知名度，海外分台"时尚"特征可以较好地被当地社会所认知。

从节目形式上，南亚海外分台可以有别于当地的调频电台，秉承"似曾相识而又特殊"的原则，以中国资讯、中国观点、中国文化、中国娱乐、中国语言等全方位突出中国元素，引领媒体潮流。

### （三）积极展开外联和市场调查，挖掘市场潜力

南亚海外分台的市场前景广阔。一方面由于当地丰富的旅游资源吸引了很多的外国游客，其中也包括大量的中国游客；另一方面由于大量中资企业在南亚国家投资或参与基础设施建设，南亚与中国的贸易往来也日益频繁，南亚国家的商务人士希望更多了解中国。

考虑到实际的需求，南亚地区的海外分台应该充分利用自身的媒体优势，依托节目制作室和广播孔子课堂等实体，开发教育培训（中国民乐、中国武术等）、汉语资格认证（HSK 认证）等服务项目；利用委托或合作的方式，开发调频台的广告业务；为中国社会团体赴南亚考察提供接待服务等。在节目内容上，也可以考虑为相关企业或机构提供分类资讯，除了在广播中对外播出外，还可以短信等方式提供增值服务。

**参考书目：**

1. 谢丰奕：《日本迎来全新的 BS 数字广播时代》，见《卫星电视与宽带多媒体》2012 年第 07 期。

2. 润雨：《韩国数字多媒体广播开发状况》，见《卫星电视与宽带多媒体》2005 年第 04 期。

3. 张放：《印度的广播电视》，见《中国广播电视学刊》2002 年第 05 期。

# 第四章　东南亚地区海外分台受众调查与分析

东南亚包括中南半岛和马来群岛。国家有越南、老挝、缅甸、柬埔寨、新加坡、马来西亚、印度尼西亚、菲律宾、文莱、东帝汶、泰国。

中国国际广播电台（以下简称国际台，英文缩写 CRI）对东南亚地区广播目前开办了越南语、老挝语、缅甸语、柬埔寨语、马来语、印度尼西亚语、菲律宾语、泰语 8 个语种的广播。其传播特点是：语种全、覆盖面广、手段多、形式多样。

截至 2012 年 8 月，国际台在东南亚地区已开设了以下海外机构：亚洲总站（曼谷）、驻泰国记者站、驻新加坡记者站、老挝万象节目制作室、柬埔寨金边节目制作室，即将建成的有印度尼西亚雅加达节目制作室、马来西亚吉隆坡节目制作室以及菲律宾马尼拉节目制作室。

海外分台方面，目前已开播的有 CRI 万象调频台、CCFR 金边中柬友谊台、CCFR 暹粒中柬友谊台、CRI 雅加达中波台以及 CRI 曼谷调频台。

本章将采用观察法、资料研究法和问卷调查法，通过原始数据和二手数据分析各分台的市场环境、受众的基本接受习惯和实际影响力，力图对各分台的传播策略进行深入探讨，为未来该地区的国际传播提供借鉴。

## 第一节　东南亚地区海外分台受众概况

### 一、老挝、柬埔寨、泰国、印度尼西亚广播业发展现状

#### （一）老挝

老挝是一个多民族国家，总人口数量 625.6 万人（2010 年），分为 49 个民族，分属老泰语族系、孟—高棉语族系、苗—瑶语族系、汉—藏语族系，统称为老挝民族。其中华人华侨约 3 万多人。居民通用老挝语，多信奉佛教。首都万象，人口 76.8 万（2010 年）。

在经济发展方面，老挝是传统的农业国家，以农业发展为主，工业基础

薄弱。1986 年起推行革新开放，调整经济结构，即农林业、工业和服务业相结合，优先发展农林业。近年来，老挝飞速发展，2011 年国民生产总值约77.4 亿美元，同比增长 8.3%；人均国民生产总值 1203 美元。但仍列为最不发达国家之列。因其国内道路建设有限，交通不发达，导致报纸发送不畅通，一些地区甚至全年读不上报纸。很多山区不通电，电视信号覆盖率低。教育的不普及，也让多数居住在偏远山区的山民处于文盲或半文盲的状态。因此，广播以其移动收听、价格低廉、适合特殊人群收听等特点，在老挝各种传播媒体之间占尽优势，"广播仍然是老挝受众最主要也是最权威的信息来源途径"①。

目前，老挝国内有 24 家广播电台，其中有 16 个省级电台，其余八家覆盖首都万象市，它们是：

老挝国家电台所属电台 4 家，包括 1 个短波台和 3 个调频台。短波台（AM567 或 6130）覆盖老挝全国以及周边国家部分地区，节目由国家电台自制，部分节目中接受商家投放广告。3 个调频台中，FM103.7 的大部分节目由老挝国家电台自制播出，接受商家在节目中投放广告，部分时段还承包给商家作为专题企业广告时段；FM95.0 调频台和 FM97.25 调频台均交由私人承包，老挝国家电台负责节目内容监管。

万象市所属电台 2 家，其中 FM98 调频台整体交由私人承包，签订长期承包合同；FM105.5 调频台自制节目，部分节目或部分时段承包给商家作为专题企业广告时段。

国防部和公安部所属电台各 1 家（FM99.7 和 FM101.50），两台均自制节目，接受商家在节目中投放广告，部分时段还承包给商家作为专题企业广告时段。

此外，在尊重主权、平等互利的原则下，老挝也鼓励本国新闻媒体业加强与国外同领域在组织合作、信息交流、人员培训等方面进行合作。目前通过政府合作项目，老挝已经允许澳大利亚电台和法国国际广播电台在老挝本土播放广播节目，不过现阶段并未实现节目当地的本土化播出，而是从上述两国国内每日发送 24 小时英语和法语节目。CRI 万象调频台（FM93.0）是在老挝境内落地并建成的首家外国广播电台，现在每日播放国内录播老挝语节目 6 小时，另由 CRI 万象节目制作室制作 6 个半小时的本土直播节目。

### （二）柬埔寨

柬埔寨位于中南半岛南部，是传统农业国，工业基础薄弱。属世界上最不发达国家之一。柬埔寨总人口 1440 万，贫困人口占总人口 28%，高棉族是

① 老挝国家电台官方网站：http://www.laonationalradio.com。

主体民族，占总人口的 80%，高棉语为通用语言。由于自古就与中国有贸易等方面的往来，因此有约 70 万华人、华侨居住、生活在柬埔寨，主要集中在首都金边。

柬埔寨目前有 50 多家电台，其中 FM96 电台属国家所有，每天播音 19 个小时。电视台 8 家，包括国家电视台、仙女台（人民党党产）、第 9 频道（私营）、第 5 频道（军队台）、首都第 3 频道（官方开办）、巴戎台（私营）、CTN 电视台（私营）、CNC 电视台（私营）。有线电视台有柬埔寨有线电视台和金边有线电视台。

由于柬埔寨仍属经济比较落后的国家，加之休闲时民众有收听广播的习惯，因此，在柬埔寨电台的数量较多，尤其是在首都金边，调频电台就有近 50 家，相互间的竞争比较激烈。

### （三）泰国

目前，泰国共有约 500 家广播电台，524 个广播频率，其中调频 313 个，中波 211 个。全国共有收音机约 1200 万台，家庭收音机拥有率约 70%。广播信号基本覆盖全国。到目前为止，泰国广播频率的所有权均掌握在有关政府机构手中。泰国广播业的一大特点是许多获得广播频率所有权的政府机构本身不办电台，而是将经营权全部或部分转让给私营公司，最终使"商业性"电台占了绝对多数，有统计数字显示其比例高达 93%。

在互联网使用者方面，据调查显示，最大的互联网运用群体是大学生和刚参加工作的年轻人，而且大部分集中在曼谷和周边地区，在泰国外府的使用者还不多。另外还发现，泰国互联网运用者大多受过良好教育，超过 80%的网民具有本科以上学历，而且几乎都具备一定的英语水平。

泰国在线广播主要分为实时收听在线广播与点播两种形式。

通过实时收听在线广播网，受众可以在线实时收听到与广播节目完全相同的内容。这种在线广播的优势在于受众可以收到最新鲜的资讯，与服务器连接速度较快，音质清晰，不受信号干扰。

在线点播网则实现了受众的自由选择与点播。受众可以根据自己的兴趣收听、收看并下载相关音频、视频。这类网站平均每周全面更新两次网页，节目长度大概在 15—25 分钟。在线点播网的明显优势在于受众在节目内容与收听、收看时间上有较大的自由选择权。但是在时效性上往往不如实时收听在线广播网，对于习惯每天收听广播的受众而言，他们会更多地选择实时收听在线广播网。

### （四）印度尼西亚

印度尼西亚是一个由多种族、多部族、多样文化构成的发展中国家。文化的多姿多彩使得印度尼西亚成为一个独特的共和国家。印度尼西亚拥有雅加达、泗水、日惹、棉兰、望加锡、三宝垄、巴厘等数个大城市。印度尼西亚对变化和外来文化持开放态度，同时不希望放弃自己民族的传统文化和价值观。

印度尼西亚的广播业已经经历了较为快速的发展。改革时期和地区自治推动广播作为一种面向大众的宣传媒体变得更为重要。促使电台数量增多的重要因素之一是电台行业有利可图，而准入门槛又相对较低。在雅加达的广播行业特别是私人调频电台内的竞争相当激烈。

一些雅加达的私人调频电台通过各种方式相互竞争，以争夺电台受众市场，确立自己在社会中的地位，例如开设新栏目，对现有节目进行创新改良以增加吸引力，开展综合性推介活动，以及使用 Facebook、Friendster、Flixter、MySpace、Plurk、YouTube 等社交网络。

## 二、国际台在老挝、柬埔寨、泰国、印度尼西亚的海外分台及其受众概况

### （一）老挝海外分台及其受众概况

2006 年 11 月 19 日，CRI 万象调频台开播，中、老两国最高领导人胡锦涛主席与朱马利主席出席开播仪式并启动播音。胡锦涛主席在开播仪式上发表讲话指出，万象调频台的开播将为增进两国人民的相互了解和友谊架起一座新的桥梁。

CRI 老挝万象调频台于当地时间每天 10：00—22：30 播出我台 12.5 小时老挝语、汉语普通话和英语节目，播出频率为 93MHz，发射功率为 10 千瓦，节目信号覆盖老挝人口最密集、经济最发达、社会最繁荣的首都万象市、万象省及中部波里坎赛省的大部分地区，同时还覆盖了泰国边境城市廊开市、塔波市等泰国东北部的城市。该台落地模式为"代建租用"模式，即中广公司出资建设，国际台租用。

中老两国社会制度相同，意识形态相近，CRI 万象调频台自开播之日起，就深深打上了"国字号"媒体的品牌形象，在老挝本土的广播市场占据了自己的一席之地，为老挝受众打开了一扇了解中国、了解世界的重要窗口，也成为老挝主流媒体报道中国、报道世界的消息源主要获取渠道。2009 年 9 月，老挝国家主席朱马利在专访中盛赞 CRI 万象调频台已成为老挝媒体的一部分。2011 年 9 月，朱马利主席率领老挝高访团到访国际台，为国际台建台 70 周年题词，并亲手启动 CRI 万象调频台开播 5 周年系列活动。

为了向老挝万象地区受众提供更好的新闻和服务资讯，增强节目的贴近性，CRI 万象调频台从开播至今已进行过多次节目改版。2011 年 3 月 8 日，

CRI 万象节目制作室首批人员赴老，创建国际台无驻站点地区首家节目制作室，并于当年 7 月 1 日推出三小时直播节目，实现节目直播常态化。鉴于老挝文化教育普及率不高，老挝民众的英语水平有限，而长期生活在当地的华侨对汉语普通话的掌握程度一般，在市场和受众调研的基础上，CRI 万象调频台于 2011 年 10 月 15 日由开播之初的老、中、英三种语言节目全面改版成 12.5 小时老挝语单一语种整频率调频台。其中，CRI 万象节目制作室直播节目 6.5 小时，北京本部录播节目 6 小时。前者致力于速度、角度和互动性，后者注重凸现广度、深度和中国元素，两者形成合力，相得益彰。

CRI 万象调频台现有节目编排如下：

**表 1　CRI 万象调频 FM93 一周节目播出表（2011 年 10 月 15 日施行）**

| 北京时间 | 周　一 | 周　二 | 周　三 | 周　四 | 周　五 | 周　六 | 周　日 |
|---|---|---|---|---|---|---|---|
| 11：00—12：00 | CRI 聚焦<br>音乐节拍 | CRI 聚焦<br>音乐节拍 | CRI 聚焦<br>音乐节拍 | CRI 聚焦<br>音乐节拍 | CRI 聚焦<br>音乐节拍 | CRI 聚焦<br>音乐节拍 | CRI 聚焦<br>音乐节拍 |
| 12：00—13：00 | 中国名片 | 中国名片 | 中国名片 | 中国名片 | 中国名片 | 中国名片 | 中国名片 |
| 13：00—14：00 | 观点 1＋1<br>每日汉语 | 93 播放室<br>每日汉语 | 93 播放室<br>每日汉语 | 93 播放室<br>每日汉语 | 93 播放室<br>每日汉语 | 93 播放室<br>每日汉语 | 生活周刊<br>每日汉语 |
| 14：00—15：00 | 中国名片 | 中国名片 | 中国名片 | 中国名片 | 中国名片 | 中国名片 | 中国名片 |
| 15：00—16：00 | 生活周刊<br>每日汉语 | 观点 1＋1<br>每日汉语 | 93 播放室<br>每日汉语 | 93 播放室<br>每日汉语 | 93 播放室<br>每日汉语 | 93 播放室<br>每日汉语 | 93 播放室<br>每日汉语 |
| 16：00—17：00 | CRI 聚焦<br>CRI 广角 | CRI 聚焦<br>CRI 广角 | CRI 聚焦<br>CRI 广角 | CRI 聚焦<br>CRI 广角 | CRI 聚焦<br>CRI 广角 | CRI 聚焦<br>音乐节拍 | CRI 聚焦<br>音乐节拍 |
| 17：00—18：00 | 幽默人生<br>每日汉语 | 幽默人生<br>每日汉语 | 幽默人生<br>每日汉语 | 幽默人生<br>每日汉语 | 幽默人生<br>每日汉语 | 幽默人生<br>每日汉语 | 幽默人生<br>每日汉语 |
| 18：00—19：00 | 老挝快报<br>93 茶餐厅 | 老挝快报<br>93 茶餐厅 | 老挝快报<br>93 茶餐厅 | 老挝快报<br>93 茶餐厅 | 老挝快报<br>93 茶餐厅 | 93 茶餐厅 | 93 茶餐厅 |
| 19：00—20：00 | 体育世界 | 体育世界 | 体育世界 | 体育世界 | 体育世界 | 体育世界 | 体育世界 |
| 20：00—21：00 | 看中国<br>每日汉语 | 看中国<br>每日汉语 | 看中国<br>每日汉语 | 看中国<br>每日汉语 | 看中国<br>每日汉语 | 看中国<br>每日汉语 | 看中国<br>每日汉语 |
| 21：00—22：00 | 音乐赏析 | 音乐赏析 | 音乐赏析 | 音乐赏析 | 音乐赏析 | 音乐赏析 | 音乐赏析 |
| 22：00—23：00 | 世界纵览<br>CRI 流行夜 | 世界纵览<br>CRI 流行夜 | 世界纵览<br>CRI 流行夜 | 世界纵览<br>CRI 流行夜 | 世界纵览<br>CRI 流行夜 | CRI 流行夜 | CRI 流行夜 |
| 23：00—23：30 | CRI 流行夜 | CRI 流行夜 | CRI 流行夜 | CRI 流行夜 | CRI 流行夜 | | |

CRI 万象调频台开播六年来，受众数量不断增加，在当地的辨识度逐步提高。本章第二节对 CRI 老挝万象调频台受众的情况进行了具体分析，并对

该台未来发展策略做了较为详细的论述。

### （二）柬埔寨海外分台及其受众概况

1. 分台概况

2008 年 12 月 11 日，在中柬建交五十周年之际，经柬埔寨新闻部批准，由中国国际广播电台与柬埔寨国家电台合作运行的调频电台——CCFR 金边中柬友谊台（FM96.5）正式开播。

CCFR 金边中柬友谊台每天播出 18 小时，分别播出柬埔寨语、汉语普通话、汉语方言潮州话和英语广播节目，节目内容包括中国资讯、世界新闻、中柬两国音乐、娱乐节目以及为金边受众提供的各种服务。鉴于柬埔寨国内有 70 多万华人，大多集中在首都金边，其中相当一部分为潮汕人，所以特别增加了汉语普通话和潮州话节目。

CCFR 金边中柬友谊台节目语种的设置充分考虑到了金边当地的实际情况，节目内容和形式也依据柬埔寨国内的调频电台和一般城市调频的节目特点，策划并制作了一套全新的柬埔寨语调频广播，所以该台节目一经播出就受到了金边各界人士的普遍欢迎。

2011 年 8 月 29 日，中国国际广播电台和柬埔寨国家电台合作运行的又一调频电台——CCFR 暹粒中柬友谊台（FM105）在柬埔寨另一个主要城市、世界著名旅游胜地吴哥所在地暹粒正式开播。CCFR 暹粒中柬友谊台被誉为是中柬两国广播电视合作的又一成果，是中柬文化交流的新平台。

为更好地落实"本土化"发展战略，进一步增强中柬友谊台的传播能力，2011 年 7 月 30 日，国际台开始筹建金边节目制作室。2012 年 6 月 26 日，金边节目制作室正式开始制作、播出本土化直播节目。直播节目每天播出 3 个小时，时间为北京时间 14：00 至 17：00（当地时间 13：00 至 16：00）。

金边制作室的直播节目一经播出即受到广大受众的热烈欢迎，在每天直播的 3 个小时时段都会收到近 50 名受众打来的热线电话，表达对中柬友谊台节目的喜爱并要求参与直播节目的谈论话题。由于两座中柬友谊台发射功率大，覆盖范围广，音质清晰，所以其受众并不仅仅局限于金边和暹粒两地，在周边省份的受众也经常打电话来，而其他收听不到广播的地区的人们则希望中柬友谊台能够在柬埔寨更多的城市和地区落地，以满足他们的收听需求。

中柬友谊台与国际台其他海外落地电台最大的不同在于，中柬友谊台拥有自己独立的调频呼号和台标，"中柬友谊台"这个电台呼号是柬埔寨新闻部部长乔干那烈特意命名的，自这个调频电台开播之日起，国际台柬语广播就始终坚持将"加深相互了解，弘扬传统友谊"作为中柬友谊台的宗旨。

CCFR 金边中柬友谊台开播以来受到了柬埔寨各界的普遍欢迎，听众的数量不断增加，在当地的影响力不断扩大，柬埔寨新闻部、文化部、参议院等部委领导多次对中柬友谊台所播出的客观公正的新闻报道、轻松有趣的娱乐节目给予高度肯定，并希望中柬友谊台的声音能够在柬埔寨更广泛的地区传播。

2011 年 11 月 22 日，柬埔寨最大华文报纸《华商日报》在头版头条刊登题为《中柬友谊台在柬受欢迎》的文章，称赞中柬友谊台音质清晰，节目内容轻松活泼，日益受到听众的喜爱。目前，中柬友谊台的听众包括了政府官员、公司职员、青年学生和当地华人，总体反映是节目新鲜活泼，可听性和信息量都非常不错。

今后，中柬友谊台将在适当的时机逐步增加本土化的直播节目时段，进一步推进节目内容建设，增加新闻节目的权威性、服务类节目的针对性和娱乐类节目的独创性，打造更多名牌栏目，加强与当地媒体的有效合作，实现资源互享、强强联合，并加强听众联络工作，成立听众俱乐部，将中柬友谊台打造为一个在柬国内有影响力的新型媒体。

2. 受众概况

2012 年 6 月，金边节目制作室在金边对中柬友谊台的受众进行了调查，共回收调查问卷 420 份，对受众的情况有了更直观的了解。

（1）广播受众逐渐年轻化，中青年成为收听主体

调查显示，中柬友谊台的受众中，20—49 岁年龄群的受众高达 76.2%，（见图 1）这表明，与国际台的对柬短波广播相比，中柬友谊台的受众群更为年轻化，中青年成为中柬友谊台的收听主力。

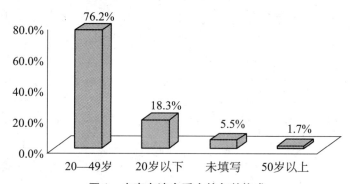

图 1　中柬友谊台受众的年龄构成

调查数据还显示，中柬友谊台受众在受教育程度方面，大学本科学历居多（见图 2）；受众中包括学生、职员、教师、军人等，大多为工薪阶层，并以城市居民为主；受众中并无明显的性别倾向，男女比例基本相同（见图 3）。

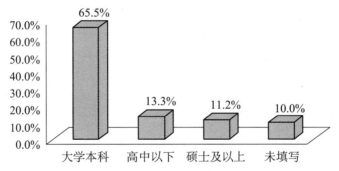

图2 中柬友谊台受众受教育程度

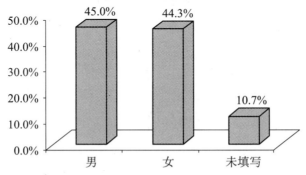

图3 中柬友谊台受众的性别构成

（2）中柬友谊台信号清晰、覆盖范围广

CCFR 金边中柬友谊台的发射功率为 10 千瓦，CCFR 暹粒中柬友谊台的发射功率为 5 千瓦，这两个调频台的发射功率在当地都是最大的，覆盖范围也最广，除了金边和暹粒两个地区，其周边省份的受众也能收听，但收听效果略差。（见图4）

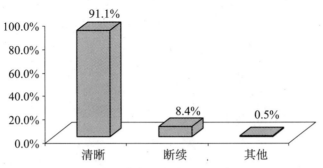

图4 中柬友谊台信号收听情况

（3）收听方式逐渐多样化

现代移动收听工具也逐渐成为人们收听广播的重要方式之一，但因为柬埔寨仍属于比较落后的国家，使用收音机收听的受众还是占多数，中柬友谊

台的受众有 44.5% 是通过收音机收听广播节目的。（见图 5）

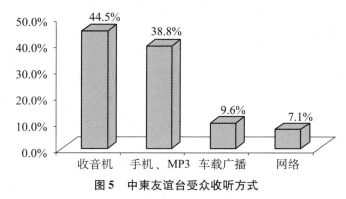

**图 5　中柬友谊台受众收听方式**

（4）收听广播的随意性日趋增强，收听广播时段多为晚间

现代生活节奏的加快和收听方式的多样化，使得广播受众收听广播的随意性越来越强，人们往往在收听广播的同时都在做其他的活动，如：做家务、运动、开车，等等，所以收听的持续时间不长，多为 1 小时以下。但调查数据显示，每天收听中柬友谊台的广播时长为 1—3 个小时的受众也多达 38.5%，且收听时段多为晚上，这显示在柬埔寨收听广播仍旧是人们主要的娱乐方式之一。（见图 6、图 7、图 8）

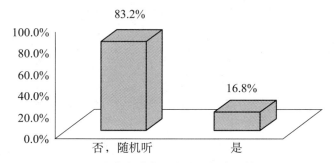

**图 6　中柬友谊台受众的固定收听情况**

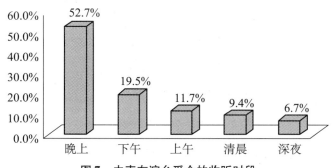

**图 7　中柬友谊台受众的收听时段**

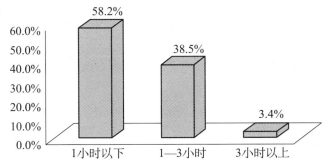

图 8　中柬友谊台受众的收听时长

（5）柬埔寨受众普遍有了解中国的愿望

根据调查显示，由于地缘、文化比较相近，且中柬两国有着长期的友好交流史，柬埔寨的普通民众都希望更多地了解中国，同时也希望中柬友谊台能给他们的生活带来更多的愉悦。（见图9）

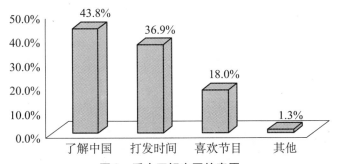

图 9　受众了解中国的意愿

但是调查数据也显示，柬埔寨受众了解中国的方式主要是通过当地媒体，通过中国媒体的只占参与调查受众的 15.5%（见图 10）。通过其他国家的媒体了解中国，难免会比较片面，所以 CRI 中柬友谊台应该利用好现有的媒体资源，更多地发出中国自己的声音，在 CRI 金边节目制作室制作播出的直播节目也应该适机加入中国元素，让受众全方位、多角度地了解中国的进步、发展和改变。（见图 10）

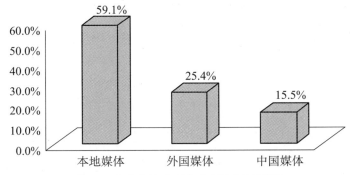

图 10　中柬友谊台受众了解中国的渠道

（6）中柬友谊台的受众层面较广，各类节目都有不同的受众群

调查显示，几乎中柬友谊台每个类型的节目都有各自的受众群，差异不大，比较均衡（见图 11）。这说明，受众对中柬友谊台的需求是全方位的。中柬友谊台应兼具资讯、服务、教育、娱乐等各个功能。

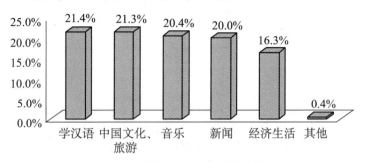

**图 11  中柬友谊台受众的节目喜好**

（7）中柬友谊台的节目还需在节目题材上改进

在接受调查的受众中，近 32% 的受众认为中柬友谊台的题材选择应更广泛，不仅仅局限于中柬两国的信息，也希望通过中柬友谊台了解更多的外部世界；约 23% 的受众认为在音乐编排上，中柬友谊台可以安排播放更多的柬埔寨歌曲，这一点在金边的本土化直播节目中已经完全给予解决；21% 的受众认为主持人的播音水平还有待提高，主持人的风格也应该更加亲切、自然（见图 12）。这提示我们，中柬友谊台的节目策划和制作还需加大改进力度。

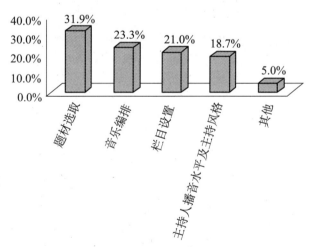

**图 12  受众认为中柬友谊台节目需改进的方面**

（8）让互动活动拉近受众与媒体的距离

广播属于单向传播，即使在节目中加入互动环节，可参与的受众数量也

是极为有限的，而受众的互动需求却是无限的。在回答愿参加何种互动活动的问题时，有将近一半的受访者希望中柬友谊台能够举办受众见面会，与只闻其声不见其人的主持人有面对面的交流机会。受众见面会是加强和巩固受众群的最简便的方式，既是媒体自身发展的需要，也是广大受众对媒体的普遍期望。其次受欢迎的互动活动是有奖竞赛，约占31%。（见图13）

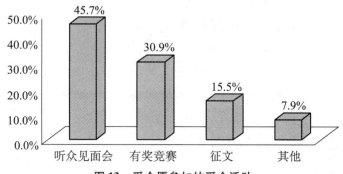

图13　受众愿参加的受众活动

### （三）泰国海外分台及其受众概况

2011年1月1日，国际台在泰国的落地调频电台——CRI曼谷调频台正式开播。该台租用泰国曼谷FM103电台广播时段在当地播出节目。国际台每天租用该调频台播出国际台英语及泰语节目（周一至周五播出16小时55分钟、周六17小时、周日14小时35分钟）。2011年6月1日，国际台泰国曼谷FM103整频率节目本土化改版方案开始正式实施。节目改版后全天使用泰语播出，并启用全新的频率呼号"103 Like FM"。CRI曼谷调频台发射功率为5千瓦，节目信号覆盖曼谷及周边地区。

一年多来，CRI曼谷调频台在当地电台中的收听率排名从刚开始的40多位已上升进入前20名，从一个新生频率迅速成长为一个有影响力的调频广播，成为当地受欢迎的主流电台之一，品牌知名度和影响力显著提升。与此同时，CRI曼谷调频台还就"媒体经营"进行了探索尝试，取得可喜成绩，为国际台海外调频台建设发展提供了一个新的路径。这是国际台海外媒体建设坚持走"本土化"道路的成果。

CRI曼谷调频台开播之初，曾全部转播国际台英语和泰语广播节目。这种大规模转播境内节目的做法引起了当时泰国广播界人士的质疑，也难以适应当地受众的需求，电台收听率持续下降，直接威胁到频率的生存安全。为了尽快摆脱困境，CRI曼谷调频台进行了节目本土化改版，逐步消除了泰国广播界人士的疑虑，保证了频率的安全。为进一步增强传播实效，CRI曼谷调频台又在受众调研的基础上，确定了总体发展思路：将CRI曼谷调频台办成由国际台控制和主导的当地都市调频台。目前，CRI曼谷调频台在亚洲地区总站的指导下，雇用当地高水平专业节目制作团队以及有影响力的主持人，制作本土化节目，取得了明显的效果，影响力持续扩大。

CRI 曼谷调频台目前节目内容主要包括泰国、中国和世界重要新闻；当地流行歌曲；中国社会、文化、语言、音乐、时尚、科技和养生等资讯以及中泰两国政府和人民友好往来信息等，突出娱乐性和服务性，力求使节目的内容和形式符合当地受众收听需求和习惯。在节目构成方面，音乐类节目占80%；新闻及资讯类节目约占15%，广告约占5%，每天节目总长为1020分钟。在栏目设置方面，频率先后开设《新闻播报》、《流行金曲》、《缤纷世界》、《名人看中国》、《与杰在一起》、《明星访谈》以及《有声杂志》等特色栏目。

除了调频广播外，CRI 曼谷调频台还通过 Facebook、Twitter 和自身网站与受众直接交流。目前调频台网站已拥有 Facebook 会员 1.5 万人，每月登录频率网站并在线收听节目的人数超过 3 万人次。这种将社交网络整合在广播节目之中的做法在泰国广播界也引起巨大反响。

为提升收听率，推进品牌建设，CRI 曼谷调频台还持续推出频率推介活动。清晰的节目定位、精干的制作团队、准确的市场把握使 CRI 曼谷调频台在短短一年多的时间发展成为泰国曼谷地区较为知名的调频电台之一，媒体影响力不断增强，实现了有效的国际传播。

CRI 曼谷调频台自开播以来，受众不断增多。根据调查，该台的主要受众群体是受教育程度在大学本科及以上的未婚女性青年，对于这一受众群体的社会特征、收听习惯、节目喜好及需求，本章第三节根据此次调查结果进行了较详细的分析。

### （四）印度尼西亚海外分台及其受众概况

1. 分台概况及其他落地节目简况

2010 年 4 月 20 日，中国国际广播电台实现了中国国内广播节目首次在印度尼西亚实现调频落地播出，填补了中国广播节目在印度尼西亚落地的空白。

国际台落地节目确定为每晚 20：30—21：00 的前半小时时段播出新闻资讯类栏目《中国视点》；22：00—22：30 时段播出《深度访谈》、《中国社会》、《旅游文化》以及《娱乐资讯》等各类型的聊天栏目；23：00—23：05这一时段为新闻 5 分钟播报单元《北京 5 分钟》。这些节目安排在主要体现中国元素的同时，也充分照顾和满足了印度尼西亚受众的收听习惯和需求。与此同时，这些节目还通过印度尼西亚 Elshinta 电台以调频和在线方式播出，大大增强了落地节目的"本土化"效应，为传统短波方式难以企及。

　　2010年12月，中国国际广播电台在印尼整频率落地工作室计划正式启动。经过深入调查研究，国际台搭建雅加达资讯音乐台（Radio Berita & Musik）。根据有关协议，国际台节目时段为雅加达时间08：00—20：00（北京时间09：00—21：00），每天12小时。雅加达资讯音乐台落地节目由新闻节目、谈话类节目、学汉语节目和音乐类节目组成，每天落地总时长12小时，全部为印尼语节目，其中，首播3小时，重播9小时。根据当地受众的收听特点和需求，节目将为印尼大雅加达地区的听众提供内容丰富、及时、针对性和可听性强的新闻、资讯、汉语教学及音乐等内容，增进印尼听众对中国和世界的了解，增进两国和两国人民之间的友好关系。2011年3月1日。雅加达音乐资讯台正式对外播出国际台印尼语部制作的节目。需要特别指出的是，此节目设置为试播阶段的方案，待雅加达本土节目制作室建成后，将对落地节目进行本土化制作，届时将对此套节目进行全面改版。

　　2. 受众概况

　　（1）性别构成

　　根据图14，可以看到大部分国际台印度尼西亚语广播受众是男性，人数达79人，占59%，女性受众55人，占41%。

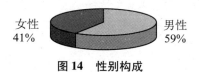

**图14　性别构成**

　　（2）年龄构成

　　根据图15，可以看出87个受访者（65%）的年龄介于20岁至30岁之间，36人（27%）介于31岁至40岁之间。这个和国际台印度尼西亚语广播受众的年龄构成是一致的，也就是大部分介于20岁至35岁之间，年轻、活跃、乐于交际、走在潮流前沿，且视野开阔。

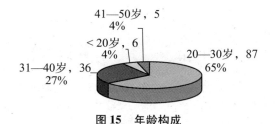

**图15　年龄构成**

　　（3）受教育程度

　　根据图16，大部分国际台印度尼西亚语广播受众的最终学历是本科（44%）和大专（25%）。可见该电台的主要受众群体大都教育背景良好。

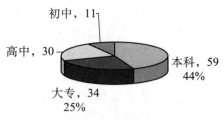

图 16　受教育程度

（4）职业分布

图 17 显示，大部分国际台印度尼西亚语广播受众是私企人员，有 53 人，占 40%；30 人是学生，占 22%。

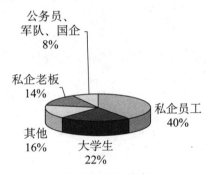

图 17　职业分布

（5）忠诚度

从图 18 可以看出，有 59 人（45%）收听国际台印度尼西亚语广播已经超过两年，38 人（28%）已经收听 1 至 2 年。因此可以得出结论，大部分受众是国际台印度尼西亚语广播的老受众，他们很忠实于该电台。

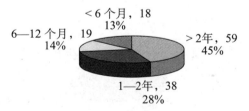

图 18　忠诚度

（6）收听频次

从图 19 可以看出，受访的国际台印度尼西亚语广播受众中，43 人（32%）每天收听，37 人（28%）经常收听该电台。这表明该电台节目的包装和制作都很出色，使得受众忠于收听该电台。

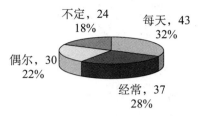

**图19　收听频次情况**

（7）购买力情况

受访者中，42%和32%的受访者的月支出分别是175—250万盾以及大于250万盾（1元人民币≈1450.76盾）（见图20），年支出约可达到三千万盾左右。据有关资料，2011年印尼人均收入已达3542美元（约3180万盾）[①]，可见，国际台落地调频节目的受众拥有较高的购买力，这也可以作为国际台印度尼西亚语广播吸引广告商的卖点。

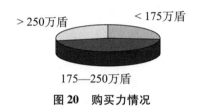

**图20　购买力情况**

# 第二节　CRI 老挝万象调频台受众的构成、收听习惯与需求

## 一、本次受众调研的相关说明

### （一）研究背景

国际台在 CRI 万象调频台开办之前，一直沿袭传统模式来制作短波广播节目，根据台发稿件来编译节目，向受众进行单向传播。CRI 万象调频台开播后，国际台老挝语部对传统的短波广播节目进行了改进，在节目形态、节目内容、主持风格上尽可能切合当地受众的生活实际、语言习惯、收听喜好。开播六年来，一直得到受众好评。但是，随着时间的推移，缺乏对自己传播的接受者即老挝万象地区调频广播节目受众基本情况的了解，也使得国际台

---

① 见中国—印尼经贸合作网：http：//www. cic. mofcom. gov. cn/ciweb/cic/info/Article. jsp？a_ no＝286415&col_ no＝461。

老挝语部在进行调频节目制作和改版的过程中感到无据可依。CRI 万象调频台需要仔细考虑受众"想听什么"、"通过本台想了解什么"、"收听喜好有怎样的改变"等一系列问题。

此次对 CRI 万象调频台的受众调研是在《CRI/CIBN 海外分台受众市场研究》这一课题下进行的调研活动,也是 CRI 万象调频台开播近六年来做的较为全面的受众调研,旨在通过在老挝首都万象地区进行的问卷调查,了解老挝万象地区调频广播受众的基本构成情况以及对调频广播节目的需求,从而指导 CRI 万象调频台的节目设置及未来发展。

### (二) 文献回顾

由于老挝国家发展相对落后,在受众调研方面可供参考的文献极其有限。到目前为止,所能参考到的是 2005 年联合国教科文组织援助项目下进行的《老挝首都万象市及万象省广播受众调研报告》(老挝语版)和同样项目下 2006 年《老挝琅勃拉邦省和沙湾拿吉省广播受众调研报告》(老挝语版)。这两份受众报告从问题设置上看比较丰富,接受调查的受众基本情况(包括民族、家庭成员、家庭收入等)翔实,对各个竞争媒体也有较具体的选项(如老挝国家电台、泰国电台、越南电台、自由亚洲之声、美国之声等)。但这两次调研的目的都只是为联合国教科文组织在当地广播节目中播出健康类节目提供受众基本数据,均未涉及为整频率电台提供节目策略以满足受众多元化的需求。

### (三) 研究方法

此次《CRI/CIBN 海外分台受众调查问卷》共十二个问题,其中由国际传播研究中心统一设计的有十个问题,内容涉及受众的基本信息、收听习惯、收听喜好、收听信号、收听意见等十个方面;由老挝语部就 CRI 万象调频台未来节目设置的构想而另加设了两个问题,涉及节目主持形式和节目主持人这两方面内容。本次调查由国际台驻万象工作室的工作人员在老挝首都万象市九个城区街头随机发放问卷。调查分为两个阶段,第一阶段为预调查阶段,在设计好初步问卷后,由万象工作室人员在万象街头随机发放 50 份,根据填写情况和受访者的建议,修改了部分问题和选项;第二阶段为正式调查阶段,2012 年 7 月初进行正式发放,共发放问卷 1050 份,回收 1001 份,回收率为 95.3%。剔除无效问卷 63 份,最终的有效问卷为 938 份,有效回收率为 93.7%。

## 二、CRI 万象调频台受众的构成、收听习惯与需求

本次受众调研采用 excel 2010 对数据进行分析,可以得到以下结果:

### （一）受众构成

本调查问卷就受众构成，设置了四个方面的问题，涉及受众的年龄、性别、教育程度、职业。

1. 在年龄构成上，在接受调查的 1001 份有效问卷中，20 岁以下受众占 15%；20—35 岁年龄段的受众占绝大多数，达到 66%；35—50 岁的受访者占 14%；而 50 岁以上的受众只有 5%（见图 21）。由此可知，CRI 万象调频台的受众年龄层分布并不平均，主要收听人群是中青年人。

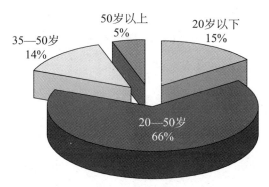

**图 21　年龄构成**

2. 在受访者性别比例上，收听 CRI 万象调频台节目的女性受众较多，占 54%，而男性受众占 46%（见图 22）。虽然受众性别比例有差别，但是差别并不大，说明受众并无明显性别趋向，比较均衡。

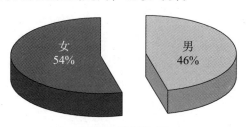

**图 22　性别比例**

3. 在教育程度上，有 528 人受过大学本科教育，占 67%；硕士及以上学历 67 人，占 8%；高中及以下学力的受访者有 199 人，占 25%（见图 23）。数据显示，大学本科以上学历的受访者占到所有受访者的绝大部分，可以说明 CRI 万象调频台的目标受众主要是高学历人群。

4. 在受众职业分布上，受访者中 343 人是学生，占 35%；329 人是各类公司企业职员，占 34%；个体商贩 73 人，占 8%；教师 42 人，占 4%；自由职业者 37 人，占 4%；警察 29 人，占 3%；公务员 19 人，占 2%；其他职业者占 10%（见图 24）。

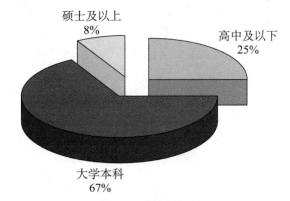

图 23　受教育程度

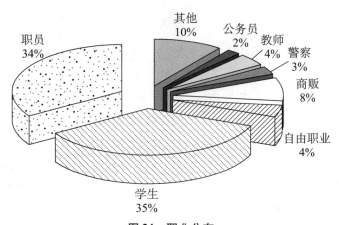

图 24　职业分布

从以上四个方面的调研数据可以总结出 CRI 万象调频台受众的构成如下：在老挝万象地区具有较高受教育程度学生，及各类公司企业职员、个体经营者、教师、自由职业者、公务员为主的中青年人群。

**（二）收听习惯**

为了解受众收听习惯，本次调研设计了包括收听工具、收听时段偏好、收听时长、了解中国的渠道等问题。

1. 收听工具

2005 年联合国教科文组织援助项目下进行的《老挝首都万象市及万象省广播受众调研报告》（老挝语版）的数据中显示，老挝万象地区受众通过收音机进行广播收听率为 70%，而本次受众调研在收听广播工具这一项里显示，通过手机、MP3 等移动设备收听 CRI 万象调频台节目的受众已经超出使用传统收音机收听的受众，达到 41%，使用收音机收听率为 37%。随着老挝经济的进一步发展，不可忽视的是在万象地区通过车载广播收听 CRI 万象调频台节目的受众也达到了 20%，网络收听率为 2%（见图 25）。以上数据从一个侧面体现了新媒体环境下，老挝万象地区调频广播受众收听工具的多元化发展。

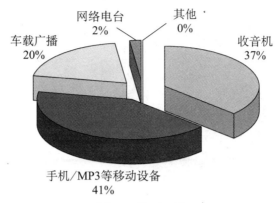

**图 25  收听工具**

2. 收听时段偏好

在 2005 年联合国教科文组织援助项目下进行的《老挝首都万象市及万象省广播受众调研报告》（老挝语版）的数据中显示，41% 的受访人表示其收听老挝当地广播电台节目的时段为上午 8 点至 11 点；而本次对 CRI 万象调频台受众调查的结果显示，49% 的受访人士习惯于晚间收听，上午收听率为 17%，中午 16%，有 18% 选择下午收听（见图 26）。以上数据表明，CRI 万象调频台的受众更倾向于夜间收听，这一收听习惯印证了该调频节目现有制作模式的特点，即：在现有 12.5 小时的 CRI 老挝万象调频台的单一语种整频率广播中，白天的 6 个小时节目由北京本部制作，收听率较低。下午到晚上 6.5 个小时的节目则完全实现本土化直播，收听率较高。

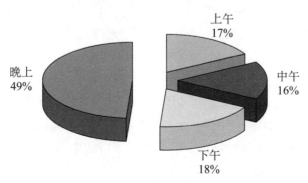

**图 26  收听时段**

3. 收听时长

40% 的受访者表示每次收听 CRI 万象调频台节目时间在一小时以内，48% 的受访者的单次收听时长在 1—3 小时，12% 的受访者单次收听时长在三小时以上（见图 27）。从上述数据中可以得出结论：收听时长在 1—3 小时和 3 小时以上的受众超过半数以上，说明多数受众的单次收听 CRI 万象调频台节目的忠诚度较高。

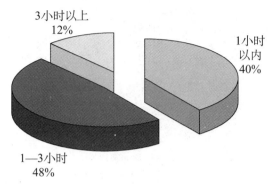

图 27　收听时长

4. 了解中国的渠道

在 1001 份有效问卷中，有 76% 的受访者选择了通过老挝本地媒体来了解中国；18% 的受众通过 CRI、CCTV 等中国媒体了解中国，6% 的受访者选择通过泰国、越南、VOA 或 BBC 等外国媒体来了解中国（见图 28）。从上述数据中可以看出，老挝本地媒体仍然是老挝受众了解中国的主要渠道。

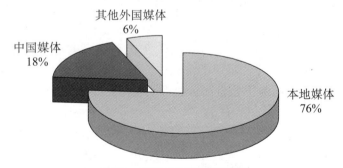

图 28　了解中国的渠道选择

综合以上四个方面可以看出，基于本次调研受众的中青年人群构成，其更倾向于使用新媒体移动技术（如：手机、MP3、车载广播）等方式来收听 CRI 万象调频台节目；对该台调频节目有较高的忠诚度，单次收听时间在 1—3 小时以上；多通过本土媒体了解中国。

（三）受众需求

本次受众调研问卷通过设置收听调频信号清晰度、收听原因、收听内容偏好、收听栏目偏好、喜欢的互动类型、对 CRI 万象调频台的意见建议来了解受众需求，同时增加受众喜欢的调频节目主持形式和主持人的问题，为未来 CRI 老挝万象调频台节目设置提供依据。

1. 万象地区收听 CRI 万象调频台信号清晰度

数据表明，八成以上的受访者认为 CRI 万象调频台的信号清晰度强，只有 11% 的人认为信号欠佳，声音时有间断（见图 29）。可见 CRI 万象调频台在发射功率和技术上能保障多数受众顺畅收听。

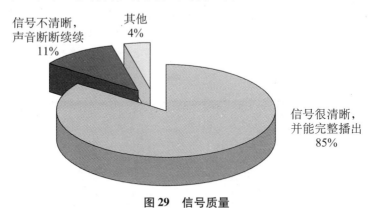

**图 29　信号质量**

2. 收听 CRI 老挝万象调频台的原因

受访者中 43% 人有想要了解中国的意愿；44% 的受访者收听 CRI 万象调频台是为了娱乐消遣，打发时间；而有 11% 的受访者是为了固定收听该调频的某些栏目，如：《幽默人生》、《93 茶餐厅》、《晚间新闻》、《体育世界》、《CRI 流行夜》、《每日汉语》等栏目（见图 30）。上述数据表明，多数受访者之所以收听 CRI 老挝万象调频台是因为从中能得到娱乐休闲，并能了解到关于中国的内容。同时从受众填写的喜爱的栏目中可知，除了《每日汉语》外的其他栏目均为 CRI 万象调频台本土员工制作的本土化节目。

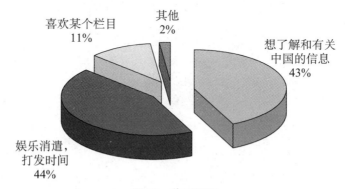

**图 30　收听原因**

3. 喜欢收听 CRI 万象调频台节目的内容偏好

在受访者中，喜欢音乐类节目的受众有 532 人，占 27%；喜欢新闻资讯类的 407 人，占 20%；喜欢汉语教学类的 361 人，占 18%；喜欢中国文化及旅游类的 241 人，占 12%；喜欢生活类的 230 人，占 11%；喜欢经济类节目的 195 人，占 10%；其他 32 人，占 2%（见图 31）。以上数据表明，在收听 CRI 万象调频台的节目中，受众偏好比较均衡，其中音乐类和新闻资讯类节目最受欢迎，汉语教学、中国文化及旅游、生活类节目次之，最后是经济类节目和其他节目。

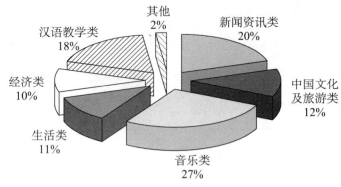

图 31　节目喜好

4. 在收听 CRI 万象调频台时是否有明确的栏目偏好

调查显示，71% 的受访者属于随机收听 CRI 万象调频台的调频广播，只有 29% 的受众有明确的收听栏目（见图 32）。这一数据表明，CRI 万象调频台还缺乏固定的受众群体，多数受众属于随机收听，没有对明确栏目的忠诚收听度。

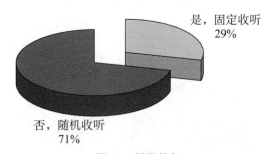

图 32　栏目偏好

5. 喜欢参与的互动类型

接受调查的受众中，有 463 人希望参与受众见面互动，占 45%；424 人愿意参加有奖竞赛，占 41%；103 人愿意参加征文比赛活动，占 10%；另有 43 人希望参加短信、热线电话等互动方式，占 4%（见图 33）。以上数据表明，老挝万象地区绝大多数调频广播受众愿意参与各类互动活动。

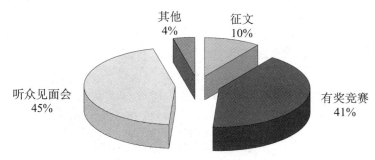

**图33 喜欢参与的互动类型**

6. CRI 万象调频广播节目应该加强哪些方面的建设

在调查中，501 位受访者提出 CRI 老挝万象调频台应对音乐编排进行调整，占37%；24%的受访者认为应该加强题材选取；20%认为应加强栏目设置建设；12%受众认为应该在主持人播音水平和主持风格上加以改进（见图34）。以上数据表明，多数受众认为 CRI 万象调频台的节目在音乐编排上需要改进，这也跟受众节目喜好的调查中（图31）体现的音乐类节目收听受众比例较高相契合，受众提出希望增加老挝歌曲量。此外，在题材选取上，受众提出增加科技类、体育类新闻资讯，增加交通信息等服务信息。在栏目设置方面，希望多设互动栏目，增加直播节目量。在播音主持水平方面提出了多使用口语化表述的建议。

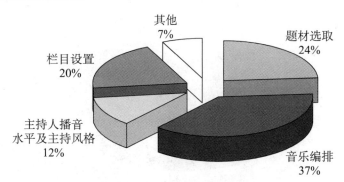

**图34 受众希望改进的方面**

7. 喜欢怎样的节目主持方式（自设问题）

在调查中，选择喜欢双人老挝语对话主持方式的有 405 人，占41%；喜欢双语主持方式的393 人，占39%；199 人选择喜欢单人主持形式，占20%（见图35）。以上数据表明，典型的调频节目双人主持节目形态在老挝受到普遍的欢迎。但不可忽视的是，虽然目前在万象地区可收听到的调频节目中还未出现过中老双语形态的节目，甚至在通过别的渠道进行的老挝受众调查中发现部分受众并不了解双语节目，但是在此次问卷调查中，仍然有相当比例的人群选择了有意愿收听到双语节目。

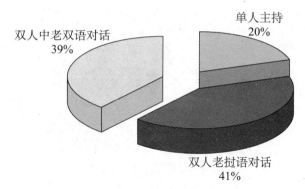

图 35　主持方式喜好

8. 喜欢的 CRI 万象调频台节目主持人（自设问题）

　　这是一个开放性的问题设置，需要受众自行填写自己喜爱的主持人名字。通过以往对老挝广播受众的调查，多数受众不记得主持人名字。但在本次调查中，有886人写出了自己喜爱的 CRI 万象调频台主持人。笔者将中国老挝语播音员和老挝籍播音员做了区分，得出以下图表。其中，667 人填写的是老挝本土化节目主持人，占 75%；167 人写出了中国老挝语播音员的名字，占 19%；52 人选择喜欢所有主持人，占 6%（见图 36）。以上数据表明，CRI 万象调频台受众对本土化节目主持人的认知度更高一些。

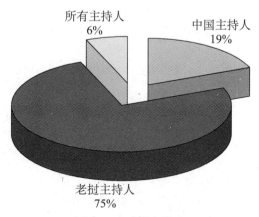

图 36　喜欢的主持人

　　综合以上八个方面的调查，可以对 CRI 万象调频台受众的节目需求总结如下：受众通过调频台节目得到娱乐休闲，并从中了解关于中国的各种资讯。最愿意收听到音乐类和各类新闻性服务性资讯节目，同时热衷于汉语学习，希望汉语教学栏目内容定期更新。受众同时要求增加节目直播量，更多地参与到节目的互动。在节目改进方面，希望能改进音乐的编排，增加本土音乐的播放量，有意愿收听双语节目。

## （四）启示

上述调研结果与分析，可为 CRI 老挝万象调频台未来发展提供以下启示：

### 1. 大力推进节目制作本土化

从本次调研可以明显地看到节目制作本土化的必要性。调查显示，受众对本土节目和老挝本土主持人都有较高认知度。CRI 万象节目制作室通过招募本土化职员参与节目制作、播出，使得节目在内容、形式和设置上更具有针对性和贴近性，受到欢迎。一批由老挝人主持的本土节目如《幽默人生》、《93 茶餐厅》、《CRI 流行夜》、《体育世界》等，在受众中有较高的名气。高比例的老挝本土主持人的认知度，有利于 CRI 万象调频台对这些老挝本土主持人进行个性包装和推介，打造易于被本土受众接受的主持人形象，让受众通过自己喜爱的主持人和节目，认识和了解 CRI 万象调频台。近期，CRI 万象调频台将把播出时段扩展为全天 19.5 小时老挝语整频率落地，届时，本土化节目时段将进一步增加，从而提高 CRI 万象调频台在当地的品牌认知度和影响力。

### 2. 提高节目娱乐性

受众对调频广播节目的需求并不是刚性的政治需求，而是要通过收听满足自己的兴趣爱好，达到休闲娱乐的目的。本次调研显示，音乐类节目仍然最受受众的欢迎。这体现了广播的娱乐性不可忽视，但是也应该认识到广播节目的娱乐性不仅体现在音乐的播放，也体现在其内容的知识性和受众参与度上。

在本次调研问卷中关于节目改进意见和建议一栏中的开放性问答里，有很多受众主动填写了"增加资讯比例"、"增加电话或短信参与现场节目点歌"、"增加科技卫生等常识性内容的介绍"等要求。CRI 万象调频台应该根据受众对节目提出的需求和建议，按照本土化原则，提升节目制作者对音乐的理解，对音乐节目进行音乐编排方面的专业改进，同时保证娱乐性节目内容充实性和多元化。在节目表达形式上，多做创新。现有的节目形式值得肯定，例如北京本部制作的《93 播放室》和《每日汉语》栏目都采用的是一中一外主持人的对话形式，不同文化背景的主持人对相同问题的不同解读，让受众有多重收获。此外，本次调研显示相当一部分受众希望收听到中老双语节目，这无疑能成为万象调频台部分栏目未来的改进提供方向，双语节目将有望成为对老挝广播的新的节目形式。

通过调整音乐编排，改进题材选取和节目形式体现全方位的调频节目娱乐性，达到让受众乐于接受，主动参与，最终实现对 CRI 万象调频台这一品牌的认同。

### 3. 提高节目服务性

服务性原则也是广播节目不可或缺的基本原则。本次调研受众收听内容偏好结果显示，受众对于从 CRI 万象调频台提供的各类服务性信息需求比较均衡，这要求未来在节目制作中为受众提供多元化内容，从而实现对受众的普遍服务。

除了内容的服务性，作为媒体而出现在老挝受众面前的 CRI 万象调频台也同时应该具备其在老挝社会中的公共服务功能。通过积极策划各种线下推介活动，参与当地公益社会活动，来提高节目的覆盖率、知名度和美誉度，从而提升 CRI 万象调频台在当地的整体辨识度和影响力，进一步为当地受众服务。

## 第三节　CRI 曼谷调频台受众的构成、收听习惯与需求

CRI 曼谷调频台开播以来，聘用本土化团队，制作本土化节目，并开展本土化经营，取得了良好的业绩。为了进一步了解受众需求，改进调频台节目质量，提升收听率与影响力，国际台亚洲地区总站曾于 2012 年 1 月聘请尼尔森（泰国）公司在曼谷及周边地区进行首次受众调研活动。根据此次调研结果，CRI 曼谷调频台采取了一系列改进措施，如更加注重音乐的品质和可听性；组织举行系列频率推介活动以及频率与受众互动活动等。2012 年 6 月，国际台《CRI/CIBN 海外分台受众市场研究》项目再次针对 CRI 曼谷调频台泰国受众进行了深入调研。本篇报告将以上述两次调研数据为基础，分析 CRI 曼谷调频台泰国受众的构成、收听习惯与需求，并据此以及对比两次调研数据的异同提出 CRI 曼谷调频台的品牌塑造与推广建议。

### 一、本次受众调研的相关说明

#### （一）研究方法与数据构成

本次调研采取定量研究。本次调研数据由尼尔森（泰国）公司于 2012 年 1 月形成的调研数据与国际台《CRI/CIBN 海外分台受众市场研究》项目于 2012 年 6 月形成的调研数据构成。

#### （二）调研内容

1. 尼尔森（泰国）公司 2012 年 1 月调研内容包括：目标受众人群收听广

播的行为，如收听次数、收听时间、收听工具；收听 CRI 曼谷调频台和竞争对手的满意度；受众对 CRI 曼谷调频台和竞争对手的看法；CRI 曼谷调频台需要改进的方面；目前受众对 CRI 曼谷调频台的新需求；目标受众群对 CRI 曼谷调频台新型办台理念的反馈；受众对各家电台举办活动或促销的兴趣；CRI 曼谷调频台受众的人口特征以及商品和服务消费行为。

2. 国际台《CRI/CIBN 海外分台受众市场研究》项目 2012 年 6 月调研内容包括：目标受众人群收听广播的行为，如收听时段、收听时间、收听工具；收听 CRI 曼谷调频台的满意度；受众对 CRI 曼谷调频台的看法；CRI 曼谷调频台需要改进的方面；受众对 CRI 曼谷调频台举办活动的兴趣；CRI 曼谷调频台受众的人口特征。

### （三）调研设计

1. 尼尔森（泰国）公司 2012 年 1 月调研设计：

（1）调查方法：在线调查。

（2）调查区域：曼谷市和周边地区。

（3）抽样人数：300 人。

（4）抽样标准：年龄为 20 岁至 35 岁的男性和女性；每天收听广播的受众，在过去 7 天中曾收听 CRI 曼谷调频台、89 Chill FM 、93 Cool Fahrenheit 或者 103.5 FM One。

（5）调查时间：2011 年 12 月 8—17 日。

2. 国际台《CRI/CIBN 海外分台受众市场研究》项目 2012 年 6 月调研设计：

（1）调查方法：在线调查。

（2）调查区域：曼谷市和周边地区。

（3）抽样人数：300 人。

（4）抽样标准：CRI 曼谷调频台现有受众。

（5）调查时间：2012 年 6 月 1—30 日。

## 二、CRI 曼谷调频台受众的构成、收听习惯与需求

（说明：以下图表中 W1 代表 2012 年 1 月尼尔森（泰国）公司数据；W2 代表 2012 年 6 月国际台《CRI/CIBN 海外分台受众市场研究》项目调研数据；W3 代表潜在目标受众相关数据。）

### （一）受众构成

根据 2012 年 1 月与 6 月的两次调研显示，CRI 曼谷调频台的受众大约 7 成为未婚女性受众（参见图 37、38），主要年龄段集中在 30—35 岁（约占 46%—47%）（参见图 39）。受教育程度在大学本科及以上的受众约占 83%—

93%（参见图 40）。职业多为公司白领、公司管理人员、大学生、私营企业主与公务员（参见图 41、42）。家庭平均月收入为 49243.04 铢（1 泰铢 ≈ 0.2008 元）（参见图 43）。可见，高知未婚女性青年构成 CRI 曼谷调频台的主要受众群体。

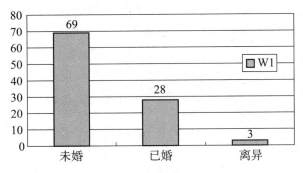

图 37 婚姻状况（%）

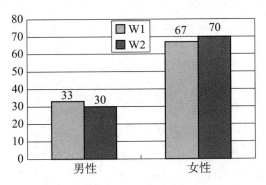

图 38 性别比例

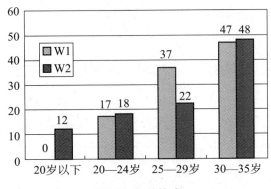

图 39 年龄构成

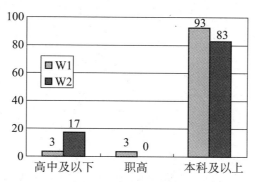

图40 受教育程度

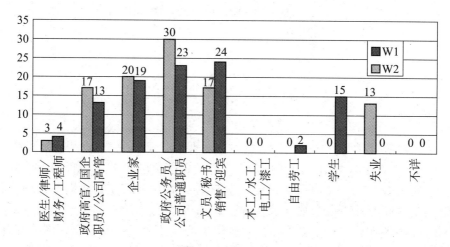

图41 职业分布

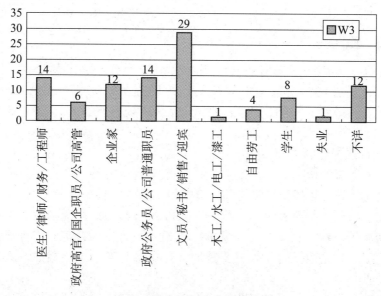

图42 潜在目标受众职业分布

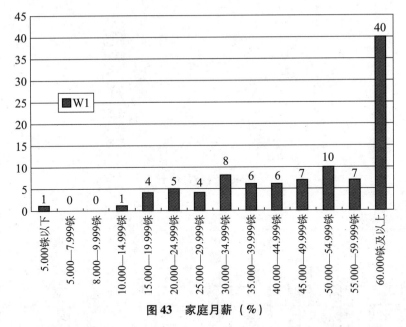

图 43　家庭月薪（%）

在人口统计学数据中值得注意的改变是受众职业构成数据。对比图 41 与图 42：2012 年 1 月数据显示企业主、公务员、国企职员与基层管理人员占该台受众的 50%，这一数据与目标受众也就是对 103 LIKE FM 新兴办台理念感兴趣的受众职业并不完全吻合。但通过 2012 年 6 月的调查数据可以看出，作为 CRI 曼谷调频台目标受众群体之一的学生群体比例已经有一定幅度的上升。文员、医生、律师、工程师、销售等职业的受众仍是频率需要考虑吸引的潜在受众群。

### （二）受众需求

本部分一方面详细列出两次调研结果中有关受众需求的数据，同时也介绍了 CRI 曼谷调频台根据尼尔森 1 月的调查所采取的一些针对性改进、调整措施及其效果，以进行节目调整前后的比较，来验证调研结果的正确程度。

1. 电台选择原因

根据尼尔森的调查，泰国受众选择广播电台最重要的决定因素分别是播放音乐的持续度、更短的广告时间与清晰的信号。（见图 44）

尼尔森的调研结果表明，虽然 CRI 曼谷调频台的抽样受众没有人对频率留下不满意的印象，但满意度与竞争对手相比尚有较大距离。调查显示造成受众满意度还不是很高的原因主要是抽样受众认为竞争电台播放的音乐更加舒缓、动听。

尼尔森（泰国）公司的调查数据同时显示，CRI 曼谷调频台目标受众希

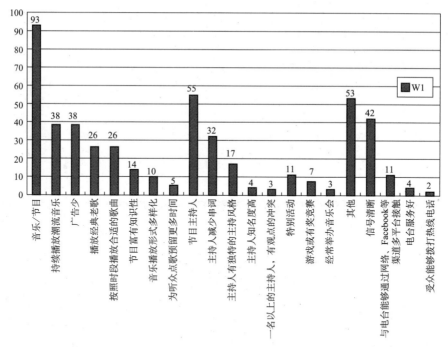

图 44 受众选择电台的原因（％）

望看到的改进方面包括：持续播放音乐、减少广告时间、播放最新流行音乐以及增强知识性节目。

针对上述需求，CRI 曼谷调频台在音乐选择方面更加注重流行性、娱乐性和时尚性。2012 年 6 月，国际台开展的受众研究显示，88% 的受众收听CRI 曼谷调频台是为了娱乐消遣，90% 的受众主要收听的节目是音乐类节目（见图 45、46）。这表明音乐节目已经成为 CRI 曼谷调频台受众选择该频率的主要原因之一。

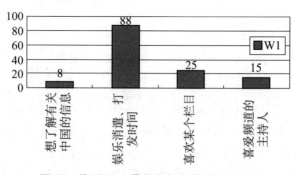

图 45 收听 CRI 曼谷调频台的原因（％）

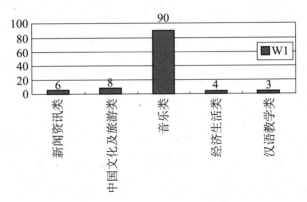

**图 46　CRI 曼谷调频台最受欢迎的节目（%）**

### 2. 收听时段

尼尔森 2012 年 1 月调研数据表明 10：00—14：00 是受众收听最为集中的时段，与竞争电台相比，CRI 曼谷调频台在上述时段有大幅提升收听率的空间。（见图 47）

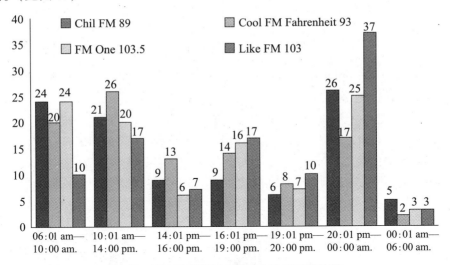

**图 47　CRI 曼谷调频电台受众收听时段选择**

（注：上图中 Like FM 103 即 CRI 曼谷调频台）

针对上述情况，CRI 曼谷调频台对 10：00—14：00 时间段的主持人和节目内容作了调整和改进，如将该台"品牌"主持人安排在该时间段主持节目，其中包括两名在当地知名并已拥有一定数量粉丝的电视剧明星和电视节目主持人；注重播放更加流行、动听和悠扬的音乐；开展有奖在线和电话点歌等互动活动等。2012 年 6 月的调查数据显示，在 10：00—14：00 收听该电台的受众已经从 1 月的 10% 上升至 6 月的 30%（见图 48）。主持人和节目构成调整有效提升了在上述时段内的收听率。

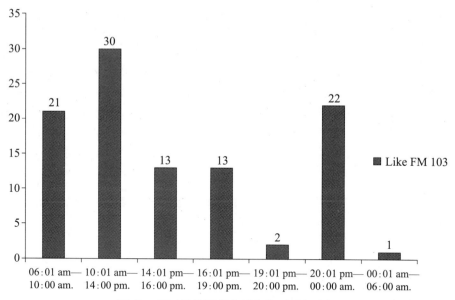

图48　CRI 曼谷调频台受众收听时段选择

3. 受众接触渠道

日常休闲活动调查也是研究受众行为特点的重要数据。根据尼尔森（泰国）公司 2012 年 1 月数据显示，CRI 曼谷调频台受众在工作日和周末的业余活动主要包括上网、看电视和听音乐。（见图 49）

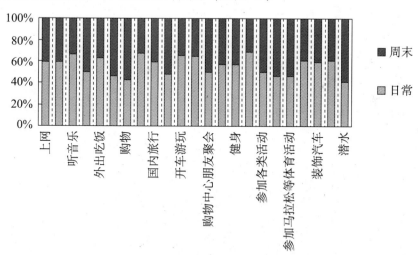

图49　受众业余时间的活动选择

由于 CRI 曼谷调频台优于竞争电台的特色之一在于为受众提供多样化的收听渠道，受众对这一项的满意度明显高于其竞争电台，因此在提供多样化的收听渠道方面，网络在线收听无疑是 CRI 曼谷调频台吸引受众的最为重要的渠道之一。

　　根据尼尔森调研数据，CRI 曼谷调频台受众非常显著的特点在于广泛使用网络，每天使用网络的受众占到总样本量的96%，（见图50）而这些受众的上网目的除了搜索信息、收发邮件、使用 Facebook 等社交平台外，主要就是为了听音乐与听广播（见图51）。这与 CRI 曼谷调频台"社交网络调频"（Social Network Radio）的办台理念是一致的。这一办台理念正满足了受众的需求。而 CRI 曼谷调频台大量播放的轻松、悠扬的流行音乐也正满足了受众对于音乐的偏好。

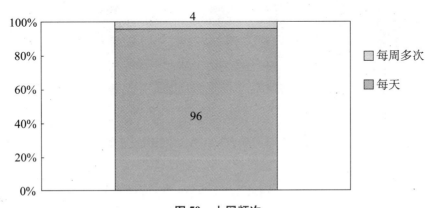

图50　上网频次

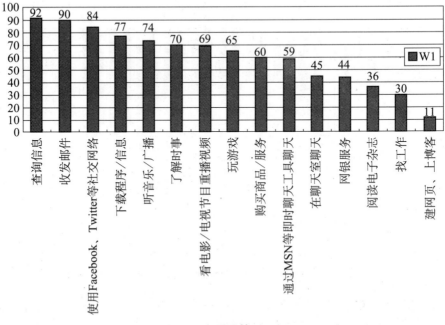

图51　上网目的（%）

4. 收听工具选择

然而根据尼尔森今年 1 月的数据，通过网络收听 CRI 曼谷调频台的受众比例并不理想，仅占抽样受众的 7%。（见图 52）

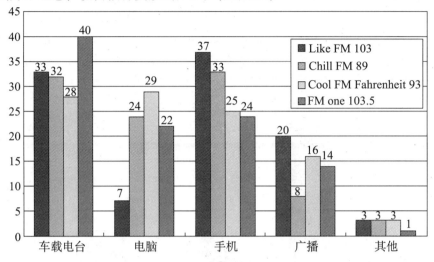

**图 52　收听工具选择（%）**

（注：上图中 Like FM 103 即 CRI 曼谷调频台）

针对这一情况，CRI 曼谷调频台团队加大了对网站的建设与推广力度，并增设了网络游戏等互动内容，吸引潜在受众通过网络收听节目。根据国际台于 2012 年 6 月的统计数据，通过网络收听 CRI 曼谷调频台调频节目的受众比例上升至 51%。（见图 53）

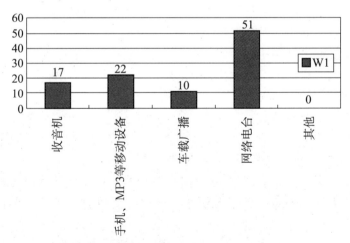

**图 53　CRI 曼谷调频台受众收听工具选择（%）**

通过上述两组数据的对比可以看出，CRI 曼谷调频台在网络电台建设方面取得的成绩。同时，随着智能手机的逐渐普及，发展手机、MP3 等移动终端受众也是未来需要考虑的拓宽受众渠道的方向。

5. 了解中国信息的渠道

在 CRI 曼谷调频台的节目构成中，中国资讯是该频率区别于其他竞争电台的又一特色。目前，CRI 曼谷调频台主要通过《新闻播报》、《缤纷世界》以及《名人看中国》等栏目介绍中国资讯。国际台调研数据显示 79% 的泰国受众是通过本地媒体了解中国的（见图 54）。因此通过 CRI 曼谷调频台这个在泰国受众心目中的本土电台介绍中国与推广中国文化是可行也是有效的。

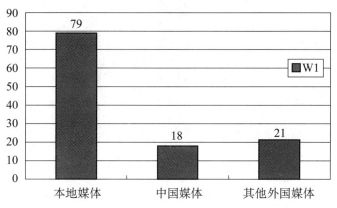

图 54　了解中国信息的渠道（%）

为了增强当地员工对中国和国际台的了解，提升其在日常工作中传播中国资讯的自觉性和积极性，国际台驻曼谷总站特别重视调频台雇员的培训工作，向员工们系统介绍中国政治、经济、文化和社会等各个方面的概况、中泰友好关系以及国际台的历史和现状，并特别就新闻报道中的敏感问题，如涉及台湾问题、西藏问题、新疆问题等向员工们作了细致而坦诚的解释说明。总站鼓励员工们多关注中国资讯，多了解中国国情，多向泰国人民介绍中国的真实情况，为增进中泰两国之间的相互了解和友谊作出贡献。培训工作的开展对确保频率的正确舆论导向发挥了重要作用。

尼尔森调查数据显示，通过 CRI 曼谷调频台栏目介绍的中国资讯受到了抽样受众的欢迎。其中超过半数的受众听过并表示喜欢，收听的原因包括"节目知识性强、能增长见识、内容有趣"等。

同时，在国际台 2012 年 6 月的调查中，关于 CRI 曼谷调频台的改进建议中，有大约 10% 的受众提到了希望适当增加有关中国的资讯，特别是汉语教学类节目。

**（三）收听习惯及喜好**

1. 受众对 CRI 曼谷调频台的关注度

尼尔森 2012 年 1 月统计数据显示，在抽样的 300 个受访者中，有 15% 的人表示知道CRI曼谷调频台，而听过并常听该频率的受众分别占10%与3%。（见图55）从整体数据来看，CRI曼谷调频台节目令人关注，但还需要继续扩大知名度，同时可以看到听过该频率的人数与常听该频率的人数之间还存在差距，因此在受众保留方面是有努力的空间的。

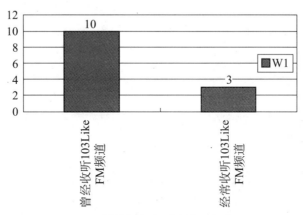

**图55　CRI曼谷调频台受众收听频次（%）**

2. 受众对CRI曼谷调频台的认知度

根据调查，造成CRI曼谷调频台认知度还不是很高、尚未成为抽样受众"随时想得起来并专门去收听的电台"的原因在于CRI曼谷调频台的频率形象在抽样调查中尚不够突出。超过一半的受众是偶然收听到CRI曼谷调频台的节目后才知道该频率的。（见图56）

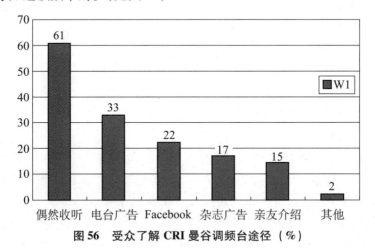

**图56　受众了解CRI曼谷调频台途径（%）**

3. 忠诚度

尼尔森调查数据提示，一般情况下电台受众比较固定的收听频率不超过3个，但收听CRI曼谷调频台的抽样受众收听频率目前超过6个。品牌忠诚度有待提升。

4. 理念认同

CRI 曼谷调频台的办台理念是"播放优美、动听旋律的电台；顺应现代人生活方式的流行电台；通过社交网络组织活动、开辟交流空间、点歌服务的电台；拥有知名主持人及当红嘉宾的电台。"在尼尔森的调研中，79% 的抽样受众表示对 CRI 曼谷调频台上述办台理念非常感兴趣或感兴趣（见图 57）。但根据频率形象调查的数据表明，CRI 曼谷调频台的频率形象还不够突出。因此进一步突显 CRI 曼谷调频台作为"顺应现代人生活方式的潮流电台"这一理念是至关重要的。

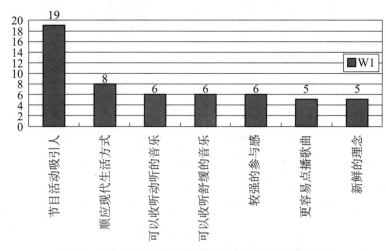

图 57  受众对 CRI 曼谷调频台理念的认同情况 （%）

根据图 44 可以看出有意思的节目、活动，以及顺应现代生活方式是受访者认同 CRI 曼谷调频台办台理念的主要原因。而认同这一理念的主要人群为女性，她们 90% 以上接受过高等教育，其中有近 1/3 的人从事文员、秘书、销售、迎宾等职业。而从图 40 与图 41 的对比中可以看到这些职业的人群仍是 CRI 曼谷调频台需要采取措施影响的目标受众。

5. 受众媒体消费途径

明确了受众的性别、年龄、受教育程度以及职业等这些重要信息后，下一步需要确定的是受众媒体消费的最常使用的途径，因为只有通过受众最常使用的媒体消费途径，才能最大限度地让受众触及和认知媒体。

尼尔森调研数据显示，调频电台受众使用的交通工具、最常浏览的网站情况如下：

图 58 和 59 显示受众最常使用的交通工具包括私家车、空调公交车、电车与出租车；最常浏览的网站包括 Google、Facebook、Hotmail、Sanook 和 Pantip 等。因此通过在私家车、空调公交车、电车与出租车广播或视频播放系统，以及上述最常浏览的网站推广 CRI 曼谷调频台将会起到最有效的传播效果。

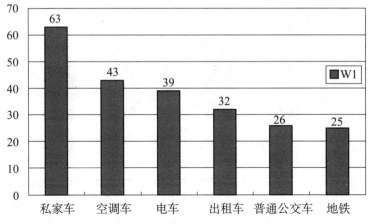

**图58　调频电台受众使用的交通工具（%）**

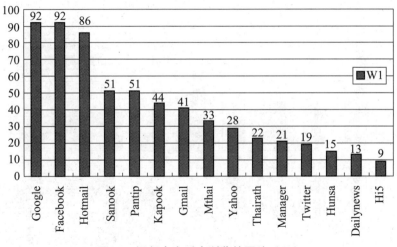

**图59　调频电台受众浏览的网站（%）**

6. 受众对 CRI 曼谷调频台主持人的认同情况

与竞争电台相比，CRI 曼谷调频台的知名主持团队是其一大特色。尼尔森 2012 年 1 月调查数据显示，能够记住 CRI 曼谷调频台节目主持人的受众比例远高于其他电台。

这一现象也在国际台今年 6 月进行的调查中有所体现，76% 的受访者表示自己固定收听 CRI 曼谷调频台某位主持人的节目。因此该频率的主持人是拉近与受众距离的重要因素之一。组织主持人与受众的见面会将会是有效实现受众保留的途径。

7. 受众愿参与的互动活动

尼尔森调查与国际台调查数据都显示有奖收听、在线有奖活动、音乐会

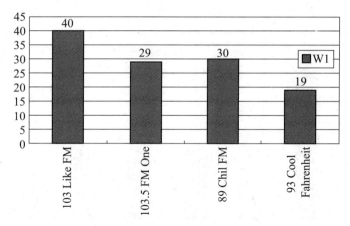

**图 60　受众对当地电台主持人认同度（%）**

（注：上图中 Like FM 103 即 CRI 曼谷调频台）

抢票、国内外旅游、社会公益活动等是 CRI 曼谷调频台受众最感兴趣的活动。

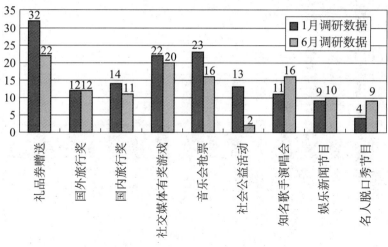

**图 61　受众愿参与的互动活动（%）**

8. 受众的建议

对于在线活动，受访受众中有 60% 的人表示已经做得很好，但也有受众提出了自己的建议。（见图 61）

针对上述数据，CRI 曼谷调频台持续推出了互动活动。如通过 Facebook、Twitter 和该台网站与受众直接交流。目前 CRI 曼谷调频台已拥有 Facebook 会员 70000 多人，每月登录频率网站并在线收听节目的人数超过 3 万人次。这种将社交网络整合在广播节目之中的做法在泰国广播界也引起巨大反响。

除此以外，2012 年以来 CRI 曼谷调频台已先后举办"103 Like FM（CRI 曼谷调频台在泰国的呼号）食品烹饪竞赛"、"受众与 103 Like FM 主持人面

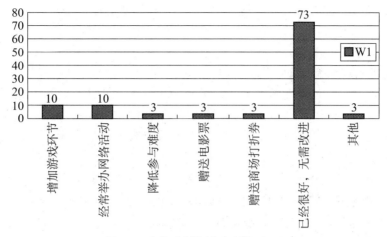

图62　受众对在线活动建议（%）

对面"、"103 Like FM 音乐会"、"103 Like FM 趣味有奖比赛"以及观众人数超过700人的"103 Like FM 杰·杰德林个人演唱会"等多场形式丰富多彩的频率推介互动活动，为打造调频台在当地的品牌知名度和影响力发挥了重要作用。

### （四）调研小结

根据上述尼尔森（泰国）公司2012年1月的调研数据与国际台《CRI/CIBN 海外分台受众市场研究》项目2012年6月的调研数据，可以得出如下结论：

CRI 曼谷调频台的受众大约7成为未婚女性受众，主要年龄段集中在30—35岁。教育程度在大学本科及以上的受众约占83%—93%。这些受众的闲暇活动主要是上网、看电视和听音乐。每天使用网络的受众占到总样本量的96%，这与 CRI 曼谷调频台"社交网络调频"的办台理念是一致的。因此高知未婚女性青年构成了 CRI 曼谷调频台的主要受众群体，她们的显著共同特点是爱好上网，广泛使用社交网络。

根据调研数据，对 CRI 曼谷调频台新兴办台理念感兴趣的受众职业主要是文员、医生、律师、工程师、销售、政府公务员、学生等。对比1月与6月数据可以看出，1月份 CRI 曼谷调频台受众的职业与目标受众的职业有一定偏差，但6月的数据显示，学生这一重要目标受众群体已占该频率受众比例的15%，职业结构明显得到改善。

在收听渠道方面，CRI 曼谷调频台致力于大力发展网络电台，目前通过网络收听 CRI 曼谷调频台节目的受众比例已达51%。

特别值得一提的是 CRI 曼谷调频台的中国元素节目。尼尔森调查数据显示，通过 CRI 曼谷调频台栏目介绍的中国资讯受到了抽样受众的欢迎。其中超过半数的受众听过，并表示喜欢，收听的原因包括"节目知识性强、能增长见识、内容有趣"等。在国际台 2012 年 6 月的调查中，关于 CRI 曼谷调频台的改进建议中，有大约 10% 的受众提到了希望适当增加有关中国的资讯，特别是汉语教学类节目。

CRI 曼谷调频台针对受众调研中发现的问题，已做了相应调整，如选择播放更加舒缓、动听的音乐，调整 10：00—14：00 时段的节目构成，加强网络电台建设，拓宽受众接触渠道，并适当增加有关中国的资讯。实践证明，这些措施行之有效，受众的关注度、认知率等指标有明显提高。

但是，鉴于调研结果还显示，CRI 曼谷调频台在品牌知名度、客户保留与忠诚度方面仍有待提高，因此下一步需要加强以下方面的工作：

1. 突出"顺应现代人生活方式的潮流电台"这一办台理念，以吸引和保有主流女性受众。因为调研显示，认同这一理念的主要人群为女性，她们90% 以上接受过高等教育，其中有近 1/3 的人从事文员、秘书、销售、迎宾等职业。这些职业的人群仍是 CRI 曼谷调频台需要采取措施影响的目标受众。

2. 通过目标受众最常消费的媒体渠道推广 CRI 曼谷调频台频率品牌。

3. 注重现有受众的保持。除了发展潜在受众，保持现有受众也是 CRI 曼谷调频台应该予以重视的工作。例如，着力突出 CRI 曼谷调频台对竞争电台的优势——知名主持团队，组织主持人与受众的见面会；组织有奖收听、国内外旅游、社会公益活动等各种受众最感兴趣的活动等。

## 第四节　东南亚地区海外分台的品牌塑造与推广策略

国际台在东南亚地区现有的 4 座海外分台包括——老挝的 CRI 万象调频台、柬埔寨的 CRI 金边中柬友谊台和 CRI 暹粒中柬友谊台、CRI 印尼雅加达中波台、泰国的 CRI 曼谷调频台。依据各个海外分台和海外调频节目的不同落地模式、对象国媒体环境、受众特征和发展前景，在对象国塑造海外分台的良好品牌形象并进行品牌推广活动，不断增强媒体影响力、实现有效的国际传播，是今后几年各海外分台所面临的共同课题。

### 一、东南亚地区海外分台的品牌核心理念

从市场营销学的角度，品牌核心理念是一个品牌的 DNA，是一个品牌最具辨识度和差异性的标识，东南亚地区海外各个分台都依据自身的落地条件和对象国受众认知度确立和打造了各自的品牌核心理念。

### （一）老挝视角的全球与中国——CRI 万象调频台的品牌核心理念

如何融入老挝社会又有别于老挝媒体是 CRI 万象调频台创建以来一直尝试破解的难题。经过反复研讨论证和充分实践，老挝视角的全球与中国成为万象调频台的立足点。

"老挝视角"，意味着 CRI 万象调频台所有节目内容的设置、推广活动的策划都将结合老挝受众的需求，注重服务性和互动性，最大程度地获得老挝政府和民众的认可和欢迎。

结合并不意味着全盘迎合，否则将失去媒体的独立性和独特性。老挝国力不够发达，民众获取资讯的渠道有限，《CRI 广角》、《老挝报摘》、《生活周刊》等栏目着力于及时提供全球政治、经济、社会、娱乐等全方位、多领域资讯；老挝自有调频台的资金、人力不足，深度报道缺乏，《观点 1 + 1》、《93 播放室》等栏目则采用一中一外两国主持人联袂的形式，聚焦、解读热点话题，拓展报道的广度和深度；而《中国名片》、《中文流行歌曲排行榜》、《游中国》和教汉语节目则凸现老挝受众关注的中国元素，充分利用我方媒体资源优势，增进老挝受众对中国的认知和喜爱。

### （二）友谊——中柬友谊台的品牌核心理念

中柬友谊台将"友谊"作为品牌的核心理念，将王庚年台长在金边中柬友谊台开播仪式上所讲的"让中柬友谊台真正成为柬埔寨人民的好朋友、好伙伴"作为自己的价值主张，传递给受众积极、向上的品牌理念和人生观、价值观，这既符合两国全面战略合作伙伴关系发展的需要，又满足了普通民众获取资讯、娱乐生活的需求，所以"中柬友谊台"这个品牌获得了柬政府管理部门、普通受众、专家学者和媒体的多方肯定。

"友谊"这一品牌核心理念在中柬友谊台的本土化直播节目中尤为突出，目前中柬友谊台有 3 档本土化直播节目，分别为：

1. 《谈笑人生》：以身边小事，展现都市生活情怀，并介绍中国百姓的普通生活，从多层面介绍中国的发展成果，倡导积极向上的生活态度。

2. 《时尚生活》：贴近生活，满足听众各方面生活资讯需求，并介绍中国的流行时尚。

3. 《音乐下午茶》：推介中国和柬埔寨的流行音乐，与听众一起感受音乐的魅力。

中柬友谊台在每一档直播节目中都加入了很多的中国元素，与新闻节目不同的是，这几档直播节目可以让受众多方位、多角度地了解中国各个方面的发展及普通的百姓生活，使柬埔寨民众增加对中国的认知度和认同感，从而增进与中国的传统友谊。

同时，在中柬友谊台所做的听众调查中，关于收听中柬友谊台的原因问答中，有多达43.8%的受访听众填写的是"了解中国"。本土化直播节目的设置既符合中柬友谊台的品牌核心理念，又迎合了受众的收听需求，所以中柬友谊台的本土化直播节目自问世播出起，迄今一直受到广大听众的热烈欢迎。

### （三）都市调频——CRI 曼谷调频台的品牌核心理念

CRI 曼谷调频台的品牌核心理念是将该调频台办成真正为我所用的具有有效传播力和可持续发展的都市调频台。通过雇用当地高水平专业节目制作团队（包括有影响力的主持人）与广告经营团队，在国际台人员管理、监督和指导下进行节目本土化改造。以本土制作、本土传送、本土直播的形式大比率播出本土音乐、本地资讯（站在中立立场），小比率播出中国和国际音乐和资讯，不断提高收听率，增强影响力。在此基础上融入中国需要传递的声音，并在听众接受和喜欢程度不断提高的基础上逐渐自然增加中国元素。这样才能真正提升国际传播力，最终将该电台办成一个"具有较高品牌知名度、有效传播中国文化、具备长远发展活力"的都市调频电台。

CRI 曼谷调频台目前节目除泰国、中国和世界重要新闻外，重点突出娱乐性和服务性，力求使节目的内容和形式符合当地听众收听需求和习惯，力求凸显本土特色。"本土化"的节目正逐渐使曼谷调频台影响力持续扩大。

### （四）活力——CRI 印尼雅加达中波台的品牌核心理念

目前，国际台印尼语部将本部门在北京制作的节目传送给印尼雅加达资讯音乐台 AM739，满足该台每天 12 小时的节目播出需求。节目内容包括新闻5 分钟播报单元《北京5 分钟》、《深度访谈》、《中国社会》、《旅游文化》以及《娱乐资讯》等各类型的聊天栏目。《身边》栏目是由多位主持人在轻松聊天中探讨中国的一些社会现象，向听众介绍一个全面真实的中国；《非常北京》是由主持人带听众走遍北京的大街小巷，品味地道的北京人生活；《亚洲劲爆点》则将当下最红的中国与亚洲的电影、音乐等娱乐资讯介绍给听众。根据受众调研显示，国际台印尼语广播听众大部分是20—35 岁之间的年轻人，他们具有活跃、乐于交际、走在潮流前沿且视野开阔的特点。因此，印尼语部的节目安排，在主要体现"活力"元素的同时，也充分照顾和满足了印尼受众的收听习惯和需求。

目前，国际台雅加达工作室还在建设中。该工作室的建成将大大助力"活力"真正成为 CRI 印尼雅加达中波台的品牌核心理念，使节目的内容与形式更加紧密契合印尼当地的时尚潮流，敏锐跟踪主流人群感兴趣的话题，从而成为印尼听众争相收听的热门电台。

## 二、东南亚地区海外分台的现阶段品牌构架

### （一）CRI 万象调频台现阶段品牌构架（如图）

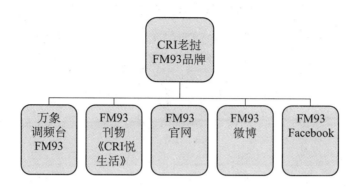

CRI 万象调频台 FM93 的品牌管理主体为中国国际广播电台老挝语部，由老挝语部负责统筹、协调北京及万象节目制作室的人力、物力及媒体资源，音频、文字、图片和视频等素材供 FM93 品牌下各传播媒介共享。

目前，CRI 万象调频台 FM93 品牌以万象调频台为主要载体，将力争在 2—3 年间建立琅勃拉邦调频台等，并根据中老双方有关协议，到 2015 年，CRI 万象调频台 FM93 将实现老挝全境覆盖。

### （二）中柬友谊台现阶段品牌架构

中柬友谊台品牌下包括 2 个落地调频台——CCFR 金边中柬友谊台和 CCFR 暹粒中柬友谊台，还有中柬友谊台官网、中柬友谊台微博和中柬友谊台 Facebook。（如图）

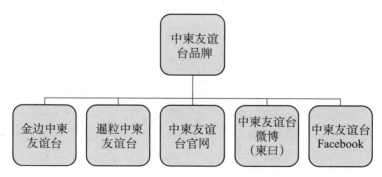

中柬友谊台的品牌管理主体为中国国际广播电台柬埔寨语部，由柬语部负责统筹、协调北京及金边节目制作室的人力、物力及媒体资源，音频、文字、图片和视频等素材供中柬友谊台品牌下各传播媒介共享。北京和金边的

柬埔寨语调频节目互为呼应、互为补充，目前在中柬友谊台播出的汉语普通话节目和潮州话节目今后将做适当调整，并且也应并入中柬友谊台品牌，形成统一的品牌管理、树立统一的品牌形象。

### （三）CRI 曼谷调频台 103 Like FM 品牌架构

曼谷 103 Like FM 调频台下设曼谷 103 Like FM 电台、曼谷 103 Like FM 官网、曼谷 103 Like FM Twitter 与曼谷 103 Like FM Facebook 四个品牌。（如图）

以上四个媒体品牌资源共享、互为补充。曼谷 103 Like FM Twitter 与Facebook提供了受众互动的平台，同时互动内容又成为电台广播素材与聚拢人气的有效手段。这种将社交网络整合在广播节目之中的做法在泰国广播界也引起巨大反响。而曼谷 103 Like FM 官网将上述三个媒体品牌融合为一，整合音、视、图、文多种资源，使受众通过官网即可享受广播收听、视频收看、消息阅览、进入社交网络群等多重服务。

CRI 曼谷 103 Like FM 调频台下设的四个媒体品牌有着统一的定位与包装风格，形成了优势互补的品牌合力。

### （四）CRI 印尼雅加达中波台 AM739 品牌现阶段架构（如图）

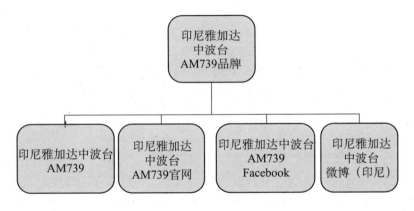

印尼雅加达中波台 AM739 品牌管理主体为中国国际广播电台印尼语部，目前由印尼语部负责统筹、协调北京的人力、物力及媒体资源，音频、文字、图片和视频等素材供印尼雅加达中波台品牌下各传播媒介共享。

## 三、东南亚地区海外分台的品牌推广战略

### （一）继续推进东南亚海外分台节目的本土化进程

从本次 CRI 万象调频台受众调研的结果来看，目前 49% 的受访者选择在晚上时段（17 点—23 点 30 分）收听该台节目，而这个时段正是 CRI 万象调频台本土化节目的播出时间。因此，近期 CRI 万象调频台将整频率播出时间增至 19.5 小时，进一步加大本土化制作力度，加强与受众的及时互动。未来几年，CRI 万象调频台还计划在老挝古都、世界知名旅游胜地琅勃拉邦等几大城市的现有发射台增加设备，实现在老挝重要城市的全面落地。在此基础上，和老挝国家电台合作，2015 年之前实现 CRI 万象调频台的老挝全境覆盖，寻求 CRI 万象调频台品牌规模效应的最大化。

国际台将在 CCFR 金边中柬友谊台和 CCFR 暹粒中柬友谊台的基础上寻求新的落地项目，争取实现中柬友谊台在柬埔寨的全境覆盖。同时，在 3 个小时的本土化直播节目基础上继续增加时段，并逐步将节目制作阵地前移至对象国。此外，还将依据中柬友谊台受众调查中显示的受众情况（即受众年龄层 76.2% 为 20—49 岁，城市居民为主，大学本科学历居多，并多为学生及职员、教师、军人等工薪阶层，男女比例基本相同），进一步调整本土化节目的设置和内容，聘请当地有从业经验的主持人打造个性化节目，使节目更具针对性和贴近性。

CRI 曼谷调频台每日节目时长 17 小时，节目覆盖曼谷及周边地区。目前每日 17 小时的节目中除了新闻节目由国际台泰语部制作，其余所有节目均有泰国本土团队制作、包装、播出、推广，节目本土化程度较高，已经成为当地具有一定影响力的商业电台。在此基础上，曼谷调频台还将积极探索新的落地项目，不断扩大节目覆盖，并根据受众调研结果作出相应调整，进一步推进曼谷调频台品牌建设。

由于雅加达工作室的建设暂未完成，国际台印尼语部海外分台节目本土化的实施还需时日。印尼语部计划在派出人员前往雅加达工作室后，将 80% 的节目交由印尼本土团队制作、包装、播出、推广，通过节目本土化程度的提高，与当地的主流媒体竞争。根据印尼语部的受众调查，大部分的国际台印尼语广播听众以私企人员和学生为主，相对比较活跃，正好贴合印尼语部的海外分台"打造活力电台"的品牌核心理念。为此，印尼语部的节目内容也将紧密契合印尼当地的时尚潮流，敏锐跟踪主流人群感兴趣的话题，从而

提升电台的知名度与影响力。此外，印尼语部还将努力实现全媒体的落地，不仅不断扩大广播节目覆盖，并逐步实现网络、杂志、视频等媒体形式本土化。

### （二）积极参与对象国重大报道活动，跻身当地主流媒体

CRI 万象节目制作室自 2011 年创建起，就积极参与对象国的重大活动报道，先后报道了老挝执政党——老挝人民革命党第九次全国代表大会、老挝第七届国会国家领导人换届选举等重大事件，赢得了老挝政府、媒体和受众的一致好评。其中，专访通辛总理等独家报道更是被老挝和中国等多家媒体转载、转播。

中柬友谊台金边节目制作室在金边一直积极参与当地的重大活动的报道工作，其中包括第二届全球高棉语歌曲歌唱大赛、2011 柬埔寨赈灾抗灾活动、国王登基日纪念活动及 2012 年在金边举行的东盟系列峰会等。柬埔寨内阁办公厅新闻办已经正式将国际台驻金边节目制作室工作人员列为柬国内媒体，安排金边节目制作室人员参加柬国内的各个宣传报道活动，并向金边节目制作室提供柬官方新闻通稿、社论和内宣指导精神，从官方层面认可了中柬友谊台在当地的主流媒体地位。

CRI 曼谷调频台定位于都市音乐调频台，因此新闻资讯并非频率重点。目前，该台 103 Like FM 频率的整点新闻时段由军方占用，当地重大新闻均在该时段播出。但曼谷调频正在积极招聘当地记者采访有关中泰的重大新闻。

印尼语部将在工作室建立后，积极参与当地重大活动报道，与当地主流媒体形成竞争态势。发挥本土工作室的优势，采取贴近受众的报道方式，满足受众的需求。

### （三）推动新媒体业务，提高品牌的综合传播效应

本次调研显示，老挝万象地区受众在收听 CRI 万象调频台 FM93 的手段上呈现多元趋向，其中手机、MP3 等新媒体移动设备的使用占到了 41%。这充分体现出多媒体收听手段在万象地区的普及度，也为未来 CRI 万象调频台提供更多新的传播模式。目前，CRI 万象调频台已经开始注重对新媒体渠道的应用。2011 年 8 月，CRI 万象调频台与老挝电信公司推出了手机短信服务。截至目前，已与老挝所有手机短信运营商签订合作协议，推出了涵盖老挝全境手机号段的 FM93 受众短信互动平台。2012 年 4 月开始，在 CRI 万象调频台 FM93 官网逐步推出主持人个性主页，全力打造主持人品牌，拉近与受众的距离。现在，该网站已拥有广泛的高端受众和年轻受众群体。老挝国家主席朱马利表示，每天他都会浏览国际台老挝语子网站。

中柬友谊台品牌内，除了落地调频电台外，还包括中柬友谊台官网、微

博、Facebook。依据听众调查数据显示，中柬友谊台的受众年龄层主要以中青年为主，且受教育程度较高，对新媒体的接受程度也较高，所以，未来几年中柬友谊台将以官网为基础，开展新媒体业务，实现对柬传播的新媒体化，加大力量对官网进行改版，适时实现新媒体信息的本土发布，继续推动中柬友谊台官方微博和 Facebook 等社交网络媒体工具的社交功能，通过新媒体业务的发展提高品牌的综合传播效应，扩大受众面，增加关注度。

泰国网络环境较为发达，智能手机普及率也较高，为发展新媒体业务提供了良好的基础。目前 CRI 曼谷调频台 Facebook 会员已超过 7 万。未来，曼谷调频台将通过开展有奖网络游戏、购物券抢票、演唱会赠券等活动吸引受众，大力建设频率 Facebook，不断增加会员数量。此外，还将进一步开发网络电台与手机客户端收听，吸引目标受众（年轻人群）的更多关注。

印尼语网站致力于提高新媒体业务的针对性，进一步吸收印尼主流人群成为受众，针对受教育程度高、作为社会中坚力量的这一受众群体建设网站。根据印尼语部所做的受众调研，国际台印尼语广播的主要听众群体大都教育背景良好，需要新鲜资讯、娱乐以及互动。因此，印尼语部将加大文化娱乐板块比重；增加奇闻栏目等受众感兴趣内容，以印尼专家的视角对中国乃至世界各地的奇闻趣事进行报道，并用视频、图片、文字等多种形式表现；针对调频广播节目在网上开通相应专栏，对专栏主持人、每期内容主题进行滚动更新；建立完善的网络电台。

### （四）策划大型宣传活动，打造独特的品牌活动并开发品牌衍生产品

本次 CRI 老挝万象调频台受众调研的具体数字显示，音乐娱乐互动类节目仍然是最受受众欢迎的节目形态。由此，CRI 万象调频台依托万象节目制作室于 2011 年 11 月在老挝传统节日——塔銮节期间，推出了《我是金嗓子》的线下推广活动，数万民众踊跃参加，引起了广泛关注。2012 年底还将推出《星光万象》大型歌手选拔活动，旨在鼓励积极、健康的生活方式，为有音乐天赋和才华的老挝人提供舞台，使他们得以向社会展现个人才华和魅力，提升个人价值，实现人生梦想。与此同时，通过此项活动保护和弘扬老挝传统音乐和艺术，促进老挝优秀文化与经济社会的共同发展，在老挝政府和民众心中深刻而广泛地打造 CRI 积极正面的品牌认知，扩大 CRI 万象调频台 FM93 品牌在老挝的影响力，不断深化、传播中老友谊。

中柬友谊台受众调查显示，受众普遍希望中柬友谊台能够举办听众见面会、有奖竞猜等互动活动，有相当数量的受众喜欢《学中国话》节目以及中国文化、旅游类节目。今后，中柬友谊台将依托 CRI 金边节目制作室，在当地举办大型文化活动，争取打造中柬友谊台自己的品牌活动；并争取两年内在柬当地出版发行中柬友谊台的柬文杂志并逐步开发中柬友谊台品牌衍生产

品，如故事节目的音频制品、学中国话节目和生活知识类节目的图书制品等，以满足受众的需求，并推广中柬友谊台品牌。

CRI 曼谷调频台（103 Like FM）的一大特色节目是音乐。根据统计数据，大约 90% 的受众收听的是该频率的音乐节目。所以 CRI 曼谷调频台（103 Like FM）特邀泰国著名歌星杰·杰德林为节目嘉宾，更是为节目聚拢人气。2012 年，曼谷调频台举办了观众人数超过 700 人的"103 Like FM 杰·杰德林个人演唱会"，取得巨大成功。未来 CRI 曼谷调频台将进一步开发明星演唱会等大型宣传活动，扩大频率知名度与影响力。此外曼谷调频台还计划协助国际台泰语部申请杂志正式刊号，实现平面媒体的本土化落地。

国际台印尼语部目前已着手利用有限的资源打造品牌活动，通过新媒体在中国试水。根据印尼语部所做的调研，有近 80% 的受访者对电台利用 Facebook 网站吸引听众这种方式给出"良好"和"尚可"的评价。可以看出，印尼语部通过 Facebook 网站进行互动宣传，这一做法会为吸引听众起到良好的效果。2012 年两会期间由该部举办的新浪微博和 Facebook 单词卡活动，就证明了这一点。该活动是把两会涉及的关键词、热点词搜集起来，利用简单的图文并茂的中印尼文对照的卡片，通过新浪微博和 Facebook 给印尼受众提供最新鲜、有趣的中国资讯，结果深受印尼受众欢迎。在雅加达工作室建成之后，印尼语部将立足雅加达，与当地强势媒体、机构直接合作，采取市场化运作的模式，开展更具针对性、贴近性的宣传活动，打造具有可持续发展的品牌活动以及衍生产品。

**（五）采取多种手段，增强品牌的识别度和知名度**

为推广 CRI 万象节目制作室在老挝的品牌知名度，提高品牌影响力，万象节目制作室拟于 2012—2013 年度，与老挝教育部合作，在万象调频台节目覆盖地区内选出一所中学和一所小学，在校内成立"CRI 阅览室"，购买一定数量的中老文书籍，供在校学生阅读学习；每月轮流在这两所学校举办以 CRI FM93 冠名的活动，如作文比赛，演讲比赛，知识问答等，获奖者除获得一定的物质奖励外，还将接受采访，并参与 FM93 的直播节目，与受众一起分享与 FM93 的故事。

中柬友谊台金边节目制作室拟定制有中柬友谊台台标的信笺、便签及小礼品，扩大中柬友谊台品牌的识别度。以金边节目制作室为前沿，逐步与柬埔寨各个部委及政府机关建立合作关系，以中柬友谊台的名义联合各个部委举办文化、旅游、教育等领域的交流和宣传活动，为柬埔寨的经济发展和文化传承与传播贡献自己的一份力量，在取得良好的社会效益的同时树立良好的品牌形象。

CRI 曼谷调频台将持续推出频率推介活动。2012 年以来，已先后举办

"103 Like FM 食品烹饪竞赛"、"听众与 103 Like FM 主持人面对面"、"103 Like FM 音乐会"、"103 Like FM 趣味有奖比赛" 以及观众人数超过 700 人的 "103 Like FM 杰·杰德林个人演唱会" 等多场形式丰富多彩的频率推介活动，为打造调频台在当地的品牌知名度和影响力发挥了重要作用。未来，103 Like FM 还将与当地报刊等其他媒体以及餐厅等企业机构进行"推介交换"、以频率名义积极参与社会公益活动以及以媒体支持单位名义赞助泰国和东南亚地区篮球比赛等体育活动树立良好的品牌形象。

印尼语部现正努力通过多重手段增强品牌的识别度和知名度。其中包括利用《印尼鹰》——国家航空公司的航空杂志捆绑由印尼语部制作的《友谊之桥》杂志，通过强强合作，将印尼语部的落地广播品牌在空中进行推广，让每个往返于世界各国的高端印尼人士都知晓国际台印尼语部的落地广播品牌。另外，印尼语部也在通过 Facebook 和新浪微博稳步进行落地广播品牌的推介。在雅加达工作室建成后，印尼语部将更多地利用当地的资源，如与印尼最有影响力的电视台 Metro TV 合作，共同筹办印尼家喻户晓的娱乐选秀节目——"印尼偶像"，从而跻身印尼一流品牌媒体行列。

### （六）加强与对象国媒体的交流与合作，实现资源互补、强强联合

从本次 CRI 万象调频台受众调研的结果来看，76% 的受访者通过本国媒体来了解中国，因此，跟当地媒体在采访报道、信息交流等方面加强合作，有助于提升万象调频台在当地的认知度。目前，CRI 万象调频台官网——FM93 网站已与老挝国家通讯社巴特寮网站和老挝国家电台网站签署备忘录，双方同意可在不通报对方的情况下使用对方网站上的新闻消息和图片。FM93 官网的消息内容经常被上述网站转载使用。2011 年，FM93 官网推出老挝第九届全运会专栏，全面、及时的报道赢得了老挝政府的高度赞许，相关报道团队还获得了组委会颁发的特别嘉奖。此外，本着多媒体融合，全媒体发展的理念，CRI 万象调频台已与老挝国家电视台初步达成合作播出协议，将在该台黄金时段播出《你好，中国！》的教授汉语视频节目。今后几年，CRI 万象调频台还将与老挝国家电视台共同推出更多的合作栏目，并实现中国优秀影视剧在老挝的播出。

中柬友谊调频台与柬埔寨当地媒体相比，其落地节目的一个主要亮点就是新闻客观、公正、时效性强，尤其以国际新闻更为突出，不少柬埔寨高管和新闻媒体从业人员都有收听国际台新闻节目的习惯。依托这一优势，中柬友谊台可以与当地媒体加强交流，实现资源共享，弥补国际台调频节目中当地新闻、资讯不足的弱势。同时，中柬友谊台的受众调查数据显示，柬埔寨受众了解中国的方式按人数多少排序依次是当地媒体、外国媒体，最后才是中国媒体。为最大限度地让柬埔寨受众全面了解一个真实的中国，中柬友谊

台应该利用好现有的媒体资源，与柬埔寨媒体合作，更多地发出中国自己的声音，同时，也可以与当地主流媒体如电视、报纸及网络等加强合作，共同开展特别报道或其他宣传活动，做到强强联合，互相促进。

CRI 曼谷调频台将继续保持、发展与泰国总理府、外交部、民联厅、旅游局、泰国三军司令部等有关政府机构、联合国亚太经社会、亚太广播发展机构、中国驻泰国大使馆、在泰中资企业、驻泰中国媒体机构以及泰国各主流媒体等之间的友好交往和合作关系，积极主动推介国际台，并取得良好效果。

国际台印尼语部一直致力于加强与对象国媒体的交流、合作。早在 2010 年 3 月 12 日，印尼语部就与印尼收听率最高的 Elshinta 电台合作，顺利完成了"以发展的眼光看待中国—中国东盟自贸区"为主题的网络对话视频直播。直播节目播出后，印尼 Elshinta 电台总编伊万先生致电国际台印尼语部说："此次与中国国际广播电台印尼语部合作，收到很好的效果，听众反应热烈。我们期待着与印尼语部更紧密合作。"随着雅加达工作室的建立，印尼语部将进一步加强与对象国媒体的合作，增强与印尼国家电台、印尼政府机构的交流，利用重大节日、庆典活动，广泛邀请、联络各个单位，互通有无，建立长效机制，确定固定的负责人。积累各类中印尼贸易公司、中资企业的人脉，为未来印尼工作室的商业化运作做好客户积累。

# 第五章　西亚非洲地区海外分台受众调查与分析

本章以中国国际广播电台（以下简称国际台，英文缩写 CRI）在亚洲西部和非洲地区（以下简称西亚非洲地区）的海外分台受众为研究对象。本章所指的西亚非洲地区包括以下国家：巴勒斯坦、约旦、叙利亚、黎巴嫩、沙特阿拉伯、伊拉克、也门、科威特、阿拉伯联合酋长国、卡塔尔、巴林、阿曼、利比亚、苏丹、埃及、阿尔及利亚、摩洛哥、突尼斯、毛里塔尼亚、吉布提、索马里、科摩罗、伊朗、阿富汗、土耳其、肯尼亚、坦桑尼亚、尼日利亚、尼日尔等。目前，国际台主要通过阿拉伯语、土耳其语、普什图语、波斯语、斯瓦希里语和豪萨语六种语言对东起阿富汗、西至地中海、大西洋的广大亚洲西部和非洲地区进行对外传播，主要海外分台也分布在上述语种覆盖的国家与地区。截至 2012 年 10 月，国际台在西亚非洲地区毛里塔尼亚、阿富汗、肯尼亚、坦桑尼亚、尼日尔 5 个国家实现了 10 个整频率落地，在土耳其实现了租时落地，每天播出落地广播节目 54 小时。具体情况详见表 1：

**表 1　国际台西亚非洲地区海外分台一览表**

| 播出语种 | 所在城市 | 所在国家 | 播出时长 |
|---|---|---|---|
| 斯瓦希里语 | 内罗毕 | 肯尼亚 | 4 小时 |
| | 蒙巴萨 | 肯尼亚 | 4 小时 |
| | 桑给巴尔 | 坦桑尼亚 | 4 小时 |
| | 肯尼亚全境 | 肯尼亚 | 1 小时 |
| 豪萨语 | 尼亚美 | 尼日尔 | 3 小时 |
| | 马拉迪 | 尼日尔 | 3 小时 |
| | 津德尔 | 尼日尔 | 3 小时 |
| | 阿加德兹 | 尼日尔 | 3 小时 |
| | 尼亚美 | 尼日尔 | 1 小时 |
| 普什图语 | 喀布尔 | 阿富汗 | 4 小时 |
| | 坎大哈 | 阿富汗 | 4 小时 |
| 土耳其语 | 安卡拉 | 土耳其 | 2 小时 |
| | 伊斯坦布尔 | 土耳其 | 2 小时 |
| 阿拉伯语 | 努瓦克肖特 | 毛里塔尼亚 | 16 小时 |

# 第一节　西亚非洲地区海外分台及受众概况

## 一、西亚非洲地区海外分台概况

### （一）CRI 努瓦克肖特调频台

2012 年 4 月 17 日，CRI 努瓦克肖特调频台在毛里塔尼亚首都努瓦克肖特正式开播。这是国际台在阿拉伯国家开办的首个海外分台。

CRI 努瓦克肖特调频台每天播出 16 个小时阿拉伯语节目和 8 个小时法语节目，覆盖人口为 90 万人。其中，阿拉伯语节目以 4 小时为一个播出单元，每个播出单元由 1 小时的新闻和新闻性节目和 3 小时的语言类、音乐类和教学类节目组成。主要包括《纵横中国》、《老外看中国》、《穆斯林世界》、《友好往来》、《文化茶座》等节目。

调频台开播后，很快受到毛里塔尼亚官方、媒体和受众的广泛关注和好评，大大增进了毛里塔尼亚人对国际台和中国的了解和兴趣。

### （二）CRI 坎大哈调频台和 CRI 喀布尔调频台

CRI 坎大哈调频台于 2010 年 10 月 27 日正式开播，CRI 喀布尔调频台于 2012 年 4 月 27 日正式开播。两台每天各播出 4 小时的普什图语和 8 小时的英语节目。

CRI 坎大哈调频台与 CRI 喀布尔调频台中的普什图语节目首播两小时，包括 15 分钟的新闻时事、10 分钟的海外报道员节目、10 分钟的《学汉语》节目，其余为生活、经济类专题和音乐节目。其中，《学汉语》和《今日中国》系列节目是很多阿富汗听众了解中国、学习汉语的主要途径，深受听众的欢迎。

### （三）CRI 内罗毕调频台

2006 年 1 月 28 日，国际台在肯尼亚首都内罗毕建设的调频电台竣工试播，2 月 27 日正式开播。该台每天当地时间 05：00—24：00 播出国际台 19 个小时英语、斯瓦希里语和汉语普通话节目，其播出频率为 91.9MHz，发射功率为 2 千瓦，节目信号覆盖内罗毕及周边地区约 200 万人口，CRI 内罗毕调频台是国际台在海外开设的第一家调频电台，在我国对外广播史上具有里程碑的意义。

该台每天有 4 个小时斯瓦希里语节目，其中周一到周五以一小时调频节目为基准单元。每时段滚动播出新闻节目，每天播出一个专题节目。周六到周日按照东非受众的收听习惯，由简明新闻和文化娱乐类节目构成。

### （四）CRI 桑给巴尔岛调频台

2010 年 7 月 20 日，CRI 桑给巴尔岛调频台开播。该台发射功率为 2 千瓦，播出频率为 99.7MHz，每天当地时间 05：00—24：00 播出国际台 19 小时英语、斯瓦希里语和汉语普通话节目，节目套播国际台在肯尼亚播出的节目，节目信号覆盖范围约 45 公里，覆盖人口约 80 万。

### （五）CRI 蒙巴萨调频台

2011 年 1 月 10 日，国际台在肯尼亚的第二家调频台在蒙巴萨开播，频率为 103.9MHz，发射功率为 2 千瓦。节目内容套用国际台在内罗毕播出的落地节目，节目信号覆盖蒙巴萨及周边地区，覆盖人口约 60 万。

### （六）CRI 尼亚美调频台

2007 年 10 月 1 日，CRI 尼亚美调频台开播，每天当地时间 06：00—24：00 播出国际台 18 小时的法语、豪萨语、英语和汉语普通话 4 种语言节目。该台播出频率为 106MHz，发射功率为 1000 瓦，节目信号可覆盖尼亚美及周边地区 100 多万人口。该电台为国际台在西非法语区国家开办的第一个整频率电台，对加深中尼、中非人民之间的友好合作关系，进一步扩大我国在非洲的影响发挥了积极作用。

CRI 尼亚美调频台每天播出 6 个小时的豪萨语节目，以资讯和文化音乐类节目为主。主要包括《中非彩虹》、《妇女儿童》、《老外看点》、《魅力中国》等节目。

### （七）CRI 马拉迪调频台、CRI 津德尔调频台和 CRI 阿加德兹调频台

2009 年 8 月 24 日，国际台在尼日尔三大城市马拉迪、津德尔和阿加德兹新建的调频台同时开播。三家调频台的发射功率均为 1 千瓦。CRI 马拉迪调频台和 CRI 津德尔调频台的播出频率为 106MHz，CRI 阿加德兹调频台的播出频率为 103MHz。播出的节目套用了尼亚美整频率落地节目，每天当地时间 06：00—24：00 播出国际台 18 小时法语、豪萨语、英语和汉语普通话节目，节目信号覆盖上述三座城市及周边地区 300 多万人口。

### （八）土耳其伊斯坦布尔方向调频台租时落地

2010 年 4 月 6 日，国际台通过租用土耳其伊斯坦布尔方向电台和安卡拉

自由电台的广播时段播出 2 小时土耳其语节目和 1 小时维吾尔语节目。土耳其伊斯坦布尔方向电台的播出频率为 96.6 兆赫，发射功率为 20 千瓦；安卡拉自由电台的播出频率为 108.0 兆赫，发射功率为 5 千瓦。节目信号覆盖伊斯坦布尔和安卡拉两个城市。

在两调频台中播出的国际台土耳其语节目使用的是当地广播的三个黄金时段。白天节目各设置半小时，以资讯节目为主。晚上节目一小时，文化交流、经济和旅游等软性内容占主导地位。其中，新闻资讯保持每个时段及时更新。

## 二、西亚非洲地区媒体概况

### （一）阿拉伯国家媒体市场情况

阿拉伯国家广播事业发展很不均衡，与各国的经济发展水平也不完全同步。其广播最大的共同点体现在伊斯兰特色，大多数国家都有专业宗教电台或频率，如埃及、沙特、科威特等国的《古兰经》台、利比亚的信仰台、突尼斯的橄榄枝台、巴勒斯坦的阿克萨之声台等。这些电台虽然称谓不同，但播出的都是以宣传伊斯兰教义、文化和劝诫人们遵守教规为目的的宗教类节目。

绝大多数阿拉伯国家的广播节目都以阿拉伯语为主，但由于历史、民族和媒体开放程度等多方面原因，阿尔及利亚、突尼斯、摩洛哥、毛里塔尼亚和科摩罗的国家电台还开办了法语广播，利比亚、黎巴嫩、约旦等国开办了对内的英语广播节目。此外，不少阿拉伯国家电台还开设了民族语言广播，如阿尔及利亚、摩洛哥的国家电台里有柏柏尔语广播，毛里塔尼亚等国有黑人部族语言广播，索马里有索马里语广播，伊拉克在北部的库尔德人地区开办了库尔德语广播。

与此同时，阿拉伯语作为联合国六种工作语言之一，也受到了世界主要国家对外广播电视机构的重视，其国际电台大多开办有阿拉伯语广播节目，面向阿拉伯国家播出。其中，在阿拉伯世界认知度较高的是英国广播公司（BBC）、美国萨瓦电台（SAWA，为美国专门对阿拉伯国家广播的官方对外电台）和法国国际广播电台。上述三家国际电台的阿拉伯语节目已实现调频播出，同时辅以中短波广播和卫星广播，还开设了各自的阿拉伯语网站。其中，目前，BBC 在 12 个阿拉伯国家通过调频播出。不过，沙特阿拉伯、叙利亚、阿尔及利亚、埃及等阿拉伯国家从法律层面上禁止国外电台进入本国。

不少阿拉伯国家民众把上述外国电台的广播节目作为获得信息的重要渠道。比如，BBC 在苏丹的收听率较高，因为苏丹人有收听广播的习惯，不仅在家中，还在茶馆里收听知名国际广播电台的节目。不过，这一状况在2011年发生了重大变化。由于苏丹方面认为BBC没有完全履行合同义务，于当年年初关闭了BBC在苏丹的调频广播。

此外，俄罗斯、韩国、日本、伊朗等国的国际广播电台阿拉伯语广播也在阿拉伯世界拥有一定的知名度和听众群，并同时办有阿拉伯语网站。中国台湾地区也开办了面向西亚北非地区的阿拉伯语广播。

### （二）肯尼亚媒体市场情况

肯尼亚的传媒业在东非国家中最为发达。目前，肯尼亚有1家通讯社、2家较大的媒体集团、4家主要的日报、8家电视台和超过30家调频广播电台，《民族日报》以及肯尼亚广播电视网的影响力还延伸到了肯尼亚南部国家乃至全非洲。就传媒体制而言，肯尼亚的通讯社为国营，广播电视为国营与民营并行体制，报刊则基本为民营。

肯尼亚广播公司是目前肯尼亚规模最大、广播电视节目能覆盖全国的广播电视公司（KBC），能用英语、印地语和包括斯瓦希里语在内的15种非洲语言广播，成为肯尼亚国内既不会说英语也不会说斯瓦希里语的人的消息来源。旗下包括了免费的KBC一台、付费电视二台、地铁娱乐电视31台以及多家商业电台。此外，也有一些私营广播网几乎覆盖全国。大多数电视台和电台的覆盖范围仅限于内罗毕、蒙巴萨等主要城市。广播节目形态以非洲音乐节目和社会热点话题的聊天节目为主。

对肯尼亚广播的外国电台包括：中国国际广播电台、英国广播公司（BBC）、德国之声、美国之音（VOA），法国国际广播电台和伊朗伊斯兰共和国声像组织。与肯尼亚本土电台不同，这些外国电台主要提供新闻类节目。从1997年起，BBC陆续在肯尼亚各地开设调频广播。此外，美国之音在内罗毕有转播调频，法国国际广播电台在蒙巴萨岛开设了调频广播。

### （三）阿富汗媒体市场情况

在各种媒体中，广播在阿富汗占有主导地位，英国广播公司、美国之音等知名国际广播电台在阿富汗都占有一席之地，而且与当地媒体竞争激烈。互联网只有在政府部门、一些高级商场或者富人区才有。由于网络建设不足，网速也不快。根据调研和国际台阿富汗合作方反馈的情况，与世界上大部分国家的调频广播模式一样，阿富汗所有调频广播的播出内容主要为当地音乐、谈话类节目和一些本地资讯。这个特点和阿富汗战事频发、听众的文化程度普遍较低、南亚各民族喜爱歌舞等因素有关。

## （四）尼日尔媒体市场情况

由于尼日尔民众大多文化程度不高，尼日尔政府非常重视发展广播。目前，首都尼亚美共有十多家调频电台。其中，国家电台"萨赫勒之声"（Voix Du Sahel）广播电台的影响力最大。该电台于 1958 年 10 月 18 日开播，现在使用 10 种语言（豪萨、哲尔玛、卡努里、阿拉伯、图布等 8 种民族语言以及法语、英语）每周广播 118 小时，节目覆盖率达到 95%。法国国际广播电台和英国广播公司在尼亚美都建有调频台，每天 24 小时广播。

## （五）土耳其媒体市场情况

土耳其的媒体行业非常发达。其中，电视是最强势媒体。但由于经济较为发达，私家车普及率高，且大中城市交通拥堵现象严重，广播在土耳其依然保持着相当的生命力。

土耳其全境有 1058 家广播电台，除了土耳其广播电视公司 TRT 所属 8 个对内频率外，其余都为私营电台。在土耳其的文化、经济和教育中心伊斯坦布尔大区，约有 300 家私营电台，国际台租用时段的方向调频台在其中排名第 15 或 16 位。从总体来看，收听率排名靠前的电台基本上都是音乐台。

在国外电台方面，英国广播公司、德国之声、俄罗斯之声都通过租用土耳其当地调频电台的时段或整频率实现了节目落地。不过，由于土耳其法律对外国广播电视媒体的进入有严格的限制，目前尚未有任何外国电台能够获得土耳其的频率牌照。

## 三、西亚非洲地区海外分台受众的构成、收听习惯与需求

此次受众调研共向西亚非洲地区发放了近 2500 份调查问卷，回收了来自 12 个国家的 2064 份问卷，问卷形式分为纸质问卷和网络问卷。

### （一）受众构成

本调查问卷涉及受众构成的个人信息部分共包括四个调查项目，分别是年龄、性别、教育程度、职业。

调查结果显示，在性别比例上，国际台在西亚非洲地区海外分台的受众以男性为主，占受调查受众的 75.64%。在年龄构成上，有 86.83% 的受调查受众是年龄在 20—49 岁之间的青壮年。在受教育程度方面，有本科及以上学历的占 51.67%。在职业分布上，公务员占 12.39%，企业职员 22.21%，专业人士 14.81%，学生 18.85%，自由职业 21.83%（见图1）。

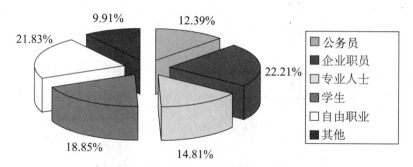

图1 国际台西亚非洲地区海外分台受众职业分布图

**（二）收听习惯**

1. 收听频率

调查数据显示，习惯每天收听或者经常收听广播的人在西亚非洲地区受调查受众中的比例达到75.49%，特别是在非洲地区，这一比例达到81.57%。非洲传播市场的发展起点低，媒介需求量大，广播是非洲受众的主要新闻信息来源。

2. 收听时段

在收听广播时段方面，接受调查的受众因具体国家和地区不同而表现出较大的差异性。例如，伊朗受众喜欢在晚上收听广播（比例达到47.56%），而在阿拉伯国家，由于人们每天工作、上学的时间较短，收听时间集中在白天。

图2（见下页）显示的是西亚非洲地区受众收听广播的主要时段，以及在受调查的受众中选择某一时段的比例。

3. 收听时长

在收听广播节目时长方面，除阿拉伯国家受众外，西亚非洲地区其他国家受众每天收听广播的时间均在2小时以内。阿拉伯国家受众大部分都有每天收听广播的习惯，大部分参与调查的受众每次持续收听节目时长为1至3小时。其中，每次持续收听时长2小时以上的达到57.42%。根据这一调查结果，可以考虑在编排落地节目时，突出差异化编排，减少受众的听觉疲劳，提高持续收听时间。

4. 收听场所

在选择收听广播的场所方面，阿拉伯地区、非洲地区、伊朗、阿富汗等国的受调查受众大部分选择了在家里、用收音机收听，这一比例占到64.78%，这说明传统的收音机仍然是上述地区大部分家庭听众收听广播的主要工具。土耳其受众在车里和工作场所收听广播的比率较高，分别为：40.4%的受众在私家车和公交车上收听广播、39.8%的受众在工作场所收听

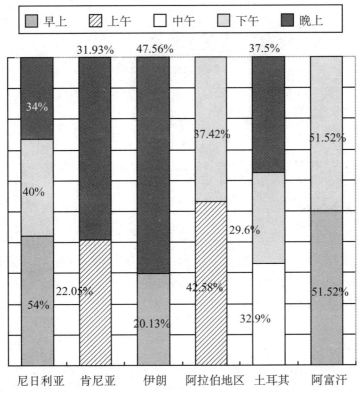

图2　国际台西亚非洲地区海外分台受众收听广播时段选择情况

广播、19.8%的受众在家中收听广播。调查数据显示，广播的移动性、伴随性特点令听众的移动收听行为日趋增多，特别是车载收音系统更是驾车人士的主要收听工具。

5. 收听广播的途径

在收听广播的途径方面，西亚非洲地区的受众呈现出地区差异性。在阿拉伯国家和尼日利亚，受众表现出对于短波广播的偏好，92.9%的阿拉伯国家受众和52%的尼日利亚受众收听短波节目。而在肯尼亚，81.3%为调频广播受众；在土耳其，调频广播受众比例超过了70%。

此外，在阿拉伯国家、土耳其和伊朗，互联网和网络电台也逐渐成为当地受众收听广播的一个主要途径，在接受调查的受众中所占比例分别达到18.06%、26.3%和37.97%。而在肯尼亚，虽然使用互联网收听广播的人的比例仅占8.26%，但这一比例已经超过短波和中波，排在调频广播之后。

根据以上数据可以看出，在肯尼亚、土耳其等经济发展水平相对较高的国家，城市调频台为广播的主要渠道，拥有稳定的收听群体。随着频率专业化、类型化发展，广播更加充分地满足听众多层次、多样化的需要，满足了社会不同层次受众的需求。此外，随着互联网在西亚非洲地区一些国家的普及，通过互联网收听广播的受众日渐增长。

6. 关注的广播节目内容

在对广播内容的喜好方面，西亚非洲地区受众普遍关注新闻资讯，约占接受调查总人数的53.24%。因此，做好新闻类栏目是吸引受众关注、打造品牌的关键。受众感兴趣的其他方面包括财经、文化、音乐等。

7. 国内外电台受欢迎情况

豪萨语和斯瓦希里语广播分别对尼日利亚和肯尼亚的受众进行了国内外电台受欢迎情况的调查，结果显示：在国外电台中，英国广播公司的本土语言（豪萨语和斯瓦希里语）广播最受欢迎，其收听率在尼日利亚达到66%，在肯尼亚达到67.21%。而国际台的对应语言广播的收听率名列第二，在尼日利亚达到64%，在肯尼亚达到24.59%。这表明，国际台的非洲语言广播在当地受众中较受欢迎，但是仍有进一步提升影响力的空间。

8. 与电台的互动情况

西亚非洲地区的受众普遍愿意参加电台的互动活动，尼日利亚、尼日尔、肯尼亚、阿富汗和阿拉伯地区受众反馈的数据显示，乐于参加互动的受众比例均超过90%（见图3）。在尼日利亚，受众倾向于使用电子邮件和书信的形式参与互动；而在肯尼亚，受众喜欢使用电话和手机短信参与互动。在以上两个非洲国家，受众参与电台互动的主要目的是为了表达意见，占受调查受众的66.2%。此外，土耳其受众中曾经参加过国际台土耳其语广播听众交流节目的占27.3%。

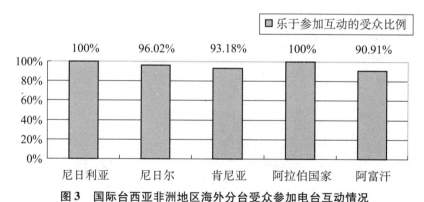

图3　国际台西亚非洲地区海外分台受众参加电台互动情况

9. 对中国的感兴趣程度及了解渠道

西亚非洲地区受众普遍关注中国。在这次调查中，表示希望了解中国的受众比例平均达到了88.03%（见图4）。其中，尼日利亚、尼日尔、阿富汗和阿拉伯地区的受众主要通过中国媒体来获取关于中国的信息，占以上四地受调查受众的73.64%；而肯尼亚、伊朗和土耳其的受众习惯通过本国媒体来了解中国的动态，占上述三国受调查受众的72.54%。因此，在尼日利亚、尼日尔、阿富汗和阿拉伯地区，国际台可以考虑加大频率落地的力度；而在肯尼亚、伊朗和土耳其，国际台可通过节目本土化包装及与本土媒体的合作增强影响力。

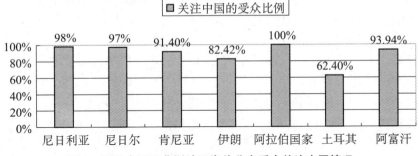

**图4 国际台西亚非洲地区海外分台受众关注中国情况**

## （三）受众需求

### 1. 收听信号

西亚非洲地区受众普遍反映，国际台海外分台的信号清晰，87.9%的受调查受众表示可以听得很清楚。

### 2. 节目喜好

尼日利亚、尼日尔、肯尼亚、伊朗和土耳其五国受众反馈的调查结果显示，喜欢新闻资讯类节目的占1880名受调查受众的35.26%，其次是中国文化、旅游类栏目，占受调查受众的19.68%。其他受欢迎的栏目集中在访谈类、音乐类、经济生活类、学汉语等方面。（见图5）

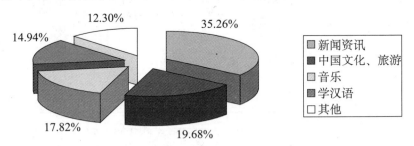

**图5 国际台西亚非洲地区海外分台受众喜爱的广播节目内容**

### 3. 固定收听栏目

在伊朗、土耳其、阿富汗和阿拉伯国家，有66.20%的受调查受众表示在收听国际台节目时有固定收听的栏目。其中，在伊朗受调查受众中，32.23%的受众固定收听《新闻时事》，22.26%的受众固定收听《中国旅游文化》；在阿拉伯国家受调查受众中，50.68%的受众固定收听《学汉语》，32.43%的受众固定收听《听众信箱》；在土耳其受调查受众中，25.4%的受众固定收听

《中国新闻》。

4. 对节目的意见和建议

针对国际台在西亚非洲地区的海外分台节目，接受调查的受众提出了进一步提高节目质量的希望和一些具体的建议。其中，阿拉伯国家和伊朗的受众希望加强节目针对性，如增加时事评论和有关地区新闻的内容。土耳其受众希望能更多地介绍中国文化，并增加历史、纪录、文化艺术类节目。阿富汗受众希望能通过国际台海外分台的节目更多地了解中国，以及收听更多的娱乐节目。尼日利亚、尼日尔和肯尼亚的受众的建议主要集中在增加节目时长、提高新闻时效性、改善栏目设置等方面。其中，肯尼亚受众建议增加新闻、音乐和体育节目的时长，而尼日利亚受众建议增设电话连线听众的节目和宗教类节目。

# 第二节　CRI 内罗毕调频台斯瓦希里语受众的构成、收听习惯与需求

## 一、CRI 内罗毕调频台概况

2006 年 2 月 27 日，国际台在肯尼亚首都内罗毕开办的调频广播电台 FM91.9 正式开播。这是中国在境外开设的第一家调频广播电台，也是继 BBC、VOA 和法国国际广播电台之后在内罗毕建成的第四家海外调频台。该调频台覆盖内罗毕市区及其周边约 200 万人口。目前，该电台每天播出 4 个小时的斯瓦希里语节目。

CRI 内罗毕调频台的开办，不仅开创了中国广播节目在境外整频率落地播出的先河，而且打破了英国、美国、德国、日本等西方媒体长期垄断非洲国际舆论的状况，因而引起了国际舆论的广泛关注。美国之音（VOA）、英国广播公司（BBC）、法新社和肯尼亚多家媒体纷纷就该电台的开播进行了报道。美国之音认为，中国在内罗毕开办调频电台，是"这个亚洲大国试图在非洲扩大影响力的一种方式"。英国广播公司等西方媒体则发表评论说，此举"不亚于中国在非洲爆炸了一颗原子弹"。

开办之初，该电台每天播出 3 小时斯瓦希里语节目。开播一年后，增加至每天 4 小时斯瓦希里语节目。受制于直播机房短缺等技术瓶颈，CRI 内罗毕调频台目前采用在北京录播的形式播出。目前，斯瓦希里语节目以新闻、新闻和文化类专题为主，音乐节目为辅。节目的播出时段为东非时间每天早、中、晚三个时段播出 4 个小时斯瓦希里语节目，分别为（当地时间）

08：00—09：00，12：00—13：00和20：00—22：00。

早晚时段均设有半小时新闻节目。根据时差特点，各时段重点关注不同地区的新闻。早间新闻重点关注斯瓦希里语国家和非洲地区性消息以及深度报道，同时兼顾世界热点新闻，提供体育消息、天气预报等服务性信息；晚间新闻则侧重对中国事务和非洲以外的国际新闻的报道，同时滚动播报非洲消息，提供东非经济新闻等。新闻来源以新华社英文电讯为主，参考国际台发稿情况，包括斯瓦希里语部派驻肯尼亚记者和在肯尼亚雇用的外籍记者提供的深度报道。

斯瓦希里语专题节目根据非洲受众的特点和需求分为三种类型：新闻类、服务教育类、文化音乐和互动类。新闻类专题有提供一周重要新闻和评述的《本周》、关注中国经济报道的《经济与发展》等；服务教育类专题包括关注中非女性生活状态并提供非洲女性需要的实用信息的《妇女儿童》，为来华非洲人提供服务信息的《我看中国》，汉语教学栏目《每日汉语》和《学中文》等；文化音乐和互动类专题有：通过比较的方式介绍中非文化的《我们的文化》；介绍非洲流行音乐和在华举办的文化活动的音乐栏目《CHECHE ZE-TU》；回答听众问题的《听众信箱》；帮听众送出祝福的《问候》节目等。

作为中国国家媒体在非洲开办的城市调频台，CRI 内罗毕调频台在介绍中国的同时，也努力为非洲听众介绍非洲和世界的面貌，提供实用信息，并努力实现电台的教育功能，体现电台的服务性和公益性。

国际台在内罗毕还建有节目制作室，雇用当地记者4人。

## 二、CRI 内罗毕调频台受众构成、收听习惯与需求

为了了解 CRI 内罗毕调频台受众构成、特点与需求，完善与提高电台节目质量，提高收听率，国际台于 2012 年 6 月在内罗毕进行了一次问卷调查。本次问卷发放对象为 CRI 内罗毕调频台的现有受众和目标受众。问卷发放地点为肯尼亚内罗毕大学及周边地区，填写形式为活动现场答卷，共收回有效问卷 353 份调查问卷，活动现场发放问卷 456 份，回收率为 77%。发放的时间是 2012 年 6 月 1 日至 6 月 30 日，主要以 20—49 岁、拥有中学以上学历人群为主要被调查对象，占总调查人数的 78%。在接受调查的 353 位受众中，男性 244 人、女性 109 人。

调查问卷由两部分共 24 题组成，主要调查肯尼亚受众的基本情况、收听广播习惯、对 CRI 内罗毕调频台的熟悉度和建议等。

### （一）受众收听习惯

本调查问卷测答问题部分的 1—5 题用来分析受众收听习惯，具体包括收听方式、收听场所、收听时段、持续收听时间、收听场所等。

1. 是否收听广播

在是否收听广播方面，353 位接受调查者中，每天收听广播的有 158 人，约占接受调查总人数的 45%；经常收听广播的有 127 人，约占接受调查总人数的 36%；偶尔收听的有 60 人，约占接受调查总人数的 17%；从不收听的有 8 人，约占接受调查总人数的 2%。（见图 6）

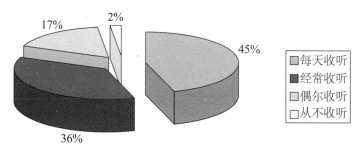

图 6　是否收听广播

从调查结果看，广播是肯尼亚人了解信息的主要途径之一。基础设施落后一直是制约肯尼亚经济和社会发展的瓶颈，虽然近几年来，肯尼亚使用手机上网的人群越来越多，但广播仍然是他们了解外面世界、获取信息的主要途径。

2. 收听时段

在收听时段上，有 31.93% 的受访者表示通常在晚上听广播，此时段位列所有时段听广播人数之首；其次，有 23.76% 的人选择在深夜收听广播；而排在第三位的是上午时段。

这表明，超过半数的受访者选择在 17 点至 24 点之间收听广播。这与肯尼亚人的生活习惯基本相符，也印证了电视尚未全面进入肯尼亚家庭的情况下，广播依然是肯尼亚人的首选媒体。

3. 持续收听时间

在持续收听时间上，353 位接受调查者中，每次持续收听广播 1 小时以内的占 25%；持续收听 1—2 小时的占 26%；持续收听 2—3 小时的占 15%；时间不固定的占 34%。（见图 7）

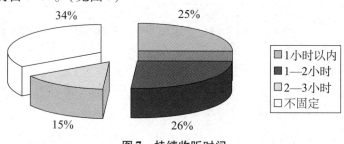

图 7　持续收听时间

调查显示，大部分听众习惯一次性收听 1—2 小时广播节目，而长时间连续收听广播的人数相对较少。

4. 收听场所

在收听场所方面，有 70.22% 的人选择在家里收听广播。这说明，传统收听广播的方式仍然在肯尼亚很流行。此外，本次调查主要在内罗毕大学开展，学生和教工中汽车拥有者的比例相对较低，因此选择车内收听的听众比例不高。

5. 收听方式

在收听广播节目的方式上，82% 的受调查者通过调频收听广播，8% 的受调查者通过互联网收听广播，5% 的受调查者通过短波收听广播，5% 的受调查者通过中波收听广播。（见图 8）

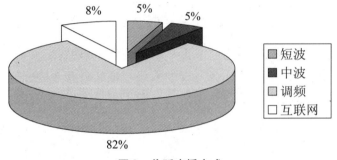

图8　收听广播方式

在内罗毕这样的大城市中，调频是广播的主要载体，中波电台寥寥无几。除了肯尼亚国家电台外，私营电台都使用调频播出。城市听众更倾向于选择信号清晰、稳定的调频信号，传统的短波用户已经萎缩到 5%。此外，值得注意的是，通过互联网收听广播的比例超过了中波和短波，达到了 8%，显示出互联网及移动终端在未来可能成为肯尼亚听众收听广播的新方式。

## （二）受众收听需求

1. 感兴趣的广播节目

关于感兴趣的节目类型，接受调查受众中的 40.74% 对新闻类节目感兴趣，36.72% 的受众对音乐类节目感兴趣，其次为财经节目、文化节目、体育节目。

2. 国内外电台的受欢迎情况

关于国内外电台的受欢迎情况，在接受调查者中，79% 的人喜欢收听肯尼亚的电台广播，21% 的人喜欢收听国外电台。（见图 9）

肯尼亚本土电台的节目内容以音乐娱乐节目为主，社会热点话题的聊天类节目为辅，新闻较少，且大部分新闻来源为西方通讯社和媒体。相比之下，

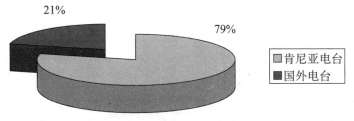

图9　国内外电台受欢迎情况

英国广播公司等国外电台的节目内容以新闻和报道为主。肯尼亚电台提供的音乐节目更加丰富、音乐本身也更加本土化，聊天节目所谈的内容也取材于肯尼亚社会现实，因此更契合肯尼亚听众的需求。

3. 最喜欢的本国电台

在本国电台中，最受肯尼亚受众欢迎的前5家电台依次是：

Classic FM105 电台、肯尼亚国家电台、Citizen 电台、Kiss FM100 电台和Jambo 97.5 电台。这5家电台的特点如下：

表2　最受肯尼亚受众欢迎的5家本土电台

| | 名　　称 | 性质 | 类型 | 内容及受众定位 |
|---|---|---|---|---|
| 1 | Classic FM105 电台 | 私人电台 | 综合电台 | 嘻哈音乐、简要新闻和社会热点话题。<br>25 岁以上人群。 |
| 2 | 肯尼亚国家电台 | 政府电台 | 综合电台 | 非洲音乐、新闻，包括政治在内的各种话题。<br>所有人群。 |
| 3 | Citizen 电台 | 私人电台 | 综合电台 | 非洲音乐，包括政治在内的各种话题。<br>18 岁以上人群。 |
| 4 | Kiss FM100 电台 | 私人电台 | 综合电台 | 新歌放送、热点话题、简明新闻。<br>18—35 岁人群。 |
| 5 | Jambo 97.5 电台 | 私人电台 | 综合电台 | 辩论、新闻、体育、非洲音乐。<br>25 岁以上人群。 |

4. 喜欢收听的国外电台斯瓦希里语广播

在喜欢收听的国外电台方面，喜欢收听英国广播公司（BBC）的斯瓦希里语广播的人数最多，占接受调查者的67%；25%的受调查者喜欢收听国际台的斯瓦希里语广播；4%的受调查者喜欢收听美国之音（VOA）的斯瓦希里语广播；3%的受调查者喜欢收听德国之声（DW）的斯瓦希里语广播；1%的

受调查者喜欢收听法国国际广播电台的斯瓦希里语广播。（见图10）

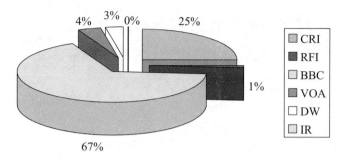

**图10 喜欢收听的国外电台斯瓦希里语广播**

作为来自前殖民宗主国的强势媒体，BBC 从1997年起陆续在肯尼亚各地开设调频广播，凭着时效性强和"观点独立"的新闻原则，其斯瓦希里语广播节目受到了肯尼亚听众的欢迎，影响力很大。BBC 斯瓦希里语节目每天播出1小时45分钟，分别是早晨30分钟（06：00—06：30）、傍晚1小时（17：00—18：00）和晚间15分钟（19：45—20：00），其节目内容都为新闻和深度报道，主要关注东非地区消息。BBC 的斯瓦希里语节目填补了肯尼亚本土媒体新闻采集能力弱的空当，其雇员大部分是来自肯尼亚和邻国坦桑尼亚的新闻从业者，同时在所有斯瓦希里语国家均雇有报道员。通过多年的经营，BBC 斯瓦希里语节目已经在包括肯尼亚的非洲斯瓦希里语区听众中树立了很强的公信力。

5. 参与电台互动活动的意愿

关于参与电台互动活动的意愿，在353位接受调查者中，13%的受访者经常参加与电台的互动，40%的人偶尔参加。此外，40%的人表示，虽然不曾参加与电台的互动，但愿意参加。这说明，肯尼亚听众有着较强的自我表达和参与广播节目的意愿。（见图11）

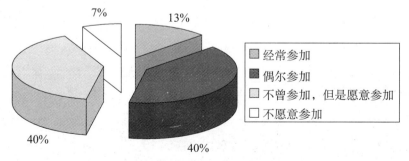

**图11 参与电台互动活动的意愿**

6. 参与电台互动活动的渠道

在参与电台互动活动的渠道方面，46%的受调查者通过电话和电台互动，

41%的受调查者通过手机短信方式和电台互动，6%的受调查者通过电子邮件参与互动，6%的受调查者通过网页和电台互动，1%的受调查者通过书信和电台互动。（见图12）

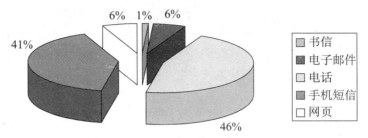

**图12　参与电台互动活动的渠道**

调查结果显示，在互动手段方面，传统的书信几乎无人问津。电话和手机短信都能够实现实时交流，这两种互动方式最受听众青睐，显示出听众希望在调频直播节目实时听到自己参与节目的愿望。

7. 参与电台互动的目的

在参与电台互动的目的方面，在接受调查者中，56.4%的人是为了表达自己的意见。问候亲朋送祝福类的节目曾经是东非斯瓦希里语电台最受欢迎的节目类型之一。然而，本次调查显示，肯尼亚调频节目的听众更有兴趣参与对时事政治和社会问题的讨论，而不仅仅是单纯送出祝福。这与城市人口受教育程度相对较高、更加关心时政的特点相符。

8. 了解中国的渠道

在了解中国的渠道上，67%的接受调查者通过本国媒体获取关于中国的信息，26%的接受调查者通过中国媒体获取关于中国的信息，7%的接受调查者通过其他外国媒体获取关于中国的信息。（见图13）

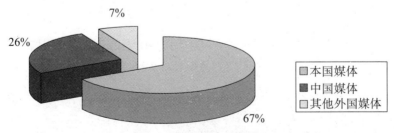

**图13　了解中国的渠道**

9. 对中国感兴趣的方面

在对中国感兴趣的方面，28%的接受调查者对中国文化感兴趣，26%的接受调查者对中国经济感兴趣，22%的接受调查者对中国教育感兴趣，9%的接受调查者对中国科技感兴趣，8%的接受调查者对中国政治感兴趣，7%的接受调查者对中国社会感兴趣。（见图14）

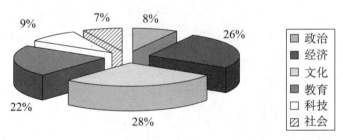

**图 14　对中国感兴趣的方面**

　　调查结果显示，肯尼亚人希望通过了解中国文化来增进对中国和中国人的认识。作为遥远的东方古国，中国文化对非洲人充满了独特性和神秘感。此外，由于中国近年来经济的高速发展，肯尼亚人渴望了解中国经济成功的秘密，并尝试与中国人进行贸易往来。本次调查主要在大学里开展，因此数据显示，受访者对中国教育的关注度相对也比较高。

### 三、受众对 CRI 内罗毕调频台的熟悉度、需求与建议

#### （一）对 CRI 内罗毕调频台的熟悉度

1. 是否收听 CRI 内罗毕调频台

　　在接受调查者中，有 54.90% 的人收听过 CRI 内罗毕调频台的节目，45.10% 的被调查者表示从未收听过该台节目。这说明，CRI 内罗毕调频台还有众多潜在的听众资源有待发掘。

2. 信号效果

　　被调查者普遍反映 CRI 内罗毕调频台的信号效果不错，有 80% 的人表示听得很清楚。

3. 收听 CRI 内罗毕调频台的时间

　　在收听 CRI 内罗毕调频台的受调查者中，49% 的受调查者是在 1 年内开始收听的，32% 的受调查者收听了 1—5 年，19% 的受调查者收听了 5 年以上。（见图 15）

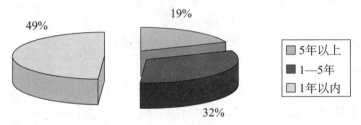

**图 15　收听 CRI 内罗毕调频台的时间**

4. 收听 CRI 内罗毕调频台的时段

调查数据显示，接受调查者收听 CRI 内罗毕调频台晚间时段（17：00—18：00）节目的人数略多，占接受调查者总数的 40%。这一数据与问卷第 2 题得到的数据相符，显示听众收听广播的习惯更倾向于晚间时段。

5. 喜欢收听的栏目

在 CRI 内罗毕调频台最受欢迎的栏目调查上，排名前三位的分别是新闻时事（29%）、学中文（22%）和非洲流行音乐节目 CHECHE ZETU（12%）。（见图 16）

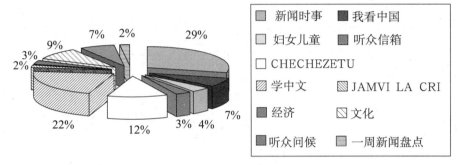

**图 16　喜欢收听的栏目**

这一调查结果和前文肯尼亚受众收听广播的目的是一致的，即获取信息和娱乐。另外，汉语作为中国文化的重要载体，符合受众收听中国电台、了解中国文化的需求。

**（二）对 CRI 内罗毕调频台的需求与建议**

1. 希望 CRI 内罗毕调频台增加的节目

在希望 CRI 内罗毕调频台增加的节目方面，被调查者最希望增加的三个节目依次是：新闻、音乐和体育节目。

2. 是否浏览国际台斯瓦希里语网站

在收听 CRI 内罗毕调频台的受调查者中，有 47.60% 的人访问过国际台斯瓦希里语网站，其中每天和经常浏览的受众比例不高。这表明，国际台斯瓦希里语网站还有很大改进的空间，努力培养网民经常浏览网站的习惯。另外，考察此项数据时，也应考虑到互联网在肯尼亚的普及程度不高的因素。

3. 希望国际台提供哪些方面的信息

在希望 CRI 内罗毕调频台提供哪些方面信息的问题上，有 41% 的受调查者希望了解国际新闻，33% 的受调查者希望了解中国新闻，10% 的受调查者希望了解非洲新闻，10% 的受调查者希望了解东非新闻，6% 的受调查者希望了解肯尼亚新闻。（见图 17）

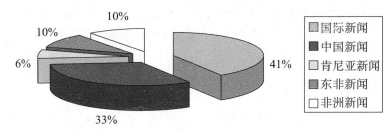

**图 17　希望国际台提供哪些方面的信息**

　　调查结果显示，听众收听 CRI 内罗毕调频台这一中国电台的目的更多的是为了了解来自肯尼亚以外的世界和中国的消息，特别是对中国事务的报道。

　　4. CRI 内罗毕调频台可以在哪些方面作出改进

　　在希望 CRI 内罗毕调频台可以在哪些方面作出改进这一问题上，29% 的接受调查者希望在节目时长方面，16% 的接受调查者希望在栏目设置方面，16% 的接受调查者希望在音乐编排方面，16% 的接受调查者希望在和听众的联系和交流方面，6% 的接受调查者希望在主持人播音水平和主持风格方面，2% 的接受调查者希望在其他方面。（见图 18）

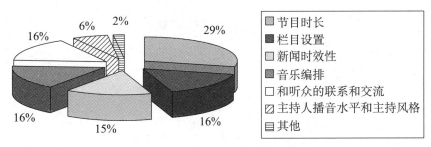

**图 18　在哪些方面可以作出改进**

　　调查结果显示，接受调查者对 CRI 内罗毕调频台的期待主要集中在增加斯瓦希里语节目时间、加强与听众的互动以及提高新闻的时效性等方面。

## 四、分析与小结

　　对本次调研所获得的数据进行分析，可以发现，调频广播符合肯尼亚目前的发展阶段，也符合肯尼亚人使用媒介的习惯。CRI 内罗毕调频台开播 6 年来，不断调整节目的努力是成功的，如增加非洲新闻的比例，加强新闻的深度报道，用非洲人的思维方式来介绍中国，表现形式上重视调频节目的形式美和直播感等。本次调查显示，CRI 内罗毕调频台在近 5 年里获得了大批听众，在受欢迎的外国电台中已名列第二，仅次于 BBC。

　　依据本次调研数据的分析，国际台在未来 5 年内应重点加强以下几个方面，以进一步扩大包括 CRI 内罗毕调频台在内的斯瓦希里语调频台的影响力和传播实效。

**（一）继续做好广播音频节目，并努力拓展新的媒介形式，实现音频节目在移动终端上的发布**

调查显示，广播依然是内罗毕受众获取信息的首选媒介。通过互联网收听节目的人数虽然不多，但也已经超过短波和中波，成为肯尼亚人听广播的方式之一。近年来，随着经济的快速发展，东部非洲国家的互联网基础设施建设取得了长足的进步。目前，海底光缆已经铺设到肯尼亚最大的港口城市蒙巴萨。斯瓦希里语区个人电脑的普及率还很低，但是手机的普及率极高。由于手机上网费用十分低廉，大部分人通过手机浏览网页。国际台的竞争对手 BBC 斯瓦希里语网已推出了手机版和 3 分钟的不定期短视频节目。

相比之下，音频节目制作成本相对低廉，可以同时应用于广播和互联网、移动终端等多个媒介平台。因此，做好音频节目，实现多媒介平台的发布，将极大拓展国际台斯瓦希里语传播的影响力和实效。

根据本次受众调查，国际台斯瓦希里语广播将考虑利用新的媒体手段进行传播，推出斯瓦希里语网站的手机版；开发针对安卓系统和苹果系统的斯瓦希里语音频节目，实现节目在移动端的收听；适时推出视频节目等。

**（二）加快节目内容的本土化、直播化，继续探索用非洲听众习惯的方式表达中国立场、介绍中国文化**

1. 积极推进节目采集、制作的本土化

国际台应在坦桑尼亚建立节目制作室，同时在其他斯瓦希里语区国家雇用报道员，由现有的内罗毕制作室来进行统辖、管理。制作室负责采制所在国家的新闻和报道，上传文字和音频。对于新闻价值超越斯瓦希里语区的报道，上传英文文本和采访内容的音频及被采访人谈话的英文译文，供全台共享。此外，制作室采制有地区针对性的谈话类节目、服务节目和音乐节目。

2. 努力实现节目内容的本土化

斯瓦希里语音频节目以新闻和体现中国立场的评论为主打产品，新闻类节目宜精、但不宜时间过长，目标受众定位为官员和知识分子。除了对象国家和地区、非洲其他地区新闻以及世界热点新闻外，加强对中国和亚洲事务的报道。

目前，非洲国家本土媒体的新闻采集能力相对较弱，民众，特别是知识阶层主要依赖国外媒体获取国际新闻、地区新闻，甚至本国新闻。世界主要的国际广播电台的斯瓦希里语节目在东非地区都已实现落地调频播出，其节目的主要内容就是新闻和新闻类专题节目。因此，国际台在东非地区的广播使用"中国国际广播电台"的呼号，明确自己的中国电台属性，也受到当地听众的欢迎，他们希望从中国的电台中听到对于世界新闻和非洲事务的不同解读。

与此同时，由于肯尼亚政府近年来积极实施"向东看"战略，加强与包括中国在内的亚洲国家的经贸合作，肯尼亚人对于中国的兴趣与日俱增。普通民众希望了解中国；商人希望能与中国开展贸易，甚至来华经商；年轻人希望来华留学。因此，国际台斯瓦希里语广播应该成为肯尼亚人了解中国新闻和资讯的权威信息源。此外，与肯尼亚本土媒体加强合作，为其提供中国事务报道，也有助于进一步扩大国际台斯瓦希里语广播的影响力和公信力。

国际台斯瓦希里语广播还应努力打造介绍中国文化的品牌栏目，使用非洲人能听懂的方式，介绍中国文化。同时，可以在经济方面增设介绍一些软性、类似投资信息之类的节目，在教育类节目中，可以为有志来华留学和深造的肯尼亚年轻人提供有关中国高等教育的服务性信息。

3. 加强节目的直播化和与受众的互动

各节目制作室和北京总部之间将通过租用中资的四达公司卫星进行节目传输，由北京总部对节目进行统一整理和打包，并根据时差优势与各制作室进行接力直播。

在实现节目的直播后，国际台斯瓦希里语广播将在调频节目中加入电话和短信两种互动手段，以电话互动为主，手机短信为辅。由于用手机输入字母比较麻烦、用时过长，国际台斯瓦希里语听众更倾向于直接打电话，并且东非国家的手机资费十分便宜，即使使用手机从肯尼亚拨叫中国的号码，费用也非常低廉。例如，国际台斯瓦希里语广播目前尽管公布了手机号码，邀请听众发短信参与节目，但许多听众会直接拨叫该号码，选择与主持人直接沟通。

此外，本次调查也显示，大部分受众不再把调频广播当做问候亲朋的工具，而是希望通过广播来表达自己对时政和社会问题的见解。国际台斯瓦希里语广播未来将尝试引导调频听众参与对当地社会问题的讨论，用他们的意见来表达"中国立场"。

**（三）应逐步延长 CRI 内罗毕调频台的斯瓦希里语节目时长，最终实现整频率节目的斯瓦希里语化，进而对频率进行市场化运营**

国际台斯瓦希里语广播应努力实现在内罗毕和东非各斯瓦希里语国家整频率电台节目的斯瓦希里语化，北京总部和东非各地制作室根据时差优势开展接力直播工作，面向东非市场制作一套斯瓦希里语节目，树立统一的品牌形象，适时对频率资源进行市场化运营。

### （四）利用多种渠道加强与受众的互动

利用网络留言、短信平台、非洲总站协助开设 Facebook，发挥听众俱乐部、广播孔子课堂的优势，更加及时、有效地接收受众反馈，与受众进行充分互动。

## 第三节 伊斯坦布尔方向调频台土耳其语 受众的构成、特点与需求

### 一、伊斯坦布尔方向调频台国际台落地节目概况

2010 年 4 月，国际台土耳其语广播节目开始以"来自中国的问候"为名在伊斯坦布尔方向调频台及其合作电台——安卡拉自由电台在上述两个城市分五个时段落地播出，每天播出总时长为 2 小时。2011 年底，根据受众反馈，为了使节目更符合落地调频的传播规律，"来自中国的问候"节目内容和形式进行了一次较大规模的调整，播出时段减少到三次，但总时长保持不变。分别为当地时间 12：30—13：00、17：30—18：00、20：00—21：00。

国际台"来自中国的问候"节目基本上覆盖了土耳其广播的三个黄金时段。白天节目各设置半小时，以资讯节目为主。晚上节目一小时，文化交流、经济和旅游等软性内容占主导地位。其中，新闻资讯类节目每个时段及时更新。节目编排见下表：

**表3 伊斯坦布尔 FM96.6 调频台国际台落地节目播出时间表**

| | 周一 | 周二 | 周三 | 周四 | 周五 | 周六 | 周日 |
|---|---|---|---|---|---|---|---|
| 12：30—13：00 | 资讯 | 资讯 | 资讯 | 资讯 | 资讯 | 资讯 | 资讯 |
| 17：30—18：00 | 一周文娱播报 | 今日新疆 | 土耳其人眼中的中国 | 旅行日记 | 经济杂志 | 民族音乐 | 流行音乐 |
| | 学汉语 | 学汉语 | 学汉语 | 学汉语 | 学汉语 | 学汉语 | 学汉语 |
| 20：00—21：00 | 资讯 | 资讯 | 资讯 | 资讯 | 资讯 | 资讯 | 资讯 |
| | 一周文娱播报 | 社会脉搏 | 土中交流资讯 | 旅行资讯 | 经济杂志 | 一周节目精选 | 一周节目精选 |
| | 中国文化 | 今日新疆 | 土耳其人眼中的中国 | 旅行日记 | 经济视点 | 民族音乐 | 流行音乐 |
| | 中国电影 | 健康与时尚 | 教育世界 | 民俗 | | | |

新版节目的半小时时段由新闻和资讯类节目构成，比例为 1：2。一小时时段由新闻和新闻类节目和文化、娱乐类节目构成，比例同样为 1：2。

## 二、土耳其广播业概况

土耳其广播电视最高委员会是土耳其广播电视领域的最高管理机构，独立于政府之外，其成员由议会选举产生，负责制定和实施广播电视领域的法规，负责审批和发放频率牌照、监督各播出机构运行等，有权对违规播出机构进行处罚，甚至吊销其牌照。

土耳其拥有非常发达的媒体业。其中，电视是最强势媒体。但由于经济较为发达，私家车普及率高，且大中城市交通拥堵现象严重，广播在土耳其依然保持着相当的生命力。土耳其全境有 1058 家广播电台。除了土耳其广播电视公司（TRT）所属 8 个对内频率外，其余都为私营电台。按照频率牌照授权，土耳其境内电台共有全国性电台 38 家、区域性电台 98 家、城市电台 922 家，都为调频电台，其中 59 家电台开设有卫星频率，覆盖土耳其全境及周边国家。全国性电台因其覆盖面广，影响力远高于区域性和城市电台，其中属于国有的 TRT 和私营的新闻电台 NTV 影响力较大。而在土耳其的文化、经济和教育中心伊斯坦布尔大区，有大约 300 家私营电台，中国国际广播电台租用其时段的"方向"调频台在其中排名第 15 或 16 位。收听率排名靠前的电台基本上都是音乐台。

随着新媒体的迅速发展和普及，传统的广播电台迅速进入互联网和移动终端等新媒体领域，目前土耳其至少有 200 家电台拥有安卓系统和苹果系统的客户端。

国外电台方面，英国广播公司（BBC）、德国之声、俄罗斯之声和中国国际广播电台都开设了土耳其语广播，而且这些电台都通过租用当地调频电台的时段或整频率实现了节目落地。然而，由于土耳其法律对外国广播电视媒体的进入有严格的限制，目前尚未有任何外国电台获得土耳其的频率牌照。2011 年，土耳其私营电台市场占有率如图 19。

## 三、伊斯坦布尔方向调频台概况

伊斯坦布尔方向调频台（FM96.6）成立于 2003 年，位于土耳其最大城市伊斯坦布尔，覆盖人口近 2000 万。2010 年的统计数据显示，该台固定收听人群为 200 万，在伊斯坦布尔地区 120 个调频频率中排名 15—16 位。方向调频台实行 24 小时不间断播出。该电台主要是以音乐节目为主、新闻和社会生活类节目为辅的区域性电台。电台的主要受众群体为青年人。除了调频广播，该台还开拓了新媒体业务，包括网络电台、手机电台，还在"脸谱"和"推特"等社交网上进行推介。

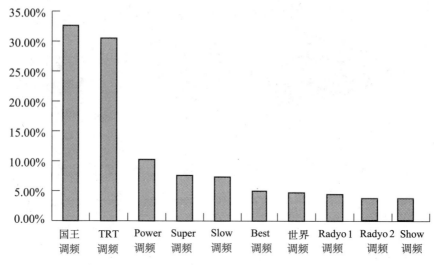

**图19　土耳其主要电台市场占有率**
（数据来源：土耳其广播电视高等委员会 2011 年度报告）

在引进国际台节目后，方向调频台对自身节目内容也进行了改变。首先，增加了新闻类节目的比重，特别是关注中国和亚洲地区的新闻，跟踪报道孔子学院在土耳其的发展情况和土耳其学校里开设中文课程的情况。电台还在节目制作上与国际台的节目尽量保持一致，以形成一个整体。

方向调频台自建立之初，一直与国际台保持着良好的合作关系。2009 年乌鲁木齐"7·5"事件发生后，国际台和方向调频台联合制作和推出了"来自乌鲁木齐的声音"大型系列直播节目，取得了良好的效果。此外，方向调频台还与国际台在音频采集、制作、推广和受众调查等方面开展合作，在一些重大事件报道和特别节目制作中发挥"前哨"作用，协助国际台完成了"中国城市榜"等多项大型活动的推广工作。

## 四、伊斯坦布尔方向调频台受众的构成、收听习惯与需求

本次受众调查由国际台委托土耳其调查机构以发放调查问卷的方式进行。在本次调查中，国际台土耳其语落地节目改版已有半年时间，因此基本上能反映新版节目的实际收听情况。

调查问卷主要在伊斯坦布尔发放，共回收有效问卷 510 份。其中，258 名听众提交了网络调查问卷，252 名听众填写了纸制问卷。

### （一）受众构成

1. 性别分布

在参与此次调查的受访者中，56.2% 是女性听众，43.8% 是男性听众，

女性占据多数，但男女之间的比例差别并不大。（见图20）

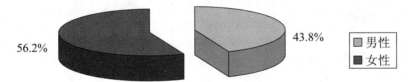

**图20　伊斯坦布尔方向调频台受众性别分布情况**

2. 年龄结构

在接受调查者中，18—24岁年龄段占15%，25—29岁年龄段占21%，30—34岁年龄占20%，35—39岁年龄段占15%。总体来看，中青年构成了受调查总人数的70%。这个调查结果与国际台土耳其语广播的目标受众一致。（见图21）

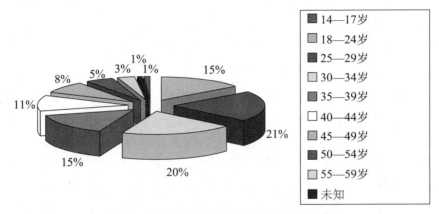

**图21　伊斯坦布尔方向调频台受众年龄结构**

3. 受教育程度

在受教育程度上，硕士及以上学历的受调查者占3%，大学学历占48%，高中学历占36%，中学学历占5%，小学学历占8%。高学历人群在接受调查者中占了多数。（见图22）

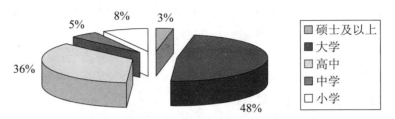

**图22　伊斯坦布尔方向调频台受众受教育程度**

4. 职业分布

在职业分布上，41.2%的接受调查者为私营业主，12.9%的接受调查者为自由职业者，9.2%的接受调查者为老师、学者、医生、律师，8.1%的接受调查者为学生，6.9%的接受调查者为公务员，5.9%的接受调查者为编辑记者，5.5%的接受调查者为工人，3.9%的接受调查者为家庭主妇，3.9%的接受调查者为退休人员，1.4%的接受调查者为无业者。

### （二）受众收听习惯

#### 1. 收听方式

在收听方式上，58%的接受调查者通过调频广播收听伊斯坦布尔方向调频台的节目，26.3%的接受调查者通过互联网收听，13.4%的接受调查者通过车载广播收听，2.3%的接受调查者通过其他方式收听。这说明，调频广播和在线广播是目前土耳其听众最为常见的收听方式。

#### 2. 收听信号

98.3%的接受调查者表示能够非常清晰地听到伊斯坦布尔 FM96.6 调频台节目。仅有 1.7%的受访者表示信号不清楚。这说明，国际台落地节目不存在妨碍收听的技术问题。

#### 3. 是否持续收听及持续收听时间

在 510 位接受调查者中，73.1%的受调查者表示能持续收听伊斯坦布尔 FM96.6 调频台中的国际台节目，26.9%的受调查者表示不能持续收听。在持续收听时间上，24.2%的接受调查者每天收听 2 小时以上，48.7%的接受调查者每天收听 1—2 小时，27.1%的接受调查者每天收听少于 1 小时。

#### 4. 收听时段

鉴于国际台落地节目每天分三个时段（当地时间中午 12：30—01：00、下午 05：30—06：00 和晚上 08：00—09：00）播出。在收听时段上，收听中午时段节目的接受调查者占 32.9%，收听下午时段节目的接受调查者占 29.6%，收听晚上时段节目的接受调查者占 37.5%，各时段的收听率相差不大。

### （三）受众需求

#### 1. 关注的节目内容

在关注的节目内容方面，34%的接受调查者关注中国问候节目，26%的接受调查者关注中国新闻，12%的接受调查者关注综合资讯，10%的接受调查者关注经济纵横，7%的接受调查者关注中国民族音乐，4%的接受调查者关注学汉语，3%的接受调查者关注国际新闻，2%的接受调查者关注在中国旅游节目，2%的接受调查者关注旅游资讯。（见图23）

调查结果显示，土耳其听众对新闻类节目有着强烈的关注度，尤其是对中国新闻关注度较高，这说明调频台节目加强中国报道的重要性。此外，土耳其听众对中国民族音乐和旅游节目的关注较多说明含有中国元素的文化和

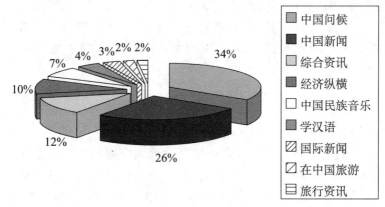

中国问候
中国新闻
综合资讯
经济纵横
中国民族音乐
学汉语
国际新闻
在中国旅游
旅行资讯

**图 23　伊斯坦布尔方向调频台受众关注的节目内容**

娱乐信息受到土耳其听众的喜欢。

2. 是否参与过节目互动

关于是否参与节目互动，72.7% 的接受调查者表示没有参与过伊斯坦布尔 FM96.6 调频台中国际台节目的互动，17.6% 的接受调查者偶尔参与节目互动，9.7% 的接受调查者经常参与节目互动。（见图 24）

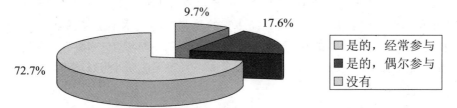

是的，经常参与
是的，偶尔参与
没有

**图 24　伊斯坦布尔方向调频台受众参与 CRI 土耳其语节目的互动情况**

调查结果显示，听众参与节目互动的比例不高。这主要是因为土耳其语广播节目主要是录播形式，而且主要通过《听众信箱》栏目播出听众来信的方式与听众进行互动。这种传统方式的时效性不强，听众参与方式比较单一。而由于此次调查未涉及土耳其听众与其他电台的互动问题，因此并不代表土耳其受众不热衷于对电台节目的参与。不过，国际台节目仍需要大力拓展通过手机等媒介与听众的沟通渠道。

**（四）对中国的兴趣**

1. 为何收听伊斯坦布尔方向调频台的国际台节目

在收听伊斯坦布尔方向调频台国际台节目的动机方面，43.5% 的接受调查者表示因为关注世界新闻而收听，43.1% 的接受调查者因为中国新闻而收听，13.4% 的接受调查者因为音乐及娱乐节目而收听。

2. 对中国的感兴趣程度

在对中国的感兴趣程度上，61%的接受调查者关注以中国为话题的新闻、音乐和其他节目，23%的接受调查者没有作出回答，16%的接受调查者表示不关注。没有回答的接受调查者至少表明他们不排斥"中国话题"。这表明，有关中国的节目受到了土耳其受众的喜欢。

3. 了解中国的渠道

在了解中国的渠道上，76.3%的接受调查者通过土耳其媒体获得，13.4%的接受调查者选择伊斯坦布尔方向调频台，5.1%的接受调查者通过互联网获得，3.7%的接受调查者通过中国媒体获得，1.5%的接受调查者通过其他渠道获得。

调查结果显示，国际台通过伊斯坦布尔方向调频台播出的节目已经成为土耳其受众了解中国的一个重要渠道，但同时，土耳其媒体依旧是土耳其受众了解中国的主要渠道，其主要原因是土耳其媒体制作的节目更具有贴近性，思维方式、语言习惯和节目形式更符合听众的需求。另一方面，国际台节目还没有形成规模。而要改变这一局面，还需要大力推进节目本土化，同时加强与土耳其媒体的合作，不断扩大知名度和到达率。

## 五、分析与小结

在伊斯坦布尔实现节目落地，大幅提高了国际台土耳其语广播节目的传播效率。经过两年的努力，国际台土耳其语广播积累了一定的受众群体。调查结果显示，67%的土耳其被调查者对节目表示满意。伊斯坦布尔方向调频台提交的节目分析报告中也认为，国际台的节目取得了成功。这说明，国际台土耳其语广播秉承的"让我们的节目让您更好地了解世界"传播宗旨真正落到了实处，起到了明显效果。调查还显示，超过50%受众的收听时间超过1个小时；26.9%的土耳其受众会持续关注国际台节目，69.5%的被调查人对国际台节目表示肯定；34.5%的人不希望现有节目有过多改变，但希望增加与土耳其有关的内容。值得一提的是，被调查人群对节目最大的期许是希望节目能够促进两国人民的了解。

不过，我们也应该清醒地看到，土耳其高度发达的媒体之间竞争异常激烈。本次调查的结果显示，76.3%的土耳其受众在"获取中国方面信息"的时候依然选择土耳其媒体，74%的受众并没有成为持续关注国际台节目的忠实听众。而且，国际台土耳其语广播需要面对的不仅是土耳其电台，同时还需要面对包括BBC、VOA等国际传媒的严峻挑战。虽然西方世界的经济危机近年来影响了媒体业的发展，BBC甚至部分取消了无线广播，但对土耳其的影响丝毫没有减弱。值得注意的是，土耳其广播市场上反而挤进了更多的参与者，例如，"俄罗斯之声"最近成功地在土耳其落地播出。

如何面对这种严峻的挑战？可从两个方面着手：一是加强内容建设，打造特色节目；二是拓展传播渠道，实现整频率播出。

### （一）加强内容建设，打造特色节目

"中国元素"应该是国际台土耳其语广播有别于土耳其电台和国际传媒的一个标志性特色。所谓"中国元素"，除了涉华内容外，更为重要的是国际问题的中国解读。在传播理念上，国际台土耳其语广播应该高度重视的是节目的贴近性。"贴近性"的第一层含义是有关土耳其的内容，第二层含义是从新闻和新闻类节目，到专题类节目和娱乐节目，国际台土耳其语广播播报的内容都要与土耳其受众建立起关联，因为土耳其受众不仅需要了解国际台土耳其语广播播报的内容，还需要了解新闻背后的深层含义。要想提高落地节目的吸引力，应从以下几方面入手。

1. 加强新闻和新闻类节目

国际台"新闻立台"的要求与本次调查的结果不谋而合。超过半数的土耳其受众最关注新闻类节目。这就要求国际台土耳其语广播要在密切跟踪国际、国内热点问题的同时，加大深度报道，为土耳其受众提供中国视角和中国解读。

2. 积极报道土耳其新闻事件

调查显示，土耳其受众十分关注中国对土耳其新闻事件的报道。作为一家外国媒体，国际台土耳其语广播对土耳其本土新闻任何程度的关注都会产生影响。播报就是立场，没有播报也是立场。

3. 充分挖掘中土两国之间有关联性的内容

在华的土耳其人、在土耳其的中国人、反映两国经济、文化联系的事件，都应是国际台土耳其语落地广播报道内容里的重点，要努力使节目成为两国间新闻的集散地。

4. 打造精品节目

好的节目形式包含合理的叙事节奏、精准的时间控制和恰当的音乐包装等一系列成熟的元素。国际台土耳其语落地广播应以品牌栏目为目标，按照系列进行制作，积极打造精品节目，并逐渐形成规模效应。

5. 拓宽渠道，加强互动

录播节目制作和异地播出决定了落地节目无法与受众进行即时互动。目前，土耳其所有媒体都在"脸谱"和"推特"上推介节目内容，一方面扩大了传播面，另一方面可以及时获取受众的反馈。而播客则打破了传统的收听模式，节目内容可以在手机、平板电脑等各种移动终端上下载收听，十分适合专题类节目。因此，国际台土耳其语广播应充分利用近几年涌现出的社交网站、播客等新媒体手段，以弥补在互动方面的短板。

### （二）拓展传播渠道，实现整频率播出

需要指出的是，国际台土耳其语广播现在这种在土耳其租时播出的模式是暂时的，最终目标应是在土耳其实现整频率播出。目前，国际台正在积极筹备建立伊斯坦布尔节目制作室，同时力图与一家名叫 Radio Mega 的土耳其电台进行合作，以实现整频率落地播出。

Radio Mega 调频电台成立于 1993 年，在土耳其首都安卡拉及伊斯坦布尔、伊兹密尔等土耳其 10 多个大城市落地调频播出。该电台目前以播放土耳其流行音乐为主，是一家运营较为成熟而且具有一定知名度的商业电台。租用该台后，国际台土耳其语广播将在保持该台原有节目格局的情况下，把该台打造成一个隶属于国际台，但又独立于国际台的商业化品牌，特别是在涉华新闻报道方面与伊斯坦布尔方向调频台的落地节目形成"本土声音"和"中国声音"相辅相成的格局，大大增强国际台在土耳其的话语权。

为实现"中国立场"的土耳其表达，国际台土耳其语广播北京总部与伊斯坦布尔节目制作室及未来海外分台 Radio Mega 的编播队伍将形成一个形式上相对独立、但实质上是相互协作、分工明确的、完整的节目生产和播出链：北京总部负责跟踪中国的舆论情况，把握政策导向，发布新闻和专题节目素材，提供部分半成品和成品节目和进行节目监督；伊斯坦布尔制作室和 Radio Mega 调频台按照国际台的报道方针和受众习惯制定报道方案，制作成品新闻节目和部分专题类节目，研发节目形态和进行受众调查，通过节目或者举办活动与受众进行互动，收集反馈和新媒体推广。

简而言之，北京总部提供节目素材，海外制作室和海外分台负责节目生产、包装和播出，而海外制作室和海外分台收集的反馈又反过来引导北京总部的素材提供。这条双向的内容生产链将按照中国的对外政策，按照中立、平衡和客观的原则，以中国视角报道世界、中国和土耳其，也是沟通土耳其舆论的一个重要窗口，满足土耳其受众在此次调查中提出的"增进两国人民互相了解"的需求。

通过海外制作室和海外分台的建立使编辑部和播出窗口实现了前移，节目内容将更加接"地气"：对土耳其受众的认识将更加清晰，节目内容和传播形式本土化，拓展了与受众的沟通渠道。

## 第四节　基于受众调查的西亚非洲地区海外分台的传播策略

西亚非洲地区是当今世界主要的热点区域，西亚和非洲传播市场的发展

起点低，媒介需求量大，大多数受众仍然通过广播、地面电视、报刊等传统媒体形态获取新闻。

从发展趋势来看，互联网、手机等新兴媒体用户持续上升。来自 Internet World Stats 的数据显示，截至 2011 年 6 月底，非洲共有互联网用户 1.188 亿，约占总人口数的 11.5%。随着近年来手机价格和服务费用的降低，非洲的手机普及率迅速上升。在肯尼亚，至少 87% 的受众用手机打电话，67% 的受众用手机发短信，64% 的网民用手机上网。在尼日利亚，手机用户数约为 8000 万，手机上网越来越普遍，社交网站流行。

从新闻需求内容来看，西亚和非洲地区受众关心本国、本地区的发展，对当地新闻的需求量巨大。同时，他们也渴望了解世界上其他国家的政治、经济和文化动态，对国际新闻有一定的需求。本次受众调查的结果显示，随着中国综合国力和国际影响力的不断提升及双边关系的迅速发展，西亚和非洲地区的受众普遍抱有获取中国资讯、了解中国文化的强烈愿望，这为国际台的对外传播提供了坚实的社会基础和广泛的受众群体。但与此同时，国际台传播渠道尚显单一，覆盖程度有待大幅度提高，传播内容有待进一步精准，传播技巧有待进一步改进。因此，要围绕我国的总体外交，对国际台在西亚非洲地区的海外分台进行科学规划、合理布局，加快进入本地区友好国家的主流社会、推进在关乎我国战略和能源安全的重点国家的有效落地；根据本地区不同国家的传播规律、受众的文化传统、思维方式和审美情趣来传播中国的观点，实现海外分台传播内容的本土化，以及人员、管理和运营的本土化；在本地区条件成熟的国家探索海外分台的市场化运作的商营模式。

## 一、科学规划，灵活务实地实现在西亚非洲的有效传播

目前，国际台在西亚和非洲地区拥有 10 家整频率调频电台、2 家合作电台，使用 5 种本土语言每天播出落地广播节目 54 小时。不难看出，国际台在西亚和非洲地区的海外分台规模还很小，覆盖的国家还很少，布局缺乏规划，尤其是在一些重点国家和城市的落地还未能取得突破。因此，在今后的一段时间内，国际台应在加强科学规划的基础上着力推进有效覆盖和有效传播。

### （一）合理布局，重点突破，加快实现有效覆盖

西亚和非洲地区的众多国家拥有重要的地缘战略和地缘政治地位，而且大多与我国的国家利益密切相关。目前，国际台在西亚非洲地区的海外分台数量不多，布局还不够合理。例如，在阿拉伯语覆盖的 22 个国家 3 亿人口中，国际台仅在西非的毛里塔尼亚首都努瓦克肖特开办了一家调频电台，而在阿拉伯世界的主要国家里尚无任何落地项目；坦桑尼亚是我国在

非洲的传统友好国家，但在占其人口绝对多数的大陆地区，国际台斯瓦希里语节目尚未实现整频调频广播；在非洲人口最多的国家，同时也是重要产油国的尼日利亚，国际台的豪萨语广播尚未开办海外分台；在中东地区的大国土耳其境内，国际台仅通过一家合作电台，在两个城市每天播出 2 小时节目；在关系我国能源安全的伊朗，国际台的波斯语广播近期也很难落地播出。

因此，在"海外是主战场"的对外传播战略的基础上，国际台应结合我国外交和外宣的重点，通过科学、深入的调研，形成西亚和非洲地区海外分台的合理布局，加快推进本地区的海外分台建设，并实现在一些重点国家的零的突破。在非洲地区，应着力打入主流社会；在邻国阿富汗，应注重覆盖和传播语种的合理化；在伊朗、土耳其和阿拉伯国家，应采取灵活的方式实现重点突破。

为此，现就国际台未来 5 年在西亚非洲地区海外分台的布局提出以下设想：

1. 在西亚北非阿拉伯语地区的布局

2012 年开始，加快在苏丹喀土穆调频台的建设，2013 年实现开播。未来 5—10 年，陆续在黎巴嫩、阿联酋、也门、埃及建立海外调频分台或节目工作室。其中，黎巴嫩、阿联酋的广播产业比较发达，可通过租时、购买牌照等方式与当地的公司、电台合作设立调频台；在也门建设一家调频电台；在埃及，鉴于该国对外国媒体的法律限制，将开办海外工作室，并开设本土化网络电台。

2. 在东非斯瓦希里语地区的布局

国际台斯瓦希里语节目应覆盖非洲主要斯瓦希里语国家的主要城市，即坦桑尼亚、肯尼亚、乌干达、布隆迪、刚果（金）和卢旺达。可优先推动在斯瓦希里语人口最集中的坦桑尼亚大陆 4 座大城市的整频率落地，即最大城市达累斯萨拉姆、首都多多马、人口集中的姆万扎和东非共同体所在地阿鲁沙。同时，在坦桑尼亚建立节目制作室。此外，探索在布隆迪、刚果（金）和卢旺达三国首都的节目落地工作。

3. 在西非豪萨语地区的布局

在尼日尔，三年内完成节目制作室建设。对现有四家整频率调频电台进行市场化运作，确保这些调频台良性、健康发展。在尼日利亚，努力实现整频率节目落地，并建立相应的节目制作室。

4. 在土耳其的布局

通过租用整频率的方式，实现国际台土耳其语广播覆盖土耳其 13 个主要城市，并在土耳其建立节目制作室。

与此同时，也应该认识到，国家对媒体走出去的投入不可能无限制增加。

由于每一家海外分台都有为数可观的维护费或租时费等固定支出，仅依靠国家投入难以保证国际台海外媒体的可持续发展。因此，在加快海外分台布局的同时，应着手整合西亚和非洲地区现有的海外频率资源，把有限的资金投入到具有战略价值和可经营价值的国家和地区，实现覆盖的有效性。对于不具有战略价值或可经营价值的频率资源，应逐渐向有价值的国家和地区转移。暂时无法转移的，可以将部分节目时段租给当地制作公司，使其收入能够用于冲抵运营和维护费用。例如，国际台在尼日尔的四家整频率电台应尝试部分向具有战略价值的尼日利亚转移。

### （二）灵活务实、因地制宜，以差异化的传播策略实现有效传播

在推进海外媒体建设的过程中，国际台针对西亚非洲地区不同国家的法律壁垒以及对华友好程度，因地制宜地发展使用国际台呼号的整频率电台和"纯本土"电台。

从传播需要来看，使用国际台品牌的海外整频率电台和租时落地调频，有利于受众获取来自中国的权威信息，其存在的必要性毋庸置疑。以非洲为例，大部分非洲国家对于外国媒体的进入并未设立壁垒，通过在当地成立公司即可申请频率牌照。非洲国家和民众普遍对华友好。使用国际台的呼号，不仅不会令非洲受众反感，反而容易获得他们的信任，从而实现传播内容进入非洲主流社会的目标。因此，国际台斯瓦希里语在东中非、豪萨语在西非国家和地区的海外分台，都可以直接使用国际台呼号，以中国电台的面目出现。

但是在土耳其，国际台土语广播目前采取"植入式"的模式通过伊斯坦布尔方向调频台实现了落地播出，满足了土耳其民众从中国媒体直接获取中国资讯的需求。然而，由于意识形态的差异以及土耳其对外国媒体的法律限制等原因，以国际台的名义在土耳其开办整频率电台，不仅面临法律障碍，也无法真正融入当地主流舆论。因此，为实现有效传播，须以本土电台的形式采取灵活的传播策略。在此框架下，国际台即将在伊斯坦布尔建立节目制作室，同时租用土耳其商业电台 Radio Mega 调频台，实现在土耳其11个主要城市的整频率播出。Radio Mega 是一家运营较为成熟，且具有一定知名度的土耳其商业音乐电台。国际台租用后，将在不改变该台原有呼号和节目构架的情况下，植入国际台的新闻和专题节目，把该台打造成一个隶属于国际台、但又独立于国际台的商业化品牌，同时与在另一家土耳其电台——"方向"电台播出的国际台节目形成相互呼应，大大增强我国在土耳其的话语权。

总之，在海外分台的传播策略方面，应因地制宜，针对不同的传播媒介打造去官方化、甚至去中国化的品牌体系，从而实现为海外主流受众认同、

达到有效传播的目的。

**（三）分步整合，形成海外分台梯级品牌，进而统一到国际台全球化品牌旗下**

国际台的各海外分台不应是各自为战的"小舢板"，而应成为构成国际台这艘国际传播"航母"上的各个部件。目前，应在做实西亚和非洲地区现有海外分台品牌的基础上，逐步进行整合，使之成为有地区影响力和公信力的品牌媒体集群。待时机成熟后，再整合统一到国际台的全球化品牌旗下。

## 二、新闻立台，打造中国报道权威品牌

每一家海外分台都是国际台着力打造的新型、现代、综合国际传媒集团的一个组成部分和传播平台，都必须以服务我国的国家利益、传播我国的核心价值观、在西亚非洲地区树立我国的良好形象、营造有利于我国的国际舆论环境为宗旨。因此，国际台在西亚非洲地区的海外分台的传播内容应该定位于：以中国立场为根本出发点、以世界眼光和人类胸怀解读中国和世界、以关注与受众息息相关的"身边事"服务受众。同时，这些海外分台应该是以符合西亚非洲地区受众信息获取习惯的形式进行传播的海外本土媒体，其传播内容应包括三个层面：第一层面是全球化内容：对包括中国在内的世界各地发生的、具有全球效应的事件的报道与解读，中国软实力的对外推介和人类共同精神财富的分享等。这部分内容的量不必多，但必须有，以彰显国际台的国际传媒特色；第二层面是地区性内容：对所在地区发生的、具有地区效应的事件和中国与地区内国家的双边和多边交往情况的报道与解读，以及地区内文化等方面的交流与推介情况等。这部分内容应由国际台在该地区总站或是媒体公司整合，供国际台在该地区内的各媒体使用，以形成各媒体的地区性特点；第三层面是分众化内容：对媒体所在国和所在地发生的事件以及与中国的双边交往情况的报道、本土文化的推介和服务性节目等，以形成频率的特色内容，实现差异化、类型化，增强与受众的贴近性。

因此，要增强国际台对西亚非洲地区调频广播落地效果，应从以下几个方面入手：

**（一）做强新闻类节目，兼顾服务性和娱乐性**

本次针对国际台在西亚非洲地区海外分台的受众调查显示，新闻和新闻类节目是国际台海外分台所在国家的受众最主要的关注点。

在肯尼亚首都内罗毕，选择关注新闻节目的听众的人数超过了选择喜爱音乐节目的人数，达到了40.74%，他们主要收听CRI内罗毕调频台的新闻和

时事报道节目。在土耳其所作的调查显示，接受调查者中由于关注中国新闻和世界新闻而选择收听国际台节目的比例高达 86.6%。其中，43.1% 的受访者表示关注中国新闻，43.5% 的受访者表示对世界新闻感兴趣。在西亚非洲其他语言广播覆盖的地区所作的受众调查也基本反映了上述情况，受众对新闻类节目的关注度分别达到 74%（豪萨语广播）、50.87%（波斯语广播）、30%（阿拉伯语广播）和 19.6%（普什图语广播）。

作为中国的国家级媒体，国际台坚持新闻立台，新闻类节目是对外传播的重点节目类型。本次调查结果表明，做好新闻类节目能吸引更多的西亚非洲地区受众。同时，也应该看到，作为海外城市调频电台，还应为当地受众提供实用的服务类信息和娱乐节目。例如，汉语教学类节目在各海外分台受众中都受到欢迎，其中在阿拉伯语节目中排名第一，在斯瓦希里语和普什图语节目中排名第二，在波斯语节目中排名第三。内罗毕调频台在早间新闻节目中播报天气预报，其非洲音乐节目《CHECHE ZETU》在受众最喜爱的节目中排名第三，仅次于新闻和学汉语节目。

### （二）以中国报道为抓手，打造权威的独家特色

本次调查显示，大部分西亚非洲受众是希望了解中国才选择收听国际台海外分台节目的。如在内罗毕，91% 的受访者表示希望了解中国，33% 的受访者表示希望内罗毕调频台提供关于中国的报道。

与此同时，调查还发现，目前国际台的海外分台尚未成为报道中国事务的权威媒体。在内罗毕，67% 受访者表示主要通过肯尼亚媒体来了解中国信息；而在土耳其，多达 76.3% 的受访者在获取中国方面信息的时候选择土耳其媒体。

作为来自中国的电台，国际台的海外分台必须首先在受众中树立报道中国事务的权威媒体形象。而要做到这一点，一方面应该加强对中国事务报道的力度和广度，按照新闻规律来报道中国新闻，在不违背外宣政策的前提上，勇于在热点问题上发声，敢于展示我们的观点；另一方面，在报道中国的时候，应该充分考虑到所报道内容应与受众建立起关联，努力使国际台海外分台节目成为有关两国间新闻的集散地。以在土耳其的海外分台为例，土耳其人在华和中国人在土耳其的生活、两个国家之间的经济和文化往来，都应是该分台报道的主要内容。

### （三）密切关注西亚非洲事务，增强节目的贴近性

受众最关心的是自己的"身边事"。国际台的海外分台积极报道受众的"身边事"，一方面是为了贴近受众的需求，更重要的是为了向受众传达对于其"身边事"的中国观点。

以土耳其分台为例，应加强土耳其及所在地区新闻的报道力度。诚如我们十分重视境外舆情一样，土耳其受众也十分关注中国是如何看待土耳其的。作为一家外国媒体，国际台对本土新闻任何程度的关注都会在受众中产生影响。不仅如此，还应该尝试去用第三者的身份发表公正、客观但有充满"中国味道"的评论。

### （四）提供国际新闻的中国解读，打造差异性

向世界报道世界是国际台的宗旨之一。报道国际新闻，提供中国对国际事务的解读，是中国国家媒体的责任，也是国际台节目的特色所在。随着中国综合实力的不断增强，中国在国际舞台上发挥着越来越重要的作用，中国的观点也越来越多地受到世界的关注。满足受众的这种关注需求，国际台的海外分台责无旁贷。

### （五）拓宽渠道，加强和受众的互动

现代城市调频电台，不再是传播者对受众的单向传播。为增加受众对电台的黏着度，国际台在西亚非洲地区的海外分台必须开展多种手段与受众互动。

本次调查显示，西亚非洲受众有强烈的互动愿望。例如，在内罗毕，93%的接受调查者表示愿意参加与电台的互动。其中，46%的人倾向于使用电话的方式，而41%的人愿意使用手机短信，而超过一半的接受调查者表示参与互动的目的是表达自己的观点。

目前，国际台在西亚非洲地区的海外分台尚未实现节目的直播。这在很大程度上制约了海外分台与受众的互动。因此，国际台应尽快采取在分台所在地建设节目制作室和解决总部直播的技术瓶颈双管齐下的方式，尽快实现分台节目的直播。与此同时，应搭建与听众多样化的即时互动平台，如国际台付费的电话和手机短信平台，在当地受欢迎的社交网站上设立国际台品牌的账号等。此外，在海外分台所在地开展形式多样的地面活动，也是加强与受众互动的有效方式。

## 三、加强本土化采集和发布，统筹海内外新闻资源

海外分台的本土化建设，不仅是传播内容的本土化，还涉及节目的采集和发布的本土化。同时，各海外分台采集的本土化内容，应为国际台各播出平台共享。

### （一）多渠道推进海外分台节目的本土化采集和发布

国际台在西亚非洲地区的海外分台在总体上可分为三类：第一类是节目

全部由北京总部提供、当地仅具备播出所需技术的自建分台；第二类是有节目制作室提供内容支撑的分台；第三类是有当地合作方的分台。

在现有条件下，不同类型分台的本土化采集和发布应采取不同的方式。第一类分台应以雇用当地报道员为主，国际台在分台所在区域的记者和设立的节目制作室为辅的方式实现本土化采集，由北京总部统一发布，如 CRI 努瓦克肖特调频台；第二类分台应以当地节目制作室为本土化的主体，区域内的国际台记者、报道员和其他制作室提供辅助，如 CRI 内罗毕调频台和未来的坦桑尼亚大陆各分台；第三类分台应拓展合作范围，充分利用境外合作电台的采集、制作和发布团队资源实现国际台分台的本土化。

无论采取何种方式，实现节目的"链式"生产方式是本土化的必然要求。以国际台在土耳其的海外分台为例。目前，通过"方向"电台播出的国际台土耳其语节目的本土化采集主要是由国际台土耳其语部与"方向"电台团队、国际台驻土记者和报道员四方联合策划、境外三方具体实施的方式实现。在此基础上，即将开播的国际台土耳其整频率电台将由国际台土耳其语部和伊斯坦布尔节目制作室编播团队形成一个形式上各自相对独立，但实质上分工明确、协调一致的节目内容生产链：土耳其语部负责跟踪国内的舆论情况，把握政策导向，提出报道方案，发布新闻和专题节目素材，提供部分半成品和成品节目和进行节目监督。伊斯坦布尔制作室按照国际台的报道方针，结合土耳其受众的文化传统和思维方式细化报道方案，制作成品新闻节目和部分专题类节目，同时负责节目形态研发和进行受众调查。总体来说，北京总部负责下达报道任务、提供节目素材，海外制作室负责节目生产和包装及反馈收集。收集的反馈将引导国内提供更加有针对性的内容素材和促使节目制作室研发更加符合受众需求的节目，从而形成一个完整的节目生产和播出链。

### （二）整合海外采集资源，统筹国内与海外业务

国际台的海外分台不应仅仅是传播平台，同时也应该成为国际台在各个国家的素材源和节目源，承担起向国际台各播出平台提供独家、特色节目资源的任务。唯有如此，各海外媒体才能与北京总部真正融合，形成资源互补，打造独家、具有品牌效应的媒体产品，真正实现"向中国报道世界、向世界介绍世界"的办台理念。例如，国际台在肯尼亚建立的节目制作室应负责采制肯尼亚的新闻和报道，上传文字和音频。对于新闻价值超越斯瓦希里语区的报道，上传英文文本和采访内容的音频及被采访人谈话的英文译文，供国际台全台共享。

### 四、拓展西亚非洲地区海外分台的传播手段，加快多媒体融合

国际台目前的海外媒体建设，基本上以整频率落地电台为主，媒体形态

还较为单一。在西亚非洲地区，相当一部分国家还存在着阻碍海外媒体在其境内开办调频电台或租用当地电台转播节目的法律壁垒，因此我们应从实际传播效果和对象地区受众特点出发，寻求不同形态的节目落地。转变观念，改变只有音频广播电台落地才是落地的固有意识，把建设多媒体融合的海外媒体公司作为今后海外落地的重要工作目标之一。

在建设的路径上，应根据对象地区的实际情况，以落地电台为依托，实现电台与网络社交媒体的捆绑式传播；也可直接发展新媒体，特别是在对华戒备或者对外国电台进入限制严格的国家，新媒体落地更具有战略意义。

### （一）开办网站和网络电台，突破某些国家对外国电台的限制

在西亚非洲地区的一些国家，对国外媒体有着严格的准入制度。例如，在伊朗境内所有的媒体都为国有媒体，其法律不允许外国广播在其境内落地播出。埃及法律也规定，不允许外国媒体在其境内开办广播。

在这种情况下，借助互联网，开办网站和网络电台，成为突破这些法律屏障的有效手段。以国际台对伊朗的波斯语广播为例。伊朗民众对网络的使用率高达42%。2006年，伊朗封闭了英国广播公司和美国之音等西方媒体的波斯语网站，客观上为国际台的波斯语网站带来了发展的机遇。国际台在波斯语网站上开设网络电台，从而实现了广播节目通过网络在伊朗的落地播出。面对埃及的法律壁垒，国际台阿拉伯语广播将在埃及建立节目制作室的基础上，开办本土化的网络电台。

### （二）依托调频，开发移动终端，推进多媒体化广播

本次受众调查显示，广播依然是非洲人获取信息的主要工具。但是，随着非洲国家经济和社会的快速发展，互联网建设也在不断加强。在东非地区，2010年海底光缆已经铺设至肯尼亚最重要的港口城市蒙巴萨。目前，东非地区个人电脑的普及率还很低，但手机的普及率很高，而由于手机上网费用十分低廉，大部分人通过手机来浏览网页。在西非的尼日利亚，手机上网也是当地人触网的主要方式。此类情况在西亚也比较普遍。

因此，国际台对西亚和非洲地区传播的各种语言应积极开发各自网站的手机版，并适时推出短视频节目。推出针对安卓系统和苹果系统的音频节目下载，实现海外分台节目在移动终端上的实时收听。同时，把单个音频节目分别打包，向移动终端的注册用户定期推送。

### （三）加大电视剧译制工作，推动中国文化走进非洲千家万户

2011年，国际台完成了中国电视连续剧《媳妇的美好时代》斯瓦希里语版的译制工作。作为国家广电总局"中国优秀电视剧走进东非"项目的开局

之作，该项目是首部被翻译成非洲本土语言，并进行配音后在非洲国家电视台播出的中国电视剧。2011 年 11 月，该剧在坦桑尼亚热播，开创了中国影视国际传播和影视产品"走出去"的新途径。

非洲大部分国家的电视业还处于初创阶段，其视频节目制作能力十分有限，而中国的影视作品长期以来在非洲市场十分罕见。因此，非洲对中国优秀影视作品的需求较强。国际台译制的《媳妇的美好时代》在坦桑尼亚国家电视台热播后，对方来函要求重播就是很好的例证。因此，在西亚非洲地区，对中国影视作品进行译制和推广，应该成为我国媒体"走出去"和软实力建设的一条有效途径。例如，国际台斯瓦希里语北京总部可负责剧本翻译，设在肯尼亚的节目制作室负责在东非地区聘用导演和演员，完成配音与合成制作，并由制作室负责译制片在东非国家的市场营销。此外，豪萨语也将着手翻译中国电视剧，然后在西非国家电视台播出。

# 第六章　俄罗斯、东欧海外分台受众调查与分析

本章以中国国际广播电台（以下简称国际台，英文缩写为 CRI）对俄罗斯、东欧地区（以下简称俄东地区）的国际传播业务为研究对象，所指的俄东地区包括的国家有：俄罗斯、乌克兰、白俄罗斯、摩尔多瓦、立陶宛、爱沙尼亚、拉脱维亚、阿尔巴尼亚、波黑、保加利亚、克罗地亚、捷克、匈牙利、马其顿、波兰、罗马尼亚、斯洛伐克、斯洛文尼亚、塞尔维亚和黑山。

近年来，俄东地区短波广播急剧萎缩，调频广播和网络广播迅猛发展。为了适应这一新形势，国际台俄罗斯、东欧地区语言传播中心（以下简称俄东中心）积极进行传播战略转型，加大了新兴媒体手段的运用，特别是在推进广播频率海外落地方面，作出了新突破。截至 2012 年 8 月，国际台在该地区的匈牙利、立陶宛、马其顿和塞尔维亚分别开设了四家海外分台，即：CRI 布达佩斯调频台，播出语种为匈牙利语；CRI 贝尔格莱德调频台，播出语种为塞尔维亚语；CRI 立陶宛调频台，播出语种为立陶宛语；以及 CRI 斯科普里调频台，播出语种为马其顿语。

为了进一步了解四家分台目前的节目和受众情况，2012 年 6、7 月，国际台分别委托四家提供频率的对象国合作电台或其他合作单位，进行了一次受众调查。本章将采用文献法、文本分析法、比较法和问卷调查法，分析四家分台的市场环境、受众的基本接受习惯和四家分台目前在当地的影响力，就国际台俄东地区海外分台的传播策略进行探讨，为在该地区推进我海外分台的建设与发展提供参考。

## 第一节　CRI 布达佩斯调频台受众的构成、特点与需求

### 一、匈牙利及布达佩斯广播市场基本情况

匈牙利的无线电广播事业开始于 1925 年，目前实行的是公共广播和商业广播并存的双轨体制。匈牙利国家电台（Magyar Radio）是唯一的国家电台。

　　20 世纪 90 年代初东欧剧变后，包括广播电台行业在内的匈牙利媒体市场的一个巨大变化是私营媒体大量涌现。目前，由于匈牙利国民经济遭受全球经济危机的重大影响，众多电台运营举步维艰，甚至国家电台也在经济危机后历经多次大幅裁员以缩减开支。截至 2012 年初，匈牙利共有电台 240 多家，首都布达佩斯可以收听到的调频电台有 20 家，除了国家电台下属的 3 家全国性的公共电台（科苏特新闻台，裴多菲流行音乐台，巴尔多克古典音乐台）外，还有常年位列收听率排名榜前茅的 2 家流行音乐类型台——Class FM 和 Neo FM 电台，另有 15 家布达佩斯当地私营调频电台（见表 1）。

　　在匈牙利广播媒体市场上，实力较强的依然是国家电台。它虽然仅有下属三家分台，数目不算多，但是以其全方位覆盖、全天候滚动播出的雄厚实力占据着匈牙利广播市场的重要地位。国家电台除了传统的调频、中波、短波传播渠道，近年来也十分注重打造网络传播平台，同时，还在尝试开设电视频道。而各私营电台普遍规模较小，仅通过调频进行广播，但类型较为多样，包括经济资讯类电台、新闻资讯及谈话类电台、宗教电台以及爵士音乐台、摇滚乐电台等音乐类电台。

　　根据益普索（匈牙利）市场研究公司 2012 年 2 月公布的一项调查结果，目前布达佩斯调频市场排名前三位的调频电台依次是：Neo FM、Radio 1 网络台和科苏特电台①。排名榜中位列第一的 Neo FM 调频台是一家典型的流行音乐台，它在众多流行音乐台中长期占据前列的一个主要原因，是它将为受众定制节目作为"立台点"，即让受众觉得电台播出的节目是专门为自己打造的。其主要方法是在其网站上将近期热播的流行音乐（以欧美流行乐为主）以及乐队一一列出，由受众在网页上通过点击"不喜欢"、"还可以"、"喜欢"、"希望再次听到"来为这些曲目和乐队排名，该台会根据排名结果进行音乐编排。排名第二的 Radio 1 调频台同样是一家流行音乐台，该台因经济原因于 2012 年 2 月 1 日起停止租用频率，改为在网络上继续运营。该台的主打节目为晨间聊天节目《Kukori》。节目包含笑话板块和热点话题板块，偶尔邀请当红歌星嘉宾坐镇，在闲谈中不断推送好歌加音乐，巧妙地与听众互动。该台在其他大部分时间里以音乐排行榜的榜单和听众投票排出的榜单为基础，播送流行音乐和流行摇滚音乐。排名第三的科苏特台是匈牙利国家电台下属的第一台，也是匈牙利最重要的新闻资讯类型台。该台 24 小时播出，在每日不同时段内的大板块下分别设有 89 个不同领域的子栏目（均为新闻资讯类栏目）。其每日主要的大板块构成除了夜间新闻板块、午间新闻板块和晚间新闻板块外，还有三大主打板块栏目：每日晨间 6 时至 9 时的《180 分钟》，上午 9 时至 11 时的《每日》和下午 15 时 30 分至 18 时的《近处观察》栏目。该

---

　　①　http://nol. hu/belfold/20120203-a_ classfm_ megelozte_ a_ kossuthot

台节目以平衡、准确、时效性及趣味性为特点，而且由于该台定位为非盈利、非商业性的国家公众服务新闻机构，长久以来赢得了最普遍的公众信任。

此外，对匈牙利传播的世界主要国际广播电台——美国之音（VOA）、自由欧洲/自由电台（RFE/RL）和英国广播公司（BBC）的匈牙利语广播都已先后停止其匈牙利语节目，现在在匈牙利广播的主要国际广播电台除中国国际广播电台外，仅有俄罗斯之声（VOR）。

## 二、CRI 布达佩斯调频台概况

2010 年 12 月 15 日，国际台租用匈牙利首都布达佩斯经典调频 FM92.1 电台 11 小时广播时段，播出匈牙利语节目。播出时间为每日的 13 时至 22 时以及 23 时至次日凌晨 1 时。播出频率为 92.1 兆赫，发射功率为 2.2 千瓦。节目信号覆盖布达佩斯市（人口 170.9 万）及周边 60 公里以内地区。

CRI 布达佩斯调频台节目包括四大板块：新闻报道板块、中国话题板块、亚洲文化板块以及音乐板块。具体的栏目包括：《今日中国》、《音乐故事会》、《西方看东方》、《亚洲文化全景》以及周末的《茶馆》和《甜与酸》。该台节目的制作播出流程为：CRI 俄东中心匈牙利语部每日提供匈牙利语新闻节目素材和部分整体节目，布达佩斯合作团队在此基础上进行本土化加工、包装。目前 CRI 布达佩斯调频台每天 11 小时的节目编排具体如表 1：

**表 1　CRI 布达佩斯调频台节目播出单**

| | 星期一 | 星期二 | 星期三 | 星期四 | 星期五 | 星期六 | 星期日 |
|---|---|---|---|---|---|---|---|
| 13：00 | 新闻 | | | | | | |
| 13：30 | 西方看东方 | | | | | 茶馆 | |
| 14：00 | 新闻 | | | | | | |
| 14：30 | | | | | | | |
| 15：00 | 新闻 | | | | | | |
| 15：30 | | | | | | 甜与酸 | |
| 16：00 | | | | | | | |
| 16：30 | 财经新闻/股市行情 | | | | | | |
| 17：00 | 新闻 | | | | | | |
| 17：30 | 今日中国 | | | | | 亚洲文化全景 | |
| 18：00 | 新闻 | | | | | | |
| 18：30 | 亚洲文化全景 | | | | | | |
| 19：00 | 新闻 | | | | | | |
| 19：30 | 西方看东方（重播） | | | | | 亚洲文化全景（重播） | |
| 20：00 | | | | | | | |
| 20：30 | 今日中国（重播） | | | | | | |
| 21：00 | 新闻 | | | | | | |

续表

| 时间 | 栏目 | 栏目 |
|---|---|---|
| 21：30 | 亚洲文化全景（重播） | |
| 22：00 | | |
| 22：30 | | |
| 23：00 | | |
| 23：30 | | 甜与酸（重播） |
| 0：00 | | |

各栏目的具体内容是：

《新闻》：匈牙利国内和本土新闻、国际和中国要闻资讯、天气预报等。

《财经新闻/股市行情》：亚洲尤其是中国每日财经和股市要闻。

《今日中国》：有关中国各领域情况的访谈和录音报道。

《西方看东方》：讲述在欧洲尤其是能够在匈牙利发现的中国元素，比如经常播出对旅匈华人的采访。

《亚洲文化全景》：主要讲述亚洲各国尤其是中国的文化。

《茶馆》：节目采取主持人脱口秀形式，讲述一周以来与中国有关的话题，并时常邀请嘉宾参与。

《甜与酸》：一周中国新闻，特别是财经新闻综述，时常会邀请专家参与讨论。

除国际台每天播出的 11 小时节目外，CRI 布达佩斯调频台剩余 13 小时的播出时段仍播出其依托母体——布达佩斯 FM92.1 经典调频台的节目。布达佩斯 FM92.1 经典调频台开播于 2009 年 12 月 1 日，是一家定位于古典音乐、经典音乐的电台。其广播覆盖面积为布达佩斯及周边 60 公里，理论覆盖人口为 280 万，全天 24 小时播出。该台主要受众群体是平均年龄在 35 岁以上，拥有高学历、高收入的社会精英阶层。它的 13 小时播出时段中的节目包括：《每日早间资讯》（新闻、交通信息、机场航班讯息）、《早间轻音乐》（轻音乐、活泼音乐）、《柔板乐章》（柔板音乐、慢板音乐）、《下午旋律》（电影音乐）、《经典音乐卡座》（古典音乐）和《演奏会现场》（演奏会、音乐会录音）。

### 三、CRI 布达佩斯调频台受众的构成、特点与需求

本研究主要采用问卷调查方式进行，以 CRI 布达佩斯调频台的受众为对象进行调研。调研问卷设计于 2012 年 5 月，发放于 6—7 月中旬。主要委托布达佩斯公益事业公司——匈中文化交流中心的工作人员进行问卷发放与回收。其中，匈中文化交流中心主要通过布达佩斯当地各听众协会组织发放问卷共计 228 份，回收 174 份，回收率为 76.32%；布达佩斯合作团队的工

作人员采用的方法是将问卷公布于电台官网及各主播个人"脸谱"主页，在为时一个半月期间，共收到回复118份。通过两种渠道，共计收到有效问卷292份。

调查显示，CRI布达佩斯调频台男女受众比例较均衡，以中青年和高学历人士为主，他们偏爱开车时伴随收听和通过网络电台收听广播节目。到目前为止，听众接触经典调频FM92.1电台的主要动机是收听古典音乐，但CRI布达佩斯调频台开播后，了解有关中国的新闻资讯正逐渐成为受众收听的主要目的。

### （一）CRI布达佩斯调频台受众的人口统计学特征

受访受众的男女比例为55%比45%，男性受众超出半数，但总体来说，受众在性别比例上并不悬殊。在地区分布上，90%的受众生活在布达佩斯，这也充分反映出FM92.1是一家布达佩斯本地的调频台，而非全国性大台。在受众年龄上，292份问卷填写者中，56%的受众年龄在31岁至50岁之间；37%的受众年龄在15岁至30岁之间。此两项相加达93%。可见，青、中年人群构成CRI布达佩斯调频台受众的主体。

拥有大学本科学历的群体是CRI布达佩斯调频台受众的主要组成部分。总的来看，共有198人具有高等学历，另有近88人为在校学生，绝大多数受众接受过中等以上教育，具有良好的文化和知识水平。（见图1）

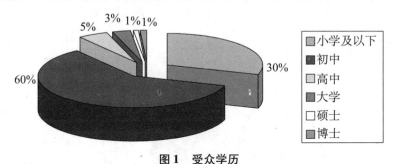

**图1　受众学历**

受访受众中，占比最高的是公司职员，其次是学生，排在第三位的职业是新闻工作者，接下来是自由职业者和教师。样本受众普遍分布于社会各行各业，显示他们来自社会不同阶层，从事不同职业，其中又以普通公司职员为主。（见图2）

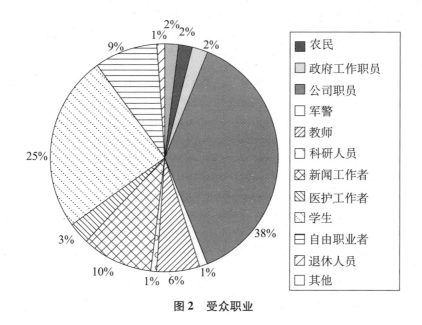

图 2　受众职业

## （二）受众收听 CRI 布达佩斯调频台的情况

### 1. 认知途径

调查得知，74% 的听众是通过家人或朋友的介绍接触到 CRI 布达佩斯调频台的，占绝对多数。另有 23% 的听众因为当地媒体的报道而开始接触 CRI 布达佩斯调频台的节目（见图 3）。可见，国际台匈牙利海外分台的开播和节目内容在一定程度上引起当地媒体的关注，被当地媒体所报道和评论。

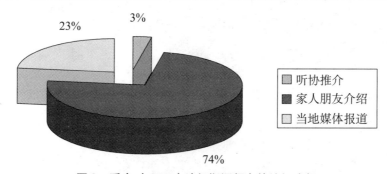

图 3　受众对 CRI 布达佩斯调频台的认知途径

### 2. 收听方式

如图 4 所示，车载收音机和网络电台是受众收听 CRI 布达佩斯调频台最主要的两种广播收听方式。这说明"边走边听"的移动收听方式在匈牙利已逐渐普及。

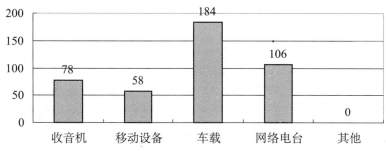

图 4　受众收听 CRI 布达佩斯调频台的方式

3. 收听动因

根据调查，受众收听 CRI 布达佩斯调频台的最主要原因为喜爱古典音乐以及获取新闻资讯和了解中国。（见图5）

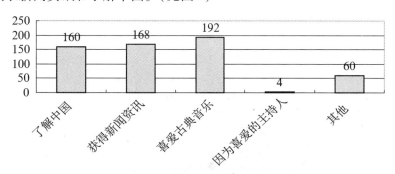

图 5　受众收听 CRI 布达佩斯调频台的原因

4. 忠实度（收听年限）

图 6 显示，收听 CRI 布达佩斯调频台年限在一年以上（含自开播即收听的）的受众占调研全体的61%，构成受访受众的主体。可见，受众对国际台匈牙利海外分台广播具有相当的忠实度和可靠的感情依赖。

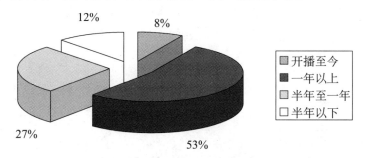

图 6　受众收听 CRI 布达佩斯调频台的年限

5. 喜爱度（收听频次）

图 7 显示，每周收听 2 次以上的受众占89%，这在一定程度上既反映了匈牙利受众的广播收听习惯，也反映出他们对 CRI 布达佩斯调频台的忠实度

与喜爱度。

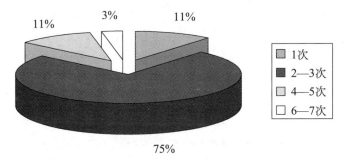

**图7 受众每周收听 CRI 布达佩斯调频台的次数**

6. 兴趣点（收听时长）

调查表明，一半以上的样本受众每次收听时长为 10 至 30 分钟。由此可推断，这部分受众主要通过广播了解资讯，或者他们只是针对自己感兴趣的节目定时收听。（见图8）

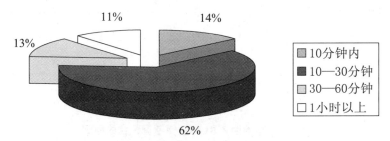

**图8 受众每次收听 CRI 布达佩斯调频台的时长**

7. 收听时段

从调查数据看，清晨和下午是受众收听 CRI 布达佩斯调频台最密集的两个时间段，其中又以下午收听群体人数为最多。（见图9）由于 CRI 布达佩斯调频台节目在每日 13 时至 24 时时间段内播出，这也说明 CRI 布达佩斯调频台下午时段的广播节目受到听众的喜爱与关切。

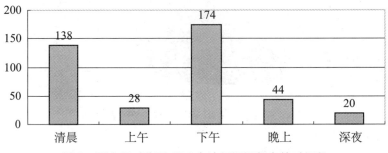

**图9 受众平时收听 CRI 布达佩斯调频台的时间段**

8. 受众对中国资讯的需求

在有关中国资讯需求的回答中，中国文化获得了最多的关注，其次是中国历史、中国社会。（见图10）值得注意的是，中国教育与科技开始成为继文化、历史、社会之后的新的受众关注点，这也与近年来中国在此两个领域的发展与成就有关。

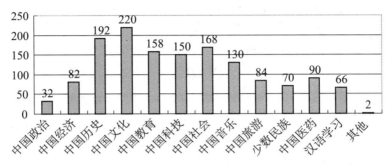

**图10　受众对 CRI 布达佩斯调频台专题板块的中国资讯需求**

9. 节目特点

在调查中，CRI 布达佩斯调频台节目的特点，由于受众个人感受参差不齐，差异较大。最为受众认可的特点是节目的趣味性，即"有意思"成为最趋同的评价。另外，节目内容的实用性、报道的客观真实度和资讯的时效性也受到较高的认可。（见图11）

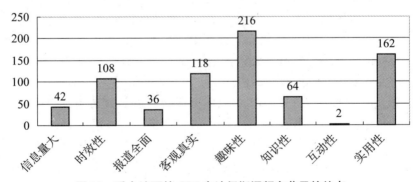

**图11　受众认可的 CRI 布达佩斯调频台节目的特点**

10. 受众最喜爱的节目

调查中受众最喜爱的栏目比较集中于与中国因素有关的栏目，其中又以新近的中国资讯（如《今日中国》、《茶馆》、《甜与酸》）和在欧洲及匈牙利发生的有关中国的人与事或有关中国文化的报道（如《西方看东方》、《亚洲文化全景》）更为突出。（见图12）

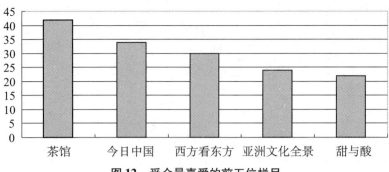

图12  受众最喜爱的前五位栏目

### （三）数据分析结论

1. 样本受众中男性占相对多数，但并不存在巨大的男女比例差。90%以上的受众为布达佩斯当地居民，同时，网络电台也吸引了其他地区的听众。中青年和高学历人士构成受众群的主要部分，同时，学生群体也是不可忽略的重要受众群体，但处于国家核心层面的受众明显偏少。

2. 调频电台的信号情况非常好，极少出现不清晰或不稳定的情况。当地居民主要偏爱开车时伴随收听的收听方式，另外网络电台的收听方式也在当地流行和普遍。

3. 到目前为止，听众接触 CRI 布达佩斯调频台的动机以收听古典音乐为主。了解有关中国的新闻资讯也正在逐渐成为受众收听的主要动机。

4. 由于 CRI 布达佩斯调频台播出历史尚短，因此收听期在一年以上的听众可视为对该台有感情、有忠实度的老听众，这一群体达80%。每日的早晨和下午是他们最为集中的收听时段。

5. 绝大多数听众既收听 CRI 布达佩斯调频台的新闻节目，也收听专题节目。80%的受众对新闻节目表示满意；68%的受众对专题节目表示满意。听众对有关中国的新闻资讯有着强烈的需求，此外是其他的国际资讯。而在专题板块，听众对中国的文化、历史和社会领域的话题最感兴趣。最被受众认可的节目特点是趣味性和实用性，其次是客观真实性和实效性。听众希望增加的节目内容是有关体育的资讯和为青少年制作的音乐节目。

### （四）CRI 布达佩斯调频台传播内容与听众需求契合度分析

1. CRI 布达佩斯调频台的男女受众比例相对均衡，这也反映出电台从节目设置上并未在性别倾向性上有所设计，而是针对整体。CRI 布达佩斯调频台以亚洲，特别是以与中国相关的新闻资讯节目为主打，与当地调频电台提供的信息内容相比，拥有明显的差异化优势。

2. 亲友介绍的人际传播方式成为受众接触 CRI 布达佩斯调频台的主要渠

道，这也从侧面反映出国际台广播节目有较好的口碑度。但 CRI 布达佩斯调频台未能更广泛地扩大知名度的一个重要原因是，该台尚未充分发挥当地听协组织的作用。因此，与当地各听协组织建立良好的合作关系应成为下一步的工作重点之一。

3. 开车时伴随收听的收听方式和网络电台的较广泛使用是值得我们在节目播出架构和节目内容设计中注意的地方。车载收听通常具有较明显的时间限定性，即每日上下班的高峰时段，也是广播收听的高峰时段，因此应成为我们的特色栏目和品牌节目全力推介的机会时段。网络电台在提供广播节目的同时也提供了良好的互动平台，从仅有两人认为 CRI 布达佩斯调频台节目具有互动性特点来看，这一条件目前并未被我们充分开发和利用。在合理设计广播平台的同时打造网络互动平台，尤其是在匈牙利已具备相当数目网络电台听众的条件下，网络电台应该成为我们今后更好开发本土化国际传播工作的一个着力点。

4. 节目的趣味性、内容的实用性和资讯的真实客观、时效性是 CRI 布达佩斯调频台最受受众认可的方面。这不仅反映了 CRI 布达佩斯调频台的品牌栏目与内容具有很强的可听性，且拥有区别于其他媒体的特色内容。同时，受众对资讯的真实性与客观性的高度评价也反映了节目制播本土化的突出优势和成果。

5. 有待开发的潜在受众是匈牙利的老人群体；优势条件有待深入挖掘的受众为学生群体；有价值发掘的潜在受众是处于国家核心层面的精英群体。

6. 从受众收听广播的频次和时长来看，受众主要通过 CRI 布达佩斯调频台获取新闻资讯。受众对中国文化、历史、社会、教育、科技最感兴趣，所以应在现在栏目框架下适当增加相关内容。

## 第二节　CRI 贝尔格莱德调频台受众的构成、特点与需求

### 一、塞尔维亚及贝尔格莱德广播市场基本情况

塞尔维亚广播电视实行的是公共广播与私营广播并行的体制。唯一的公共广播机构是 1924 年成立的贝尔格莱德广播电台（Radio Beograd）。

由于前南内战以及国际制裁，塞尔维亚广播业从 20 世纪 90 年代开始到 21 世纪初经历了有史以来最为严重的危机。这一阶段国家电台作为政党的宣传工具在资金及政策上得到支持，电台私有化进程由于缺乏相关的法律制度及支持停滞不前，而有关电台及其他媒体运营的法律法规又不够规范，所以

整个媒体市场异常混乱。2002 年塞尔维亚通过了《无线电广播法》。法案严格控制电台频率的分配并限制了全国性电台、地区及城市电台的数量及比例。根据塞尔维亚无线电广播委员会 2009 年公布的数据，塞尔维亚共有 6 家全国性电台，436 家地区和城市电台，其中首都贝尔格莱德有 34 家调频电台[①]。

　　贝尔格莱德的城市调频广播，与世界其他国家的城市广播一样，在电视、互联网等新媒体的冲击下，历经频率专业化、类型化和节目内容本地化等一系列发展变革，最终找到了自己的生存空间，并在最大程度上满足了该地区受众的收听需求。调查显示，塞尔维亚每周收听广播的人数约占其总人口的85%，其中约有11%的人通过网络收听广播，在首都贝尔格莱德这个比例约为15%，且这一趋势随着网络的普及仍在迅速增长。就内容而言，80%以上的听众喜欢音乐节目，其次是新闻、体育等栏目[②]。因此，贝尔格莱德的调频广播电台大部分都是音乐类型电台（见附表 2）。其中，音乐台又被细分为流行音乐台、动感摇滚音乐台、饶舌音乐台、途中音乐台、怀旧金曲台等。

　　从目标受众来看，10—50 岁的城市居民是贝尔格莱德市大部分调频电台的主要传播对象。为了能够吸引更多的受众，所有的广播电台都开办有自己的网站，同时提供音乐下载、点播等服务，部分电台的节目还可以通过手机终端下载收听。除贝尔格莱德电台外，还有 4 家私人电台开办有电视业务。

　　在贝尔格莱德 34 家调频电台中，收听率最高的是 Radio S，它同时也是塞尔维亚收听率最高的电台。在贝尔格莱德收听率最高的十个电台中，除贝尔格莱德 1 套、贝尔格莱德202 和 B92 电台外，其余电台都是音乐台（见图 13）。排名前三的电台都是流行音乐台，同时它们也是广播市场中广告收入的大户。

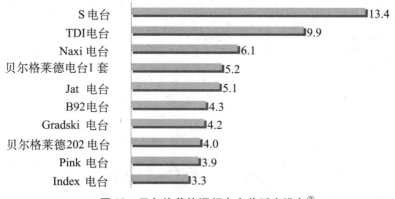

**图 13　贝尔格莱德调频电台收听率排名[③]**

　　① Cedomir Cupic，《Medijski system Srbije》，Fakultet politickih nauka Cigoja Stampa，2009 年。

　　② Ireks Promedia：《ISTRAŽIVANJE SLUŠANOSTI RADIO PROGRAMA NA TERITORIJI SRBIJE》，www. anem. org. yu，2009 年。

　　③ 《Istraživanje rejting radio stanica u Beogradu》，www. rabsrbija. com，2012 年。

　　在塞尔维亚，目前除了贝尔格莱德广播电台（包括1、2、3套和贝尔格莱德202电台）是公共电台，其部分收入来源依靠国家财政外，其他电台都是商业电台，自负盈亏，收入主要依靠广告。全球市场调研公司尼尔森的数据显示，塞尔维亚2011年的广告收益为1.72亿欧元，其中电视广告收入占总收入的55%，广播占5%，网络占5%①。（见图14）尽管目前传统媒体在塞尔维亚依然最受广告商的青睐，且这样的情况还将在未来持续一段时间，然而网络潜在的、巨大的收益空间，网络在优化广播传播手段、完善其经营结构和收入层次上的巨大作用，促使贝尔格莱德绝大部分有条件的广播电台都开办了网站，同时还发展手机终端等其他新媒体业务。很多当地的广播电台已经意识到除了广告来源，在网络时代，广播节目的付费收听将变得切实可行。

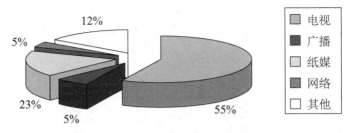

**图14　2011年塞尔维亚广告收益行业分布**

　　从世界主要国际广播电台对塞尔维亚传播来看，除中国国际广播电台之外，目前还有俄罗斯之声对塞尔维亚进行无线和在线广播。英国广播公司的塞尔维亚语广播已于2011年1月取消。美国之音虽然从2007年就结束了塞尔维亚语广播节目，但保留了塞尔维亚文网站。德国之声（DW）通过B92广播电台和Radio Naxi播出塞尔维亚语节目。同时，德国之声还在塞尔维亚第二大城市诺威萨通过Radio Studio B和Radio 021播出塞尔维亚语节目。

## 二、CRI贝尔格莱德调频台概况

　　2011年11月25日起，国际台开始租用塞尔维亚贝尔格莱德Radio Tri FM95.8（Radio 3）电台12：00—24：00的广播时段，每天播出12小时塞尔维亚语节目。该电台的播出频率为95.8兆赫，额定发射功率为2千瓦，目前实际发射功率为500瓦，节目信号可覆盖贝尔格莱德市区及周边60公里，理论上可覆盖人口为200万以上（贝尔格莱德总人口近160万）。

---

① "Blagi pad prihod od reklama", www. danas. rs, 2012年。

目前，CRI 贝尔格莱德调频台的节目编排如表 2：

**表 2　CRI 贝尔格莱德调频台节目单（周一到周五）**

| 时间 | 名称 | 内容 | |
|---|---|---|---|
| 07：00—12：00 | 早间速递 | 以音乐为主，插播最新路况以及贝尔格莱德城市新闻。 | |
| 12：00—18：00 | 午后小憩 | （整点新闻，4 分钟）以音乐为主的互动时间段。听众通过 Facebook、手机、电邮参与。 | 12：30—12：40 美食健康 |
| | | | 13：00—18：00 中国新闻 |
| | | | 13：30—13：40 亚洲印象 |
| | | | 15：30—15：40 多彩中国 |
| 18：00—24：00 | 音乐，重播有关中国的专题。 | | |

（注：贝尔格莱德的调频电台周末节目安排都非常简单，基本上都是以播放音乐为主，没有新闻、资讯以及互动栏目，因此本节只选择了 CRI 贝尔格莱德调频台周一到周五的节目设置作为分析比较的文本。）

CRI 贝尔格莱德调频台的依托母体——贝尔格莱德 FM95.8（Radio 3）电台成立于 2005 年，2006 年获得塞尔维亚广播协会颁发的营业许可，开始广播。它是一家 Hot AC 音乐电台①。该台的目标受众群是年龄在 25 岁到 45 岁之间、高收入的女性。其潜在受众群在一百万左右。

## 三、CRI 贝尔格莱德调频台受众的构成、特点与需求

2012 年 6 月 1 日到 6 月 31 日期间，国际台委托塞尔维亚弗库斯电台（Radio Fokus）和 Radio Tri 电台的工作人员在贝尔格莱德进行了一次抽样调查。此次调查以 CRI 贝尔格莱德调频台的受众为对象，主要采用问卷调查法。调查的目的是了解 CRI 贝尔格莱德调频台的受众特征以及收听情况。上述两家电台通过网络、电话等方式对 208 位 CRI 贝尔格莱德调频台的受众进行了调查，共回收有效问卷 206 份，回收率 99%。

本次调查显示，CRI 贝尔格莱德调频台的受众群以年龄在 20—50 岁之间、高收入的女性群体居多。受众学历较高，虽然接收信息的方式较为多样，但仍然保持着收听广播的习惯。受众普遍拥有了解中国的愿望，同时，音乐类节目最受欢迎。

### （一）CRI 贝尔格莱德调频台受众的人口统计学特征

问卷调查结果显示，约 80% 收听 CRI 贝尔格莱德调频台的听众年龄在

---

① Hot AC 广播是当代成人音乐广播和当代 Pop Hit 广播结合的产物。

20—49 岁之间（见图 15）；女性听众约占总听众人数的 59%（见图 16）；听众中有 65% 的人受教育程度是大学及以上（见图 17）。以上数据表明，收听该台的主流听众与该台目标受众是一致的。

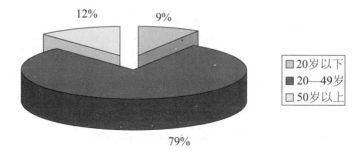

图 15　CRI 贝尔格莱德调频台受众年龄特征

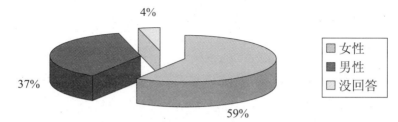

图 16　CRI 贝尔格莱德调频台受众性别构成

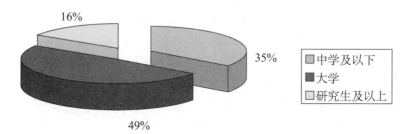

图 17　CRI 贝尔格莱德调频台受众受教育程度

### （二）受众收听 CRI 贝尔格莱德调频台的情况

问卷调查结果显示，一天中选择在上午或下午到傍晚两个时段收听 CRI 贝尔格莱德调频台节目的听众较多，分别为 31% 和 30%；选择在工作时间收听该台的听众约为 34%（见图 18）。大部分听众都是通过收音机、网络以及手机等移动设备接收该台节目的（见图 19）。就内容而言，音乐既是大部分听众选择收听该台、也是他们选择放弃收听的主要原因（见图 20、21）；另外 35% 的听众希望能够通过该台收听有关中国的信息（见图 21），说明有相当数量的受众有了解中国的愿望。

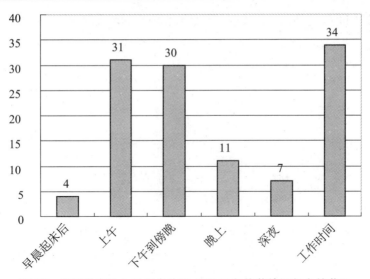

**图18 您通常在什么时间会收听 CRI 贝尔格莱德调频台的节目**

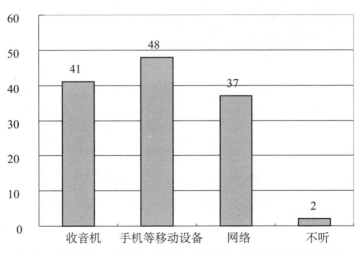

**图19 您通过什么样的方式收听 CRI 贝尔格莱德调频台的节目**

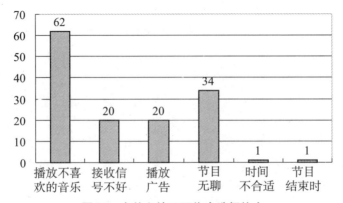

**图20 在什么情况下您会选择换台**

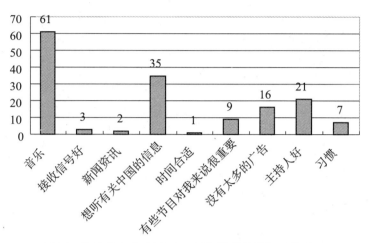

图21　您为什么喜欢听 CRI 贝尔格莱德调频台的节目

### （三）CRI 贝尔格莱德调频台传播内容与受众需求契合度分析

由于未能找到贝尔格莱德收听率调查数据，本文选取了塞尔维亚目前公开发布的、最新的收听率调查报告，即塞尔维亚调查机构 Ireks Promedia 于2009 年 5 月 18 日至 24 日期间在塞尔维亚全国进行的抽样调查。调查目的是为了了解塞尔维亚居民收听广播的习惯以及国内各大电台在塞尔维亚的普及程度和使用情况。Ireks Promedia 采取了配额抽样的方法，考虑了地区、性别、年龄、受教育程度等多种因素，并按照这些因素对年龄段在 10 岁到 70 岁之间的 6134 人进行调查。塞尔维亚独立电子媒体联合会于 2009 年 9 月在其官方网站正式发布该调查报告。此调查结果能够在一定程度上反映贝尔格莱德收听率情况，因此本节选取部分调查内容，对 CRI 贝尔格莱德调频台传播内容与受众接收需求进行考察。

调查显示，早晨 7 点到上午 11 点，塞尔维亚广播收听率呈逐步上升趋势，11 点到达顶峰。11 点到 13 点，收听率开始下降，但仍处于一天当中的高点。14 点到 18 点，广播收听率比较平稳，处于一天中收听率较高的时间段。一天中收听率较低的时段集中在清晨和傍晚以后（见图22）。早晨起床后、上午以及下午到傍晚这三个时间段里经常收听广播的人数较多（见图23）。就内容来说，86% 的被调查者最喜欢的广播节目是音乐，36% 的人喜欢新闻和资讯类节目（见图24）。

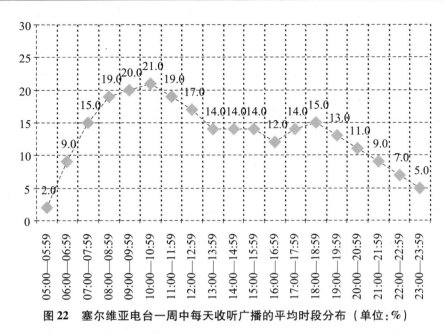

**图22 塞尔维亚电台一周中每天收听广播的平均时段分布（单位：%）**

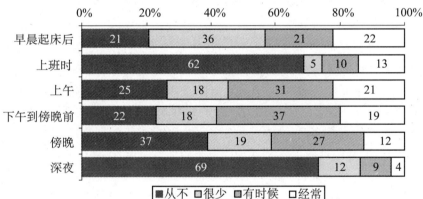

**图23 您通常在下列哪种情况下会收听广播**

《早间速递》是受众最欢迎的一档节目。该节目以音乐为主，同时插播一些最新城市新闻及路况信息。中午12点到傍晚18点，是该台的互动节目时间段。在这一时间段里，除了每个整点4分钟的消息以及3个10分钟有关中国的专题外，其余时间均设为互动和音乐时段。

CRI贝尔格莱德调频台在节目的设置上，将最受欢迎的《早间速递》放在塞尔维亚一天中广播收听率最高的时段（07：00—12：00），将互动环节放在一天中广播收听率较高的时段（12：00—18：00），傍晚之后的节目以重播的专题和音乐为主，这样的编排符合塞尔维亚听众的收听习惯。从内容上来说，该台绝大部分内容都是音乐，符合塞尔维亚听众的收听口味。另外，本次调查中34%的听众选择上班时收听CRI贝尔格莱德调频台节目，鉴于上班

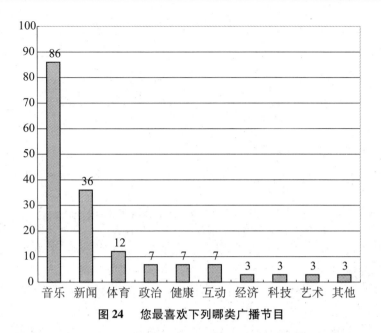

**图24 您最喜欢下列哪类广播节目**

族大多数情况下都是通过网络、手机等新媒体手段收听广播，因此此项数据表明，该台在提供网络、手机等新媒体广播服务方面与受众需求也较为契合。

综上所述，CRI贝尔格莱德调频台的传者需求与受众的接受需求有较高契合度。

### 四、CRI贝尔格莱德调频台与同类型主流电台FM94.9（Radio S）传播内容与渠道的对比分析

FM94.9（Radio S）成立于1993年，是一家全国性的流行音乐电台。该电台不仅是贝尔格莱德，也是全塞尔维亚排名第一的电台。将CRI贝尔格莱德调频台与其进行对比分析，有助于CRI贝尔格莱德调频台节目更好地贴近当地受众，增强节目的吸引力，提高传播实效。

#### （一）播出内容

CRI贝尔格莱德调频台播出时段为每天7点到24点，其中18：00—24：00为重播。节目以大板块划分，每个时段以不同的主题谈话配合相关音乐组成。每个整点设有4分钟新闻资讯栏目。该台最受欢迎的节目是《早间速递》。节目以音乐为主，同时插播一些最新城市新闻及路况信息。由于电台成立时间短，该栏目在同类型节目中知名度不算太高。

FM94.9（Radio S）电台的目标受众是25—45岁的年轻人，该台的音乐节目类型包括流行、摇滚以及当下热门歌曲。节目播出形式以音乐和脱口秀节目为主。下面是该台的节目编排：

表3　FM94.9（Radio S）广播节目单

| 星期 | 时间 | 节目 |
|------|------|------|
| 周一至周五 | 06：00—09：00 | 脑筋急转弯 |
| | 09：00—14：00 | 与纳塔莉娅在一起 |
| | 13：00—15：00 | 维斯娜下午茶 |
| | 16：00—18：00 | 传送 |
| | 18：00—19：00 | 冲突 |
| | 19：00—22：00 | 兑现 |

　　FM94.9（Radio S）节目播出时段为每天6点到22点。节目以大板块划分，每个时段以不同的主题配合相关音乐组成。除早晨6点的新闻时长在15分钟，关注的内容为前一天国内国际要闻外，其余每个整点设有3分钟新闻资讯栏目。每天有大约150万居民收听该台的直播节目，另有大约15到20万的人通过网络进行收听，这其中大部分是海外侨民。[①]

　　该台早间节目《脑筋急转弯》、《与纳塔莉娅在一起》及晚间节目《兑现》三个脱口秀节目是该台、同时也是首都和全国最受欢迎的广播节目之一。其中周一到周五每天早晨6点到9点的早间秀《脑筋急转弯》节目知名度最高，成为很多电台效仿的对象。该节目凭借主持人诙谐、机智的语言以及Radio S的招牌式完美的音乐搭配，节目在短短的几年内迅速成长为该台最为知名的品牌栏目。该节目的两位主持人也成为贝城乃至全塞最著名的电台主持人。《与纳塔莉娅在一起》以交通拥堵、音乐会信息、最新时尚风标、最新打折信息、网球、聚会等城市话题为主。同时，节目还经常邀请塞尔维亚当红歌星作客节目，并播放时下最为热门的流行金曲。《兑现》栏目是当地最有影响力的广播栏目之一，开播当年年底听众即已达54万之多。该节目最大的特色就是邀请塞尔维亚一线艺人参与主持，同时邀请听众参与有奖互动活动。

　　CRI贝尔格莱德调频台和FM94.9（Radio S）相比，在设置广播内容的思路上基本相同，即节目以时下最为流行的脱口秀加音乐的形式为主，但是就品牌栏目建设而言，FM94.9（Radio S）目前做得更好、也更成熟，品牌栏目也是贝尔格莱德电台中最多的。另外，该台聘用专业调查公司每月对其各栏目收听率进行调查，并积极调整的做法也值得CRI贝尔格莱德调频台借鉴。

## （二）传播渠道

　　目前，网络、手机等新技术和传播方式为广播媒体的资源整合、聚合提

---

　　① Radio S 电台台长 Zoran Andjelkovic 访谈，2012 年 7 月。

供了新平台。在这种环境中既借力新媒体又继续保持广播的品牌优势，成为广播媒体发展的重要手段。

CRI 贝尔格莱德调频台借助贝尔格莱德 FM95.8（Radio 3）电台，可从网上传播。贝尔格莱德 FM95.8（Radio 3）台从属于 Trident 媒体集团，FM94.9（Radio S）从属于 S 媒体集团。这两家集团都开办了各自的门户网站，并在该网站首页突出位置链接了上述两家电台的网址。网友可以通过网络在线收听两家电台的直播节目。另外，两家电台的广播栏目也都通过 Facebook、Twitter 等社交网站进行推广。

Trident 媒体集团的门户网站 Nadlanu 是一家为网友提供餐饮、购物、休闲娱乐及生活服务等领域的商户信息和消费优惠的本地生活消费网站。网站拥有 30 万注册用户，日浏览量约为 2 万。① 这些用户从某种意义上说，也是 CRI 贝尔格莱德调频台的现实或潜在受众，他们对于推广该台广播节目具有不可忽视的作用。（见图 25）

图 25　Nadlanu 网站首页（画圈部分即是 Radio 3 在首页的位置）

目前，FM95.8（Radio 3）台的网页内容设置比较简单，共有四个频道：电台介绍、在线收听、节目预告和广告招商。所有内容均来自广播。网民可以通过网站阅读、收听与广播节目相关的所有内容。2012 年，该台的部分节目可以通过手机下载收听。（见图 26）

---

① banegrkovic. blogspot. com/…/ko-stoji-iza-najznacajnijih-srpskih. html，2011 年。

图 26　Radio 3 网站首页

　　S 媒体集团的门户网站 Smedia 是一家 24 小时提供全面及时的塞尔维亚文资讯，内容覆盖国内外突发新闻事件、体坛赛事、娱乐时尚、产业资讯、实用信息等，设有新闻、体育、娱乐、财经、科技等频道的综合网站。该网站日均浏览量为 20 万，每月的独立用户数约为 2000 多万。[①]（见图 27）

图 27　Smedia 网站首页（画圈部分即是 Radio S 在首页的位置）

　　FM94. 9（Radio S）的网站共有十余个频道：焦点、在线收听、娱乐、访谈、视频、Facebook、博客、图集、活动、节目精选、主持人信箱，等等。FM94. 9（Radio S）网站的频道设置、内容布局与其广播密切相关，网民即可在线收听直播，也可点播自己感兴趣的节目。另外，该台的众多品牌栏目的主持人在 Facebook、Twitter 以及 YouTube 上都设有个人账户，利用上述社交和视频网络吸纳了不少受众。（见图 28）

---

① 　Radio S 电台台长 Zoran Andjelkovic 访谈，2012 年 7 月。

图28 Radio S 网站首页

FM95.8（Radio 3）和 FM94.9（Radio S）都非常注重利用新媒体手段优化广播传播渠道。就目前的效果来看，FM94.9（Radio S）所属媒体集团的网站是一家大型综合门户网站，它更有利于广播节目的展示，使其传播方式更加多元化，从而丰富和提升电台的品牌内涵，扩大广播的接触率和影响力。就电台自身网络的建设以及利用社交网络进行节目推广等方面，FM94.9（Radio S）也做得更好、影响力也更大。

## 第三节　CRI 立陶宛调频台及 CRI 斯科普里调频台受众的构成、特点与需求

### 一、CRI 立陶宛调频台受众的构成、特点与需求

#### （一）立陶宛广播业基本情况

截至 2012 年初，立陶宛共有 49 家电台，播出 54 套节目。其中 12 套节目覆盖 60% 以上立陶宛人口，6 套地区广播和 35 套城市广播。根据收听率调查显示，2011 年最受欢迎的广播电台是国家电台——立陶宛电台（Lietuvos Radijas），收听率为 20.8%。

从广播形式来看，"新闻 + 音乐"的资讯类广播最受欢迎。

在首都维尔纽斯能收听到 29 个当地电台的广播和转播 BBC 的节目。根据世界著名的 TNS 市场研究公司的调查结果，2011 年在维尔纽斯收听率最高的电台为 Russkoje Radio Baltija，达到 16.9%。第二名为立陶宛电台，为

15.7%，第三名是一家商业电台——"M-1"电台，收听率为 10.1%。

从收听时间来看，2011 年，88% 从 12 至 74 岁的立陶宛人每周至少收听 15 分钟的广播。71% 的民众至少一天收听 15 分钟广播。周一至周五的收听率要高于周末。2011 年，每个立陶宛人平均每天听 2 小时 25 分钟的广播。40—49 岁男听众和 60—74 岁女听众收听的时间最长。

从收听地点上看，53% 的受众在家中收听，22% 通过车载广播收听，10% 在工作单位收听。其他为 6%。

每家立陶宛电台都有自己的网站提供在线收听，有的还提供与主持人的在线交流。

从广告时间来看，2012 年前三个月立陶宛所有广播电台的广告时间为 138 万秒。2011 年，商业电台的收入是 2637 万立特（约合 763 万欧元）。主要收入来自于广告。

从调频广播的发展来看，目前立陶宛能收听到 49 套调频节目。最有影响的电台是：公共广播电台（包括 LR-1、Klasika、Opus 3 等调频台），M-1 电台集团（包括 M-1、M-1 Plius、Lietus、Raduga、Laluna 等调频台）和 Radiocentras 广播集团（包括 Radiocentras、ZIP FM、Relax FM、Fusskoje Radio Baltija、Classic Rock FM 等调频台）。2011 年排名前三位的电台是 LR-1、M-1 和 Lietus。此外，在首都维尔纽斯能收听到转播的 BBC 节目。

### （二）CRI 立陶宛调频台概况

从 2011 年 10 月 17 日起，国际台通过立陶宛 Relax FM 90.8 电台 14：00—24：00 的广播时段，在立陶宛 5 个主要城市播出立陶宛语节目。这 5 个城市的播出频率（发射功率）分别为：首都维尔纽斯 104.3 兆赫（500 瓦），考纳斯 98.5 兆赫（250 瓦），克莱佩达 93.7 兆赫（250 瓦），希奥利艾 92.2 兆赫（1000 瓦）和帕内韦日斯 94.3 兆赫（250 瓦）。

CRI 立陶宛调频台播出的主要节目是：

（1）《新闻》：每个工作日 14：00—23：00 每整点播出五分钟新闻。由立陶宛新闻、国际新闻和中国及亚洲新闻三个板块组成。

（2）《今日中国》：14：30 首播，17：30 和 20：30 重播。主要介绍有关当代中国的热点问题和经济、政治等领域的成就和规划。

（3）《五彩世界》：15：30 首播，19：30 重播。介绍世界各国的奇闻轶事。

（4）《旅行故事》：16：30 首播，21：30 重播。介绍异域风情、自然奇观、历史古迹、旅游者感受、最佳旅游路线和专家建议等。

（5）《中国文化》：18：30 首播，23：30 重播。介绍有关中国音乐、艺术、中医、烹饪、文化的趣事。

CRI 立陶宛调频台所依托的母体台——立陶宛 Relax FM 90.8 电台（以下

简称 Relax 调频台）隶属于 Radiocentras 集团，是立陶宛第一家"蓝调——轻柔爵士乐"电台。它开播于 2002 年 9 月 11 日。当时播出的音乐几乎全部是蓝调音乐和爵士乐。

Relax 调频台非常重视受众调研。从 2009 年开始，Relax 调频台每半年进行一次受众调研，每次调研时间为期三个月。根据 2012 年上半年 Relax 调频台委托 TNS 市场研究公司所做的调查显示，Relax 调频台的周到达率是2.02%，据此推论每星期立陶宛有 53080 人收听该台的节目。从具体指标来看，该台在 12—19 岁的群体中到达率最高，为 3.25%；男性到达率略高于女性，为 2.19%，女性为 1.87%。从职业上看，节目最受各部门专家和公务员的青睐，周到达率分别为 3.96% 和 3.75%。

### （三）CRI 立陶宛调频台受众的构成、特点与需求

2012 年 6 月至 7 月，国际台委托合作电台 Relax 调频台以问卷调查形式对 CRI 立陶宛调频台做了首次受众调研。该电台把调查问卷的电子版放在其网站上，请听众通过电子邮件反馈问卷。本次调查共回收 117 份。问卷填写者均为 CRI 立陶宛调频台受众，均在研究范围内，故研究测量方法有效。

调查显示，CRI 立陶宛调频台男女受众比例较均衡。节目最受年轻人喜爱，此外，也赢得了公务员及各行业专家等的青睐。受众收听方式呈多样化，偏爱下午和傍晚收听。音乐和新闻资讯类节目最受欢迎。

1. CRI 立陶宛调频台受众的人口统计学特征

调查表明，受访受众中，男性为 67 人，女性为 50 人。总体来说，受众在性别比例上差距不悬殊（见图 29）。从年龄上看，20—49 岁年龄段受众最多，占总人数的 52%；20 岁以下占 33%。两个年龄段合计占到总人数的84%。50 岁以上只占 15%。可见，中、青年群体是 CRI 立陶宛调频台的主要受众群（见图 30）。从受教育程度看，受访受众中 45% 为高中及以下学历，39% 为大学本科学历，16% 拥有硕士及以上学历。由此可见 CRI 立陶宛调频台受众的知识水平中等偏高（见图 31）。从社会阶层看，受访受众中学生、公务员和各部门专家依次位居前三位（见图 32）。这与 TNS 市场研究公司2012 年上半年对该台的受众调查结论类似，证明以"蓝调——轻柔爵士乐"作为电台基调首先最受年轻人的喜爱，这由该台受众 20% 是在校学生可以得到证明。此外，该台节目也赢得了公务员、各行业专家等的青睐，说明 CRI立陶宛调频台进入了当地主流媒体行列，对处在国家核心层面的人群有一定的传播力。

**图 29  CRI 立陶宛调频台受众性别比例**

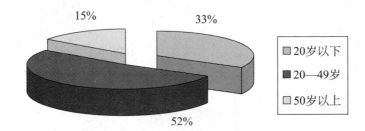

**图 30  CRI 立陶宛调频台受众年龄分布**

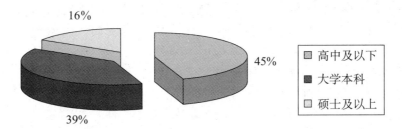

**图 31  CRI 立陶宛调频台受众受教育程度**

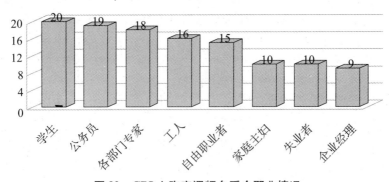

**图 32  CRI 立陶宛调频台受众职业情况**

2. 受众收听 CRI 立陶宛调频台的情况

图 33 显示，受众收听 CRI 立陶宛调频台的原因首先是喜好其音乐节目，目前对获取有关中国信息的热情还不是很高。因此，可以从提供更多中国音乐入手，增强受众对中国的兴趣，从而不断提高其他有关中国资讯的收听率。

在受众喜欢的节目类型中，音乐类和新闻资讯类节目高居前两位。健康

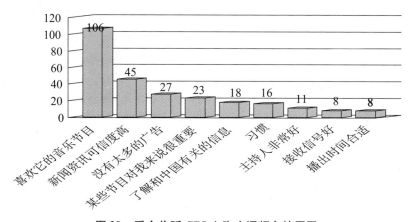

**图33 受众收听 CRI 立陶宛调频台的原因**

养生类、中国文化及旅游类、经济生活类，烹饪类和政治类基本平分秋色。（见图34）

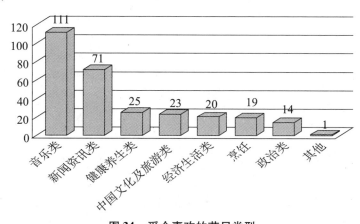

**图34 受众喜欢的节目类型**

针对受众喜爱的音乐类节目，问卷设计了三个问题进一步调研。结果显示，受众更喜欢收听流行音乐。需要注意的是，86%的受访者不希望收听中国音乐。在希望收听中国音乐的人中，86%的人喜欢收听流行音乐。这表明，"蓝调——轻柔爵士乐"的特色已经被受众所接受，CRI 立陶宛调频台要想争取受众，可以从多提供优秀中国流行音乐，特别是中国蓝调音乐和爵士乐作品入手，引起受众的共鸣，激发他们对中国音乐的认同感。

此外，通过调研显示，88%的受众认为 Relax 调频台的信号很清晰，并能完整播出。43%的受众通过收音机收听 Relax 调频台，各有24%的受众通过移动设备和车载广播收听，另有9%的受众通过网络电台收听。从收听时段来看，选择下午和傍晚收听的人数最多，达38%。从持续收听 CRI 立陶宛调频台的时间来看，78%的受访者选择通过本地媒体了解中国，这一数据既说明立陶宛媒体对中国的关注，也表明 CRI 立陶宛调频台面临激烈的市场竞争环境。该台节目收听排行榜中排在前五位的全部是有关中国的专栏，依次是《五彩世界》、《旅行故事》、《新闻》、《今日中国》和《中国文化》。

3. 数据分析结论

上述数据分析表明，CRI 立陶宛调频台获得了受众的认可，但仍有不足需要改进。下面分析一下调查数据显示的对 CRI 立陶宛调频台发展有利和不利的因素。

有利因素为：

（1）CRI 立陶宛调频台成受众以社会的中坚力量——中、青年为主；在性别比例上较均衡；文化水平中等偏上；职业多为学生，公务员和专业人士。这为该台成为当地主流媒体，对处在国家核心层面的人群发挥影响创造了条件。

（2）CRI 立陶宛调频台的收听信号清晰受到了目标受众的肯定，这是保证收听效果良好的基石。

（3）受众收听时段集中在下午和傍晚，和有关中国的五个专栏的首播时间吻合，证明 CRI 立陶宛调频台专题时间安排合理。

（4）受众既选择通过传统的收音机方式收听，也选择通过网络电台、移动设备和车载广播收听 Relax 调频台，这提示 CRI 立陶宛调频台在立陶宛推行多媒介交叉覆盖传播模式有广阔的发展空间。

不利因素为：

（1）只有四人选择了 CRI 立陶宛调频台为最喜欢的当地电台，这说明该电台的影响力还很有限。

（2）大部分受众收听 CRI 立陶宛调频台都是为了收听音乐，特别是欧美蓝调、爵士音乐和新闻资讯，对有关中国经济、卫生、文化、烹饪、政治的新闻只表现出一定的兴趣。因此 CRI 立陶宛调频台迫切需要激发听众对中国的兴趣。可以选择从介绍中国蓝调音乐和爵士乐作品以及受众感兴趣的旅游和奇闻趣事上着手。

（3）74% 的听众选择在一小时内收听 CRI 立陶宛调频台的节目，这说明大部分目标受众对 CRI 立陶宛调频台的单次收听忠实度不太高。因此可以考虑把节目做得短小、精致、丰富，以最大程度地留住听众。

## 二、CRI 斯科普里调频台受众的构成、特点与需求

### （一）马其顿广播业基本情况

马其顿目前有 71 家电台，播出 77 套广播节目。马其顿广播电视公司提供公共广播、电视服务。全国有 68 家商业电台。其中，Antenna 5、Kanal 77

和 Metropolis 三家商业电台的信号覆盖全国，16 家电台覆盖某一地区，49 家只覆盖某一城市。在对马其顿广播的国际主要广播电台中，英国广播公司于 2011 年 1 月停止了马其顿语广播。美国之音虽然自 2007 年结束了马其顿语广播节目，但保留了马其顿语网站。德国之声也从 2011 年 7 月 1 日起开始逐渐减少了对马其顿的调频广播服务。

### （二）CRI 斯科普里调频台概况

2011 年 11 月 22 日开始，国际台租用马其顿斯科普里 FM 90.8 经典调频台 12 小时广播时段播出马其顿语节目。该调频台发射功率为 500 瓦，节目信号可有效覆盖首都斯科普里及周边地区，覆盖区域潜在受众人数超过 70 万人。CRI 斯科普里调频台的开播也标志着国际台开始使用马其顿语对东欧国家进行传播。

CRI 斯科普里调频台每天 09：00 到 21：00 播出节目。播出的音乐节目主要包括古典音乐，也有爵士、摇滚和蓝调音乐等。播出每首中国歌曲都配有对歌手的介绍。

表 4　CRI 斯科普里调频台主要节目构架

| 名称 | 时段 | 内容 |
|---|---|---|
| 早间节目 | 09：00—11：00 | 播出斯科普里文化、社会等领域新闻及各类文艺演出和会展信息。 |
| 下午节目 | 15：45—17：00 | 播出每日文化和娱乐新闻，谈论时尚、电影、美容、烹饪等轻松话题。 |
| 音乐故事 | 18：00—20：00 | 每天介绍一位音乐家或音乐团队，欣赏其作品。 |

目前，有五个与中国有关的专题节目：

1.《亚洲文化》：节目时长为 10 分钟，以专稿的形式每期讲述一个话题，涉及中医养生、哲学、历史、宗教、古代科学、武术、烹饪、电影、文学、民俗、建筑、节日和古典音乐。节目分成两部分。中间以一小段中国民乐为间奏。

2.《今日中国》：节目时长为 15 分钟。每期一到两个与社会生活、旅游景点和经济相关的话题。节目分为三部分，每部分之间以一小段中国民乐为间奏。

3.《焦点》：节目时长为 7 分钟。节目由三部分组成。其中包括 2 分钟马其顿新闻、3 分钟国际新闻和 2 分钟中国及亚洲各国新闻。

4.《美食与健康》：节目时长为 15 分钟。每期一个话题，介绍中国菜的烹制方法和中医养生方法等。节目分三部分。每部分之间以一小段中国民乐为间奏。

5.《一周新闻综述》：节目时长为 10 分钟。节目由 3 分钟马其顿新闻、3 分钟国际新闻，3 分钟中国和亚洲各国新闻以及天气预报构成。

### （三）CRI 斯科普里调频台受众的构成、特点与需求

2012 年 6 月至 7 月，国际台委托斯科普里 FM90.8 经典调频台对 CRI 斯科普里调频台做了首次受众问卷调研。问卷通过邮局寄送到与电台有联系的受众手中，回收的有效问卷为 100 份。

调查结果显示，CRI 斯科普里调频台男女受众比例较均衡，以中青年和高学历人士为主。收音机和车载广播是主要的收听方式。听众的收听时段比较平均。音乐和新闻资讯类节目最受欢迎。

1. CRI 斯科普里调频台受众的人口统计学特征

调查显示，受访受众中男性占 57%，女性占 43%。受众性别比例均衡（见图 35）。从年龄上看，20 岁以下人数占总人数的 12%，20—49 岁占 59%，两个年龄段合计占到总人数的 71%；50 岁以上占 15%。可见，中、青年群体是 CRI 斯科普里调频台的主要受众群（见图 36）。经典调频 FM90.8 对中、青年人更具吸引力。从受教育程度看，受访受众中 23% 为高中及以下学历，64% 为大学本科学历，13% 拥有硕士及以上学历。这显示 CRI 斯科普里调频台的听众以高学历者为多（见图 37）。从受众的身份和职业看，各部门专家、自由职业者、企业经理依次列于前三位（见图 38）。这说明 CRI 斯科普里调频台的受众层次较高，并进入了当地主流媒体行列。

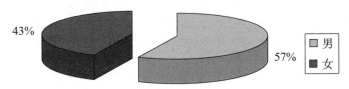

43%　57%　男　女

图35　CRI 斯科普里调频台受众性别比例

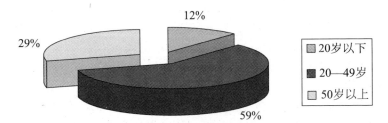

12%　29%　59%　20岁以下　20—49岁　50岁以上

图36　CRI 斯科普里调频台受众年龄分布

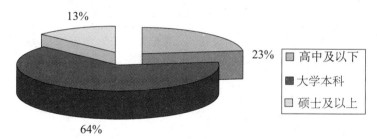

图37　CRI 斯科普里调频台受众受教育程度

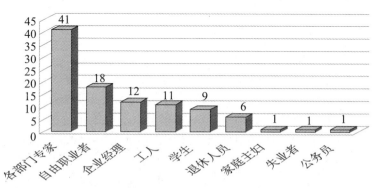

图38　CRI 斯科普里调频台受众职业情况

2. 受众收听 CRI 斯科普里调频台的情况

图 39 显示，音乐节目、良好的接收信号和真实可信的新闻资讯是促使听众收听 CRI 斯科普里调频台的最主要原因。而了解中国只排在了第四位。这表明目前受众对中国的认识和了解尚属初级阶段。

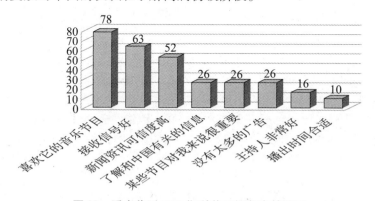

图39　受众收听 CRI 斯科普里调频台的原因

关于受众喜欢的节目类型，音乐类高居首位。之后依次是新闻资讯类、健康养生类、烹饪类、中国文化及旅游类、经济生活类、政治类和其他。（见

图 40）

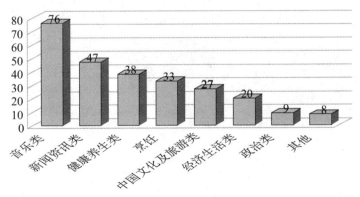

**图 40　受众喜欢的节目类型**

　　针对受众喜爱的音乐类节目，问卷设计了三个问题进一步调研。结果显示，受访受众更喜欢收听流行音乐，人数占 61%；其余 39% 的受众选择民族音乐。88% 的受众希望通过 CRI 斯科普里调频台收听中国音乐。在他们当中，52% 的受众选择收听中国流行音乐，48% 的受众选择中国民族音乐。

　　此外，通过调研显示，100% 的受众认为 CRI 斯科普里调频台的信号很清晰并能完整播出。89% 的受众通过收音机收听该台，车载广播、移动设备和网络电台未被广泛接受。这与马其顿的经济发展水平有关，但由于东欧地区媒介交叉覆盖传播模式已成趋势，马其顿的新媒体仍有广阔的发展空间。受众的收听时段比较平均，依次为上午（25%），上班时（23%），下午和傍晚之前（19%），晚上（17%）和清晨起床后（14%）。从持续收听 CRI 斯科普里调频台的时间来看，有 37% 的受众选择在 3 小时以上，34% 的受众选择 1—3 小时，这说明超过三分之二的受众每次收听时间较长，在 1 小时以上，单次的收听忠实度很高。需要强调的是，61% 的该地区受众通过 CRI 斯科普里调频台了解中国，这说明听众对该台认可度较高。特别值得一提的是，有关中国的专栏最吸引听众，排在前五位的全部是此类专栏，依次分别是《美食与健康》、《新闻》、《今日中国》、《中国文化》和《亚洲文化》。

　　3. 数据分析结论

　　上述数据分析表明，受众对 CRI 斯科普里调频台的认可度较高，但仍有许多期待。下面分析一下调查数据显示的对 CRI 斯科普里调频台发展有利和不利的因素。

　　有利因素：

　　（1）CRI 斯科普里调频台的受众主要是中青年；在性别比例上较均衡；听众文化水平较高，来自不同职业，尤以各部门专家、自由职业者、企业经理等脑力工作者为主。听众的高层次说明该台已成为当地主流媒体。这为该台在当地发挥影响创造了条件。

（2）CRI斯科普里调频台信号的清晰度得到了受众的肯定。这为良好的收听效果提供了保证。

（3）至少70%受众的收听时段在09：00到21：00之间，正逢CRI斯科普里调频台的租用时段，这说明租时合理。

（4）受众单次的收听忠实度高，有利于CRI斯科普里调频台留住受众。

（5）61%的受访者把CRI斯科普里调频台作为了解中国的最主要渠道，说明该台已得到受众的认可，具有了一定的公信力与影响力。

不利因素为：

（1）使用收音机这一传统收听方式的受众偏多，车载广播、移动设备和网络电台未被广泛接受。这不利于听众群的扩大。但随着当地新媒体的发展，这种情况会有所改善。

（2）大部分受众选择CRI斯科普里调频台都是为了听音乐，而对获取与中国有关的信息只表现出一定的兴趣。这表明目前受众对中国的认识和了解尚属初级阶段。为了提升受众对中国的兴趣，可从多提供优秀中国音乐和更高质量的新闻资讯入手。

# 第四节　基于受众调查的俄罗斯、东欧地区<br>海外分台的传播策略

## 一、俄东地区的社会文化特点和广播市场环境

20世纪80年代末、90年代初发生的东欧剧变和苏联解体，对这一地区各国政治、经济、社会等诸多方面产生了深远影响，也引起该地区媒体市场的巨大变化。要对该地区进行有效传播，不可不全面认识俄东地区社会文化的特点，深入分析俄东地区媒体市场环境。

政治上，俄罗斯和东欧各国纷纷由原来的社会主义社会转向西方式的"民主社会"，俄东地区成为世界各类矛盾的焦点地区之一和新时期各国国际战略重心之一。经济上，俄东地区由计划经济转向市场经济。意识形态上，西方的民主、自由等价值观在该地区得到了大行其道的机会与空间。

尽管如此，由于这些国家曾经和中国有着相同或相似的社会制度，拥有过一些共同的社会元素，所以，该地区各国在国际关系上并未出现一边倒的"全盘西化"，对新的"东西方"的态度也各异，民众因此出现了"东张又西望"的复杂心态。根据俄东地区四个海外分台的调研结果显示，平均82%的受众因为对中国资讯、中国文化感兴趣而收听这些台。但是，他们首选当地

媒体作为了解中国的媒体渠道，其次为中国媒体之外的其他西方媒体，最后才是通过中国媒体了解中国资讯。

伴随东欧剧变和苏联解体，俄东地区各国广播行业与国民经济一样一度经历了一个向着国家私有化、商业化方向快速发展的过程。在这一过程中，美国、英国、法国和德国等国的媒体公司在东欧媒体领域的扩张曾一度非常活跃。但近几年，受经费和传播重点调整的影响，美国之音、英国广播公司、德国之声和法国国际广播电台（RFI）对该地区的广播呈现收缩态势。另一方面，不论是俄罗斯还是东欧各国，调频已成为广播的主流，同时随着网络电台、移动设备等收听广播的方式被更多人接受，多种媒介联动的传播模式也开始被广泛接纳。

就目前俄东地区各国广播市场格局而言，私营电台数量普遍占绝对多数。如俄罗斯私营电台占整个电台总数的80%以上，波兰、匈牙利、罗马尼亚等东欧国家的私营电台占电台总数的90%。但就电台在全国的影响力来看，大多数国家，如保加利亚、罗马尼亚、捷克等的公共电台由于历史传统悠久、覆盖范围广大、专业水准高等原因，仍牢牢控制着本国的广播市场，而匈牙利、塞尔维亚等国的私营电台则超过了曾是当年"老大"的公共电台，在市场上占据着主导地位。

几乎在苏联、东欧地区媒体政治生态发生转变的同时，数字技术、激光印刷、互联网等新的信息技术风起云涌，使信息的传播方式、速度、信息接收方式等产生了一场深刻的变革，并对包括广播在内的传统媒体的发展产生冲击和影响。就广播来说，有两大发展趋势在俄罗斯、东欧地区尤其令人关注：第一，调频广播蓬勃发展。不仅调频电台数量大幅增加，而且极为迅速地向数字传播方式转变，传播质量有了更大提高。本次调研表明，平均91%的受众表示调频台信号清晰，利于收听。第二，互联网传播方兴未艾。随着互联网传播在俄东地区的日益普及，广播业迎来了新的发展契机。目前，各传统广播媒体纷纷与互联网进行"嫁接"，发展基于互联网的、具有传统媒体特点和优势的媒体网站，如带有网络电台的广播电台网站，并进一步向音频、视频、平面一体化的多媒体网站发展，顺应了新传播方式发展的时代潮流。本次调查表明，35%的受众通过网络电台、手机、MP3等移动设备收听广播节目。可见，新媒体与传统媒体的传播方式形成互补和促进，既吸引了新受众，又留住了老受众。

在境外电台准入限制方面，俄东地区各国都有较严格的准入门槛。许多国家在法律上还明确规定，禁止社会主义国家或有国家背景的媒体在该国落地。这给我国国际广播在俄东地区进行有效传播带来很大困难。尤其俄罗斯对境外电台节目的准入予以严格限制，外国传媒普遍尚未获得强势地位。截至目前，国际台俄语广播还在没有在俄罗斯境内实现调频落地，仅在苏联范围内的亚美尼亚、吉尔吉斯斯坦实现了调频落地。

## 二、关于俄东地区海外分台传播策略的建议

通过对一系列数据的整理、分析与总结，我们认为，国际台俄东地区海外分台的建设已经初见成效，但是规模仍然较小，并亟待提高传播力与影响力，在国际舆论的斗争中目前尚不足以抗衡西方传播媒体。这就要求我们必须根据该地区新的传播生态环境变化，根据该地区受众特点与需求，制订相应的传播策略，以在国际传播激烈的竞争中，争取主动，赢得话语权，为我国现代化建设营造有利的舆论环境。为此，我们特提出以下建议：

### （一）以多种运作模式，促进海外分台的科学建设和布局

目前，国际台在俄东地区很多国家还受到准入政策限制和西方媒体的强势竞争，仅在匈牙利、塞尔维亚、立陶宛和马其顿开设了四个海外分台，规模有限，布局也不完善。采取多种运作模式推动海外分台落地，具有低风险、易操作、高效益的特点，能够有效规避可能出现的法律风险，较好地隐蔽国家电台的身份，同时，借助合作电台在当地的良好口碑和影响力，也有助于提高国际台在俄东地区海外分台的知名度、传播力和市场竞争力。我们应在总结俄东地区现有四个海外分台运作模式的成功经验的基础上，对在俄东地区其他国家建设海外分台的条件与可行性进行缜密梳理，因国制宜、因地制宜，大胆创新，积极稳妥地推进其他海外分台的建设，在俄东地区实现海外分台的科学布局。

### （二）精准受众定位，增强海外分台传播实效

由于国际传播环境的迅猛变化，国际广播调研工作在当今信息化时代已经由传统的终端性、后置性的工作转变为前端性、前置性的工作，由外围性、边缘性的工作转变为核心性、基础性的工作。因此，充分了解受众，进而开发和巩固媒体的受众资源，是海外分台增强节目针对性、贴近性、亲和力进而提升传播实效的根本之道，也是海外分台生存、发展、壮大的根本之道。

调研结果显示，收听俄东地区海外分台节目和浏览国际台网站的国外受众年龄普遍低于短波听众，受教育程度相对较高，思想更为开放，生活方式更现代。他们之所以通过中国媒体获取内容与服务，主要是对中国有兴趣。他们希望听到对中国新近发生的事情的客观报道、冷静分析及有用的服务，而不是生硬的报道与灌输。而俄东地区的受众因本国政治制度的变化和对媒体与政府关系的认识，更不希望听到一味颂扬、维护本国及其政党、政府，报喜不报忧的做法。那些"宣传式"的报道很容易使受众产生逆反心理，使传播效果与初衷背道而驰。为此，要充分了解俄东地区受众特点，要将正确

解答三个问题——受众是否感兴趣、这么报道他们是否明白、会不会引起反感——作为我们报道的前提，要把"感兴趣、能明白、不反感（或曰效果好）"作为我们报道的基本标准。

### （三）打造"本土化"特色品牌，扩大海外分台的影响力

就国际广播而言，"本土化"指使用对象国受众熟悉的语言、贴近他们需要的内容和他们喜闻乐见的风格与形式，部分或全部在对象国本土完成节目的采编、制作和播出，包括采编人员也部分前移至对象国，并使用对象国人力。俄东中心落地调频节目的"本土化"，是通过与对象国有实力的媒体公司合作，由俄东中心语言部提供或由双方联合采集介绍中国情况的节目素材，再经合作方的"去料加工"，即根据当地受众的信息需求和接受习惯，对节目进行内容、形式、风格上的本土化包装，用对象国母语或通用语在当地主流的中波、调频电台或网站中播出。实践证明，"本土化"节目缩短了传受双方的物理距离，拉近了传受双方的心理距离，又规避了俄东地区许多国家在法律上规定的禁止社会主义国家或有国家背景的媒体在该国落地准入的限制，投资少、受限少、见效快、效果好。

为了在信息过度膨胀的俄东地区媒体市场中赢取份额，俄东地区海外分台必须具备鲜明的个性，这就要求海外分台必须具备独树一帜的品牌。

从调研结果中发现，俄东地区现有海外分台的受众平均83.6%把音乐作为收听的主要原因，可见，音乐节目是最受听众欢迎的类型。同时，也有相当数量的受众把通过国际台海外分台获取有关中国的信息作为收听的重要原因，这不仅说明受众有了解中国的强烈愿望，把海外分台作为他们了解中国的一个主要渠道，而且说明这是国际台海外分台有别于其他当地电台的一个特色，有利于中国媒体通过自己的渠道对海外受众进行有针对性的本土化传播。俄东地区海外分台现在的广播音乐节目有多种分类，包括爵士乐、古典音乐、舞曲音乐、民族音乐、流行音乐等，已拥有一定受众群。今后应在推荐好的音乐作品给听众欣赏的同时，多注重相关背景介绍，加强跨文化传播。此外，这几个海外分台走"新闻＋音乐"路线，基本按照整点、半点的规律播出新闻资讯，其中有一定比例的与中国相关的新闻资讯，以短消息为主，简明扼要。实践证明，这种节目编排模式对于吸引受众，逐步扩大受众群、提高中国资讯的渗透率是行之有效的，可以作为其他海外分台节目编排的借鉴与参考，并根据不同国家受众特点，加以有针对性的创新。

调研表明，经过东欧剧变和苏联解体，如今的俄罗斯和东欧地区的广播节目形态丰富、内容涵盖广泛，涉及政治、经济、军事、文化、环境、体育、娱乐、生活等各方面，许多节目的设置构思新颖、创意大胆。就国际台海外分台的节目类型来说，除音乐节目和有关中国的新闻资讯类节目深受欢迎外，

趣味性强、题材与中国有关的脱口秀节目、谈话类节目以及互动性栏目等都是深受听众喜爱的节目类型。这些都应该成为未来俄东地区海外分台节目形态创新的关注点和着眼点。

打造本土化节目品牌的有效措施之一是在海外建立工作室，吸纳对象国当地的新闻采编人才。这是因为本土化的节目采集制作人才更了解本土市场运作，有利于尽快开拓市场，站稳脚跟；同时他们也更了解当地受众的信息需求和兴趣点，在文字表述上也更加丰富和贴切；而且，一个本土化的团队更具有亲和力，更可能获得所在国政府和人民的信任。因此，将节目制作前移、伴随海外分台的兴建推进海外节目制作室的建设，符合国际传播的发展趋势，对提高俄东地区海外分台的影响力很有助益。但在这一过程中，需要特别注意的是，我方必须坚守国家传播目标，坚持国际台服务国家外交战略、塑造良好国家形象的根本出发点，保证对内容的终审权。要将"受众为本"和"以我为主"统一起来，即将国际台对外传播目的和受众需求有机结合起来。

此外，俄东中心各语言广播还应加强与对象国媒体的合作，通过互换链接、联合办节目、联合报道、参与其节目等多种方式，利用对方的触角，壮大自己，力争使所有语言的传播平台成为对象国受众心目中最好的外国人办的母语传播平台，从而扩大影响力。

**（四）创新多媒介联动的新型传播模式，完善海外分台的平台建设**

多媒介联动传播模式的优势在于能够覆盖更多的受众、分摊内容成本和降低单一媒体的经营风险。因此，当前世界主要传媒机构无一例外地将多媒体作为发展方向之一。

目前，俄东地区传媒技术呈现出了新特点：第一，短波广播急剧萎缩，已基本淡出普通受众的选择。如据俄东中心2007年的一次调研，塞尔维亚、克罗地亚、波兰、捷克、阿尔巴尼亚等国收听短波的人平均只占受访者的5%。第二，受众普遍保持着收听广播的习惯，但调频广播已成为收听媒介的主流。以克罗地亚首都萨格勒布为例，该城市面积约1300平方公里，人口只有78万，却开办了30多家调频电台。第三，该地区互联网业迅猛发展，业已成为受众获得信息服务的主要渠道。有数据表明，不仅捷克、斯洛文尼亚、爱沙尼亚等已加入欧盟的10个东欧国家互联网用户增长十分迅速，从2000年至2007的七年间，以约52%的平均年增长率发展，即使是经济水平较低、网络普及较差的阿尔巴尼亚，发展速度也是不可低估的：2000年，其网络普及率仅为0.11%，2006年就已经达到14.98%，接近世界平均水平17.43%。因此俄东地区各国都开办有大量的私人调频台，而且绝大多数电台都办有自己的网站，提供广播节目的点播或直播服务。这些特点提示我们，调频广播和互联网是当前国际台对俄东地区传播最为理想的平台，应在这方面逐步加大传播资源投放力度。

此外，数字广播和移动新媒体这两个领域也需要予以特别关注：

在数字广播领域，作为俄罗斯数字广播的开拓者，俄罗斯之声（VOR）从 2003 年起以 DRM（数字中波广播）传输形式每天向欧洲转播节目。在东欧，波兰、捷克和匈牙利分别从 1997 年、1999 年和 2000 年开始进行数字广播的实验工作。随着东欧一些国家成为欧盟的成员国，以及在欧盟 2012 年完成向数字转换计划的鼓励下，该地区广播电视的数字化进程正在加速。

在移动新媒体领域，随着 3G 在俄东地区的迅速推广，手机广播在该地区也进入了战略发展期。虽然手机广播还被看作一种新兴媒体形式，但业已被运用在国际广播体系中。例如，VOR 于 2009 年 10 月 15 日启动了名为"手机里的俄罗斯之声"项目。如今在世界各地，只要有移动通讯的地方，就可以通过手机收听"俄罗斯之声"的多个语种节目。在捷克、匈牙利、波兰等国，目前 3G 网络已经覆盖整个地区 30% 的人口，2012 年 3G 覆盖率达到 70% —80% 。3G 终端为手机广播提供了更广阔的发展空间。塞尔维亚的海外分台节目目前已经实现通过手机下载收听，受众群逐步得到扩展。

打造多媒介联动覆盖的传播模式不仅仅是给传统媒体的内容传播提供了众多新途径，实际上带来的变化是多方面的。在管理机制上，全媒体是为制度创新预设了可能性，为向现代传媒集团转型提供了空间；在新闻生产上，全媒体是信息整合的具体方式、报道形态，以多媒体素材集成报道；在传播渠道上，全媒体正在向各种互联网和移动平台终端强力渗透。全媒体平台提供多媒体产品，通过电视、广播、互联网、手机等多渠道满足受众的个性化需求。

**（五）加强中国文化的传播，提升海外分台传播软实力**

如前所述，由于俄东地区各国曾经与中国有着相同或相似的社会制度，拥有过一些共同的社会元素，虽然随着东欧剧变和苏联解体，俄罗斯和东欧各国纷纷由原来的社会主义社会转向西方式的"民主社会"，但是俄东地区的民众对中国的古老文化及现代发展十分感兴趣，因此，他们希望了解中国的需求依然很强烈。但是，随着俄东各国的制度转型，受众对媒体的角色认知与期望值也同时发生了显著变化，再加上民众"东张又西望"的复杂心态，他们很难接受、甚至强烈排斥过去政府代言人式的"宣传模式"。在这种情况下，客观、真实地报道中国，特别是传播中国文化的方方面面，通过文化传播解除受众的戒备心理，最大程度地接受我们节目传递的信息，并以文化为载体介绍中国的发展道路和发展模式，树立中国的良好形象，应该是俄东地区海外分台提升传播软实力的必取之策。这就要求俄东中心海外分台努力开发和利用中华文化资源，借助民族文化所具有的吸引力来提升海外分台的软实力。

　　加强海外分台对俄东地区的文化传播，首先要寻找中华民族与传播对象的文化共同点，提高跨文化传播效率。诸如以保护人类共同家园，维护世界和平，消除贫穷、饥饿、疾病等为主题的文化专题，诸如对名胜古迹、名川大河、民族文化遗产等的介绍……都易于得到不同文化背景的受众的理解，易于唤起共鸣，易于以"随风潜入夜，润物细无声"的方式对受众产生积极的作用。对此，调研中海外分台有关中国历史、旅游、餐饮、民俗等文化专题节目深得受众喜爱并大获好评，就是有力的佐证。

　　加强海外分台对俄东地区的文化传播，还要深入挖掘中国文化中的内涵，传播中国文化的精神与精髓。诸如餐饮美食、茶艺民俗、服装艺术等一些各民族共通的文化形式和内容，固然可以在较短的时间内引起国外受众的兴趣。但是随着时间的推移，它们只会给受众留下一些浅层的文化形式。针对俄东地区受众特有的主流社会意识和复杂的社会心态，海外分台需要将文化传播内容的选取重点逐渐转移到包含民族精神、哲学智慧、伦理道德等具有精神内涵的文化内容，借助其将中国文化的深层内涵推向世界。

　　此外，加强海外分台对俄东地区的文化传播，应注意遵循循序渐进的原则，不能急于求成。文化的影响不可能在短期内显现，它是一种循序渐进的、浸润性的传播过程。中国文化要真正深入外国受众心里，并产生积极的影响，必然要经历长期的、潜移默化的过程。我们不能以急功近利的心态、"跨越式发展"的理念来对待文化传播，不能仅以收听率作为衡量海外分台效益的唯一标准，要注重其长远的社会效益，注重国家长远的战略利益。

### 附表1　布达佩斯当地调频台列表

| 调频台名称 | 播出机构 | 所属公司 | 性质 |
|---|---|---|---|
| 科苏特电台 | 匈牙利国家电台 | — | 全国性公共电台 |
| 裴多菲电台 | 匈牙利国家电台 | — | 全国性公共电台 |
| 巴尔多克电台 | 匈牙利国家电台 | — | 全国性公共电台 |
| Class FM | 奥德维尼奥股份有限公司 | 尼尔葛什·若尔特 | 商业电台 |
| Neo FM | FM1 股份有限公司 | FM1 朋友有限责任公司 | 商业电台 |
| 尤文图斯广播电台 | 尤文图斯广播股份有限公司 | 尤文图斯传媒通讯社有限责任公司 | 商业电台 |

| 音乐调频 | 声音工作室节目服务机构 | 格拉杜斯·比特留斯,捷可博思·里哥特伯格 | 商业电台 |
|---|---|---|---|
| Info 电台 | Info 电台有限责任公司 | 中欧传媒和广播服务股份有限公司 | 商业电台 |
| 俱乐部电台 | 俱乐部广播股份有限公司 | 专著投资和服务股份有限公司 | 商业电台 |
| 公民电台 | 公民广播基金 | 没有数据 | 社区电台 |
| 经济电台 | 节目声音公共股份公司 | PHYLAXIA 1912. Holding 公共股份公司 | 社区电台 |
| 玛利亚电台 | FM-4 电台服务有限责任公司 | 玛利亚电台宗教社会和文化服务非盈利有限责任公司 | 社区电台 |
| 禁止电台 | 禁止文化基金 | 没有数据 | 社区电台 |
| 经典电台 | 电台节目播送有限责任公司 | 广播商贸和咨询有限责任公司 | 社区电台 |
| 白桥电台 | 白桥电台有限责任公司 | 里斯卡伊·加博尔 | 社区电台 |
| Q 电台 | 起点传媒有限责任公司 | 财务咨询服务有限责任公司 | 社区电台 |
| 爵士电台 | 匈牙利爵士电台有限责任公司 | 贝尔蒙得和阿达姆匈牙利有限责任公司 | 社区电台 |
| 匈牙利天主教电台 | 匈牙利天主教电台股份有限公司 | 匈牙利天主教主教会 | 社区电台 |

## 附表 2　贝尔格莱德部分主流调频电台

| 序号 | 名称 | 性质 | 类型 | 内容及受众定位 | 其他 |
|---|---|---|---|---|---|
| 1 | Radio Beograd | 公共，全国性 | 综合 | 政治、文化、旅游、音乐等<br>受众：所有人 | 电视、网站 |
| 2 | Radio Fokus | 商业，全国性<br>转播中国国际广播电台节目 | 综合 | 音乐、谈话类节目<br>受众：所有人 | 网站 |
| 3 | Radio Index | 商业，全国性 | 综合 | 音乐、资讯<br>受众：18—50 岁 | 网站 |
| 4 | Radio S | 商业，全国性 | 音乐 | 本国流行音乐<br>受众：25—45 岁 | 网站电视 |
| 5 | Roadstar Radio | 商业，全国性 | 综合 | 路况信息、资讯、音乐<br>受众：司机 | 网站 |
| 6 | Radio B92 | 商业，全国性<br>转播 BBC 节目 | 综合 | 80% 流行音乐，20% 谈话类节目<br>受众：30—49 岁 | 电视、网站 |
| 7 | Radio Novosti | 商业，城市 | 综合 | 流行音乐、时尚健康<br>受众：年轻人 | 网站 |
| 8 | Radio Pingvin | 商业，城市（第一家私人电台） | 音乐 | 本国流行金曲<br>受众：年轻人 | 网站 |
| 9 | Radio Pink | 商业，城市 | 音乐 | 本国流行、民谣、摇滚乐<br>受众：所有人 | 电视、网站 |
| 10 | Radio M FM | 商业，城市 | 音乐 | 国外动感摇滚及国内 20 世纪 70—90 年代摇滚乐 | 网站 |
| 11 | Radio Sport FM | 商业，城市 | 体育 | 体育<br>受众：热爱体育的人 | 网站 |
| 12 | Radio Studio B | 商业，城市<br>转播自由欧洲电台节目 | 音乐 | 音乐，少量城市新闻<br>受众：所有人 | 电视、网站 |

| 13 | Radio Top FM | 商业，城市 | 音乐 | 舞曲、流行音乐<br>受众：10—50 岁 | 网站 |
|----|--------------|-----------|------|------------------------------|------|
| 14 | Radio 3 | 商业，城市<br>转播国际台节目 | 音乐 | 流行音乐<br>受众：20—45 岁 | 网站 |
| 15 | Radio Naxi | 商业，城市<br>转播德国之声节目 | 音乐 | 流行、轻摇滚乐<br>受众：年轻人 | 网站 |
| 16 | TDI Radio | 商业，城市 | 音乐 | 流行音乐<br>受众：所有人 | 网站 |
| 17 | Radio Nostalgija | 商业，城市 | 音乐 | 前南怀旧金曲<br>受众：所有人 | 网站 |

# 第七章 西欧、拉美地区及非洲法语区海外分台受众分析

## 第一节 西欧、拉美地区及非洲法语区海外分台受众概况

### 一、西欧、拉美地区及非洲法语区概况

#### (一) 西欧地区概况

广义的西欧指欧洲所有资本主义国家。位于欧洲西部、中部和北部。面积约500万平方千米，人口7.11亿（2010年数据），欧盟总人口为5.03亿（2012年数据），欧元区人口为3.32亿（2012年数据）。[①] 该地区大多为发达资本主义国家，工业、农业、对外贸易和交通运输均十分发达，形成以欧盟前身——欧洲经济共同体为中心的经济体系，成员国有法国、英国、德国、意大利、比利时、荷兰、爱尔兰、卢森堡、希腊、西班牙、葡萄牙和丹麦。

欧洲是资本主义经济发展最早的大洲，目前经济发展水平仍居各大洲首位。在政治领域，中国和欧盟高层领导人互访频繁。通过高层的不断交流，中欧双方促成了一系列重大协议。在经济领域，中国与西欧近年来双方高级别互访迅速增加，人员往来日益频繁，经贸合作不断扩大，西欧已成为中国第二大贸易伙伴。在军事领域，中欧双方都互称"战略伙伴"，中国与欧洲许多国家都分别建立了不同类型的军事交流关系，并启动了与北约的对话。中国和欧洲在其他领域的关系，也在不断发展。总的来说，由于没有"历史问题"和"台湾因素"，欧盟与中国的关系因而相对简明。当然，中欧关系最为牢固、最为坚实的基础，是双方经济的互补性。

---

① 数据来源——欧盟统计局网站：http://epp. eurostat. ec. europa. eu/tgm/table. do?tab = table&language = en&pcode = tps00001&tableSelection = 1&footnotes = yes&labeling = labels&plugin = 1。

## （二）拉美地区概况

广义上的拉丁美洲是指美洲地区除美国和加拿大之外所有使用罗曼语族语言作为母语的大片国家。由于罗曼语族衍生于拉丁语，所以这些国家和地区被称为"拉丁美洲"。一般认为，拉丁美洲涵盖了超过 20 个国家和地区，总面积约 2100 万平方千米，人口接近 6 亿。该地区大部分国家曾经是西班牙、葡萄牙等欧洲国家的殖民地，大部分国家使用西班牙语或葡萄牙语，也有一些国家使用法语或英语作为官方语言。

拉丁美洲国家社会的主要特点是：民族构成复杂；经济社会发展不协调，城乡差距明显；社会财富分配不均，贫富分化突出；信息化社会、工业社会和农业社会形态并存；民族主义情绪高涨，社会开放程度较低。

## （三）非洲法语区概况

非洲是世界上法语使用者最多的大洲。法语伴随着法国和比利时历史上对非洲的殖民地化而来。据统计，非洲共有 31 个国家的 1.15 亿人在日常工作生活中使用法语，这些国家集中在撒哈拉沙漠周边以及西部和中部非洲。由于殖民历史的原因，非洲法语国家经济结构不健全，加之自然环境恶劣，且许多国家政治局势不稳定，种族复杂，导致大部分国家处于贫穷状态。但位于北部非洲的摩洛哥、突尼斯，以及非洲西海岸的塞内加尔、加蓬、科特迪瓦等国家由于地缘优势等原因，经济条件相对良好。

# 二、西欧、拉美地区及非洲法语区媒体概况

## （一）西欧地区媒体市场及主要媒体简况

### 1. 媒体市场简况

至 20 世纪末，欧洲人共拥有约 2.1 亿个电台频道、1.2 亿个电视频道，日均订阅报纸 9000 万份，是全球最大且最重要的大众传播市场。西欧的广播电视已转变成公营、民营并行的激烈竞争局面，受其影响，报业也在通过资产重组等形式不断巩固自己的地位。

西欧地区广播业非常发达，各类广播电台数量众多，不少电台之间的频率间隔仅有 200kHz，由于欧洲多数听众还保留着非常好的广播收听习惯，市场竞争极其激烈。同时，西欧地区广播技术非常发达，主要广播形态包括短波、中波、调频、有线广播、数字音频广播、网络电台、流媒体、ITunes、地面数字广播、卫星数字广播等所有传统和新媒体形态。

欧洲国家在电视发展方面具有普遍的相似之处。起初，电视作为公共服务事业，传播权由国家操控，国家是电视事业的主体。近二三十年来，以全

国性电视播出为特征的国家电视系统相对弱化，电视传播权朝着分散化和集中化方向转移。"无国界电视"政策主要体现在1989年10月3日欧共体12国颁布的《"无国界电视"指导原则》中。作为欧盟电视传播具有约束力的主要政策文件，《指导原则》为电视广播服务在联盟内自由流动建立了法律框架。它要求成员国制定或协调各自的相关法律，以消除欧盟内购销、发送和接收音像产品中的一切壁垒。芬兰是欧洲最早开放广播电视市场的三个国家之一，与意大利、英国一起于1983年向私营广播电视台颁发营业执照。如今，意大利公共电视台占市场比例的45%、芬兰公共电视台占有42%市场份额、英国公共电视台占有38%市场份额。[①] 近年来，英国、意大利、法国、德国、挪威、奥地利和比利时等国的IPTV、高清电视等业务也取得了一定发展。在"电视无边界"的西欧地区，自20世纪80年代后期开始，受大量美国价格低廉的电视节目影响，原本细腻醇美的欧洲媒体文化受到强烈冲击，也走上了娱乐化与商业化趋势。

欧洲各国的媒体仍各自保留强烈的区域与地方色彩，其中包括报纸等最传统的传播工具。如德国的365份日报中，343份为区域或地方媒体。西欧报纸发行量最大的国家为英国，在欧洲报纸发行量排行榜前25名中，英国报纸占据了15名，其中7家为周报。在多媒体、跨媒体风行的现代科技潮流中，西欧报业的经营者也已打破了单打一的运作思路。母报和子报齐头并进、传统媒体与电子媒体联合运行的大势已经形成。

西欧国家的手机、互联网及高速数字传输技术发展迅速。并被运用到了广播电视等传统领域，宽带技术非常普及。调研显示，87%西欧人平均每天花费3小时使用各类终端（智能手机或电脑）上网、搜索和收发电子邮件。将购买iPad和媒体平板电脑作为下一次消费行为的兴趣持续提升，而对膝上电脑的购买欲望急剧下降。截至2012年5月，西欧五国（英、意、法、德、西）手机用户中，使用智能手机的为48.8%，使用应用的为42.7%，使用浏览器的用户为42.4%，玩游戏的用户占29.7%，发短信的用户达83.1%，听音乐的为28.9%，访问社交网络或博客为29%。[②]

据意大利国家统计局1999—2011年统计数字显示，欧洲人有非常好的广播收听习惯，每天早、中、晚均为收听高峰。主要收听场所为家中和车内，此外，伴随新媒体的快速发展，利用手机等移动终端收听的人数不断攀升。在电台的听众中，女性略高于男性，以25—45岁中青年听众为主，经济发达

---

① 数据来自：中国人民大学新闻学院、新闻与社会发展研究中心《新闻学论集》第22辑——《世界公共服务传媒管理体制浅析——以外国广播电视系统为例》，陈中原著。

② 数据来自comScore公司网站：http://www.comscore.com/Insights/Press_Releases/2012/7/1_in_8_European_Smartphone_Owners_Conducted_a_Retail_Transaction_on_their_Device。

的商业中心和政治、文化中心城市的听众比例高于其他地区，并普遍具有较高学历和文化水平。

在法律法规方面，欧洲理事会与欧盟为规范欧洲范围内的广播电视，制定了一系列指导性法规文件，力图构建全欧统一的信息与思想交流平台、统一的广播电视业市场，推广"欧洲意识"，抵制美国影视业的"入侵"。这种全方位的法规管理框架对欧洲广播电视业的发展起着越来越重要的作用。近年来，虽然在全球经济一体化和传播网络化时代，欧洲传媒重申广播电视公共服务需维护文化多样性，保持私营媒体与公共媒体机构的运作平衡，但其从根本上是在保护本国、本地区的意识与文化，并严格限制外来媒体的内容与比例，有些国家甚至禁止外国媒体的进入，因此，国际台在无法直接进入本土的大环境下，应采取变通方式的战略，力争实现在欧洲主流媒体市场的"软着陆"。

2. 主要媒体情况

（1）欧洲新闻电视台（Euronews）

欧洲新闻电视台（Euronews）系欧洲主流媒体之一，总部设在法国里昂，1993 年 1 月开办。它每天使用英语、法语、意大利语、西班牙语、阿拉伯语、德语、葡萄牙语、俄语和土耳其语等语言向全球 135 个国家 2.48 亿观众发送电视节目。据欧盟最新调查数据显示，欧洲新闻电视台在西欧和东欧地区每周收视率达 5400 万人次，超过美国有线电视新闻网（CNN），位居榜首。欧洲新闻电视台由 17 家欧洲公共广播组织组成，雇用记者 160 名，资金主要来源于广告收入和用户付费。欧洲新闻电视台的特点之一就是使用 11 种语言播报一个版本的新闻。该电视台所以能这样做是因为它主要使用其旗下各个通讯社提供的图像，而没有亮相屏幕的新闻主播。只有旁白，甚至只有现场原音。由于新闻来源广泛，它提供了 CNN、BBC 这些主流声音以外丰富的地方声音，如东欧、北非的当地专题报道，特别受到非英语国家的青睐。

（2）英国广播公司（BBC）

英国广播公司（British Broadcasting Corporation，简称 BBC），成立于 1922年，是英国最大的新闻广播机构，也是世界最大的新闻广播机构之一。在相当长的一段时间内，BBC 一直垄断着英国的广播电视业。在 1955 年英国独立电视台和 1973 年英国独立电台成立之前，BBC 一直是全英国唯一的广播电视公司。BBC 虽然是接受英国政府财政资助的公营媒体，但其管理却是由一个独立于政府以外的 12 人监管委员会负责，并且通过皇家宪章保障其独立性。监管委员以公众利益的信托人的身份管理 BBC，他们都是社会上有名望的人士。BBC 目前经营对内传播的 8 条电视频道和 10 条广播频道，并受政府委托经办直接由政府出资的国际广播电视。今天的 BBC 不仅是一家在全球拥有高知名度的媒体，还提供其他各种服务，包括书籍出版、报刊、英语教学、交响乐团和互联网新闻服务。

（3）法国国际广播集团

法国国际广播集团（Groupe Radio France Internationale，简称 Groupe RFI）是法国唯一面向全球播出的公营广播集团。其前身是 1931 年成立的法国殖民地电台。法国国际广播集团通过新闻节目及时事专题节目迅速、快捷地向全球播报发生在世界各地的政治、经济、体育、社会及文化活动。目前在法国国际广播集团的旗下，有法国国际广播电台（Radio France Internationale，简称 RFI）、蒙特卡洛中东电台（RMC Moyen-Orient）、巴黎—里斯本电台（Paris Lisbonne）、法广—索菲亚电台（RFI Sofia）以及设在罗马尼亚的法广—三角洲电台（Delta RFI）。法国国际广播电台每天用法语及 19 种外语向全球广播。法语广播每天 24 小时不间断地播音。全世界每天有 4500 万人通过短波、中波、调频波段或卫星广播等收听法国国际广播电台的广播。

（4）意大利广播电视公司

意大利广播电视公司是意大利全国性公共广播电视机构，总部设在罗马。其前身是 1924 年 8 月 27 日成立于都灵的"意大利广播联盟"。目前，公司主办全国性广播电视节目，拥有包括模拟电视、地面数字、卫星数字、流媒体、高清电视等在内的 19 个电视频道，由各台自行编制节目；同时它使用包括中波、调频、有线广播、数字音频广播、网络电台、流媒体、ITunes、地面数字广播、卫星数字广播等手段开办 10 套广播节目，广播时数均为每天 24 小时；短波主要对地中海沿岸广播；另有所属地方广播电台 20 座，播出部分地区性节目。1984 年起播出图文电视，1989 年 12 月开始卫星电视实验广播，并对欧洲和拉丁美洲通过卫星传送电视节目。公司的财政来源是广播电视收听看费和广告广播收入。议会监督委员会每年规定公司广播电视广告收入的最高限额。意大利广播公司还负责意大利的对外广播，用 27 种语言，每天广播约 31 小时 15 分。

（5）德国之声（DW）

德国之声（Deutsche Welle，简称 DW）是按德国公法设立的国际化公共媒体，是德国广播电视联合会（ARD）的成员，拥有来自 60 多个国家的 1500 多位工作人员，制作广播、电视以及互联网资讯服务于全球。德国之声从 1953 年 5 月 3 日开始广播节目，总部设在柏林，目前以 29 种语言播出广播节目，以德语、英语和西班牙语播出电视节目。内容上侧重于报导国际时事，介绍德国时事、文化以及德国和其他国家之间的双边交流。总体来说，德国之声的资金来自于纳税人，每年德国之声从德国联邦政府得到拨款。最近，通过立法，德国之声的网站 DW-World 正式与广播、电视并立，成为德国之声多媒体的三大支柱之一。德国之声网站的重点语言是：德语、英语、中文、俄罗斯语、西班牙语、葡萄牙语和阿拉伯语。德国之声已于 2011 年 10 月 30

日停止对除非洲、亚洲以外的短波广播。

（6）西班牙国家广播电视集团

西班牙国家广播电视集团（Radio Television Espanola，简称 RTVE），该集团是西班牙国有的大型媒体集团，拥有公共电视频道、对内广播、对外广播、网络广播等平台，西班牙国家广播电台（RNE）是西班牙国家广播电视集团下属的广播机构，主要承担对西班牙国内和对外的综合广播、专业广播节目的制作播出。西班牙对外广播电台（REE）是西班牙国家广播电视集团下属的对外广播部门，使用短波、中波和网络向西班牙境外播出西班牙语广播节目。

**（二）拉美地区媒体市场及主要国家媒体简况**

1. 媒体市场简况

拉丁美洲地区的媒体发展呈现以下特点：第一，传统媒体和新兴媒体并存，传统媒体优势明显；第二，新兴媒体在城市、发达地区蓬勃发展，对偏远地区尚未产生足够影响；第三，由于历史因素的影响，美国、欧洲国家的传统媒体在当地有较强的影响力，导致其本国媒体也基本都是参照美国、欧洲等国的媒体进行产品设计和生产。

由于拉丁美洲具有独特的政治、经济地位，世界主要国际媒体均有专门针对拉丁美洲的媒体产品，如美国的美国有线电视新闻网（CNN）、美国全国广播公司（NBC）、英国的 BBC，西班牙的 REE 等都有相应的西班牙语和葡萄牙语媒体产品。同时，各个拉丁美洲国家的媒体发展程度虽然不尽相同，但基本构成均为国营媒体、私营媒体、机构媒体和外国媒体。如阿根廷的国家电台覆盖阿根廷全境，同时各个城市又有大量的地方电台、私人电台提供广播服务，在阿根廷国内还能接收美国 CNN、英国 BBC、西班牙国家电视台（Television Espanola，VE）等媒体的广播电视节目。

拉丁美洲大部分国家的媒体市场对内开放程度较高，但出于保护本国媒体企业考虑，大部分国家对传媒业对外开放持保留态度，并通过广播电视法、广播法等相关法律严格限制境外媒体的进入。如墨西哥《广播电视法》明确规定，墨西哥国内媒体使用境外媒体生产的节目必须经过墨西哥国家广播电视委员会的批准，同时该法律严格限制境外媒体制作的节目在墨西哥国内播出的比例和墨西哥国内媒体使用外籍雇员制作节目的数量。

在新媒体发展方面，拉丁美洲国家的大城市和发达地区新媒体和互联网发展程度较高，互联网已经成为当地民众最重要的信息渠道和社交平台，社交网络十分发达，注册人数比例较高；互联网媒体产品种类丰富，用户广泛；移动网络发达，智能手机普及率较高。但在一些偏远地区，电脑和新媒体的普及率较低，网络覆盖水平不高，传统媒体，尤其是广播和电视媒体，依然是当地民众获取信息的主要来源。

拉丁美洲地区政治、经济、社会发展正处于深刻变革时期，随着经济全球化的不断深入和新媒体手段的不断丰富，拉丁美洲民众，尤其是年轻一代和高端知识分子的国际视野将不断增强，对国际资讯的需求将不断增多，获取国际信息的能力也将不断提高。

2. 主要国家的媒体简况

（1）墨西哥

墨西哥全国有 1585 个广播电台，其中 5 个短波电台，852 个中波电台和728 个调频电台。索诺拉州和瓦哈卡州电台数量最多，各有 100 多个。墨西哥的广播节目内容非常丰富，但该国的广播行业主要以私营为主，全国的广播电台几乎完全被 7 大广播集团所控制，如特雷维萨广播电台（Televisa Radio），特雷维萨集团（Grupo Televisa），广播分支集团（Grupo Radiorama）等。每个集团旗下均有几十家电台。在一些城市，这些集团占据着当地所有的电台频率，例如墨西哥城、瓜达拉哈拉和蒙特雷这三大城市，以及位于墨西哥西北部下加州的恩塞纳达、墨西卡里和蒂华纳三个城市。

特雷维萨广播电台（Televisa Radio）：其前身 XEW-AM 电台创建于 1930年 9 月 18 日，培养了一大批墨西哥优秀的播音员。1975 年成立了广播帝国集团（Grupo Radiopolís），增加了更多的播出频率。凭借先进的卫星技术和光纤技术，1992 年该电台继续发展壮大。2002 年西班牙普利萨集团（Grupo Prisa）购买了该电台 50% 的股份，通过该台在多个城市播出其品牌节目。2003 年起，特雷维萨广播电台与广播分支集团（Grupo Radiorama）签署了战略联盟协议，使这两个集团可以在对方旗下的不同城市的多个电台播出自己分台的品牌节目。2008 年至今，该集团又与多个墨西哥强大的广播电台集团签署了战略联盟协议，继续在全国各地扩大自己广播节目的影响力。墨西哥特雷维萨集团（Grupo Televisa）拥有特雷维萨广播电台另外 50% 的股份。特雷维萨集团于 1951 年 3 月 21 日成立，是墨西哥最重要的大众媒体集团之一，其业务遍及电视、电影、广告、电信、互联网、广播、配音、动画等多领域。该集团电视业的影响力最大，拉美地区许多国家和美国的电视用户都能收看到他们的电视节目。该集团的年收入达 47 亿美元，拥有员工 2 万多人。

广播分支集团（Grupo Radiorama）拥有墨西哥全国 300 多家广播电台，并与另外几大广播集团结成了联盟，在全国的影响力巨大。　中心电台集团（Grupo Radio Centro）在墨西哥首都墨西哥城拥有 11 座广播电台，与全国 130个电台有合作关系，通过他们的平台播放该集团的新闻节目。

（2）智利

智利位于南美洲，面积约 75 万平方公里，人口 1709 万（2010 年数据，外交部网站）。智利是南美洲经济发展水平较高的国家之一。由于地形复杂，领土狭长，智利国内各地区经济社会发展不均衡，经济发达地区主要集中在首都圣地亚哥周围，同时该地区也是智利国内媒体最为集中、发展最为全面的地区之一。智利的广播业发展水平在南美洲地区处于较高水平，广播产业完善，法律规范健全。智利国家广播电台是智利政府所有的国家级广播电台，目前以企业化运作。其广播节目以中波和调频综合广播和专业广播为主，覆盖了智利的主要城市和地区。在 1974—1990 年间，智利国家广播电台开设了对外短波广播"智利之声"，但 1990 年后对外广播被取消。智利广播市场开放，企业、私人、教育机构和外国公司均可开设广播电台，较有影响的广播媒体包括：智利大学广播电台（智利大学设立）、环球广播电台（智利通讯公司）、迪士尼广播电台（儿童节目，隶属于华特迪士尼公司）等。

（3）阿根廷

阿根廷位于南美洲南部，面积约 278 万平方公里，人口 4011 万。阿根廷是南美洲最发达的国家之一，经济发展水平较高，农业、工业门类齐全。阿根廷国内广播媒体发达，全国有调幅电台 260 个，调频电台 1150 余个（大部分无许可证），短波电台 6 个。公共广播电台 1 台（LRA 1）是阿根廷唯一的全国性国家电台，有一套调幅节目和三套调频节目。阿根廷对外广播电台成立于 1958 年，现用 7 种语言进行对外广播。该国收听率最高的调幅电台主要有：

米特雷电台（Radio Mitre），1925 年成立，综合电台；广播网电台网络电台（Radio La Red），1929 年成立，原名"细刨花电台"，1991 年更改为现名，主要播放体育、时事新闻类节目；大陆电台（Radio Continental），1969 年成立，主要播放文艺类节目；美洲电台（Radio América），1948 年成立，综合电台。

（4）巴西

1922 年，巴西出现第一家广播电台，1936 年成立国家广播电台，总部在里约（当时是首都），1937 年在圣保罗成立了图皮电台，这也是目前在巴西颇有影响力的电台之一，1944 年，环球电台成立，这是目前巴西最大的私营广播电台；1959 年巴西的电台进入了直播时代，1962 年，开始通过卫星转播；1966 年，巴西出现立体声广播，1970 年，巴西开始进行调频广播；1977 年，里约热内卢城市调频台成立，该台在整个 90 年代的收听率都高居巴西各家电台之榜首；1991 年，以"触摸新闻"为口号的 CBN 电台成立，该台是环球电台旗下的播出机构，24 小时滚动播出资讯节目；1996 年，CBN 调频资讯广播在圣保罗开播，这是巴西第一家调频新闻台。2000 年开始，巴西出现网络电台。2005 年，巴西大部分广播电台开始测试数字广播。

**（三）非洲法语区媒体市场及主要国家媒体简况**

1. 媒体市场简况

由于殖民历史原因，欧洲殖民者长期在军事、政治、经济上对非洲进行大肆侵略和掠夺，西方文化也向非洲各国和社会各个层面大举渗透。在此背景下，非洲法语国家的媒体大多由政府主导，通常作为管理工具使用，与政权密切相关。其次，由于历史、地貌特征、地理位置等原因，非洲广播电视覆盖率比较低，这也限制了非洲法语国家广播电视节目的影响力，造成非洲广播电视事业发展缓慢。再次，冷战后西方文化霸权逐渐代替了西方以往对非洲经济和政治的直接控制权，非洲法语国家广播电视的内容大多引进西方，少有自己的自主创作，内容较局限。最后，非洲法语国家广播电视节目缺少独创性与创新性，节目的审查制度也导致许多节目无法在非洲地区进行推广，且古板的节目形式、老套的节目内容都让非洲的广播电视在一定程度上失去了活力。

技术落后是导致非洲法语国家广播电视发展滞后的主要原因，数字化现已成为媒体发展的必备手段，实现数字化需要大量的资金和良好的技术。为推动非洲法语国家广播电视事业的发展，近十几年来，越来越多的发达国家和发展中国家展开对非洲国家的大力资助，世界 500 强企业及世界银行多次对这些国家进行资金的直接援助以及对其广电领域内中小企业的资助。非洲法语国家也在积极开展与包括中国在内的国际社会的合作，特别是在广播电视技术及其产品领域，硬件设施更新换代是其进一步发展广播电视事业的前提。

2. 主要国家的媒体简况

（1）塞内加尔

1973 年建立广播电视局，1992 年改为国营公司，名为"塞内加尔广播国家广播电视公司"，统管广播电视工作。从 1992 年开始，塞内加尔与法国合作开办调频台可收听法国国际台和设在加蓬的"非洲第一台"的广播。国家电视台的节目尚不能覆盖全国，覆盖面积为 80%。在达喀尔，通过卫星天线，可收到美国 CNN、法国国际台、Canal Horizon 和 TV5 等西方电视台的节目。

（2）毛里塔尼亚

毛里塔尼亚电视台：国营，由伊拉克出资，法国承建。1983 年试播，1984 年正式开播。只有一套彩色节目，用阿拉伯语、法语和黑人少数民族语言播放，平均日播 4—5 个小时。1996 年，毛里塔尼亚卫星电视接收系统竣工。

毛里塔尼亚广播电台：国家广播电台，1960 年建立。现使用的广播设备由德国援建，只有一套节目。用阿拉伯语、法语、布拉尔语、索宁语和沃洛夫语播送，每日播出 19 小时。

（3）尼日尔

尼日尔新闻机构由通讯部统管，最高新闻委员会负责制定新闻方面的有关法规和监督新闻自由的落实。

萨赫勒之声：国家广播电台，创建于 1958 年。每天播音 14 小时，除用法语外，还用豪萨语、哲尔玛语、卡努里语、阿拉伯语、图布语等 8 种民族语言广播，节目覆盖率为 95%。法国国际广播电台在尼亚美建有分台，每天

24 小时广播。

萨赫勒电视台：国家电视台，建于 1975 年。自 1988 年 11 月起每天播出，用法语和 6 种民族语言播放，可覆盖国土面积的 70% 和全国人口的 80%。2001 年 12 月开通 TAL-TV 数字频道。

（4）科特迪瓦

科特迪瓦国家广播电台是国家电台，分一台和二台，用法语和当地语言广播。"希望电台"为私营的天主教电台，1991 年 3 月开播。科特迪瓦电视台为官方电视台，分电视一台和电视二台。电视一台于 1963 年 8 月开播，电视二台原为电视一台的第二套彩色节目，1973 年 8 月开播，1991 年 11 月正式独立成台。

## 三、西欧、拉美地区及非洲法语区海外分台概况

目前，国际台主要通过法语、德语、意大利语、西班牙语、葡萄牙语、希腊语等语言对西欧、拉美地区及非洲法语国家进行传播，主要海外分台也分布在上述语种覆盖的国家与地区。

### （一）西欧地区国家主要海外分台情况

截至 2012 年 10 月，国际台在西欧的意大利、摩纳哥、芬兰、希腊和葡萄牙 5 个国家实现了 8 个整频率落地。

1. CRI 摩纳哥中波台和 CRI 摩纳哥调频台

2007 年 10 月 1 日，国际台通过租用摩纳哥中波台和调频台广播时段落地播出项目正式开播。其中中波台为 AM702 中波台，播出频率为 702kHz，发射功率为 400 千瓦。每天当地时间 09：00—24：00 播出国际台 15 小时法语、意大利语和汉语普通话节目，节目信号覆盖法国大部、西班牙东北部地中海沿岸、意大利北部及西南部地中海沿岸、北非地中海北部沿岸地区和摩纳哥全境。

CRI 摩纳哥中波台是国际台在欧洲实现的第一个整频率节目落地中波台，这个项目的实施进一步扩大了国际台对法国、摩纳哥等法语区国家以及意大利等周边国家的覆盖和影响。

摩纳哥调频台的播出频率为 96MHz，发射功率为 200 瓦，每天 06：00—24：00 播出国际台 18 小时的法语和汉语普通话节目。摩纳哥 FM96 调频台是国际台在欧洲实现的第一个整频率节目落地调频台。

2. CRI 波利中波台

2009 年 4 月 15 日，国际台在芬兰的海外分台 CRI 波利中波台正式播出。节目的播出时段为欧洲中部时间每天 04：00—08：00（4 小时），18：00—24：00（6 小时）。该台的播出频率为 963kHz，发射功率为 600 千瓦，每天播

出国际台 10 小时的俄语、德语、波兰语、捷克语、立陶宛语和爱沙尼亚语节目，其中立陶宛语和爱沙尼亚语节目为本土化节目。节目信号可以覆盖从北欧至英国东海岸的大部分地区，同时还可以覆盖欧洲中东部、俄国西北部、爱沙尼亚、立陶宛等地区。

3. CRI 米兰调频台

2011 年 2 月 1 日，CRI 米兰调频台正式开播。这也是国际台在整个欧洲地区第一家单一语言全天播出 24 小时节目的调频电台。

CRI 米兰调频台在当地的合作电台——意大利米兰 Fantastica FM101.5 调频台为私有商业电台，已有十年历史，发射功率为 5 千瓦，发射塔高 118 米，可覆盖整个米兰和周边地区，其高质量立体声广播可覆盖 450 万人口。该台是米兰影响力较大的主流电台之一，据调查，该台听众年龄基本分布在 18—50 岁间，具有较高的文化水平、相对稳定的收入，对主流社会有一定的舆论引导力。此外，FM101.5 的频率位于意大利两大国家电台的频率之间，非常利于吸引新听众。

米兰是意大利伦巴第省省会，是意大利最发达的城市，与巴黎、伦敦和柏林并列为欧洲四大经济中心，也是世界八大国际都会之一。米兰的生产总值占全意大利的 10%。市区人口 180 万，总人口 400 万，每天外来人流量达数百万。

CRI 米兰调频台以播出财经、文化及音乐类内容为主，主要包括《经济壹周刊》、《文化印象》、《中国时间》、《悦乐时光》等节目。

国际台意大利语部节目在 CRI 米兰调频台的播出，有效地扩大了国际台在意大利媒体的话语权和影响力，有利于树立我国和平发展的良好国际形象，扭转我在该地区与西方国家信息不对称的局面。

4. CRI 雅典调频台

2011 年 6 月 1 日，CRI 雅典调频台在希腊雅典市顺利开播。该台每天播出国际台委托制作的 10 小时希腊语节目，播出时间为当地 13 点到 23 点，发射功率为 5 千瓦，覆盖大雅典地区，覆盖人口约 550 万。这是国际台整频率节目首次在欧洲巴尔干半岛的地区播出。

CRI 雅典调频台主要播出介绍中国和希腊音乐及音乐创作方面的内容，其中穿插了《亚洲文化》、《今日中国》等节目。

国际台节目在希腊雅典落地播出，将节目传送到希腊主流社会和受众群体，达到全面、深入、持续地报道和介绍中国的目的，为拓展国际台在巴尔干半岛地区频率落地事业，对提高国际台外宣实效具有重要意义。

5. CRI 芬兰多城市调频台

2011 年 11 月 15 日，CRI 芬兰多城市调频台正式开播。该台每天通过其位于芬兰 11 个主要城市的调频频率同步播出国际台 10 小时芬兰语节目，播出时间为当地时间 14：00—24：00。该套落地节目采用本土化制作方式，国际台提供节目素材，通过专线传送给国际台北欧节目制作室，由北欧节目制作室负责制作本土化芬兰语节目并在当地播出。播出节目以音乐和文化新闻为主。

CRI 芬兰多城市调频台在当地的合作电台——芬兰 Rondo FM 电台位于首都赫尔辛基，成立于 2010 年 3 月，电台以播放古典音乐节目为特色，在赫尔辛基、拉赫蒂、海门林纳、于韦斯屈莱等全国 11 个城市拥有广播频率，同时拥有在线广播。国际台节目通过该台 11 个调频频率落地后，节目信号可覆盖芬兰 350 多万人口，占该国总人口的 70%。

芬兰作为一个典型的北欧国家，在轻工业、环保等方面有很好的优势，与中国经济有很好的互补性。中国目前是芬兰在亚洲最重要的贸易伙伴。国际台节目在芬兰整频率落地播出，为拓展国际台在北欧地区频率落地事业，提高国际台外宣实效具有重要意义。

6. CRI 罗马调频台

2011 年 11 月 28 日，CRI 罗马调频台正式开播。该台通过合作电台——罗马动力电台 FM100.5 调频台每天 24 小时播出国际台意大利语节目。罗马 FM100.5 调频台与 CRI 米兰调频台共享大部分节目，并增加部分本土新闻和信息等内容。

CRI 罗马调频台以播出新闻资讯及文化类内容为主，主要包括：《新闻事实》、《空中茶社》、《丝绸之路》、《今日中国》等节目。

罗马是意大利首都，也是意大利第一大城市，人口超过 270 万。罗马动力电台 FM100.5 调频频率的发射功率为 2 千瓦，节目信号可覆盖大罗马地区的超过 400 万人口。国际台在罗马整频率落地项目的实施，有效地拓展了我在意大利的话语权和影响力。

7. CRI 里斯本调频台

2012 年 6 月 8 日，CRI 里斯本调频台正式开播。这是国际台节目在葡萄牙语国家首次实现整频率落地。

CRI 里斯本调频台在当地的合作电台——葡萄牙 IRIS 调频台每天 24 小时播出国际台葡萄牙语节目。该台是一家综合性电台，成立于 1985 年 12 月 1 日，为 IRIS—独立地区信息服务有限公司拥有。该台实际发射功率 1290 瓦，覆盖周围 50 千米的区域范围，包括里斯本大区及圣塔伦等地区，覆盖人口 300 万。

国际台节目在葡萄牙整频率落地播出，将节目传送到葡萄牙主流社会和受众群体，为拓展国际台在葡萄牙语地区整频率落地事业，提高国际台外宣实效具有重要意义。

### （二）拉美地区主要海外分台情况

#### 1. CRI 巴拿马中波台

2007 年 10 月 1 日起，国际台通过巴拿马中文台 AM1180 中波频率每天播出 10 小时节目，包括汉语普通话、广州话和西班牙语节目，节目播出时间为当地时间 12：00—22：00。该项目是国际台在中美洲地区的第一个整频率项目。巴拿马中文台发射功率 10 千瓦，节目信号覆盖巴拿马城及周边地区约 50 万人口。目前，这个电台的受众以当地的华人华侨为主，他们喜欢收听国际台的广州话节目。也有一些当地人收听西班牙语节目。

#### 2. CRI 蒂华纳中波台

2010 年 11 月 1 日，国际台在墨西哥蒂华纳实现节目落地，每天 12 小时播出国际台西班牙语节目，节目播出时间为当地时间每天 18：00—次日 06：00。该台播出频率 1470 千赫，发射功率 5 千瓦，节目覆盖蒂华纳地区、墨西哥下加利福尼亚州特卡特、罗萨里托和恩塞纳达以及美国的圣迭戈。

### （三）非洲法语国家主要海外分台情况

#### 1. CRI 尼日尔四城市调频台

2007 年 10 月 1 日，CRI 尼亚美调频台开播，每天当地时间 06：00—24：00 播出国际台 18 小时的法语、豪萨语、英语和汉语普通话 4 种语言节目。该台发射功率为 1000 瓦，节目信号可覆盖尼亚美及周边地区 100 多万人口，是国际台在西非法语区国家开办的第一个整频率调频电台，对加深中尼、中非人民之间的友好合作关系，进一步扩大中国在非洲的影响发挥了积极作用。

2009 年 8 月 24 日，国际台在尼日尔三大城市马拉迪、津德尔和阿加德兹新建的调频台同时开播。三家调频台的发射功率均为 1 千瓦。CRI 马拉迪调频台和 CRI 津德尔调频台的播出频率为 106MHz，CRI 阿加德兹调频台的播出频率为 103MHz。三台的节目套用 CRI 尼亚美调频台节目，节目信号覆盖上述三座城市及周边地区 300 多万人口。至此，国际台在包括尼日尔首都尼亚美在内的尼日尔四大城市实现了整频率调频落地。

#### 2. CRI 塞内加尔四城市调频台

国际台在塞内加尔开办的四城市调频台分别为 CRI 达喀尔调频台、CRI 圣路易岛调频台、CRI 考拉克调频台和 CRI 济金绍尔调频台，开播时间为 2009 年 12 月 16 日。四个调频台的发射功率为：达喀尔台 2 千瓦，圣路易岛台、考拉克台和济金绍尔台各 1 千瓦。四台每天 06：00—24：00 同步播出国际台法语和汉语普通话节目 18 小时，其中法语节目 12 小时，汉语普通话节目 6

小时，节目信号覆盖上述 4 城市及周边地区约 250 多万人。

### 3. CRI 班吉调频台

2011 年 5 月 6 日，CRI 班吉调频台在中非共和国首都班吉正式开播。该台由中广公司承建，播出频率为 97.7MHz，发射功率为 1KW，每天播出国际台法语节目 18 小时，播出时间为当地时间 06：00—24：00（北京时间 13：00—次日 07：00）。节目信号可覆盖班吉市及其周边地区。班吉调频台是国际台在非洲法语国家首个全法语整频率电台。

### 4. CRI 布拉柴维尔调频台

2009 年 9 月 1 日，国际台在刚果（布）首都布拉柴维尔建立的 CRI 布拉柴维尔调频台正式开播，每天当地时间 06：00—24：00 共转播国际台 18 小时的法语和汉语普通话节目，其播出频率为 90.1Mhz，发射功率为 5 千瓦，节目信号可覆盖刚果（布）首都布拉柴维尔约 100 万人口，该台同时还可覆盖与布拉柴维尔隔河相望的刚国（金）首都金萨沙的部分地区。

### 5. CRI 努瓦克肖特调频台

2012 年 4 月 16 日，国际台与毛里塔尼亚国家广播电台合作建设的 CRI 努瓦克肖特调频台正式开播。

该调频台播出频率为 FM95.7，发射功率为 3 千瓦，覆盖毛里塔尼亚首都努瓦克肖特及周边地区 100 多万人口，每天 24 小时播出国际台阿拉伯语和法语节目。其中，阿拉伯语每天播出 16 小时，播出时间为当地时间早 08：00 到 24：00；法语每天播出 8 小时，播出时间为当地时间 00：00 到早 08：00。

## 四、西欧、拉美地区及非洲法语区海外分台受众概况

### （一）国际台对西欧地区广播及其海外分台受众概况

目前，国际台主要通过法语、德语、意大利语、世界语、西班牙语、葡萄牙语、希腊语等语种对除英国以外的西欧地区进行对外传播，主要海外分台也分布在上述语种覆盖的国家与地区。

法语受众是国际台西欧地区受众的重要组成部分。其中约有 80% 来自法国，还有比利时、卢森堡以及瑞士等国的受众。调查显示，45 岁以上的受众占到了 67%，男性受众比例为 72%，他们所关注的节目类型集中在文化、旅游、音乐等方面。许多收听法语节目的欧洲受众都或多或少地对中国感兴趣，他们希望从国际台的节目中得到更多关于中国的实用信息，以为他们在与和中国有关的人或事的交往活动提供便利。

在德语受众方面，根据受众调研，国际台德语受众中男性比例比女性高出很多。受众的年龄层分布广泛，但是其中 45 岁以上的人占绝对多数，达到

68%。32.8%的受众的受教育程度为高中，10.4%为大学本科，44.8%为硕士，4.5%为博士。根据调查得出的数据，基本上可以认为就受教育程度而言，国际台德语的受众群集中在中间阶层。在职业上，德语受众中职业排在前几位的分别是公司雇员（32.1%）、退休人员（17.2%）、自由职业者（13.4%）、学生（10.4%）和政府机构工作人员（9.7%）。德国媒体条件良好，电视、广播及互联网是最常用的三大媒体，通过报道双边相关联的内容，可以激发其对中国的兴趣。

在意大利受众方面，根据 CRI 米兰工作室掌握的情况及对 CRI 米兰调频台受众调研的结果，我们发现国际台意大利语广播的受众的性别比例较为均衡；而且分布在各个年龄段，但主体受众群是 20—45 岁的中、青年人；受教育程度普遍较高，并且受教育程度越高越容易成为广播受众；职业构成上以学生和职业人士为主，大都具有较好的职业背景、在社会上影响力较大。同时，出于对中国经济飞速发展和对中国传统文化的好奇，国际台节目的受众普遍对中国怀有浓厚的兴趣，希望通过广播了解中国；但对中国媒体的信任度偏低，倾向于通过当地媒体获取关于中国的信息。另外，虽然受众使用新媒体收听广播的比例较高，但传统的收音机仍然占据重要的地位。因为历史文化背景的差异，意大利受众喜爱的节目类型主要为文化类节目、欧美音乐、时政新闻资讯类节目等；由于近年来中意之间经济和文化交流的增强，与中国有交流需要的意大利人越来越多，因此汉语教学类节目也拥有不错的收听率；而经济类节目和中国音乐喜欢的人相对较少。（对 CRI 米兰调频台受众的具体调查情况和分析详见本章第二节）

西欧地区是一个广播历史悠久，广播业相对发达的地区。尤其是城市电台，具有数量众多、类型丰富、专业化强的特点。因此，国际台西欧地区受众对广播节目的总体欣赏水平较高，要求也较高。为了满足受众要求，我台在西欧地区的海外分台还应进一步加强内容建设，提高整体制作水平，在获得良好收听率的同时传递文化价值。

### （二）国际台西班牙语广播及其拉美地区海外分台受众概况

2012 年 5 月至 7 月，我们对国际台的西班牙语广播受众，特别是 CRI 蒂华纳调频台落地节目能覆盖的地区的受众做了一次新的受众调查。

本次调查共发出问卷 2500 份，其中通过电子邮件定向投送 2300 份，街头随机发送 200 份，共回收到有效问卷 270 份，回收率为 10.8%。其中网络回收 240 份，街头问卷回收 30 份；其中 210 份为美洲（美国，拉美国家）用户，60 份为欧洲用户（西班牙、意大利等南欧国家）。

1. 受众构成

（1）区域分布

由图1可以看出，国际台的西班牙语广播主要受众集中在美洲地区，这和世界人口分布、当地社会经济发展水平、社会生活习惯的分布一致。在欧洲地区，各种传媒手段发达，在广播媒体中以提供直播服务的城市调频台、中波台为主。受众收听广播的目的不是获取信息，而是伴随式收听或获取某种本地服务（体育直播、互动、彩票中奖信息等）。而在美洲，尤其是西班牙语广播覆盖较好的拉丁美洲地区，既有经济较为发达的国家（墨西哥、阿根廷、智利等），也有经济欠发达国家，这些国家之间的经济社会发展水平不均衡，城乡差别较大，电视、互联网等媒体形态发展不均衡，造成受众获取信息手段单一。在这些国家有着一定数量的短波听众和相当数量的中波听众，同时有着相当程度的受众开发潜力。

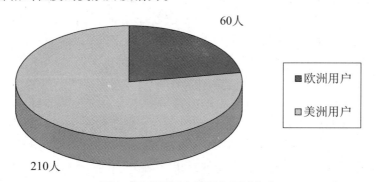

图1　西班牙语广播受众区域分布

（2）性别分布

男性用户为213人，女性用户为57人（见图2）。受众性别分布不均，大部分为男性受众。通过该调查结果可以看出，在对象国国家，男性依然是关注国际资讯的主要力量，女性对国际信息的兴趣较为匮乏。

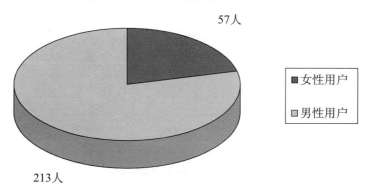

图2　西班牙语广播受众性别分布

（3）年龄构成

接受调查者中，20岁以下的6人，20—49岁的165人，50岁以上的为99人（见图3）。国际台受众年龄分布呈枣核形，即两头小，中间多。该数据说明关注国际台广播的听众绝大多数是社会的中间层次。这是因为该年龄层次的听众一方面具有一定的国际视野，关注国际社会和国际动态，有获取新知识的能力和意愿。另一方面，该年龄层次的听众依然保留着收听广播的习惯，没有完全依赖电视、互联网等媒体手段。我们认为，合理的年龄分布能够使传播效果最大化，提高我台国际传播的影响力。

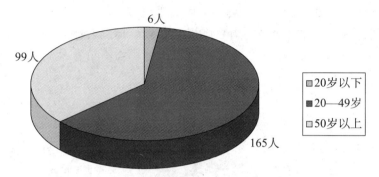

图3　西班牙语广播受众年龄层次分布

（4）受教育程度

接受调查者中，高中或以下的81人，大学本科的144人，硕士及以上的为45人。（见图4）可见，与拉美国家整体受教育水平相比，国际台的听众呈现出较高的受教育层次。这说明在对象国国家，拥有获知国际资讯意愿和能力的受众主要集中在高知识阶层和精英阶层。这一部分群体的社会影响力和资讯消费能力都高于当地社会平均水平，如果能对这一部分群体施加更大的影响，则能产生"1+1大于2"的传播效果。

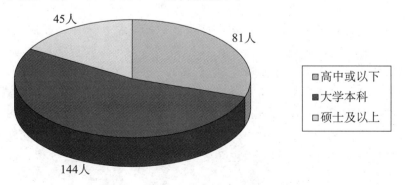

图4　西班牙语广播受众受教育程度分布

2. 收听习惯

（1）收听途径

被调查受众主要收听的均为当地较有影响的中波或调频频率，如：Radio 10 AM710（阿根廷，布宜诺斯艾利斯），Radio Mitre AM790（阿根廷，布宜诺斯艾利斯），西班牙国家广播电台（738 KHz）；1440 KHz；91.0 MHz（COM-Radio）（西班牙），Radio Rebelde（古巴），Radio Taino 89.1FM（古巴），等等。

从调查数据来看，68%的受众收听本城市、本地区或本国的调频或中波节目，在调频/中波受众当中，45%为中波受众，55%为调频受众。由此可以看出，在被调查者所在地区，调频广播和中波广播均有相当受众群体。16%的受众只收听互联网广播节目，说明网络广播仍然有待普及。16%的受众仍然收听短波广播节目。（见图5）

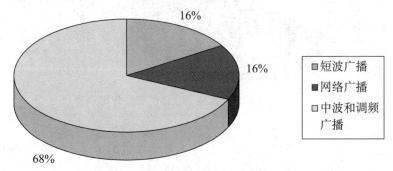

**图5　西班牙语广播受众收听广播的主要途径**

根据以上数据可以看出，在国际台广播覆盖地区，收听调频和中波节目是主要的广播接收方式，这和国际主流的广播发展趋势相吻合，即城市中波台和城市调频台为广播的主要渠道。我们认为，在对象国家，调频广播和中波广播都是主流的广播传播方式，由于对象国家地理、历史、社会生活习惯等因素，中波广播拥有成熟、稳定和广泛的收听群体，因此，在对象国家开展本土化广播，可以将中波广播和调频广播同等对待，调频广播未必会因其立体声音质而更获青睐，反而有可能因为其覆盖范围较小、收听限制较大而导致影响力不如中波广播。而从调查数据可以看出，短波广播已经成为少数短波爱好者的收听对象。而单纯在网络上收听广播的听众同样很少，这反映了国际台受众的转化方向普遍是单向的，即从广播受众转化成为网络用户，而较少出现逆向转化（从网络用户转变为广播用户）。

（2）接收工具

在"所使用的广播接收设备"问题上，72%的受众使用收音机收听广播，30%的受众在电脑上收听广播，21%的受众在车中使用车载设备收听广播，16%的受众使用手机、MP3等多媒体设备收听广播，7%的受众使用专业设备

收听短波广播。(见图6)

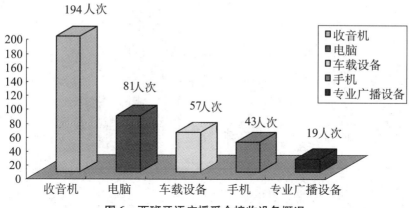

图6　西班牙语广播受众接收设备概况

通过本调查数据可以看到,在对象国家地区受众中,使用收音机接收广播的用户占绝大多数,这主要是因为收音机的使用成本低、接收效果好、携带便捷、家庭普及程度高。根据答卷结果,使用电脑收听的用户群体与使用收音机收听的用户群体基本吻合,这说明通过电脑和互联网收听广播是日常习惯收听广播的听众的补充行为,当其所希望收听到的节目接收质量不佳,或由于某种原因接收不到信号时,为了获取某些特定信息或关注某些特定栏目,受众会选择通过电脑收听广播节目。车载设备(包括车载收音机等)是受众较多使用的接收设备之一,这说明相当一部分受众习惯伴随式收听,即没有明确目的性的收听某档或某几档广播节目。由于广播设备的高度普及,手机、MP3等移动媒体设备收听广播由于其信号接收能力有限(往往只能以耳机线为天线,接收信号较强的调频广播,没有能力接收中波广播),导致使用上述设备收听广播的群体较少。使用人数最少的是专业短波设备。该类设备体积较大,便携性差,需要固定供电、专业天线及较复杂的使用流程,导致使用该类设备的受众已经超出了通过广播获取信息的范畴,而是将短波广播设备作为发烧设备进行使用,因此,该类用户所关注的并不是广播中的内容,而是所能收听到的广播节目数量及收听设备的专业度。

(3)收听时段

调查显示,6%的受众习惯清晨收听广播,20%的受众习惯上午收听广播,38%的受众习惯下午收听广播,71%的受众习惯晚上收听广播,29%的受众习惯半夜收听广播。(见图7)

通过受众收听时间段习惯分布调查结果可以看出,对象国家地区广播听众收听时段呈明显的两极分化:下午(13:00—19:00)到晚间(19:00—24:00)为黄金时段,集中了主要的广播受众,而凌晨、深夜和上午时段为收听低谷。这与对象国家地区民众的生活习惯相吻合,说明对象国家地区的民

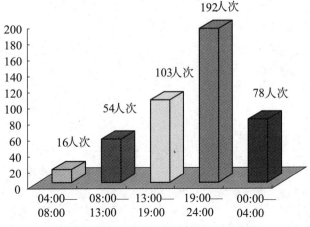

**图7 西班牙语广播受众收听时间段分布**

众大部分情况下是在工作之外的时间收听广播，将收听广播、获取信息作为一种休闲或娱乐。因此在安排广播节目时，可以将主打栏目和重点推介内容安排在黄金时段播出，以取得最大的收听效果。此外，深夜时段虽然收听人数较少，但随着对象国家地区城市化进程的深入，夜生活的不断丰富，深夜时段的收听人数呈现增长态势。对深夜时段的市场争夺也将成为各个广播媒体竞争的主要方向。

（4）收听时长

调查显示，8%的受众收听时间不足 1 小时，76%的受众收听时间为 1—3 小时，16%的受众收听时间超过 3 小时。（见图 8）

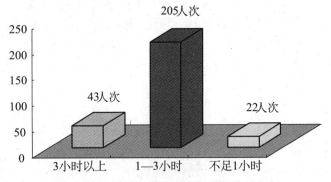

**图8 西班牙语广播受众收听广播时长分布**

通过本调查题目可以清晰地看到，绝大部分受众收听广播节目的时长在 1—3 小时之间。一方面是因为对于广播节目，尤其是文化、体育、音乐类节目来说，节目板块一般都会超过 1 小时的长度；另一方面，说明对象国家地区听众一般来说会有较为完整的 3 小时以内的空闲时间收听广播节目。根据这一调查结果，我们认为在编排落地节目的时候，可以考虑到听众的收听时长习惯，将较大板块的节目控制在 1—3 小时内，同时做好各个时段之间的联动和预报，通过引起听众兴趣的手段改进短时间收听听众（收听广播在 1 小时内的听众）的收听方式，提高他们的黏着度。同时，针对那些收听时长在 3 小时以上的受众，可以在节目编排上考虑整体性的同时注重不同时间段的差异性，避免因长时间重复内容类似、形式相近的节目使听众产生听觉和心理疲劳。

（5）获取中国信息的渠道

41% 的受众通过本地媒体获取中国信息，77% 的受众通过中国媒体获得中国信息，32% 的受众通过其他国家媒体获得中国信息。（见图 9）

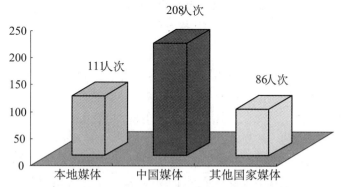

**图 9　西班牙语广播受众获取中国信息途径**

通过调查结果我们可以看到，中国媒体对中国信息的报道和介绍是对象国家地区受众获得中国信息的第一渠道，其次是本地媒体，最后才是其他国家的媒体。我们认为，这一结果主要是因为对象国家地区本地媒体对国外信息，尤其是中国信息的关注度不高，大量的本地、本国信息占据了本地媒体的空间，因而对中国的报道和关注十分有限。而其他国家的媒体所发布的中国信息无论是可信度还是贴近性都不高，无法成为获取中国信息的主要渠道。因此，在西班牙语广播对象国家和地区，中国媒体对中国信息的报道和介绍具有得天独厚的优势，也是当地民众获取中国真实情况的主要渠道。据此可以判断，随着中国的综合国力不断提高，中国在西班牙语广播对象国家地区的国际形象的不断改善，对外传播实力的增强，中国媒体能够在当地发挥独特而重要的优势。

3. 受众需求

（1）节目类型偏好

在目前所收听广播节目类型上，新闻资讯类节目是受众最经常收听的节目，有 79% 的受众经常收听。其次是文化、旅游、体育类专题节目，有 77% 的受众经常收听。第三是音乐类节目，有 58% 的受众经常收听。第四是服务信息类节目，有 21% 的受众经常收听。其他类节目中，有 13% 的受众表示经

常收听时政访谈或互动类节目。（见图10）

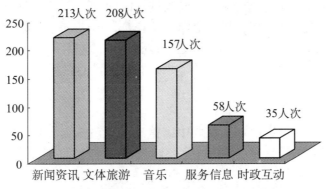

**图10　西班牙语广播受众收听节目类型偏好**

由此可以看出，通过广播获取新闻和资讯是对象国受众群体的主要收听目的。由于广播信息的及时性、现场性和接收的便捷性等特点，通过广播实现资讯的传递依然有着其他媒体、甚至是互联网媒体无法比拟的优势。除了资讯新闻类信息之外，文化、旅游、体育等软性节目也拥有大量的受众。我们认为，这符合对象国家受众的生活习惯。欧洲和拉美西班牙语国家的受众受拉丁文化的熏陶，往往热爱文化艺术，注重生活质量，关注体育赛事，此类文体旅游节目恰恰满足了受众此方面的需求。值得一提的是，重大体育赛事的广播直播是西班牙语国家广播受众收听率极高的节目，这一方面是因为很多听众在赛事举办时不具备收看电视或网络直播的设备条件，另一方面是因为很多国家拥有一批职业的、水平很高并且有独特广播艺术魅力的广播体育解说员，通过他们的声音解说出来的赛事拥有大量的固定受众。

（2）所期待的节目类型

在回答"如果国际台在所居住地区落地，最希望听到的节目类型"问题上，84%的受众希望听到文化旅游体育类节目，77%的受众表示希望收听到新闻资讯类节目，60%的受众希望听到音乐类节目，58%的受众希望听到汉语教学节目，24%的受众希望听到服务信息类节目，还有13%的受众希望听到其他类型的节目。（见图11）

根据以上调查结果，国际台西班牙语广播对象国受众对新落地节目的形态期许与目前他们正在收听的节目类似，同样是希望以新闻资讯为主，其次是文化、旅游、体育等软性节目和音乐类节目。作为我台的特色栏目，汉语教学类节目在对象国家地区也备受期待，是未来国际台落地节目的重要卖点。我们认为，随着中国对外影响力的不断增强，对象国家社会主流阶层和精英阶层对中国的各方面信息的需求会不断增大，这对国际台广播在对象国家地区落地提供了受众市场需求。无论是通过哪种形式的落地，在落地前都必须充分考察当地已有的主流广播电台的节目安排方式，并参照当地电台的方式

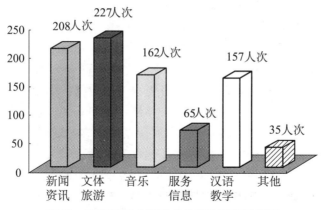

图11　西班牙语广播受众希望收听节目类型

对自身节目进行设置，以满足本土受众的需要。同时，在节目内容设置上应当注重各类型节目所针对的不同受众需求。广播节目由于其线性化播出方式，不可能在同一时间段满足不同层次受众的收听需求，但可以通过对对象国家地区受众的行为方式进行精细化分析，将针对不同层次受众的节目安排在最适当的时段，实现广播节目编排的合理化、本土化和最优化。

4. 分析与小结

根据以上受众调查问卷的分析结果，我们认为国际台西班牙语广播对象国家地区的受众地区分布合理，受教育程度较高，属于社会的主流群体和精英群体。此外，受众的接收技术手段、现有收听习惯、对不同类型节目的关注度等方面表现集中。对象国家地区的调频广播和中波广播拥有较强的传播影响力和覆盖度，其现有电台的节目编排可以作为我们未来西班牙语广播本土化制作的重要参考。

在内容传播方面，应当发挥国际台传播中国文化、介绍中国信息的先天优势，在对象国家地区占据中国报道的制高点，同时坚持节目兼容并蓄，面向不同社会阶层设置不同类型的节目，扩大覆盖面，以期达到传播效果最大化、最优化。

随着经济全球化的不断深入和新媒体手段的不断丰富，拉丁美洲地区政治、经济、社会发展正处于深刻变革时期，拉丁美洲民众，尤其是年轻一代和高端知识分子的国际视野将不断增强，对国际资讯的需求将不断增多，获取国际信息的能力也将不断提高。因此，中国应当抓住这一历史机遇，积极采取多渠道、多形态、多层次的战略，一方面与拉丁美洲国家媒体展开合作，在规避法律风险的前提下提供对方所需要的国际资讯产品，同时，积极进入拉丁美洲国家市场，以私营企业的方式进行媒体经营和媒体管理，采用本土化制作团队，包装输出价值观和价值取向，而非输出媒体产品的形式占领当地传媒市场，扩大中国的对外传播力和影响力。

5. CRI 蒂华纳中波台受众概况

（1）墨西哥广播受众简况

墨西哥地广人稀，在一些偏远地区广播仍然是人们获取信息的主要途径。大部分墨西哥人都有收听广播节目的习惯。据墨西哥 Ipsos-Bimsa 公司的统计，每天仅在墨西哥城和周边地区就有 1280 万人收听广播，平均收听 3 小时 20 分钟。当地听众最喜爱的广播节目是音乐节目。早间和晚间新闻也是广播节目中收听率高的节目。人们习惯在上下班时段获取更多的新闻资讯信息。

89.4% 的墨西哥人使用传统的收音机收听广播，42.2% 的人使用手机听广播，此外 41.5% 的人习惯驾车时用车载设备收听广播节目。墨西哥 12 岁至 17 岁的年轻人主要通过手机听广播，而 46 岁至 54 岁的中年人偏向于传统式收听。而 25 岁至 34 岁的青年喜欢通过网络收听广播。

（2）CRI 蒂华纳中波台受众概况

根据国际台驻墨西哥站记者 2011 年在 CRI 蒂华纳中波台的实地调研报告，国际台节目在当地的播出时间段（下午 6 点到次日上午 6 点）比较理想。当地人上班大多为自驾车，因此下午 5 点到 8 点下班高峰时段在车上收听广播节目的人很多。此外，每天通过蒂华纳和圣迭戈陆路口岸进出美墨两国的车辆和人员非常多。在进出关的等待时间里，当地人习惯听广播或者 CD 消磨时间。另外，通过与听众的接触了解到，每天早上 5 点至 6 点的起床时段和晚上 10 点至 11 点的睡前时段，有些听众会通过家中的收音机收听广播节目。

CRI 蒂华纳中波台定位相对高端，其节目构成以新闻、信息和音乐类为主，目标受众为接受过良好教育的听众。因此，收听国际台此频率落地节目的听众也主要集中在教师或商务人士。目前墨西哥听众最欢迎的节目主要是中国文化、旅游、中国古典音乐和现代流行音乐以及汉语节目。

## （三）国际台法语广播及其非洲法语区海外分台受众概况

目前，国际台已在摩纳哥、尼日尔、塞内加尔、中非和刚果（布）等 5 个欧非国家开播 11 个调频台；2012 年，随着毛里塔尼亚、科摩罗、多哥 3 个非洲国家调频台的开播，海外调频台数将达到 14 个，总时长将超过 200 个小时。国际台法语广播节目受众主要集中在西欧和非洲地区。此次受众调研共向西欧以及非洲法语地区国家通过记者站发送和邮寄的方式发放了近 300 份调查问卷，回收到来自 10 个国家（法国、比利时、卢森堡、瑞士、塞内加尔、刚果、中非、尼日尔、喀麦隆、阿尔及利亚）的 128 份问卷，有一定意义的代表性。按性别分，男性听众数量占 71%，女性听众数量为 29%。按年龄分，25 岁以下的听众数量占 32%，25 岁到 45 岁之间的听众数量为 48%，45 岁以上的为 20%。按照学历分，有近 62% 的被调查听众具有大学本科以上学历。由此可以看出，国际台法语广播听众的基本构成为年轻化、知识化、男性化，在节目的选择上他们更倾向于收听新闻类、体育类和音乐节目。

由于法语广播覆盖范围较广，受众情况也因地域不同而有所区别。本次调研共收到来自西欧地区的 35 份问卷，有 80% 来自法国，还有比利时、卢森堡以及瑞士等国的受众。在这些问卷里，45 岁以上的人占到了 67%，男性受众比例为 72%，他们所关注的节目类型集中在文化、旅游、音乐等方面。这说明欧洲受众更加注重不同国家之间的文化交流，例如许多收听法语节目的欧洲受众都或多或少地对中国感兴趣，他们希望从国际台的节目中得到更多关于中国的实用信息，以为他们在与和中国有关的人或事的交往活动中提供便利。

在来自非洲法语地区的 93 份调查问卷中，男性受众比例为 68%，女性受众比例 32%，其中具有大学本科以上学历的受众比例为 43%。非洲听众的学历水平比法语听众整体要低，是因为非洲听众的构成比较年轻化，有 60% 的听众是 25 岁以下的年轻人，他们多为在校学生，或者国际台落地调频台听众俱乐部成员。这些年轻的听众平时受到西方电台的影响较深远，比如法国国际广播电台或者英国广播公司的广播节目。国际台落地节目在非洲相关城市开播之后，这些年轻的听众有了一个新的了解世界的平台。有刚果（布）听众蒙迪欧来信表示："我非常欣喜地发现在我居住的城市能收到来自中国的电台，我认为你们的新闻节目立场客观、公正，能够让我了解中国和世界上发生的事情。"由此可见，由于发展的原因，非洲地区人民获取信息的渠道还较单一和简单，他们需要一个多元化的信息获取方式。

非洲人民整体性格热情、好动，大部分听众对音乐和体育类节目表现出浓厚的兴趣。在法语广播非洲调频台的日常节目中，音乐和体育类节目所得到的反馈也最多。由于非洲和中国的文化差异，很多中国音乐并不被非洲人民所熟悉，因此建设落地调频台所独有的音乐库有助于拉进与听众的距离，从而扩大节目影响范围。

在对国际台非洲法语区海外分台受众的调研中，CRI 达喀尔调频台的情况较有代表性。调查结果显示，CRI 达喀尔调频台受众群体年龄跨度较大，分布于 18—64 岁间，但以中青年为主，整体呈现年轻化趋势；男女性别比整体基本持平；受众职业以社会中坚力量为主，近三分之一的受众群体是学生。值得注意的是，受调查者中采用手机、车载广播、网络电台方式收听的合计占受调查者总数的 71%，显示新媒体收听手段在非洲有着良好的发展潜力。此外，在受调者中对中国感兴趣程度浓厚的人占总人数的 72.5%，但他们近一半人选择通过其他外国媒体（非中国媒体）来了解中国，只有 21.7% 的人选择通过中国媒体来了解中国。新闻时事类以及音乐类节目仍然是多数受众的首选。国际台非洲法语区海外分台必须针对受众特点，在节目编排、节目类型、节目的形式与内容等方面不断改进、调整，以适应和满足受众不断变

化的需求。（对 CRI 达喀尔调频台法语受众的具体调查情况和分析详见本章第三节）

<br>

## 第二节　CRI 米兰调频台意大利语受众<br>的构成、收听习惯与需求

### 一、意大利广播市场及 CRI 米兰调频台概况

#### （一）意大利广播市场概况

意大利广播的历史开始于墨索里尼的独裁时期，当时，广播刚刚从无线电事业中兴起，起初是商营的，此后，国营性质的意大利广播电视公司（RAI）长期垄断着意大利的广播事业。

朝向私营商业市场的广播电视体制改革最初是由非法广播电台和电视台推动的，这些非法电台、电视台最终由法院批准而合法化。后来，由媒介大亨贝卢斯科尼垄断的高度集中的私营体系加入竞争，成为与公共体系平分秋色的双重体制。

1975 年 4 月 14 日，议会通过法案，规定将广播电视的监督权从政府手中移交给议会，改国营为"公营"。同年，意大利宪法法院裁定 RAI 对广播电视的垄断经营违宪。1975 年政府开放商业广播电视。1985 年，议会设立全国私营广播电视监督委员会。《1990 年广播法》确立了意大利双重广播电视体制结构的基础。1997 年，意大利通过了新的广播电视电讯法，按照美国联邦通讯委员会的模式，建立了管理广播电视和电讯的统一机构。

1975 年以来，随着意大利私人和商业电台的兴起，广播电台的类型更加丰富，沟通模式也更加偏重互动性和口语化。如今在意大利，广播仍然拥有巨大的市场。

目前，在意大利有 19 家全国性电台，其中 15 家有广告播出，4 家无广告播出。播出广告的多为私人和商业电台，无广告的多属于政党、机构或宗教团体。同时，在意大利还有 1000 多家地方电台，以单独或集团化的形式出现。

2010 年意大利广播市场的调查数据显示（见表 1），在意大利 5384 万 11 岁以上的人口中，3983 万是广播听众，其中 600 多万在伦巴第大区（米兰所在大区），约 400 万在拉齐奥大区（罗马所在大区）。

表1　2010年意大利广播市场受众人口分布

| 收听年份：2010 意大利各大区收听情况（数据来源于我米兰制作室提供的、意大利某专业机构的电话调查，但对方说只能使用该数据，不能公开他们的名字）听众年龄：大于11岁 | | | | | | | | | |
|---|---|---|---|---|---|---|---|---|---|
| | 意大利全国 | 皮埃蒙特大区 | 伦巴第大区 | 威尼托大区 | 艾米利亚—罗马尼亚大区 | 托斯卡纳大区 | 拉齐奥大区 | 坎帕尼亚大区 | 普利亚大区 | 西西里大区 |
| 人口基数（万） | 5384.5 | 401.5 | 872 | 437.1 | 391.2 | 336.1 | 504.5 | 511.2 | 363.8 | 448 |
| 广播听众人数（万） | 3983 | 299.4 | 672.4 | 332.3 | 289.2 | 247.1 | 381.2 | 372.6 | 262 | 311.3 |

　　意大利的电台大致可分为内容电台和音乐电台。内容电台主要提供新闻、交通、天气及商业信息等，根据类型的不同（娱乐、喜剧、信息、文化、体育等）分别有不同的节目架构，对主持人的水平要求很高。音乐电台则更注重音乐而不是信息。这种电台的节目架构是一个标准的"时钟"，涵盖音乐、新闻、交通信息、天气预报等，然后每一个小时都重复这个"时钟"。（所谓节目时钟模式，就是将节目以小时为单位划分，每个小时的节目架构相同，如10分钟新闻+5分钟天气预报+45分钟专题节目，下一个小时重复这个节目架构。）这种电台的节目架构是一个标准的节目时钟模式，涵盖音乐、新闻、交通信息、天气预报等，然后每一个小时都重复这个节目时钟。

　　内容电台和音乐电台的细分类型及其功能可参见表2：

表2　意大利电台的分类及其功能

| 内容电台 | | 音乐电台 | |
|---|---|---|---|
| 深度信息电台 | 娱乐电台 | 音乐与新闻电台 | 纯音乐电台 |
| 报道重要事件、专题、采访、观点、新闻和评论。 | 与听众所在的区域有很强的联系，影响他们的语言、流行趋势和音乐品味。 | 与深度信息电台功能相似，但新闻结构更加精简。尤其关注当下发生的新闻。 | 便于随意、轻松地收听。音乐伴随。 |

　　在意大利，每个电台都有其精确的受众定位。因为电台之间的竞争十分激烈，所以每个电台都需要对自己受众的特点了如指掌。电台的受众主要以年龄段进行区分，受众所处的年龄段对于该电台的定位至关重要。

### （二）CRI 米兰调频台概况

2011 年 2 月 1 日，意大利 CRI 米兰调频台正式开播。

CRI 米兰调频台提供与中国文化、传统和时事相关的内容和信息，特别关注意中交流与合作。其定位是融合信息与娱乐的内容电台。目前，它的核心受众主要由以下两个部分组成：18—24 岁的青年：主要是大学在读或毕业生，在个人职业规划中与中国发生关联；25—44 岁的中青年：具有中上文化水平，对于中国这个新兴经济大国的经济和文化充满兴趣，想通过 CRI 米兰调频台获得关于中国的全面的信息。受众中除了意大利人之外，还有一部分是居住在意大利的中国移民二代。

CRI 米兰调频台在当地有着独特的传播优势。首先，它是意大利第一个播出中国文化和意中关系内容的电台；其次，它风格独树一帜，意大利情调与中国传统氛围互相融合；另外，在每个节目中，关于中国内容的制作确保既忠于事实又与意大利受众的兴趣点相适应，而对本地事件的高质量采访和深度报道，足以吸引当地受众的耳朵。通过与中国和本土相关机构的合作，CRI 米兰调频台将会成为一个在当地传播中国的"声音领袖"。

CRI 米兰调频台同时具备重要的传播价值和巨大的发展空间。首先，作为一个在欧洲发达国家落地的调频台，它能够直面西方主流受众传播中国，米兰制作室的配合也使得国际台的声音更加可信和响亮；其次，意大利发达的广播市场环境有利于 CRI 米兰调频台在其制作室市场化运营下的发展；最后，意大利的舆论环境中既存在"中国威胁论"等对中国不利的因素，也存在与中国合作寻求摆脱经济困境的诉求，这使得 CRI 米兰调频台大有可为。提升 CRI 米兰调频台的传播效果，对于建立和发展中国在欧洲的话语权及影响力，树立良好的中国国家形象有着重要意义。

## 二、CRI 米兰调频台意大利语受众的构成、收听习惯与需求

为了了解 CRI 米兰调频台受众构成、特点与需求，完善与提高电台节目质量，提高收听率，2012 年下半年，国际台在意大利进行了一次问卷调查。本次问卷发放对象为 CRI 米兰调频台的现有受众和目标受众。问卷填写形式分为网络答卷和活动现场答卷。共收回有效问卷 234 份。其中，网络答卷 90 份；活动现场发放答卷 200 份，回收 144 份，回收率为 72%。

### （一）受众构成

本调查问卷涉及受众构成的个人信息部分共包括五个调查项目，分别是年龄、性别、受教育程度、职业和地域分布。

在年龄构成上，在 234 位接受调查者中，20 岁以下的有 24 人，约占接受

调查总人数的 10.3%；20—29 岁的有 111 人，约占接受调查总人数的 47.4%；30—39 岁的有 45 人，约占接受调查总人数的 19.2%；40—49 岁的有 39 人，约占接受调查总人数的 16.7%；50 岁以上的有 15 人，约占接受调查总人数的 6.4%。（见图 12）

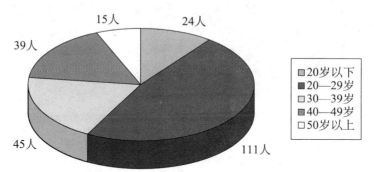

**图 12　CRI 米兰调频台受众年龄分布**

在性别比例上，在 234 位接受调查者中，男性有 105 人，约占接受调查总人数的 44.9%；女性有 129 人，约占接受调查总人数的 55.1%。（见图 13）

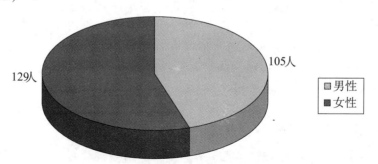

**图 13　CRI 米兰调频台受众性别比例**

在受教育程度上，在 234 位接受调查者中，高中及以下受教育程度的有 51 人，约占接受调查总人数的 21.8%；大学本科有 147 人，约占接受调查总人数的 62.8%；硕士及以上受教育程度的有 27 人，约占接受调查总人数的 11.5%；还有 9 位接受调查者未填写此项。（见图 14）

在职业分布上，在 234 位接受调查者中，公务员有 15 名，约占接受调查总人数的 6.4%；企业、公司职员有 27 名，约占接受调查总人数的 11.5%；教师、教授、医生、护士、律师等专业人士有 33 名，约占接受调查总人数的 14.1%；学生有 114 名，约占接受调查总人数的 48.7%；自由职业者有 24 名，约占接受调查总人数的 10.3%；退休人士有 6 名，约占接受调查总人数的 2.6%；没有农民；工人有 3 名，无业者 3 名，家庭主妇 3 名，各约占接受调查总人数的 1.3%；其他 6 名，均为博士在读，约占接受调查总人数

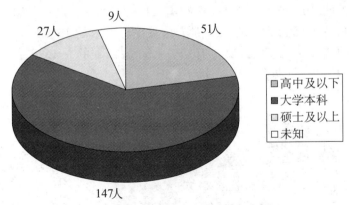

9人
27人
51人
147人

高中及以下
大学本科
硕士及以上
未知

**图 14　CRI 米兰调频台受众受教育程度**

的 2.6%。

在地域分布上，接受调查者分布的范围较广。米兰有 108 人，约占接受调查总人数的46.2%；罗马有72 人，约占接受调查总人数的30.8%；其余都零星分布在这两大城市附近地区以及意大利其他大城市。

综上所述，CRI 米兰调频台的受众在各个年龄段都有分布，以中、青年为主；受众的性别比例较为均衡；受教育教育程度多为本科以上；从职业分布上看，CRI 米兰调频台的受众以学生和职业人士为主，是社会的主流人群；在地域上，CRI 米兰调频台的受众基本集中在米兰、罗马等大城市。因此，CRI 米兰调频台的受众群体主要锁定在居住在大城市的大学生和高学历的中、青年职业人士。

## (二) 受众收听习惯

本调查问卷测答问题部分的 2—7 题用来分析受众收听习惯，具体包括收听方式、收听场所、收听时段、持续收听时间、对中国的感兴趣程度以及了解中国的渠道。

### 1. 收听方式

234 位接受调查者中，通过收音机收听 CRI 米兰调频台的有120 人，约占接受调查总人数的51.3%；用手机、MP3 等移动设备收听的有72 人，约占接受调查总人数的30.8%；用车载广播收听的有48 人，约占接受调查总人数的20.5%；通过网络电台收听的有 105 人，约占接受调查总人数的44.9%；用其他方式收听的有27 人，约占接受调查总人数的11.5%。(见图 15)

从收听方式上看，占半数以上的接受调查者都采用了传统的收听方式，说明收音机仍然是 CRI 米兰调频台广播节目的首要收听手段；使用网络电台、移动设备和车载广播收听的接受调查者也占据了相当大的比重，说明新媒体正在成为广播节目新兴的、重要的收听方式与手段。

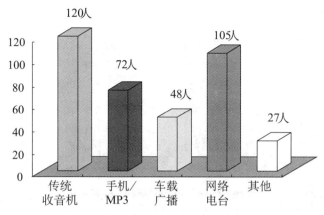

**图15　CRI 米兰调频台受众收听方式**

2. 收听场所

在234位接受调查者中，一般在车里收听 CRI 米兰调频台的有81人，约占接受调查总人数的34.6%；在家里收听 CRI 米兰调频台的有153人，约占接受调查总人数的65.4%；在学校、办公场所收听的有54人，约占接受调查总人数的23.1%；在公园等休闲场所收听 CRI 米兰调频台的有15人，约占接受调查总人数的6.4%；在其他场所收听的有6人，约占接受调查总人数的2.6%，其中3人为边走边听。

从收听场所上看，在家里收听 CRI 米兰调频台的接受调查者占绝大多数，与收音机收听的传统收听方式相呼应；在车里收听的接受调查者也较多；在学校、办公场所收听的接受调查者占到了一定的比例，与学生受众的高比例互相呼应。

3. 收听时段

在收听时段上，234位接受调查者中，在清晨收听 CRI 米兰调频台的有3人，约占接受调查总人数的1.3%；在上午收听 CRI 米兰调频台的有114人，约占接受调查总人数的48.7%；在下午收听 CRI 米兰调频台的有99人，约占接受调查总人数的42.3%；在晚上收听 CRI 米兰调频台的有111人，约占接受调查总人数的47.4%；在深夜收听的有12人，约占接受调查总人数的5.1%。（见图16）

从收听时段上看，上午、晚上和下午为接受调查者收听 FM101.5 广播的集中时段，绝大多数人都选择在这个时段收听；在清晨和深夜收听 CRI 米兰调频台的人很少。

4. 持续收听时间

在持续收听时间上，234位接受调查者中，持续收听 CRI 米兰调频台10分钟以内的有9人，约占接受调查总人数的3.8%；持续收听 CRI 米兰调频台10—30分钟的有45人，约占接受调查总人数的19.2%；持续收听 CRI 米兰

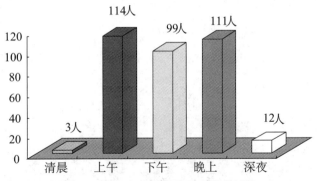

**图16　CRI 米兰调频台受众收听时段**

调频台30 分钟—1 小时的有90 人，约占接受调查总人数的38.5%；持续收听 CRI 米兰调频台1—2 小时的有54 人，约占接受调查总人数的23.1%；持续收听 CRI 米兰调频台2—3 小时的有24 人，约占接受调查总人数的10.3%；持续收听 CRI 米兰调频台3 小时以上的有3 人，约占接受调查总人数的1.3%。（见图17）

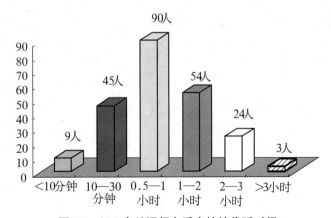

**图17　CRI 米兰调频台受众持续收听时间**

从持续收听时间上看，大部分接受调查者的收听持续时间为30 分钟到1 小时，其次为1—2 小时、10—30 分钟和2—3 小时，比例均超过10%，说明大部分目标受众收听 CRI 米兰调频台的持续时间较长，单次的收听忠实度较高。

5. 对中国的感兴趣程度

在对中国的感兴趣程度上，234 位接受调查者中，选择对中国感兴趣选项的有210 人，约占接受调查总人数的89.7%；对中国兴趣一般的有24 人，约占接受调查总人数的10.3%；没有对中国不感兴趣的人。

以上结果说明我们的目标受众约90% 对中国都怀有浓厚的兴趣，是我们对外传播中国的最佳对象。

6. 了解中国的渠道

在了解中国的渠道上，234 位接受调查者中，192 人选择通过本地媒体了解中国，约占接受调查总人数的 82.1%；75 人选择通过中国媒体了解中国，约占接受调查总人数的 32.1%；108 人选择通过其他外国媒体了解中国，约占接受调查总人数的 46.2%。（见图 18）

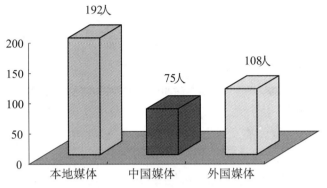

图 18　CRI 米兰调频台受众了解中国的渠道

以上数据说明，意大利本地媒体仍然是 CRI 米兰调频台目标受众了解中国的主要渠道，还有约一半的接受调查者愿意通过其他外国媒体了解中国，只有少部分人愿意通过中国媒体了解中国。

（三）受众需求

本调查问卷测答问题部分的第 1 题及 8—12 题用来分析受众需求，具体包括信号情况、收听原因、节目喜好、固定收听栏目、参与节目互动的意愿及对 CRI 米兰调频台节目的意见和建议。

1. 信号接收

234 位接受调查者中，168 人认为所在城市接收 CRI 米兰调频台的信号很清晰，并能完整播出，约占接受调查总人数的 71.8%；21 人认为所在城市接收 CRI 米兰调频台的信号不清晰，声音断断续续，约占接受调查总人数的 9%；还有 42 人选择了其他，主要是收不到信号或者收听噪音大。

2. 收听原因

关于收听 CRI 米兰调频台的原因，234 位接受调查者中，想了解与中国有关信息的有 162 人，约占接受调查总人数的 69.2%；为了娱乐消遣，打发时间的有 78 人，约占接受调查总人数的 33.3%；因为喜欢某个栏目的有 27 人，约占接受调查总人数的 11.5%，其中喜欢栏目《瞭望》（Oltre la punta del naso）的有 12 人（听众喜欢的就是《瞭望》这个栏目，因为调查的题目就是"因为喜欢某个特定栏目而收听"），喜欢新闻的有 3 人，喜欢音乐节目的有 3 人，喜欢下午时段节目的 3 人，对米兰中国社区新闻感兴趣的 3 人，喜欢旅游节目的 3 人。选择其他原因的 6 人，约占接受调查总人数的 2.6%。

从以上数据可以看出，超过半数的人收听 CRI 米兰调频台都是为了了解国际新闻和与中国相关的信息，也有少部分人是为了娱乐消遣。目标受众喜欢的栏目较为分散，但《瞭望》受到较多关注，也说明受众需要更多有深度、能够帮助开阔眼界的新闻类节目。

3. 节目喜好

关于喜欢的节目类型，234 位接受调查者中，喜欢时政新闻资讯类节目的有 120 人，约占接受调查总人数的 51.3%；喜欢文化类节目的有 135 人，约占接受调查总人数的 57.7%；喜欢旅游类节目的有 105 人，约占接受调查总人数的 44.9%；喜欢经济类节目的有 36 人，约占接受调查总人数的 15.4%；喜欢社会类节目的有 120 人，约占接受调查总人数的 51.3%；喜欢中国音乐的有 27 人，约占接受调查总人数的 11.5%；喜欢欧美音乐的有 123 人，约占接受调查总人数的 52.6%；喜欢汉语教学类节目的有 60 人，约占接受调查总人数的 25.6%；喜欢其他节目类型的有 9 人，约占接受调查总人数的 3.8%。

从以上数据可以看出，CRI 米兰调频台目标受众最喜欢的节目类型有文化类节目、欧美音乐、时政新闻资讯类节目、社会类节目及旅游类节目，比例均在 50% 左右，其次是汉语教学类节目，而经济类节目和中国音乐喜欢的人较少。我们分析，具体原因可能是经济类节目相对枯燥，而且一味强调中国经济的强大容易带给受众"被威胁"的感觉；中国音乐与 CRI 米兰调频台受众的音乐喜好和品位相差太远。

4. 固定收听栏目

关于收听 CRI 米兰调频台时是否有固定收听的栏目，234 位接受调查者中，选择是的有 75 人，约占接受调查总人数的 32.1%；其中固定收听中国新闻的 18 人，固定收听每日汉语的 12 人，固定收听下午节目的 12 人，固定收听文化节目的 9 人，固定收听空中茶社节目的 6 人，固定收听音乐节目的 6 人，固定收听时事节目的 3 人，固定收听新闻的 3 人，固定收听上午节目的 3 人，固定收听经济节目的 3 人，固定收听旅游节目的 3 人。没有固定收听栏目、随机收听的有 153 人，约占接受调查总人数的 65.4%。

从以上数据可以看出，CRI 米兰调频台的大部分目标受众都是随机收听我们的广播，这与当地听众的收听习惯有关。在固定收听某栏目的受众中，对中国新闻栏目的关注程度较高，其他各类型栏目基本都有涉及。

5. 参与节目互动的意愿

关于参与节目互动的意愿，234 位接受调查者中，愿意参加 CRI 米兰调频台节目互动的有 18 人，约占接受调查总人数的 7.7%；不一定参加的有 51 人，约占接受调查总人数的 21.8%；不愿意参加节目互动的有 165 人，约占接受调查总人数的 70.5%。

以上数据说明大部分接受调查者不愿意参与调频台的节目互动，原因可能有很多，包括我们的互动栏目少，受众不习惯节目互动这种模式或没有时间等。

6. 对 CRI 米兰调频台节目的意见和建议

关于 CRI 米兰调频台在哪些方面还有待改进，234 位接受调查者中，认为内容贴近性有待改进的有 84 人，约占接受调查总人数的 35.9%；认为内容有趣性有待改进的有 84 人，约占接受调查总人数的 35.9%；认为语言水平有待改进的有 93 人，约占接受调查总人数的 39.7%；认为播音水平有待改进的有 87 人，约占接受调查总人数的 37.2%；认为制作水平有待改进的有 54 人，约占接受调查总人数的 23.1%；认为音乐选择有待改进的有 99 人，约占接受调查总人数的 42.3%；认为栏目设置有待改进的有 15 人，约占接受调查总人数的 6.4%；认为其他方面有待改进的有 33 人，约占接受调查总人数的 14.1%。

在提出的具体待改进方面，3 人提出时事节目很枯燥；3 人提出中国传统音乐的时间太长；15 人提出中国主持人的主持有待改进，具体意见包括主持没有激情、听不懂、语言水平有待提高等；3 人提出不喜欢节目中的意大利音乐；3 人提出下午的节目比上午的节目好听；还有 3 人提出节目信号有待改进。

以上数据说明 CRI 米兰调频台的节目总体来说亟须改进。特别是在音乐选择、主持人语言水平、播音水平、内容贴近性和有趣性方面，有超过 30% 的目标受众都认为有待改进。值得欣慰的是，在栏目设置方面接受调查者普遍都比较认同，认为有待改进的少于 10%。


（四）分析与小结

数据分析显示，CRI 米兰调频台的受众主要是意大利社会的主流人群，是具有社会影响力的高端人群，如果我们的节目能够吸引他们、影响他们，就能够形成良好的对外传播效果。

另外，CRI 米兰调频台的受众中，约 90% 对中国怀有浓厚的兴趣。兴趣是收听的出发点，只有受众对中国感兴趣，我们才有对其进行传播的可能性，才有可能抓住他们，使他们成为我们的固定听众。当然，由于历史、文化价值观差异，我们传播的核心内容应该是具有普适性并具备中国元素的内容，以提供具有国际视野的差异化内容服务来提升海外分台与当地其他媒体的竞争优势。

对持续收听时间的调查结果也是值得乐观的。大部分接受调查者的收听持续时间为 30 分钟到 1 小时，1 小时以上者也占很大一部分，说明大部分受众对 CRI 米兰调频台的单次收听忠实度很高。也就是说，一旦他们听到我们的广播，就比较容易被吸引而不会轻易调换频道。

在对收听方式和收听场所的调查中，我们发现半数以上的受众都选择了在家收听广播的传统收听方式，这说明传统的收听方式并未完全过时。同时，也有很多受众使用网络电台、移动设备和车载广播收听 CRI 米兰调频台广播，加上受众中很多都是大学生，这两项信息给我们的广播指明了未来的发展方向——新媒体的方向。目前，CRI 米兰调频台的播出形式有传统广播、在线广播、智能手机应用程序收听等，与受众的多媒体收听需求相适应，未来我们在新媒体方向上应开拓更多形式，争取更大的发展空间。

鉴于受众主要在上午、下午和晚上收听 CRI 米兰调频台，在清晨和深夜收听的人很少，可以适当调整节目播出时间，将受众爱听的节目放到受众集中收听的时段，在清晨和深夜则主要以播放音乐节目为主。

在了解中国的渠道上，调查结果显示，受众中很少人是通过中国媒体了解中国资讯。这说明中国的声音在当地非常微弱，当地人对中国媒体传播内容的信任度较低。CRI 米兰调频台虽以当地媒体形式出现，实质却是中国媒体，这使得我们的身份比较尴尬，对我们传播内容的要求也更高。我们要传播中国的声音，又要让目标受众觉得可信，就必须选择适当的传播策略，以"润物细无声"的方式逐步改变受众对中国的刻板印象与错误印象。

在收听原因方面，大部分受众选择收听 CRI 米兰调频台是为了了解国际新闻和与中国相关的信息。这个调查结果进一步帮我们认清了今后的报道方向，就是在传播中国的同时须具有国际化视野。

在喜欢的节目类型上，调查数据显示，CRI 米兰调频台的受众喜欢经济类节目和中国音乐的人较少。在今后的节目设置中，应该加大文化类节目、欧美音乐节目等的比重，减少经济类节目和中国音乐节目的比重，使我们的节目设置更符合受众的口味和需求。

关于收听 CRI 米兰调频台时是否有固定收听的栏目，调查数据显示大部分受众都是随机收听，没有追听的栏目。这说明我们的广播没有形成精品栏目，还需要把节目进一步做精，打造一个或多个拳头产品，以此来留住受众，并借此增强我们的影响力。

调查结果中也有不少负面的反馈。CRI 米兰调频台很大比例的受众对我们广播的音乐选择、主持人语言水平、播音水平、内容贴近性和有趣性方面均不满意。仅仅在栏目设置这一项上比较认同。这给我们敲响了警钟，提醒我们在以上这些方面需尽快作出改进。

这次对 CRI 米兰调频台的受众调研有利于我们全面地掌握该台的受众构成、受众特点及受众需求，认清自身优势与不足，明确未来的发展方向。

第一，CRI 米兰调频台的传播对象是意大利的主流人群。在如今全球金融危机及欧债危机的影响下，意大利的经济状况捉襟见肘，而中国经济所展现的巨大活力使得越来越多的意大利人开始将视线转向东方，在与中国的合作中寻求未来的发展方向，这是意大利中、青年人关注中国的内在原动力。随着中国综合国力的增强，中国传统文化的吸引力和国际影响力也日益显现，而同样作为一个文明古国，意大利在历史与文化上与中国有诸多对话点，意大利年轻知识分子对中国文化的兴趣也与日俱增，这是意大利主流人群关注中国的内在文化因素。这两个因素使得意大利的未来社会栋梁有了了解中国的内在需求，成为 CRI 米兰调频台的受众。明确了传播对象及其心态、价值取向，有利于国际台依据传播对象来制定传播策略，以年轻时尚作为调频台风格定位，通过影响意大利社会主流人群达到良好的国际传播效果。

第二，CRI 米兰调频台有其得天独厚的发展优势，但也面临诸多困境。这主要体现在该台拥有大量对中国有浓厚兴趣、有持续收听广播习惯的受众；收音机、汽车收音机、车载广播及通过智能手机终端应用收听等传播手段得以充分应用。但同时，由于东西方文化的隔阂、社会制度的不同以及我国在国家形象塑造上的欠缺，中国媒体在意大利的公信力仍然较弱。因此，虽然 CRI 米兰调频台是以当地媒体的面目出现，但传播内容的明显中国化常常会使受众心存疑虑，影响传播的可信性和传播效果。另外，意大利是一个城市广播相当发达的国家，要在与当地诸多城市广播的竞争中脱颖而出，需要不断加强广播内容与形式的建设，以国际化视野包装中国的内容、高水准的制作以及符合当地受众收听审美品位的播出形式赢得受众。

第三，未来的发展方向是本土化和市场化。贴近本地受众是城市电台的生存之道，目前 CRI 米兰调频台已经有数名本土制作人员，当地工作室即将建成，为调频台的本土化发展奠定了基础。未来应进一步加大本土化步伐，逐步实现"工作室提出节目设想—国际台语言广播本部提供节目素材—当地本土化制作"的模式，使 CRI 米兰调频台更加符合当地受众口味。另外，目前 CRI 米兰调频台在当地已经采用了市场化的运作模式并积累了初步经验，未来应进一步参与当地传媒市场竞争，努力扩大舆论阵地，争取赢得话语权。

## 第三节 CRI 达喀尔调频台法语受众的构成、收听习惯与需求

### 一、CRI 达喀尔调频台及其广播市场环境概况

#### （一）CRI 达喀尔调频台及其节目制作室

2010 年 8 月 4 日，CRI 达喀尔调频台以及设在其他三座城市的国际台海外分台正式开播。CRI 达喀尔调频台发射功率为 2 千瓦，每天播出 18 个小时

法语节目，总计覆盖人口范围约 250 万。

2011 年 11 月 22 日，国际台在塞内加尔成立首个法语调频听众俱乐部。国际台塞内加尔媒体合作伙伴——环球视野集团（Excaf Telecom）总裁伊布拉依马·迪亚尼担任俱乐部荣誉主席。

2011 年 9 月 27 日，国际台正式派遣人员赴塞开展达喀尔广播节目制作室建设。这是国际台首批启动的 18 个海外节目制作室之一。作为"走出去"战略的具体体现，达喀尔节目制作室通过传播阵地前移的方式参与到 CRI 达喀尔调频台的运作当中。换句话说，达喀尔制作室将作为 CRI 达喀尔调频台的运营实体，整合前后方资源，通过市场化运营的方式，负责本地化节目制作、听众活动、品牌推广、汉语推广等各项工作。

CRI 达喀尔调频台与 CRI 达喀尔节目制作室相辅相成，对于节目内容的把握、品牌效应的推广等工作有着更大的主动性和灵活性，特别是对于听众构成、特点以及需求的动态变化能够实现及时有效的跟踪、定位以及节目内容的自我调整。

### （二）塞内加尔广播市场竞争环境概况

CRI 达喀尔调频台是继法国国际广播电台（RFI）以及英国广播公司（BBC）以及非洲一台（Africa No. 1）之后的第四家在塞内加尔落地的海外调频电台。塞内加尔本地广播业在短暂的时间内经历了快速的发展，目前仅达喀尔本地就有超过 20 家调频台（详见本章后附表）。1989 年，因在达喀尔召开的法语国家峰会的临时需要，塞内加尔首次由法广在当地通过调频广播转播峰会。而塞内加尔国内的调频广播正式开播则要到 1994 年 6 月 1 日，由时任总统阿卜杜·迪乌夫亲自启动塞内加尔第一家私人调频 Sud FM。此后，塞内加尔广播业实现了井喷式发展，越来越多的私人调频台如雨后春笋般出现在广播市场，广播电台间的激烈竞争也逐步使其市场化程度得到提高，同时也奠定了广播在塞人民社会生活中的地位。以 2012 年塞内加尔总统大选为例，不论是普通民众抑或是参选党派都是通过广播第一时间了解初步选票统计结果，可见在涉及此类重大新闻事件当中，广播在当地仍然是最快并最有效的传播手段，其在当地各类媒体传播方式当中作用和意义由此可见一斑。

塞内加尔的广播业与一些非洲国家相比，更为繁荣。根据法国专业市场调查公司 TNS Sofres 公司 2009 年的一份调研报告[①]，广播在塞内加尔受众当

---

① TNS Sofres 公司 2009 年调查报告《Africascope : l'étude d'audience des médias audio-visuels en Afrique Francophone》，见 http://www.tns-sofres.com/espace-presse/news/CF42421FCE244DFF81537EC35366E288。aspx. 此次调查是在喀麦隆、塞内加尔、科特迪瓦以及刚果（金）这四个较有代表性的非洲法语国家的首都雅温得、达喀尔、阿比让和金沙萨，以当地 15 岁及以上人群为对象进行的。

中更具市场，如图 19 所示：

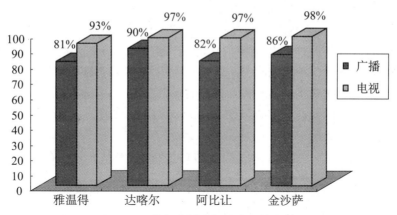

图19 四首都广播电视接收机持有率

从图 19 可看出，以喀麦隆、塞内加尔、科特迪瓦以及刚果（金）四个非洲法语国家首都为例，塞内加尔 15 岁及以上群体，90% 的受众家中至少有一部 FM 广播收音机，相比其他各国列数首位。

就每日广播节目收听时长来看，达喀尔仍以平均 1 小时 45 分钟位列这四个非洲法语国家首位（见图 20）。如考虑到手机、车载收音机以及网上收听情况，实际每日收听时长要高于这个数字。

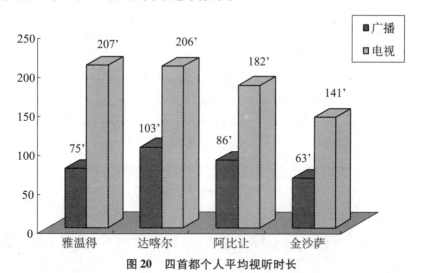

图20 四首都个人平均视听时长

**（三）塞内加尔舆论环境概况**

塞内加尔在西非地区，乃至非洲法语国家当中都有着一定的影响力。尽管是联合国公布的最不发达国家之一，但是其稳定的政局以及相对周边诸国良好的教育水平、社会环境使其被称作是非洲民主的典范，同时也是法国、美国等西方国家十分推崇的非洲国家。

作为曾经的法国殖民地，塞内加尔始终和法国保持着一种特殊而紧密的关系，也有人称塞内加尔是法国的后花园。首先，法国是塞内加尔最大的投资及贸易合作伙伴。2008 年，法国对塞内加尔直接流动投资额达到 5700 万欧元，股票投资额超过 5.32 亿欧元，并有超过 250 家法国公司在塞投资和发展，据估计，法国公司在塞贸易额占塞内加尔国民生产总值的 25%。[①] 其次，塞内加尔是获得法国对外援助最多的非洲国家之一，法国对塞内加尔"公共援助发展计划"（Aide publique au développement，APD）援助额占塞内加尔国民生产总值的 9%，位列世界银行及欧盟统计的各国援塞额的首位，其中 2007 年援助额为 1.29 亿欧元，远超美国、德国、日本和西班牙。法国在塞内加尔的影响可以说涉及方方面面，不论政治、经济、文化、教育、媒体，等等。

由此可见，法国在塞内加尔长期以来的影响力使得塞内加尔舆论深受西方媒体影响。以塞内加尔首都达喀尔观看和收听法国电视广播节目的人口比例来看，16% 的普通民众收听法广（RFI）的节目，而高达 80% 的政府官员收听同样的节目。像是 TV5 Monde，France 24 等法国主流媒体也是当地民众以及官员获得信息的主要来源之一。

综上所述，详细掌握和分析了解 CRI 达喀尔调频台对国际台非洲地区海外分台的建设有着较强参考价值。首先，CRI 达喀尔调频台覆盖人群较非洲地区其他分台更广泛，且设有制作室配合调频台在当地的发展，能够充分实现其效能最大化；其次，塞国发达的广播市场环境有利于 CRI 达喀尔调频台在其制作室市场化运营下的发展；最后，塞内加尔作为西非地区有代表性且有影响力的国家，其深受西方舆论影响的环境对国际台达喀尔调频来说既是挑战，更是机遇，对于建立和发展国际台在非洲法语国家的话语权及影响力，树立中国和平发展的形象有着更大的作用和意义。

## 二、CRI 达喀尔调频台受众的构成、收听习惯与需求

为进一步了解 CRI 达喀尔调频台受众的构成、特点及需求，指导 CRI 达喀尔调频台的发展方向，提高国际台在塞内加尔的影响力，达喀尔制作室于 2012 年 6 月对 CRI 达喀尔调频台的受众进行了问卷调查，在 350 份问卷中收回有效问卷 207 份。

### （一）受众构成

该调查问卷涉及个人基本信息四项内容，其中包括年龄、性别、受教育

---

① 法国参议院网站数据：http：//www.senat.fr/rap/l09-252/l09-2523.html。

程度以及职业。

从整体年龄构成上看，在 207 份问卷当中，其中 18—24 岁人数 30 人，约占总人数的 14.5%；25—34 岁人数 78 人，约占总人数的 37.7%；35—44 岁人数共 54 人，约占总人数的 26.1%；45—54 岁人数共 30 人，约占总人数的 14.5%；55—64 共 15 人，约占总人数的 7.2%。从性别分布上来看，男女比为 1：0.9。（见表 3）

**表 3　CRI 达喀尔调频台受众性别及年龄分布**

|  | 18 + | 18—24 | 25—34 | 35—44 | 45—54 | 55—64 |
|---|---|---|---|---|---|---|
| 男 | 108 | 12 | 36 | 30 | 21 | 9 |
| 女 | 99 | 18 | 42 | 24 | 9 | 6 |
| 男/女 | 207 | 30 | 78 | 54 | 30 | 15 |
| 占总人数比率 |  | 14.5% | 37.7% | 26.1% | 14.5% | 7.2% |

根据表 3 可以看出，CRI 达喀尔调频台受众群体年龄跨度较大，覆盖 18—64 岁间的五个年龄段，分布特点呈现出两头较低，中间较高的走向，整体态势年轻化，年龄分布以中青年为主。男女性别比整体基本持平。不过同时也要考虑到塞内加尔男女受教育程度上的总体差别是此表所无法体现的。

此次接受问卷调查的 207 名受众中，拥有大学本科及以上学历的人员为 92 人，占总人数的 45%；拥有高中以及中等技术学校学历的人员为 89 人，占总人数的 43%；拥有初中以下学历的人为 26 人，占总人数的 13%。（见图 21）从此数据我们可以看出，收听 CRI 达喀尔调频台节目的听众受教育的整体程度较高，他们能够体现出塞国社会先进思想和阶层的素质。

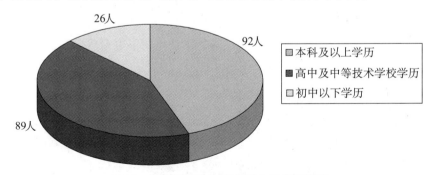

26人　92人

■ 本科及以上学历
■ 高中及中等技术学校学历
□ 初中以下学历

89人

**图 21　CRI 达喀尔调频台受众受教育程度**

从职业分布上看，在接受问卷调查的 207 名受众当中，学生为 66 人，占总人数的 31.9%；公司、企业职员 45 人，占总人数的 21.7%；教师、律师等专业人士 60 人，占总人数的 29%；公务员为 24 人，占总人数的 11.6%；退休人员 9 人，占总人数的 4.3%；自由职业者为 3 人，占总人数的 1.4%。（见

图 21）整体上，受众以社会中坚力量为主，并且有近三分之一的受众群体为学生。

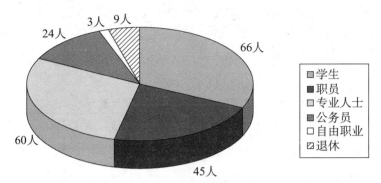

**图 22　CRI 达喀尔调频台受众职业分布**

综上所述，CRI 达喀尔调频台受众构成整体呈现年轻化趋势，以社会中坚力量为支撑，一方面体现了受众群体的整体活力，另一方面也体现了其社会建设的参与度，从节目形态总体把握上来说，适合面向这个群体播出音乐、体育以及时政类节目。

**（二）受众收听习惯**

该调查问卷当中，有关 CRI 达喀尔调频台受众特点的内容共分为六部分，其中包括收听方式、收听场所、收听时段、累计收听时间、对中国的感兴趣程度以及对中国的了解渠道。

1. 收听方式

在调查的 207 名受众的收听方式当中，60 人采用传统收音机，占总体人数的 29%；采用手机收听的人数为 87 人，占总体人数的 42%；采用车载广播收听的人数为 36 人，占总体人数的 17.4%；采用网络电台收听过的人数为 24 人，占总体人数的 11.6%。（见图 23）

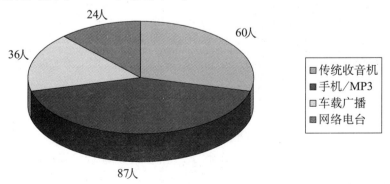

**图 23　CRI 达喀尔调频台受众收听方式**

图 23 中还显示出塞内加尔有一个比较特别的现象，即手机收听广播人数几乎接近一半之多。一方面是因为塞内加尔手机普及率非常高，尽管多数人持有的均是较低端手机，但是几乎每一部手机都具有调频信号接收功能；另一方面是因为塞内加尔整体广播受众人数较多，摆脱体积较大的传统收音机，而使用便捷轻巧的手机收听广播在当地已成为一种时尚。另外，塞内加尔电信业发展在西非地区相对靠前，包括网络电台在各类社交网络上的信息传播也在逐渐普遍起来。

2. 收听场所

在 207 位接受调查者中，一般在车里收听 CRI 达喀尔调频台广播的有 60 人，约占接受调查总人数的 29%；在家里收听 CRI 达喀尔调频台的有 60 人，约占接受调查总人数的 29%；在学校、办公场所收听的有 87 人，约占接受调查总人数的 42%。

由于使用手机收听节目人数较多，因此在收听场所的统计数据方面，绝大多数人在其对应的社会场所收听，包括在学校收听的学生，在企业、商铺收听的公司职员等。由此可见，广播节目往往是以伴随性的形式融入受众的日常工作和生活当中。

3. 收听时段

207 位接受问卷调查的受众当中，在早晨收听 CRI 达喀尔调频台的为 6 人，占总人数的 2.9%；在上午收听节目的为 114 人，占总人数的 55%；在下午收听节目的为 87 人，占总人数的 42%；在晚上收听节目的为 99 人，占总人数的 47.8%；在夜间收听节目的为 30 人，占总人数的 14.5%。（见表 4）这表明，CRI 达喀尔调频台受众上午及晚上收听人数较多且有重合，下午时段收听人数略有下降；相比早晨，夜间收听节目人数相对较多，这种现象也与 CRI 达喀尔调频台节目设置有关，例如上午时段的社会直播节目，晚上的学中文节目以及夜间的轻松音乐节目比较受欢迎。

**表 4　CRI 达喀尔调频台受众收听时段**

|  | 06：00—09：00 | 09：00—13：00 | 13：00—17：00 | 17：00—21：00 | 21：00—24：00 |
|---|---|---|---|---|---|
| 人数 | 6 | 114 | 87 | 99 | 30 |
| 比率 | 2.9% | 55% | 42% | 47.8% | 14.5% |

4. 每日累计收听时间

CRI 达喀尔调频台受众调查中，累计收听 10 分钟以内的为 24 人，约占调查总人数的 11.6%；累计收听 10—30 分钟的为 45 人，约占总人数的 21.7%；

累计收听 30 分钟—1 个小时的为 75 人，约占总人数的 36.2%；累计收听 1—2 小时的为 60 人，约占总人数的 29%；累计收听 3 小时以上的为 3 人，约占总人数的 1.4%。（见表 5）这反映出，CRI 达喀尔调频台受众整体每日累计收听时数分布跨度较大。究其原因，一方面是由于该频率开播时间较短且在当地宣传有限；另一方面是由于达喀尔广播市场竞争激烈，持续收听时间以及累计收听时间的长短取决于短暂的换台间隙所听到的广播节目的吸引力以及诸多频率当中信号的清晰度。

表5 CRI 达喀尔调频台受众每日累计收听时间

| | 10 分钟以内 | 10 分钟—30 分钟 | 30 分钟—60 分钟 | 60 分钟—120 分钟 | 180 分钟以上 |
|---|---|---|---|---|---|
| 人数 | 24 | 45 | 75 | 60 | 3 |
| 比率 | 11.6% | 21.7% | 36.2% | 29% | 1.4% |

5. 对中国的兴趣

在 207 名受众中，对中国感兴趣程度浓厚的为 150 位，占总人数的 72.5%；对中国感兴趣程度一般的为 57 位，占总人数的 27.5%；对中国不感兴趣的人数为零。

鉴于中国在非洲以及全世界影响力的逐步扩大，不论塞内加尔受众本身对中国持有何种态度，绝大多数人都是希望更多地了解中国。特别是对于非洲受众来说，最让他们感兴趣的在于：中国如何在短短的时间内从一个普通甚至相对落后的发展中国家一跃成为世界第二大经济体？中国人作为个体又是如何实现富裕？这对于徘徊在经济发展瓶颈的塞内加尔以及很多非洲国家来说是一个强烈的兴趣点和关注点。

6. 了解中国的渠道

207 位接受调查者中，60 人选择通过本地媒体了解中国，约占接受调查总人数的 29%；45 人选择通过中国媒体了解中国，约占接受调查总人数的 21.7%；102 人选择通过其他外国媒体（非中国媒体）了解中国，约占接受调查总人数的 49.3%。（见图 24）

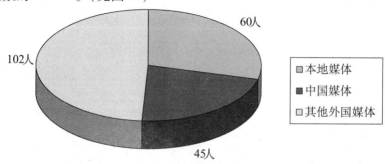

图24 CRI 达喀尔调频台受众了解中国的渠道

正如前文所说，由于塞内加尔深受西方舆论的影响，接近一半的受众都是通过外国媒体了解中国，这一方面为 CRI 达喀尔调频台带来了挑战，同时也体现了 CRI 达喀尔调频台在塞内加尔的重要意义。

综上所述，塞内加尔大量手机收听广播用户确保了受众群体的覆盖面，网络电台等新媒体收听手段有着良好的发展潜力。CRI 达喀尔调频台的热点节目确保了一批忠实的听众，对中国的强烈关注为该调频台带来了广阔的发展空间。同时，塞内加尔广播市场的激烈竞争以及西方舆论对当地根深蒂固的影响力也为 CRI 达喀尔调频台带来了挑战。

### （三）受众需求

CRI 达喀尔调频台受众需求调查部分共分信号情况、收听原因、节目喜好、固定收听栏目、参与节目互动的意愿及对 CRI 达喀尔调频台节目的意见和建议六个部分。

1. 信号接收

在接受调查的 207 位受众当中，174 人认为 CRI 达喀尔调频台信号清晰流畅，占总人数的 84%；21 人认为 CRI 达喀尔调频台信号偶有干扰及杂音，占总人数的 10%；12 人认为 CRI 达喀尔调频台信号时常受到干扰，噪音较大，约占总人数的 6%。

整体来说，CRI 达喀尔调频台信号接收清晰流畅，但也要看到，由于达喀尔调频频率较多，各电台频段较为接近，在部分地区存在一定的信号干扰状况，若最大发射功率受限，达喀尔远郊及周边地区收听质量将难以得到保证。

2. 收听原因

在接受调查的 207 名受众当中，99 人表示该调频能满足了解中国的需要，占总人数的 47.8%；84 人喜爱收听该频率的部分节目，如《社会直击》、《非洲视角》以及部分音乐类节目，占总人数的 40.1%；12 人表示该频率的信号清晰，收听效果好，占总人数的 5.8%；9 人选择其他，占总人数的 4.3%。

由于了解中国的渠道有限且内容片面，因此 CRI 达喀尔调频台以其得天独厚的资源优势成为多数塞内加尔受众选择收听该调频台的原因；而部分制作精良的节目也在逐步提高该频率的价值，为调频台节目的定位以及设置提供了一定的参考。

3. 节目喜好

在接受调查的 207 名受众当中，喜爱新闻时事类节目的为 60 人，占总人数的 29%；喜爱音乐类节目的为 72 人，占总人数的 34.8%；喜爱社会生活类节目的为 75 人，占总人数的 36.2%；喜爱旅游类节目的为 51 人，占总人数

的 24.6％；喜爱经济类节目的为 51 人，占总人数的 24.6％；喜爱体育及其他
类型节目的为 45 人，占总人数的 21.7％；喜爱文化类节目的为 69 人，占总
人数的 33.3％；喜爱学中文节目的为 54 人，占总人数的 26％。（见图 25）这
说明，CRI 达喀尔调频台听众对于节目喜好整体兴趣点分散，重合部分占据
到一半以上。特别是根据当地受众的收听习惯，新闻时事类以及音乐类节目
仍然是多数受众的首选，而社会生活以及文化类节目则是 CRI 达喀尔调频台
的特色。尽管多数受众在起初对学中文课程表现出了浓厚的兴趣，但是广播
学中文的节目形式仍有待创新，需在增加可听性的同时能够让受众感觉到有
所收获。

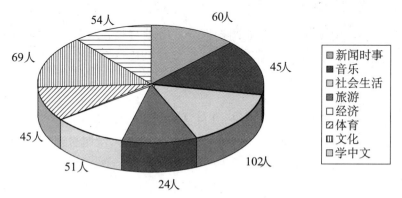

**图 25  CRI 达喀尔调频台受众节目喜好**

4. 参与节目互动的意愿

207 名调查者中，114 人表示愿意参加互动，占总人数的 55％；60 人表
示不一定，占总人数的 29％；33 人表示不愿意参加互动，占总人数的 16％。

以上数据表明，大多数受众都愿意参与到广播互动当中，根据塞内加尔
广播市场的特点，通常伴有热线电话形式的互动栏目的电台在当地属于较为
成功的电台，电台的受欢迎程度与听众的互动需求在一定程度上成正比。

5. 对 CRI 达喀尔调频台的建议

207 名调查者中，48 人认为节目制作有待改进，占总人数的 23.2％；42
人认为部分节目播音水平有待改进，占总人数的 20.3％；51 人认为栏目设置
有待改进，占总人数的 24.6％；36 人认为语言水平有待改进，占总人数的
17.4％；30 人认为其他方面需要改进，占总人数的 14.5％。（见图 26）

自 2011 年以来，CRI 达喀尔调频台进行了较大的节目改版，放开外籍员
工新闻播音的限制，增加各个节目嘉宾的数量，一部分语言能力较强的主持
人逐步脱离稿件的桎梏，使得节目质量上升到了一个新的层次，也取得了非
常好的反响。然而，以上提到的问题仍然存在，对于非母语传播以及非媒体
专业出身的主持人、制作人来说，目前 CRI 达喀尔调频台正处于逐步转型和
重新定位当中，在取得成绩的同时，更需要清醒地认识到不足，加强主持人

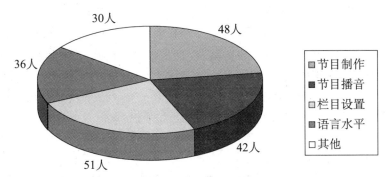

**图26　CRI达喀尔调频台受众对改进节目的建议**

水平、节目制作专业化以及节目内容的贴近性、趣味性等方面的改进。

### （四）分析与小结

CRI达喀尔调频台受众构成、收听习惯与需求的调查与分析，为CRI达喀尔调频台的发展方向提供了有力的参考以及明确的方向。

第一，受众与调频台之间是双向选择的过程，塞内加尔受众构成的特殊性确定了CRI达喀尔调频台的受众设定。众所周知，塞内加尔官方语言尽管是法语，但由于塞内加尔15岁以上成年人识字率仅为50%[①]（2005—2010），只有受过良好教育的受众才能流畅地使用法语并且有主动通过法语获取信息的意愿，其他一般民众通常只以当地语言交流。这就解释了调查中CRI达喀尔调频台的受众为什么基本是学生、教师、公务员、公司职员等人群。这部分群体是塞内加尔社会发展的中坚力量，其中绝大多数愿意了解和认识中国，愿意通过对"中国模式"的借鉴实现塞内加尔社会的进步和发展。而这部分群体也正是CRI达喀尔调频台希望吸引和抓住的目标受众。CRI达喀尔调频台应针对这些塞内加尔社会的中高端群体设置节目传播模式，为他们提供信息选择渠道。CRI达喀尔调频台实现与目标受众的双向选择是其良好发展的基础。

第二，CRI达喀尔调频台有着良好的发展土壤以及快速实现自身提高的环境。调查显示，广播在塞内加尔有着良好的群众基础，通信技术以及传播手段的发展非但没有阻碍广播这个看似落后的媒介，反而为它提供了更好的发展土壤。手机的普及也加强了广播的普及。新媒体传播方式的兴起又为广播提供了无限的发展潜力。CRI达喀尔调频台得天独厚的"中国资源"优势使该台具有当地其他媒体无可替代的地位，只要积极参与到市场化的竞争中，就有可能在最短的时间内实现最大的跨越，提高传播力，提升媒体自身价值。

---

① 联合国儿童基金会2005年至2010年数据。http://www.unicef.org/french/infoby-country/senegal_ statistics.html

第三，CRI 达喀尔调频台的发展要落实到每一个具体的改进措施与行动上。CRI 达喀尔调频台受众需求的调查凸显了一些明确需要改进的问题，包括对节目类型的比重、直播化的实现（互动类）以及涉及专业化制作的诸多问题，也反映出 CRI 达喀尔调频台与当地调频台之间的差距。改进不足，增强 CRI 达喀尔调频台节目的贴近性、针对性和感染力，使 CRI 达喀尔调频台真正"本地化"，是提高影响力和传播实效的必经之路。

# 第四节　关于在欧洲国家推进海外分台运作的思考

## 一、打造专业媒体品牌

### （一）提高节目质量

介于欧洲各国对外来节目内容与比例的严格限制，同时考虑到欧洲各国受众对本土节目的高认知性，只有采取后方提供节目素材、前方本土制作的互补方式，才能真正提高节目的贴近性和可听性，从而达到提高节目质量的最终目的。

### （二）打造专业媒体品牌

在日益产业化的传媒市场上，品牌竞争力已成为媒体生存和发展的关键。媒体品牌化经营的核心在于赢得观众持久、稳定的品牌注意力和忠诚度；媒体的品牌价值体现在其市场占有率、观众影响力、信息权威性等各项指标上。这就必须充分考虑受众的心理需要，借此作出准确的市场及品牌的定位，精办栏目和频道。国际台在欧洲的海外分台，由于是一种跨文化、跨地域、跨语言的传播方式，在品牌打造方面更具难度。市场化运作应通过本土化的节目制作室、专业人员、各类节目产品、营销策略等，在当地打造一个高端的、可信的、有关中国及双边交流的、专业化的媒体品牌，从而真正进入当地主流媒体市场。

### （三）个性化媒体服务

细分受众市场，走个性化之路是媒体品牌化的策略。美国品牌研究专家艾克和乔瑟米塞勒认为："品牌定位能够突出品牌识别的焦点。它确定了传播目标，即什么样的信息量最能够体现差异化，最吸引目标市场。"媒体品牌只有注入独特的个性，才能在今天的媒介市场中避免同质化，在竞争中以特色抓住观众的注意力与心理，收到与观众的最佳沟通效果。

### （四）提升媒体影响力

在新闻影响力方面，欧洲受众更愿意选择和相信欧美本土媒体的报道，而在娱乐、文化和体育报道方面，中国在欧洲地区尚不具备全球领先的影响力。市场化的本土运营，相对缓和与淡化了国际台的政府媒体角色，有效避免了受众对政府媒体的负面看法，增强了节目的客观性和有效性，这也在某种程度上平衡了欧美媒体对中国的一些片面报道，更加丰富地介绍了中国文化，达到了正面宣传的目的。

## 二、提高媒体经营水平和盈利能力

对现代国际传媒的海外分台而言，除做好内容外，做好经营亦不容忽视。如果一个海外媒体不能盈利，或者说其经营的能力不能不断地得以提升，那么，这个媒体的市场影响力和竞争能力就会十分弱小，其生存或成长的空间可想而知。因此，提高海外分台的经营水平和盈利能力是现代媒体的努力目标之一。但如何才能实现在欧洲市场盈利的目标，如何才能不断提升盈利能力，我们应关注以下几个方面的问题：

### （一）媒体的战略选择

如何选择自己既具优势又有较好的市场空间的内容或项目，同时避免低层次的重复建设而使自己陷入被动的恶性竞争之中；如何找准媒体发展战略的定位，这直接关系到海外媒体的成败。因欧洲各国海外媒体情况复杂，涉及不同国家、政策、法律、习惯等，因此在进行战略选择时也应因地制宜、有所区别。就欧洲市场来说，围绕"中国立场，世界眼光"的传播理念，关注与中国及双边相关联、有自己独到而鲜明的国际立场、深度的新闻分析及报道、符合当地受众收听习惯、遵守当地法律法规、有独特媒体视角、多平台传播信息的电台节目及风格才可能有所发展、有所建树。

### （二）经营模式的调整与变革

采用什么样的盈利模式和经营模式，不是简单的形式，它关系到经营质量与经营能力的成长问题。欧洲市场与中国市场截然不同，国际台海外分台的运营首先要立足本土。目前，国际台在欧洲海外分台的总站及节目制作室的人员、机制等逐步到位，专业的、严格的、立足本土的经营管理机制已初步形成。其次，要进行专业经营。国际台海外分台作为当地商业机构、商业电台，应立足当地的经营与管理模式，积极变革经营思路，遵循市场规律，以赢得市场和赢得利润为目标，调整与变革固有的传统媒体管理思路，从而进一步促进国际台海外事业的良性循环与长远发展。

### （三）组织架构的现代化

媒介相融之后，传统媒体那种业务部门之间泾渭分明、职务固定、工作内容单一的组织结构已成为影响媒体发展的一个重要因素。一家专业的海外媒体公司，负责着整个传播过程中内容的产出，从各种报刊、杂志，广播、视频节目，到最新网络新媒体中综合门户提供的各种新闻、资讯、文章、报告，或者无线增值的短信（SMS）、彩信（MMS）、彩铃（CRBT）、手机上网导入平台（WAP），等等，这些内容直接决定媒体发展的方向。因此，海外媒体应该拥有严格的垂直管理系统，同时建立合理、科学的组织结构。只有拥有一个统一的、流畅的、科学的、明晰的、有效的组织架构，具体包括内容策划及制作部门、市场营销部门、发行部门、公关及服务部门等，力求在激烈的市场竞争中保持不败。

### （四）人才的培养与使用

媒体的盈利能力关键在人才。有好的盈利模式而没有好的执行人才，那也是一句空话。人才是媒体产业链中最重要的一个配套环节，必须予以高度重视。国际台海外分台应通过业务实践、岗位培训、竞争选拔等方式，培养懂广播、懂经营的现代复合型人才，创建一支能够出色承担海外传播任务的高素质队伍，为海外落地事业的持续、强劲发展提供有力保障。

附表　达喀尔市的调频电台名录

| | 频率名称 | 类型 | 频段 |
|---|---|---|---|
| 1 | Radio Dunnyaa | 本地音乐 | 88.9 |
| 2 | Zik FM | 综合、时事 | 89.7 |
| 3 | Nostalgie | 怀旧音乐 | 90.3 |
| 4 | Radio Al Hamdoulilah | 宗教 | 91.0 |
| 5 | RFI AFRIQUE | 公共、综合 | 92.0 |
| 6 | Radio Senegal Internationale（RTS） | 新闻 | 92.5 |
| 7 | RFM-Radio Futures Medias | 时事、综合 | 94.0 |
| 8 | Dakar FM（RTS） | 公共、综合 | 94.5 |
| 9 | WADR-West Africa Democracy Radio | 政治、新闻 | 94.9 |
| 10 | RDM-Radio Municipale de Dakar | 公共、综合 | 95.5 |
| 11 | Chaine Nationale（RTS） | 新闻、时事 | 95.7 |
| 12 | Sud FM | 新闻、时事 | 98.5 |
| 13 | WALF | 新闻、商业 | 99.1 |
| 14 | Soxna FM | 本地音乐 | 99.9 |
| 15 | Lamp Fall FM | 新闻、时事 | 101.7 |
| 16 | Africa No.1 | 公共、综合 | 102.0 |

续表

| 17 | RCI-Radio Chine Internationale | 公共、综合 | 102.9 |
|----|-------------------------------|-----------|-------|
| 18 | BFM Info | 经济、综合 | 104.3 |
| 19 | BBC World Service Africa | 公共、综合 | 105.6 |
| 20 | Top FM | 流行音乐 | 107.0 |
| 21 | Love FM | 流行音乐 | 107.3 |

# 第八章　边境分台受众调查与分析

## 第一节　国际台边境分台与边境节目制作室建设概况

我国有着漫长的边界线，向周边邻国的听众传播我国的声音，把我国的睦邻政策落到实处，一直是国际台对外传播的重点工作。近年来，根据中央关于加强国际传播力建设的总体规划和有关加强边境外宣的指示，国际台在大力推进海外分台建设、节目海外落地的同时，也把对边境地区的节目覆盖作为其中的重要组成部分和必要环节，依靠自身外语人才和内容资源优势，与我国边境地区的广播电视机构合作，通过在边境地区租时落地、建立整频率分台以及建设节目制作室等方式，有计划、分阶段地稳步实施国际传播节目边境覆盖规划。

### 一、国际传播节目边境覆盖的意义

#### （一）配合地区外交和外宣工作，建设和谐、稳定、祥和的社会环境

边境地区是我国与邻国民间交往最密切的地区。我国拥有 14 个陆上邻国，均保持睦邻友好和多方面的务实合作关系。近年来，随着我国综合国力的提升，我国在周边区域合作中的地位与作用日益扩大，边境贸易与活动日益繁荣，大批周边国家的外籍人士到我边境城市工作、经商、学习、生活，亟须我们提供面向外籍人士的广播资讯服务。

因此，国际传播节目边境覆盖项目使用边境地区人民熟悉的不同语言传播我国独立自主的和平外交政策、和谐世界的理念，并使用媒体平台因地制宜地做好地区经济、文化、生活等服务性节目，可切实发挥国际传播效果，树立国家良好形象，建设稳定繁荣和安宁祥和的地区环境。

#### （二）引导地区舆论，加强边境地区文化建设

在我国边境地区存在境外电台频率对我国开展文化渗透的现象。实施边

境广播覆盖落地，是积极配合我国边境地区反渗透工作，维护国家安全，有效削弱境外电台对我国边境地区广播攻心战的有效手段。

我国边境城市大多并非政治、经济、文化中心城市，但呈现出与邻国文化交融、多民族文化交织的多元文化形态。因此，在边境地区播出我对外广播节目，可丰富当地人民的文化生活，传播中华文化，起到加强边疆城市文化建设的重要作用。

### （三）配合边贸口岸建设，服务于边境地区经贸发展

改革开放以来，边境贸易迅速带动了边境地区经济发展。近年来边境贸易进出口额增长迅速。双语或多语种广播媒体平台在服务边境贸易方面具有巨大的实际需求和广阔的发展空间。

### （四）有利于国家安全

周边地区是必争、必稳、必保之地，随着我国对周边事务影响进一步扩大，周边地区的政治安全形势也更加复杂。建设国际台与边境地区节目开发与合作机制，加强边境地区广播节目和多媒体节目传播与覆盖，有利于国家安全，可成为国防备用的宣传渠道。

### （五）开辟了成本低、效益大、受限少的海外整频率边境落地路径

边境整频率落地及节目制作室建设项目所需的硬件如电台、设备等在国内落地成本低，操作灵活，维护容易，不受对象国家政策法规限制，拓展了传播渠道，扩大了覆盖范围，是海外整频率落地的有益补充。与直接开办海外分台相比，边境分台有着自身的比较优势。

## 二、边境分台及边境节目制作室建设概况

自 2009 年 10 月国际台和广西人民广播电台联合开办首家边境分台——北部湾之声以来，至今已有 10 家边境分台开播或即将播出节目，分布于广西、云南、新疆、内蒙古、黑龙江、吉林的边境地区，多个边境节目制作室也正在建设或筹划之中。目前，国际台节目已逐步覆盖边境地区主要城市、边贸区和外籍人士聚居区，极大地丰富了当地广播的节目内容，获得边境地区居民的关注和喜爱。

### （一）边境节目落地

自 2006 年开始，国际台着手对在我国境内边境地区建立中波或调频电台用以覆盖境外周边地区进行调研，并曾派出调研小组赴云南和广西实地考察。2009 年，经国家广电总局批准，国际台与广西对外广播电台联合筹办北部湾

之声。2009 年 10 月 23 日，北部湾之声正式播出。它的建成开办，开创了国家级外宣媒体与地方媒体合作的全新模式。该套节目充分发挥了广西的区域优势和国际台的专业优势，突出了"中国立场、广西特色、国际表达"的定位。北部湾之声通过 16 个分布在边境的调频台和 2 个短波频率，每天播出英语、泰语、越南语、汉语普通话、广州话，总计 17 小时的节目，并通过卫星实现国际台与广西人民广播电台的并机直播。节目覆盖北部湾和越南、泰国等东盟国家。

2009 年 9 月 9 日，国际台与黑龙江省黑河市广播电视局签署协议，租用当地 FM103.8 调频频率每日播出国际台两小时的俄语广播节目，全年共转播 730 小时。2011 年上半年，国际台又与黑河广电部门商谈边境整频率落地和在当地建立节目制作室事宜。双方同意，国际台将使用调频频率对黑河和俄罗斯的布拉戈维申斯克市进行节目覆盖，每天播出 18 小时节目。同时，采取委托制作的方式设立黑河节目制作室，双方合作制作 4 小时俄语本地化节目。目前，该项目已报国家广电总局立项。

2009 年 10 月 15 日，国际台与云南省德宏人民广播电台签署合作协议，国际台在德宏人民广播电台民族语广播节目（AM900 中波频率）中，每天 10 时至 11 时、15 时至 16 时、22 时至 23 时，实时转播国际台制作传输的三小时缅甸语节目。全年共 1095 小时，节目覆盖云南省德宏州边境地区。

2009 年 12 月 1 日，国际台与云南省保山市广播电视总台签署合作协议，在保山市广播电视总台广播新闻综合频率（调频 FM98.7）中，每天 15 时至 16 时，实时转播国际台制作传输的缅甸语广播节目，节目信号覆盖云南省保山市及周围边境地区。

2010 年 1 月 1 日，国际台与内蒙古自治区二连浩特市广播电视局签署合作协议，通过二连浩特市人民广播电台调频 FM 89.8，每天 20 时至 22 时，实时转播国际台制作传输的蒙古语广播节目，节目信号覆盖二连浩特市，可延伸覆盖到蒙古国扎门乌德市。为扩大中蒙边境节目覆盖效果，国际台与二连浩特将合作开办整频率边境分台，该项目正在国家广电总局立项过程中。

2010 年 4 月 24 日，国际台与吉林省延边朝鲜族自治州延吉市广播电影电视局签署合作协议，国际台在延吉人民广播电台调频 FM88 中每天 11 时至 12 时，实时转播国际台制作传输的朝鲜语广播节目。节目信号覆盖吉林省延边朝鲜族自治州延吉市、龙井市、图们市、和龙市等地区。目前，国际台正在与延边朝鲜族自治州就国际台节目在延边整频率落地进行商谈，拟通过大功率中波台实现对该边境地区的节目覆盖。

2012 年 2 月，国际台与西藏人民广播电台就租用该台所属边境地区的普兰中波台及樟木中波台播出国际台节目一事达成一致，并上报广电总局立项。
两台计划每天各播出国际台4小时（21时至次日1时）节目，其中普兰中波
台（播出频率为639Khz）播出2小时英语节目、1小时尼泊尔语节目和1小
时印地语节目，可以有效覆盖普兰县城周边10公里范围区域。樟木中波台
（播出频率为639Khz）播出2小时英语和2小时尼泊尔语节目，可有效覆盖樟
木口岸及尼泊尔境内10公里范围区域。目前该项目正在国家广电总局审批过
程中。

### （二）边境节目制作室建设

在推动国际台节目边境地区整频率落地的同时，国际台还计划在相关节
目落地地区建立节目制作室，以提高节目的针对性，增强传播效果。

2011年5月，国际台与广西人民广播电台签署了《中国国际广播电台委
托广西人民广播电台制作节目的合作协议》。根据该协议，国际台委托广西电
台建设国际台北部湾之声南宁节目制作室和凭祥工作站，并委托广西电台进
行节目制作。广西电台按照国际台需求，建设节目制作室和工作站所需直播
机房和制作机房及配套的技术系统，聘用必要的工作人员，并提供办公室及
办公设备。制作室和工作站建成后，每天制作5小时节目，通过北部湾之声
广播频率和互联网向越南、泰国等北部湾沿岸各国和北部湾海域、广西边境
地区播出。目前，国际台已派员前往节目制作室参与节目制作。

此外，国际台还计划在新疆乌鲁木齐、吉林延边、西藏拉萨、内蒙古二
连浩特以及黑龙江黑河等地建立节目制作室，实现节目本地化制作播出。

## 三、中国国际广播电台东北亚之声与南海之声建设构想

### （一）中国国际广播电台东北亚之声

鉴于各种客观因素的制约，国际台正分阶段、分地区逐步完成节目边境
覆盖项目。由于现有广播频率资源紧张，为节约成本，加快推进，国际台采
取与边境地方台合作的形式推进项目落实。经多方考察调研，国际台认为吉
林延边朝鲜族自治州的条件已基本具备，国际台将以此为基础，打造覆盖我
国与东北亚国家边境地区的中国国际广播电台东北亚之声。

1. 电台定位

立足于边境地区，传播和介绍我国与东北亚地区国家的友好往来情况，
推介和传播我国特别是东北地区经济、社会、文化、旅游等方面的资讯，向
边境地区居民提供经贸、生活和娱乐等信息服务，使之成为我国特别是东北
地区与相邻国家合作交流的资讯服务平台。

2. 覆盖方式

国际台拟与吉林、辽宁、黑龙江、内蒙古等地广电机构合作，利用现有边境地区的广播频率，统一使用"中国国际广播电台东北亚之声"呼号，整频率或者在部分时段播出针对边境地区和东北亚国家的节目。同时，将建设中国国际广播电台东北亚之声网站，发布文字、图片、音视频等内容，通过在线或手机平台播出。

3. 节目构架

中国国际广播电台东北亚之声将着重报道我国特别是东北地区经济、社会发展状况以及与东北亚各国开展政治、经济、文化、旅游等全方位交流与合作的情况；介绍中国特别是东北地区的民族文化、音乐和旅游资源以及东北亚国家人士在中国工作、生活和学习情况。该频率拟使用日语、朝鲜语、俄语、蒙古语和汉语普通话等语言播出。节目设置以直播和录播相结合为主，除新闻、专题节目外，还包括服务性和文艺类节目，每天为边境地区听众提供经贸、文化、旅游等各类信息，并设置听众参与的互动环节。节目由国际台制作，不同地区的频率将根据当地受众情况播出有针对性的节目。国际台将和边境省区合作，开办边境节目制作室，提高节目的针对性。

4. 运行模式

延边朝鲜族自治州地处吉林省东部，是东北亚区域经济、人口、地理交汇点。延边是朝鲜族最大的聚居区，与朝鲜、韩国的经济、文化、旅游等各领域的交流合作频繁。在延边生活和工作的朝鲜、韩国、俄罗斯等国人达到上万人，并呈现快速发展的趋势。

鉴于延边地区独特的地理人文环境，国际台节目在当地落地将有助于进一步加强对东北边境少数民族地区经济社会发展的外宣力度，提高传播实效。经国际台与吉林延边广电局多次沟通，双方就国际台节目在延边落地达成了合作共识。

双方合作形式为：国际台租用延边现有的广播频率，使用"中国国际广播电台东北亚之声"呼号，整频率播出国际台自主制作的节目，分别在不同时段用朝鲜语、日语及俄语进行广播，拟每天播出 18 小时。延边广电局现有频率为中波 1566 千赫，功率为 25 千瓦，其覆盖范围为延边朝鲜族自治州全境和朝鲜北部地区。目前，该项目正在国家广电总局立项过程中。

### (二)"南海之声"

为积极配合我国周边外交战略，对外有效传递我国政府的主张，宣示南海主权，服务中外受众，中国国际广播电台经与海南省文化出版体育厅协商，拟与海南广播电视台合作，开办"南海之声"，创建覆盖南海海域的传播平台。

1. "南海之声"的开办意义

（1）目前，我国在南海地区还没有一座大功率的发射台进行针对性的有效覆盖，存在巨大的海上覆盖盲区。开办"南海之声"广播，加大对南中国海及周边地区的有效覆盖，有利于南海海域安全，有利于国家安全，是宣示主权的有效且必须采取的方式。

（2）南海周边国家的广播内容有很大部分涉及南海争端，积极配合其政府行为，对华针对性极强。在这种背景下，开办"南海之声"已成为与编制地图、维权巡航等并列的主权宣示手段，能有效澄清事实，削弱境外电台影响。

（3）开办"南海之声"，提供包括汉语普通话、越南语、菲律宾语等语言广播服务，通过播出船员关注的各种资讯，能有效吸引各国船员，进而传递我国关于南海问题的立场主张，服务于我国将南海打造成"和平之海"、"合作之海"的外交努力。

（4）开办"南海之声"可有效送达新闻资讯、气象信息等对渔业从业人员至关重要的资讯，大大提升海洋气象预警信息的触达率，从而更好发展南海渔业生产，为"平安南海"建设打下良好基础。

（5）2012年6月1日起，中国《海洋观测预报管理条例》正式施行，该条例的实施提供了大量内容丰富的海洋预报信息，使开办"南海之声"的可行性大大增强。"南海之声"将成为海洋观测预报信息新的发布平台，可以更好地推动《海洋观测预报管理条例》的实施。

（6）开办"南海之声"有利于海洋管理执法各部门沟通协调，有利于打造海洋气象、维权执法、灾难救援等方面的公共服务和信息资源共享平台。

2. 宗旨及定位

"南海之声"的宗旨及定位是服务于我国的外交大局，宣示中国主权，传递我国政府致力于与周边国家友好相处，合作共赢，把南海建设成为和平之海、和谐之海的政策主张；服务于我国国际传播力建设，填补我国在南海的传播空白点，积极主动地反制南海周边国家对该地区的敌对性广播覆盖，占领舆论传播的制高点；服务于在南海海域生产和生活的中外渔民，提供实用的生产信息、生活资讯，提供娱乐互动，沟通情感；服务于海南省的经济建设和国际旅游岛的发展规划，向国外受众和省外受众介绍海南省的政治、经济、文化和社会发展情况。

3. 节目架构

"南海之声"计划以中波和调频整频率播出；以大功率中短波播出"南海之声"外语版节目，分不同频率，对不同的对象国进行广播。中波和调频频率拟采用汉语普通话、广州话、海南话和英语播出；大功率中短波广播拟采用海南话、越南语、马来语、菲律宾语和印尼语播出。

节目设置以资讯加专题及音乐的模式为主，以小时为单位划分时段，在每个时段均设置整点新闻，音乐节目以播放中文歌曲为主，中间穿插生产和生活资讯，并随时插播实时的海况信息，加大天气及海洋预报等实用信息的播出频次，同时主持人通过多种手段与听众开展互动。

4. 覆盖区域、目标受众及覆盖方式

"南海之声"的覆盖区域主要包括：海南省、西沙群岛、中沙群岛、南沙群岛及附近海域；菲律宾、越南、马来西亚、印尼、文莱等南海周边国家。"南海之声"覆盖的目标受众为在海南岛以及南海海域工作、生产、生活的我国渔民、船员、驻防部队官兵及各类公务人员；在南海海域航行、作业的外国渔民、船员等；南海沿岸各国的居民等。根据覆盖地区地理特点和人口分布情况，以中短波广泛覆盖，以调频重点覆盖，采用多种手段结合，多套频率互补的方式，最大限度地达到有效覆盖。

5. 运行模式

"南海之声"是一个区域性的外宣广播电台，由中国国际广播电台主办，并联合海南人民广播电台共同运营管理。"南海之声"的工作机构设在海南省。国际台在海南设立"南海之声"工作站，建立外宣节目制播基地，与海南人民广播电台共同组建"南海之声"的采编播译和制作机构，对"南海之声"进行统一的包装、策划、制作和运营。

# 第二节　北部湾之声受众的构成、收听习惯与需求

## 一、北部湾之声概况

### （一）独特的地缘优势　重要的战略地位

广西壮族自治区地处我国华南地区，南临北部湾，面向东南亚，西南与越南毗邻，东邻我国广东、香港和澳门地区，北连华中，背靠大西南。广西周边与广东、湖南、贵州、云南等省接壤。它是我国与东盟之间唯一既有陆地接壤又有海上通道的省区，是我国华南地区通向西南地区的枢纽，是我国唯一具有沿海、沿江、沿边优势的少数民族自治区。广西首府南宁是东盟10国与我国团结合作的聚会地点。

我国高度重视发展与东盟的战略伙伴关系。2010年1月1日，我国与东

盟 10 国组建的中国—东盟自由贸易区正式全面启动。自贸区建成后，东盟和中国的贸易占到世界贸易的 13％，成为一个涵盖 11 个国家、19 亿人口、国内生产总值达 6 万亿美元的巨大经济体，是目前世界人口最多的自贸区，也是发展中国家间最大的自贸区。

随着广西在中国与东盟等多区域合作中地位与作用日益扩大，特别是泛北部湾经济合作从共识走向实践，东盟各国陆续在广西设立领事馆、商务代表处，大批东盟人士在广西工作、经商、学习、生活，上述人群对资讯服务有很大的需求。此外，北部湾有 12.93 多万平方公里海域面积，20 多万渔民。

开办覆盖这一地区的广播频率，加大对南中国海及周边地区的有效覆盖，是我国推进中国—东盟自由贸易区建设、实施"睦邻、安邻、富邻"周边外交战略的迫切需要。此举有利于提升我国媒体的影响力，在国际舆论斗争中掌握话语权；有利于北部湾海域安全，有利于我国的国家安全。

### （二）北部湾周边外国媒体情况

近年来，越南投入价值数千万元人民币，在中越边境 1020 公里边境线越南一侧分别建设了多座功率不等的广播电视发射台，其调频广播（越南语和汉语普通话节目）可清晰覆盖至广西境内三十公里左右，个别频率覆盖广西南宁和北海等地。

2009 年 8 月底，越南总理阮晋勇亲赴越南之声总部大楼为"向东海广播"（注：越南将"南中国海"称为"东海"）项目一期工程剪彩。该项目覆盖越南 3500 公里海岸线，包括越南全部领海、几乎所有远离海岸线的越南渔民作业区域。随后几年，越南之声利用该项目二期工程，加强对我国边境地区及广西重要城市的调频覆盖，通过 FM93.5、FM96.6 和 FM101.0 三个调频电台覆盖和干扰中越边境地区和包括南宁市在内的广西南部地区。其节目中有很大部分涉及两国领土、领海争端，民族矛盾等于我不利的内容。在中越边境地区，越南之声广播信号的清晰度甚至强于我方广播信号。

此外，美国之音、BBC、自由亚洲电台等媒体也对我边境地区长期进行广播渗透。

### （三）北部湾之声的定位与特色

2009 年 10 月 23 日，由中国国际广播电台与广西人民广播电台联合打造的我国首个区域性外宣广播频率——北部湾之声正式开播。

北部湾之声充分发挥广西的区域优势和国际台的传播优势，突出"中国立场、广西特色、国际表达"的定位特点，面向北部湾和越南、泰国等东盟地区播出。开办之初，北部湾之声使用汉语普通话和广州话、越南语、英语和泰语，每天 7 时至 24 时连续播出 17 小时。节目通过广西边境地区 16 个调频频率和 2 个短波频率播出，其中调频频率分别是防城港 FM96.4、东兴 FM106.5 和 FM96.4、硕龙 FM100.2、水口 FM93.4、百都 FM95.5、凭祥 FM102.5、龙邦 FM107.2、爱店 FM102.4、峒中 FM95.7、桐棉 FM89.6、龙州 FM101.2、胡润 FM95.6、科甲 FM99.6、里火 FM88.5、平孟 FM101.5，节目覆盖我国广西北海、钦州、防城港，中越 1020 公里边境线和北部湾 12.93 多万平方公里海域的 20 多万渔民及越南、泰国等北部湾沿岸的东盟国家和地区。调频立体声覆盖人口超过 3000 万。SW5050、SW9820 两个短波频率覆盖越南、老挝、柬埔寨、马来西亚及泰国东南部地区，覆盖人口超过一亿。

1. 电台定位：中国立场、广西特色、国际表达

北部湾之声的前身为广西对外广播电台，早在上世纪 90 年代一直以短波形式对越南传播。伴随着中国—东盟自由贸易区建设的逐步推进、中国—东盟博览会永久落户南宁，以及广西区域经济的风起云涌、泛北部湾区域合作的风生水起，加强对中国—东盟自由贸易区建设、中国—东盟博览会以及广西区域经济合作的报道，构成了新时期广西对外传播的主旋律。

2009 年 10 月 23 日北部湾之声正式开播，将电台定位为：立足广西，面向北部湾和越南等东盟地区，贴近中国和广西经济社会发展的实际，贴近东盟人士对中国和广西的信息需求，贴近东盟人士的思维习惯，向东盟各国听众尤其是越南、泰国等北部湾沿岸各国听众，以及北部湾海域、国内边境地区的广西听众报道和介绍中国—东盟自由贸易区建设进程和北部湾区域经济合作情况，力求做到"中国立场、广西特色、国际表达"，服务于我国周边外交战略，服务中国—东盟自由贸易区建设。

2. 节目特色：突出中国—东盟文化交流

北部湾之声在节目内容上突出中国—东盟文化交流特色；在注重国际听众对象性与交流感的基础上，强调节目制作，使播出节目在内容和形式上精品化，以便从听觉上最大程度地吸引国内外受众。

北部湾之声以信息立台，主要播出中国与东盟的商贸服务信息，致力于搭建中国与东盟交流沟通的平台。节目中可以听到来自东盟国家和中国的商贸、物流、旅游、生活等新鲜资讯和投资信息，动听的广西民歌和独特的东南亚音乐，更将博大的中华文化与灿烂的东南亚文化交汇相融。目前北部湾之声各语种节目播出时长及所占比例分别是：越南语 5.5 小时，占频率总播出量的 32.4%；汉语普通话 8 小时，占 47%；广州话 2 小时，占11.8%；英语 1 小时，占 5.9%；泰语 0.5 小时，占 2.9%。北部湾之声节目表如下：

| 时间 | 栏目 | 语言 | 线性＋板块 |
|---|---|---|---|
| 07：00—08：00 | BBR 早新闻（注：BBR 为北部湾之声英文缩写） | 越南语 | 《天气早知道》《NEWS 快报》《BBR 信息平台》每小时滚动播出 |
| 08：00—09：00 | 北部湾信息平台 | 汉语普通话 | |
| 09：00—10：00 | TOP MUSIC（音乐榜） | | |
| 10：00—11：00 | | | |
| 11：00—12：00 | CHINA—广西 | | |
| 12：00—13：00 | 直播东盟 | | 中国新闻 |
| 13：00—14：00 | 今日中国 | | 孔子学堂、民乐逍遥游等 |
| 14：00—15：00 | 阳光·沙滩·北部湾 | | 《天气早知道》《NEWS 快报》《BBR 信息平台》每小时滚动播出 |
| 15：00—16：00 | | | |
| 16：00—17：00 | 中国什锦秀 | 英语 | |
| 17：00—18：00 | 华人世界 | 广州语 | 《天气早知道》《NEWS 快报》《BBR 信息平台》每小时滚动播出 |
| 18：00—19：00 | | | |
| 19：00—19：30 | BBR 晚新闻 | 越南语 | 越南语新闻 |
| 19：30—20：00 | 泰语新闻 | 泰语 | 泰语新闻 |
| 20：00—20：30 | 健康生活 | 越南语 | 《天气早知道》《NEWS 快报》每小时滚动播出 |
| 20：30—21：00 | BBR 俱乐部 | | |
| 21：00—21：30 | 学说中国话 | | |
| | 华夏剧场 | | |
| 21：30—23：00 | 乐活 LOHAS | | |
| 23：00—24：00 | 中国—东盟文化圈 | | |

该台主打的《友谊之声》努力搭建中国与东盟听众的友谊桥梁；《北部湾信息平台》提供自贸区贸易、物流信息、商务往来、文化、旅游信息等，每档 2 分钟，每小时两档高密度滚动播出，满足中国—东盟自贸区内听众信息需求；越南语《新闻快报》节目，每档 3 分钟，每小时两档高密度滚动播出，突出服务中国—东盟自贸区和区域性国际传媒特点；《中国—东盟音乐榜》、《中国—东盟文化圈》等具有东南亚特色的节目，贴近东南亚听众。

北部湾之声与安徽人民广播电台、吉林人民广播电台合作共同策划运作《中国安徽之声》和《中国吉林之声》东盟版节目制作，将省外的招商信息及节目通过北部湾之声向东盟播出，为省外电台的外宣开通渠道。

"北部湾之声"联合越南驻南宁总领事馆、越南 VTC 国家电视台共同打造的"同唱友谊歌"中越歌曲演唱大赛已成为品牌。从 2010 年创办以来，中越"同唱友谊歌"活动的规模和影响力在不断地扩大和提升，参赛人数和比赛场次逐年增多，中越媒体曝光度加大，"同唱友谊歌"活动正处于成熟、稳定的发展上升时期。

## 二、北部湾之声受众概况

为了了解北部湾之声受众的构成、特点以及他们对节目的需求、偏好，以便进一步明确北部湾之声的受众定位，改进节目内容，国际台北部湾之声节目制作室的工作人员于 2012 年 6 月前往北部湾之声节目主要覆盖的广西防城港市、东兴市、崇左地区龙州（含水口口岸）和凭祥市，开展受众调研。在上述地区总计发放 300 份调查问卷，回收有效调查问卷 232 份，回收率为 77.3%。

本次调查采取的是随机抽样方式。由于近期中越关系因南海问题存在不稳定因素和敏感度，故没有对境外的越南受众做问卷调查。样本虽可能出现偏差，但基本上反映了北部湾之声境内受众的客观面貌。

### （一）受众构成

在提交有效调查问卷的受访者中有 224 位中国人，占 96.5%，8 名越南人，占 3.5%。其中男性为 56.7%，女性为 43.3%。20 岁以下的受众占 10.3%；20 岁至 49 岁的受众占 63.8%；50 岁以上的受众占 25.7%。可见，受访者的年龄趋于年轻化。

受访者中具有高中及以下学历者占 63.8%，具有大学本科学历者占 36.2%。受访者主要为商人、政府工作人员、职员、学生和教师。其中，商人最多，为 96 人，约占 41.4%；政府工作人员 64 人，约占 27.6%；职员 38 人，约占 16.4%；教师 10 人，约占 4.3%。

本次调查的受访者主要来自广西东兴、凭祥和龙州（含水口口岸）三地，其中居住在东兴的受众为 62 人，占 26.7%；居住在龙州市内的受众为 78 人，占 33.6%；居住在龙州水口口岸的受众为 32 人，占 13.8%；居住在凭祥的受众为 60 人，占 25.9%。

从受众经常收听的节目语种看，选择听越南语的受众为 104 人，占 44.8%，选择听汉语的受众为 128 人，占 55.2%。

### （二）收听习惯

#### 1. 收听方式

受众调查数据显示，有 106 人选择通过手机、MP3 等移动终端收听广播；78 人选择使用收音机收听广播；52 人选择通过网络电台收听广播；50 人选择通过车载广播收听（见图 1）。由此可见，现代移动收听工具逐渐成为当地受众收听广播的重要方式之一。新媒体是受众选择的主体，传统收听方式依然为受众所接受。

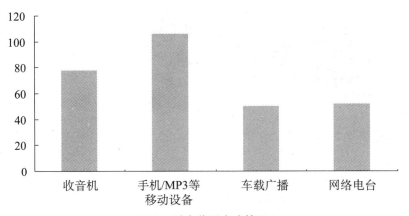

**图1　受众收听方式情况**

2. 收听时段

从受众收听时段分析来看，44.8%的受众喜欢晚上收听广播；23.4%的受众习惯清晨收听广播。上午、下午和深夜三个时段的受众收听比例分别为6%、17.2%和8.6%。一早一晚仍然是广播收听的高峰时段。（见图2）

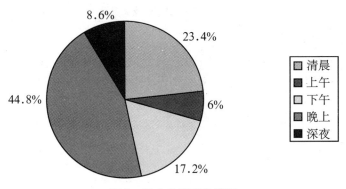

**图2　受众收听时段情况**

3. 收听时长

调查问卷数据显示，54.3%的受访受众收听时长在1小时以内；36.2%的受访受众收听时长为1至3小时；9.5%的受访者收听时长为3小时以上（见图3）。生活节奏的加快和收听方式的多样化，显现出受众收听的碎片化和随意性，因此数据结果符合日常受众的收听习惯以及对某个节目的黏合度和耐受度。

**（三）受众需求**

1. 信号清晰度

调查数据显示，85.3%的受访者表示，北部湾之声的调频信号很清晰，

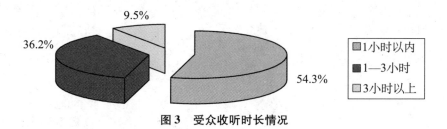

图3 受众收听时长情况

受众可以完整地收听节目。14.7%的受众表示，信号不清晰，声音断断续续。（见图4）

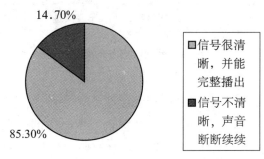

图4 节目播出信号情况

2. 媒介选择

在调查问卷中，有232人选择通过北部湾之声调频节目了解中国—东盟自由贸易区，有6人选择通过越南之声了解同样内容（见图5）。由此可见，受众对北部湾之声的认知度较高。

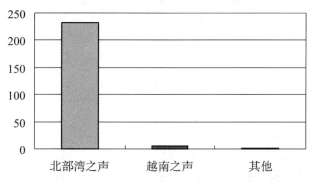

图5 受众了解中国—东盟自由贸易区的媒体选择

3. 收听喜好

受众喜爱的节目类型依次为时事新闻、音乐、商贸信息和文化旅游。如图6所示，158人喜爱收听时事新闻类节目；126人喜爱音乐类节目；96人喜爱商贸信息类节目；50人喜爱文化旅游类节目。可见，以时事新闻和商贸信息为主的新闻资讯是目前受众的主体需求。

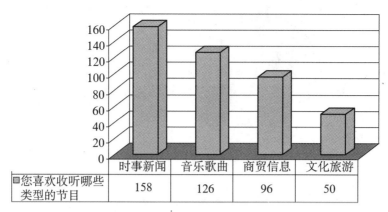

**图6　受众喜爱的节目类型**

| 　 | 时事新闻 | 音乐歌曲 | 商贸信息 | 文化旅游 |
| --- | --- | --- | --- | --- |
| □您喜欢收听哪些类型的节目 | 158 | 126 | 96 | 50 |

### 4. 收听目的

在回答收听目的的多项选择问题时，有152人选择想了解最新信息；122人选择放松心情；42人选择通过北部湾之声学习越南语。另有144名受访者因喜欢北部湾之声的某个栏目而收听节目，受访者在问卷中标注的喜爱栏目有《新闻》、《北部湾信息平台》、《阳光·沙滩·北部湾》、《TOP MUSIC》、《健康生活》、《乐活LOHAS》等。（见图7）

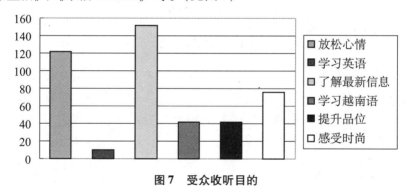

**图7　受众收听目的**

### 5. 收听黏度

调查问卷数据显示，81%的受访者表示有固定收听的栏目，19%的受众目前无固定收听栏目。（见图8）但调查问卷显示，受众固定收听的栏目较为分散，表明频率在品牌栏目建设的过程中需要特别注重改善节目内容。

### （四）受众关于改进节目的建议

150人认为，北部湾之声在商贸信息方面的内容有待加强；106人表示题材选取方面需要调整；80人认为音乐编排需完善；44人表示主持人播音水平及主持风格有待提高。（见图9）

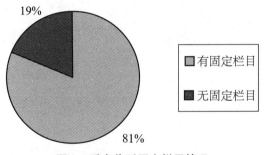

19%

81%

有固定栏目

无固定栏目

图8 受众收听固定栏目情况

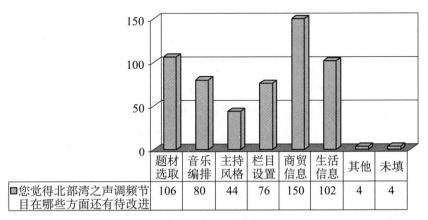

| | 题材选取 | 音乐编排 | 主持风格 | 栏目设置 | 商贸信息 | 生活信息 | 其他 | 未填 |
|---|---|---|---|---|---|---|---|---|
| 您觉得北部湾之声调频节目在哪些方面还有待改进 | 106 | 80 | 44 | 76 | 150 | 102 | 4 | 4 |

图9 受众建议情况

受众对频率提出了多方面的改进意见，反映了受众在听广播的同时，更加关注节目内容，希望通过广播获取实用性信息为其所用。受众的反馈将有助于北部湾之声进一步明确频率节目，细分栏目设置，改进节目内容，实现有效传播。

## 三、分析与小结

通过对有效调查问卷的全面分析，可以得出以下三点结论：

### （一）新闻资讯为媒体首选，商贸实用信息可以打造品牌

在调查问卷中，有232人选择通过北部湾之声调频节目了解中国—东盟自由贸易区，158人喜爱收听时事新闻类节目，96人选择商贸信息类节目，一早一晚这一资讯密集的时段仍然是受众收听的高峰时间。从这些数据中不难看出，新闻资讯是受众主要选择。

调查问卷发放三地均为与越南接壤的国家一级口岸（含龙州的水口口岸），虽然三地受众的文化层次不高，但有41.4%的商人与27.6%的政府工作成员构成收听节目的主力，与中国—东盟自由贸易区有关的资讯内容吸引

了大部分的受众群体，显现出地处边境口岸的受众对中越两国关系、边贸政策的高度关注。

尤其是东兴 2012 年 7 月被国务院批准为国家重点开发开放试验区，意味着中国对东盟双边贸易有了更深层次的发展平台。在调查问卷中，有 150 人提出加强北部湾之声商贸实用信息内容的改进意见，也说明受众希望《北部湾信息平台》的信息更实际、更实用，将商贸实用信息打造成为节目品牌对北部湾之声有现实意义。

### （二）节目构架符合收听习惯，受众注重节目内容

在调查数据中，54.3% 的受众收听时长在 1 小时以内，有 106 人通过手机、MP3 等移动终端收听，52 人通过网络电台收听，50 人通过车载广播收听，126 人选择音乐类节目。这些数据反映了北部湾之声线性和板块的节目构架符合受众的收听习惯。

当今的受众接收信息渠道已从单一的手持收音机转变为多元化方式。整时段大板块节目现场感强，表达方式灵活，但其存在节目很难做成精品、语言的口水话较多的缺陷，除非有好的主持人否则很难吸引听众即时跟随。在不同时间点有规律地出现小板块形式的线性节目，正是考虑了受众收听习惯的改变，可以有效地完成节目的精品制作、专注制作特色节目及特色音响，还可根据重大宣传需求随时开通大板块。更重要的是线性节目让受众接受的内容是碎片化的，有利于受众短时间内接收到单一诉求的信息。而以受众最易接受的音乐节目穿插于线性节目与板块节目之间起到了国内外受众沟通桥梁的作用。

通过调查问卷我们也了解到，106 人表示题材选取方面需要调整和改进，有 19% 的受众目前无固定收听栏目，受众选择收听的动机主要是：了解信息，放松心情，获取知识，提升品位，感受时尚。节目办得好不好，是否赢得受众欢迎，满意度是一个至关重要的衡量标准，而作为受众满意度衡量标准之一的受众意识就体现在受众定位和受众反馈的满足。广播传播的特性在快，在有声，魅力在于耳目一新，广播吸引受众的环节在于创新节目制作内容与形式。如何抓住受众心理，满足受众接受需求，是北部湾之声调频节目增强传播效果的关键。

### （三）边境受众指向性强，越南语节目有需求

目前的北部湾之声 07：00—19：00 播出节目以中文为主，19：00—24：00播出以越南语为主。多语种播出往往存在频率特征不够清晰、指向性不够明确、受众难以形成收听习惯以及可能存在收听黏度下降等问题。但从调查问卷来看，在边境地区的中国境内有越南受众 8 人，调查问卷中 44.8% 的受众选择收听晚上越南语时段的广播，更有 42 人次选择通过北部湾之声学习越南

语。考虑中国—东盟自由贸易区、中越边贸发展等因素，这些数据体现了中越边境双方人员的往来密切，决定了边境受众对节目语言的指向性强，越南语节目有需求的特征。

## 四、关于增强北部湾之声针对性和有效传播的思考

### （一）通过市场化运作，搭建中国—东盟商贸信息集成平台

随着中国—东盟自由贸易区建设步伐加快以及中国—东盟博览会和中国与东盟投资与商务峰会永久落户南宁，广西与东盟国家交往日益密切。受众对中国—东盟自由贸易区和商贸实用信息的关注度非常高，北部湾之声如能有效地整合资源，参与市场化运营，将有利于增强其对内对外传播效果，提升其区域性传播影响力。我们认为，北部湾之声可以通过市场化运作，搭建中国—东盟商贸信息集成平台。

以东兴为例，2012 年 7 月，东兴被国务院批准为国家重点开发开放试验区，是我国唯一的沿边、沿海、跨区域的试验区。东兴试验区被称为"边境特区、西部深圳"，它不仅包括东兴市，还包括了防城港市的港口区、防城区的部分区域。其中东兴边贸中心由东兴边民互市贸易区、国际会展中心、东兴国际旅游集散中心等 8 个项目组成。项目建成后可新增就业岗位 3 万个，实现年边贸成交额 300 亿元以上，年市场交易额 500 亿元以上，年加工业总产值 50 亿元以上，年接待游客 300 万人次以上。东兴边贸中心将发展成为中国面向东盟的国家级边境贸易中心。这也就意味着商贸信息集成平台有丰富的信息资源和潜在的受众。

再以凭祥为例，凭祥市的友谊关口岸是我国通往东盟国家最大、最便捷的陆路大通道。近年来，凭祥市正在边贸互市点、农村地区建立应急广播覆盖项目，被形象地比喻为"小喇叭"工程。这些"小喇叭"除日常播放凭祥人民广播电台节目外，每天还转播北部湾之声 5 个半小时节目。凭祥城区和市内主要农贸市场共安装了调频智能广播箱 220 个，2012 年还将拓展到其辖属边境沿线的 288 个屯。其边贸互市点的窄播化特点强化了信息的到达率，有利于信息集成平台的点对点服务。

目前，北部湾之声设有《北部湾信息平台》栏目，内容为自贸区贸易、物流信息、商务往来、文化、旅游信息等。中国—东盟商贸信息集成平台的概念是《北部湾信息平台》节目的延伸，其主旨是在节目中突出贸易服务功能，满足受众对供求双向信息的需求，实用至小到水果价格，大到国家贸易需求的程度。利用短信平台、微信、微博、互联网等新媒体手段，实时滚动，权威发布，形成频率的轮盘效应。当边境地区受众的偶然收听转化为必须收听时，其背后的商业价值也将随之体现，从而丰富北部湾之声的自身造血功

能，改变外宣媒体商业化运营弱势的局面。

### （二）加大功率，筑造边境电子屏障

本次受众调查显示，有 14.7% 的受访者表示，北部湾之声的信号不清晰，声音断断续续。这与国际台北部湾之声节目制作室 7 月与广西广电局联合举行的节目信号覆盖状况监测结果一致。监测发现，虽然北部湾之声调频广播节目信号在钦州市、防城港市、中越边境公路、凭祥市、宁明县、龙州县及南宁至友谊关高速公路部分路段等地段覆盖状况良好，但在中越边境口岸城市东兴市城区及其周边地带，北部湾之声频率受到越南之声调频广播节目的严重干扰，收听效果极差，部分地段北部湾之声的节目信号被越南之声完全覆盖。在崇左市城区友谊大道和火车站两个监测点，北部湾之声调频广播节目信号也被越南之声完全覆盖。南宁至友谊关高速公路崇左服务区，北部湾之声调频广播节目信号受越南之声干扰，时常能听到越南之声调频广播节目。此外，越南之声两个调频电台 FM93.5 和 FM101.0 已完全覆盖南宁市大部分核心区域，如埌东商贸圈、中国—东盟商务区、东盟领事馆区。位于中越边境公路上的宁明县桐棉乡中心小学、宁明县爱店口岸、凭祥市友谊关口岸及龙州县红八军广场等地分别监测到了 4 至 5 个越南之声调频广播节目信号。

目前掌握的最新频率覆盖测试数据显示，北部湾之声在北海、钦州、防城港地区的主频率 FM96.4 和在凭祥、龙州、崇左地区的主频率 FM101.2 均受到越南之声 FM96.6 和 FM101.0 的邻频干扰；对方使用高功率发射机输出节目信号，调频带宽分别为 FM96.4 至 FM96.8 和 FM101.0 至 FM101.4，导致北部湾之声被越南之声压制的局面。

近年来，越南等东南亚国家频繁在我国南海地区制造紧张局势，作为国际台的首个边境分台北部湾之声重中之重的任务是在国家有关部门的支持下，加大播出功率，形成中越边境地区的电子屏障。只有这样，才能遏制越南之声的干扰和文化侵略，有利于北部湾之声更好地传播我国"与邻为善、与邻为伴"的周边外交方针，营造和平稳定、平等互信、合作共赢的地区舆论环境，提升北部湾之声的区域传播竞争力。

### （三）加快北部湾之声落地南宁，提升区域传播竞争力

鉴于越南之声的两个调频信号已完全覆盖广西区府所在地南宁市的核心区，北部湾之声在南宁落地应尽快提上议事日程。在广西首府南宁落地，对于北部湾之声有着特殊的意义。在南宁落地，可以辐射整个广西地区，在发挥外宣媒体作用的同时，赢得对内的影响力；在南宁落地，有利于北部湾之声获取更多的广告市场资源，从而把中国的企业推向东盟；同时，通过在南宁落地，北部湾之声可以作为中国—东盟博览会的媒体支持频率，直接为到

会的东盟各国客商服务；在南宁落地，还可以有效地为"同唱友谊歌"中越歌曲演唱大赛、中越青年自行车友好之旅等北部湾之声面向东南亚地区开展的品牌活动争取更多的资金支持，将品牌活动更好地向周边国家延伸。

总之，北部湾之声承载着搭建中国和东盟友谊桥梁的任务。从政治看，东盟是我国维护主权权益、发挥国际作用的重要依托；从安全上看，东盟环境历来对我国国内形势以及发展战略有直接牵动作用；从经济上看，东盟是我国对外开放，开展互利合作的重要伙伴；从文化上看，北部湾之声的区域性国际媒体传播是一场战略营销。北部湾之声如能在南宁落地，可以突显边境分台的示范效应，吸引更多的受众，且有利于中国与东盟民众之间的相互了解与信任。

# 第三节　东北亚之声黑河广播的受众构成、收听习惯与需求

## 一、东北亚之声黑河广播概况

### （一）隔江比邻的"中俄双子城"

黑河市位于黑龙江北部国境地区，与俄罗斯布拉戈维申斯克市隔江比邻，最短距离750米。布拉戈维申斯克市是俄罗斯阿穆尔州首府、俄罗斯远东地区第三大城市，城市人口近30万人，是一座拥有30多所中高等学府的俄罗斯远东著名大学城，来自俄罗斯各地的年轻人在这里求学，拥有高素质的主流人群。黑河与布拉戈维申斯克市是中俄4300多公里边境线上一对距离最近、规格最高、规模最大、功能最全的对应口岸城市，两城市联系畅通，经贸往来频繁，被誉为"中俄双子城"。

### （二）黑河调频台项目简况

为了利用黑河市的地缘优势，改善中国国际广播电台节目对俄罗斯远东地区的覆盖，促进中俄两国人民的文化交往和情感交流，促进中俄两国边民睦邻友好，携手共同发展，从2010年起，国际台与黑龙江省黑河广播电视台就在黑河开设调频台、设立俄语广播工作室等事宜进行多次协商。2011年5月，双方拟定了开办中俄双语广播节目的协议参考方案。国际台计划整频率租用黑河广播电视台FM88.4调频时段（暂定）对中俄边境每天播出18小时（6时—24时）中俄双语节目，其中俄语节目9小时（由国际台俄语部制作5小时，黑河制作室制作4小时）、汉语普通话节目9小时，由国际台环球资讯

节目中心提供。节目通过卫星传送。

FM88.4 调频台的发射功率为 1 千瓦,节目覆盖黑河及与黑河比邻的俄罗斯远东地区,信号可深入俄罗斯地区约 40 公里,重点覆盖俄罗斯远东地区阿穆尔州首府布拉戈维申斯克市。目前,这一项目正在国家广电总局审批过程中。

### (三) 黑河调频台节目定位与构成

黑河调频台的节目总体定位为"国际化",立足于为黑河市和布拉格维申斯克市两地市民提供国际化的资讯、服务与音乐节目。调频台计划每天播出 18 小时节目。其中:中文节目 9 小时,播出时间为 6 点至 15 点,套播国际台环球资讯广播节目,将节目中的所有商业广告替换为节目片花或公益广告;俄语节目 9 小时,播出时间为 15 点至 24 点。重点栏目包括:日播访谈栏目《中俄 1 + 1》;音乐栏目《悦动中国》、《悦动俄罗斯》;全新打造的经典栏目《中国古典名著联播》;直播互动栏目《黑龙江之窗》、《中俄双子城》等。黑河调频台节目表如下:

**表1  黑河调频台节目表 (周一至周五)**

| 时间 | 节目 | 制作部门 | 语种及时长 |
|---|---|---|---|
| 06:00—07:00 | 档案解密(录播)直播世界 | 环球资讯 | 汉语<br>普通话<br>9 小时 |
| 07:00—08:00 | | | |
| 08:00—09:00 | 早间第一资讯 | | |
| 09:00—10:00 | 环球媒体浏览 | | |
| 10:00—11:00 | 环球故事会 | | |
| 11:00—12:00 | 环球文化圈 | | |
| 12:00—13:00 | 午间第一资讯 | | |
| 13:00—14:00 | 老外看点(录播)<br>档案揭秘(录播) | | |
| 14:00—15:00 | 环球故事会(重播) | | |
| 15:00—16:00 | 悦动中国(50 分钟)<br>学汉语(10 分钟) | 俄语部 | 俄语<br>9 小时 |
| 16:00—17:00 | 《中俄双子城》 | 黑河<br>制作室 | |
| 17:00—18:00 | | | |
| 18:00—19:00 | 晚间资讯时间(50 分钟)<br>学汉语(10 分钟) | 俄语部 | |
| 19:00—20:00 | 《中俄 1 + 1》(50 分钟)<br>学汉语(10 分钟) | | |
| 20:00—21:00 | 悦动俄罗斯 | 黑河<br>制作室 | |
| 21:00—22:00 | | | |
| 22:00—23:00 | 夜间资讯时间(50 分钟)<br>学汉语(10 分钟) | 俄语部 | |
| 23:00—24:00 | 国际台俄语对外广播节目 | | |

表 2  黑河调频台节目表（周六、周日）

| 时间 | 节目 | 制作部门 | 语种及时长 |
|---|---|---|---|
| 06：00—07：00 | 环球军事报道 | 环球资讯 | 汉语普通话<br>9 小时 |
| 07：00—08：00 | 早间第一资讯 | | |
| 08：00—09：00 | | | |
| 09：00—10：00 | 环球军事报道 | | |
| 10：00—11：00 | 环球名人坊（录播） | | |
| 11：00—12：00 | 环球文化圈（周末版） | | |
| 12：00—13：00 | 午间第一资讯 | | |
| 13：00—14：00 | 老外看点（录播） | | |
| | 档案揭秘（录播） | | |
| 14：00—15：00 | 环球名人坊（录播） | | |
| 15：00—16：00 | 悦动中国（50 分钟）<br>学汉语（10 分钟） | 俄语部 | 俄语<br>9 小时 |
| 16：00—17：00 | 《中俄双子城》 | 黑河<br>制作室 | |
| 17：00—18：00 | | | |
| 18：00—19：00 | 新闻节目（15 分钟）<br>周六：走遍中国（20 分钟）<br>周日：新闻周刊（20 分钟）<br>黑龙江之窗（25 分钟） | 俄语部 | |
| 19：00—20：00 | 《中俄 1 + 1》（50 分钟）<br>学汉语（10 分钟） | | |
| 20：00—21：00 | 悦动俄罗斯 | 黑河<br>制作室 | |
| 21：00—22：00 | | | |
| 22：00—23：00 | 悦动中国（50 分钟）<br>学汉语（10 分钟） | 俄语部 | |
| 23：00—24：00 | 国际台俄语对外广播节目 | | |

## 二、 黑河调频台受众调查与分析

### （一）调查方法和范围

2012 年 7 月至 8 月，调研组采取实地考察和受众调查相结合的方法，前往黑河市就黑河调频台、节目工作室筹建情况等进行调研，并在黑河广播电视台的协助下，进行了受众问卷调查。

由于黑河调频台目前尚未开播，所以本次受众调查选取了节目构成、覆盖范围与调频 88.4MHz 相似的调频 103.8MHz 的受众作为抽样调查的对象。FM103.8MHz 播出中俄双语广播，其中每天北京时间 22 至 24 点播出国际台两小时俄语节目。该调频的节目在黑河占有一定的受众市场份额，同时在布拉戈维申斯克市收听效果良好。

本次受众调查总计发放问卷 800 份，回收有效问卷 571 份，回收率71.38%。通过问卷调研，调研者初步掌握了该地区受众的构成、收听习惯以及他们对节目的需求、偏好，并根据调研数据分析，评估黑河调频台潜在受众的特点，以期对未来黑河调频台的开播提供现实依据、理论分析和前瞻性的可行性建议。

### （二）黑河 FM103.8MHz 受众构成、收听习惯与需求

1. 受众构成

在收回的 571 份有效问卷中，俄罗斯人为 349 人，占 61%，中国人为 222人，占 39%；男性占 52%，女性占 48%。其中 20 岁以下的受众占 18%；20岁至 49 岁之间的受众占 65%；50 岁以上的受众占 17%，整个样本年龄趋于年轻化。在调查样本中，大学生比例占到 58%；研究生占 8%。受众主要为学生、公务员、教师、职员、医生等。其中，学生最多，176 人，占 30%；公务员 68 人，占 12%；教师 50 人，占 9%。受访者主要来自"中俄双子城"黑河和布拉戈维申斯克两个城市，其中居住在黑河的受众 76 人，占13%；居住在布拉戈维申斯克的受众 167 人，占 29%；还有 30% 的受众选择了无固定居住城市，分析原因可能是这些受众长期往返于黑河和布市之间，从事贸易、文化交流活动。从受众经常收听的广播节目语种看，选择收听俄语节目的受众为 321 人，占 56%；选择收听汉语普通话节目的受众为 250 人，占 44%。

2. 收听习惯

（1）收听方式

受众调查数据显示，有 297 人使用收音机收听；153 人通过手机、MP3 等移动终端收听；176 人通过车载广播收听；32 人通过网络电台收听。（见图

10）由此可见，传统方式收听广播仍然是受众选择的主体。

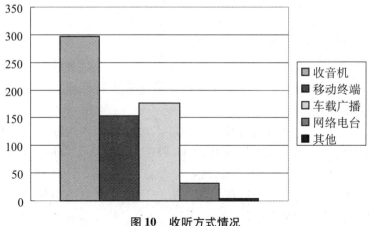

**图10　收听方式情况**

（2）收听时间

从受访者收听时段分析看来，39%的受访者喜欢晚上收听广播；26%的受访者习惯清晨收听广播。上午、下午和深夜三个时段的受众比例分别为13%、16%和6%。一早一晚是广播收听的高峰时间。（见图11）

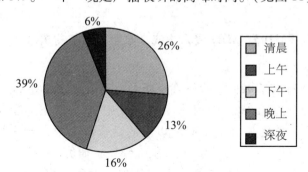

**图11　受访者收听时段情况**

（3）收听时长

调查数据显示，63%的受众收听时长为1小时以内；30%的受众收听时长为1至3小时；7%的受众收听时长为3个小时以上。（见图12）该数据结果符合一般受众的收听习惯以及对某个广播节目的黏度和耐受度。

3. 受众需求

（1）媒介选择

在调查中，有423人选择通过中国媒体了解中国；234人选择通过俄罗斯媒体了解中国；另有41人选择通过其他外国媒体了解中国。（见图13）由此可见，在黑河和布拉戈维申斯克市，我国媒体在受众心目中的可信度较高，吸引了大部分的受众群体。

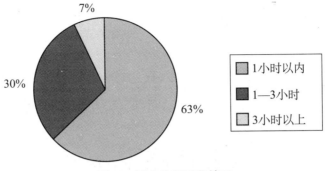

**图 12　受众收听时段情况**

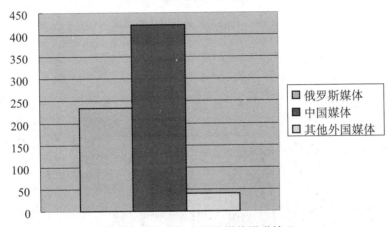

**图 13　受众了解中国的媒体渠道情况**

（2）收听喜好

受访者喜爱的节目类型主要为新闻资讯、文化旅游、音乐、汉语教学等。其中342人喜爱收听新闻资讯类节目；180人喜爱文化旅游类节目；158人喜爱音乐类节目；99人喜爱汉语教学。（见图14）新闻资讯是目前受众的主要内容需求，这也表明目前受众对中国的认知和了解尚处于初级阶段，对于中国信息的渴求度很高。

（3）收听目的

在回答有关收听FM103.8调频节目的目的时，329人选择了"想了解和中国有关的信息"；180人选择了"娱乐消遣"；63人选择了喜欢某个栏目，其中不少人指出了喜欢的栏目名称。（见图15）

（4）收听黏度

从喜欢收听到固定收听，是一个递进的关系。从调查问卷数据分析看，90%的受众目前在FM103.8尚无固定收听栏目，只有10%的受众表示有固定收听的栏目（见图16）。由此表明，该频率的品牌栏目尚未建立，节目内容亟待改善。

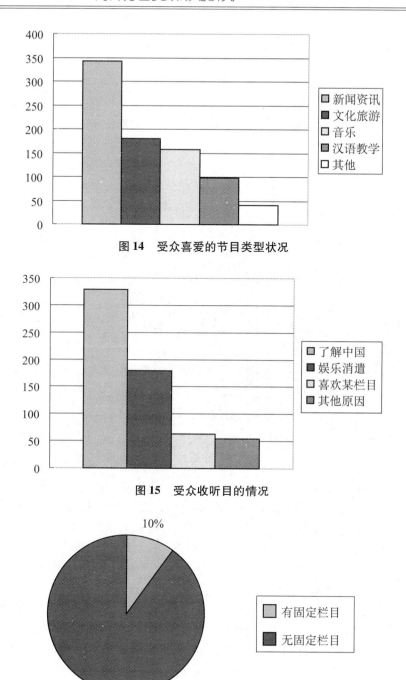

图 14　受众喜爱的节目类型状况

图 15　受众收听目的情况

图 16　受众收听固定栏目情况

4. 受众关于改进节目的建议

受访者对黑河 FM103.8 频率提出了改进意见，其中 275 人表示题材选取方面可以改进；252 人表示栏目设置需要调整；212 人表示音乐编排还可以完善；180 人表示主持人播音水平及主持风格待提高。

### （三）分析与小结

通过对此次调查问卷的全面分析，我们可以得出以下三点结论：

1. 俄罗斯受众居多，对俄语节目有需求

调查问卷数据显示，俄罗斯受众为 349 人，占 61%，多于中国受众。经常收听俄语节目的受众为 321 人，占 56%，多于收听中文节目的受众。这些数据表明，在黑河和布拉戈维申斯克这两个中俄边境城市，其地理位置特征，以及双方全方位的合作、两国人民间的友好，决定了俄罗斯受众很多，对俄语节目有需求。

2. 渠道首选中国媒体，主打新闻资讯

在调查问卷中，有 423 人选择通过中国媒体了解中国，有 234 人选择通过俄罗斯媒体了解中国。从这个数据不难看出，海外受众对于我国媒体的认可程度和接受程度。而在受众喜欢的节目类型方面，342 人选择了新闻资讯类节目。这一特征非常有利于我国媒体通过短、频、快的新闻资讯和节奏感强的广播节目，准确、有效、及时地传播有关中国的信息。

3. 受众注重节目内容，调频落地有市场

通过调查问卷我们了解到，有 275 人希望黑河 FM103.8 频率在题材选取上进行改进和调整。由此不难看出，节目内容是受众收听节目的首选标准。不仅如此，目前 90% 的受众在黑河 FM103.8 频率还没有固定收听的栏目，可见，该频率目前还没有打造出受众喜爱的品牌栏目。受众对媒介的选择动机主要是：获得信息、娱乐、获取知识、享受服务等等，牢牢抓住受众的心理、满足受众的需求，是赢得受众欢迎、增强传播效果的关键。可见，黑河 FM103.8 频率的广播节目在黑河和布拉戈维申斯克市落地播出的发展潜力巨大，有必要尽快开播东北亚之声黑河广播，利用国际台俄语传播的专业优势，依据受众的需求，弥补目前传播内容的不足，增强节目对受众的针对性和吸引力。

## 三、关于东北亚之声黑河广播的思考

通过对黑河市、黑河广播电视台实地考察，通过问卷调查的方法分析受众的特点、收听偏好和需求，我们认为，东北亚之声黑河广播越早开播，越能有效地赢得受众，占领市场，在前所未有的中俄关系顺利发展的大背景下，对中俄两国边民睦邻友好、情感交流起到积极有效的推动作用。现提出如下建议：

## （一） 尽快开播黑河调频台，占领先机

2012 年是中俄两国元首共同确定未来 10 年两国关系发展目标和方向后的第一年。东北亚之声黑河调频台目前拥有现成的频率资源、强大的发射功率、良好的办公场所及硬件设备、足够的采编播和技术方面的人才储备、良好的受众市场、迫切的受众需求，应尽快开播。

## （二） 以套播节目形式在漠河落地，扩大覆盖范围，形成规模效应

在黑龙江调研期间，调研组还前往漠河县北极乡广播电台转播站和电视转播站调研。漠河毗邻俄罗斯远东地区，分别与赤塔和阿穆尔两州交界，有两个对应城镇。一个是俄罗斯阿穆尔州所属的斯科沃罗丁诺市，另一个是兴安口岸隔江相望的加林达镇。我们认为，在黑河开设调频台的同时，可以考虑与漠河转播站合作，将该套调频节目同时在漠河落地。这将覆盖俄罗斯远东地区更广阔的区域和人口，发挥更显著的节目覆盖效果。

## （三） 俄远东地区适宜调频广播落地

中俄两国是近邻，在当今世界格局中有着太多的共同利益，建构良好的中俄关系已成为我国政府外交领域的重要关注部分。中俄关系的良性发展，取决于两国政治、经济利益的需要，同时，也在很大程度上取决于两国民众的相互了解、相互信任，这也是我国从事国际传播媒体的职责所在。鉴于俄罗斯对外国媒体实行严格的准入制度，国际台希望能够做到"两条腿"走路：即在俄罗斯的欧洲部分（以莫斯科为中心）通过俄语杂志落地，向俄罗斯民众全面介绍中国；在俄罗斯的亚洲部分（主要是俄远东地区）通过黑河调频台开播，以俄语广播为纽带，塑造中国形象。目前国际台俄语杂志《中国风》落户俄罗斯已初见成效，同时，已为黑河调频台的开播做好了充分的准备，黑河调频台宜尽早开播，进而吸引更多的俄罗斯受众。

# 结　语　依托受众研究促进海外分台科学决策

## 第一节　国际台海外分台传播效果分析

### 一、受众调研揭示国际台海外分台受众六大特点

本研究通过分析来自二十余国，近 9000 份国际台海外分台受众调查问卷提供的信息，首次对国际台海外分台受众的社会特征、收听习惯有了总体把握。调查数据显示，国际台海外分台受众具有以下六个鲜明的特点：

一是受众多为高学历、职业稳定的大城市中青年。本次国际台全球海外分台受众调查结果显示，国际台海外分台受众以中青年为主体，受众受教育程度高，具有稳定的工作，主要居住在各国大城市。如在美国波特兰，52%的受访者年龄在 49 岁以下，58% 的受访者具有本科以上学历；在西班牙语受众中，63.3% 的受访者年龄在 49 岁以下，70% 的受访者具有本科以上学历；在意大利，93.6% 的受访者为 49 岁以下，74.3% 的受访者具有本科以上学历；在塞尔维亚，79% 的受访者年龄在 20 至 49 岁间，65% 的受访者具有本科以上学历；在西亚、非洲地区，86.8% 的受访者年龄在 20 至 49 岁间，51.67% 的受访者具有本科以上学历；在老挝，95% 的受访者年龄在 20 至 49 岁，75% 的受访者具有本科以上学历。

二是常听调频电台、单次收听时长不超过 3 小时。调查显示，广播特别是调频广播，仍然是人们获得资讯，娱乐休闲的手段。在肯尼亚，81.3% 的受访者通过调频电台收听广播；在西班牙语受众中，68% 的受访者收听本城市、本地区或本国的调频或中波电台，其中 55% 的受访者为调频电台听众，45% 的受访者为中波电台听众。在收听时长方面，一般听众单次收听不会超过 3 小时。如在美国波特兰，86% 的受访者为单次收听时长在 1 小时以内的听众；在西班牙语受众中，75.9% 的受访者收听时长在 1 至 3 小时内；在意大利，单次收听时长在 1 小时以内的听众比例为 61.5%；在老挝，40% 的受访者单次收听时长在 1 小时以内；单次收听时长 1 至 3 小时的受众比例

为 48%。

三是爱听新闻资讯、中国文化旅游和音乐类节目。在回答喜欢收听哪些类型的节目这一多项选择问题时，新闻资讯成为绝大多数地区受众的选择，中国文化及旅游类节目紧随其后，并在一些地区如意大利，超过新闻资讯成为最受欢迎的节目类型。调查显示，在美国，70% 的受访者喜爱新闻资讯类节目；在西班牙语受众中，79% 的受访者最经常收听新闻资讯节目，同时，有 77% 的受访者经常收听文化旅游体育类节目，还有 58% 的受访者常听音乐类节目；在意大利，51.3% 的受访者喜欢新闻资讯类节目，57.7% 的受访者喜欢文化类节目，52.6% 的受访者喜欢欧美音乐；在西亚、非洲地区，53.24% 的受访者关注新闻资讯。

音乐类节目在亚洲国家，如泰国和老挝受到青睐。在泰国，88% 的受访听众收听国际台海外分台是为了娱乐消遣，90% 的受访者主要收听音乐类节目；在老挝，27% 的受访者喜爱音乐类节目，20% 的受访者喜爱新闻资讯类节目。

四是收听方式多性化。国际台海外受众的收听方式呈现出明显的多样化趋势。使用传统收音机、网络电台、车载广播以及手机等移动设备的听众均占有相当大的比例。如在美国波特兰，使用车载广播收听者约占 55.38%，使用收音机者占 23.85%；在意大利，使用收音机者约占 51.3%，使用网络电台者约占 44.9%，使用手机等移动设备者占 30.8%，使用车载广播者占 20.5%；在塞内加尔，采用手机收听者占 42%，采用收音机收听者占 29%，采用车载广播收听者占 17.4%，采用网络电台收听者占 11.6%；在老挝，使用手机等移动设备收听广播者占 41%，使用收音机者占 37%，使用车载广播收听者占 20%。

五是高度关注中国，偏爱本国媒体。受众调查显示，各国受众普遍对中国高度关注。如，在肯尼亚，91.4% 的受访者希望了解中国；在意大利，89.7% 的受访者对中国感兴趣；在塞内加尔，对中国怀有浓厚兴趣者占受访总人数的 72.5%。这一现状为国际台海外分台未来的开拓发展提供了广阔的空间。

与此同时，在现阶段，大多数受访者是通过本国媒体了解中国。如在美国，82% 的受访者通过本国媒体了解中国；在意大利，82.1% 的受访者通过本国媒体了解中国；在老挝，76% 的受访者通过本国媒体了解中国；在肯尼亚，67.18% 的受访者通过本国媒体获取关于中国的信息。

在所有受访人群中，只有一个例外，就是 77% 的西班牙语受访者通过中国媒体获得有关中国的信息。在其他地区和语种的受众群中，通过中国媒体了解中国的受众比例还不高。如在塞内加尔，47.8% 的受访者为了了解中国而收听国际台海外分台；在意大利，32.1% 的受访者通过中国媒体了解中国；

在肯尼亚，25.6%的人通过中国媒体获取关于中国的信息；在老挝，18%的受访者通过中国媒体了解中国。可见，在现阶段，我国媒体在海外的影响力还无法与本土媒体平分秋色。但提供有关中国的信息将是海外分台未来传播的重点，有着巨大的市场潜力。

六是随机收听，大多无固定收听栏目。在美国，82%的受访者收听国际台海外分台的节目是为了娱乐休闲，其中97%的受访者为随机收听，无固定栏目。在意大利米兰，69.2%的受访者收听海外分台是为了了解有关中国的信息，另有11.5%的受访者因喜欢收听某个栏目而收听海外分台。在意大利受众中，65.4%的受访者为随机收听，有固定收听栏目者占32.1%。在老挝，43%的受访者收听海外分台是想了解中国，另有44%的人是为了娱乐消遣；71%的受访者为随机收听，29%的受访者有固定收听的栏目。由此可见，目前国际台海外分台绝大多数受众尚处于随机收听，无固定收听栏目的阶段，海外分台打造品牌之路任重道远。

## 二、海外分台政治作用显现　全球影响力明显增强

### （一）海外分台是我国媒体走向世界的重要标志，是我国"软实力"建设的重要组成部分

2006年起步的国际台海外分台建设是我国媒体提高海外落地率，转变传播理念，优化传播内容，增强国际传播能力，有效引导国际舆论的重要举措，是我国"软实力"建设的重要组成部分。海外分台是我国媒体走向世界的基础性设施，是我国媒体参与国际传媒市场竞争的前沿阵地。经过短短6年时间，国际台海外分台从无到有，初具规模，其在我国"软实力"建设中所发挥的作用已显现，并已引起国际社会的关注。

美国哈佛大学教授约瑟夫·奈2012年5月8日在美国《华尔街日报》上发表署名文章，深入分析中国的"软实力"。文章以"中国国际广播电台英语广播24小时不间断播出"为例，说明中国在国际传播能力建设上的投入和影响。①

美国乔治·华盛顿大学艾略特国际关系学院中国政策项目主任沈大伟（David Shambaugh）2010年6月7日在《纽约时报》发表评论文章，肯定了国际台在中国"软实力"建设中所发挥的重要作用，并对国际台的对外传播策略给予高度关注。沈大伟在这篇名为《中国施展软实力》的文章中指出，中国政府高度重视国家的国际形象，正在全方位推动"软实力"建设，包括开展公共外交，实施媒体"走出去"计划等。作为"软实力"建设的重要组

---

① http：//online. wsj. com/article/SB10001424052702304451104577389923098678842. html

成部分，包括国际台在内的几大中央媒体都在积极向海外发展。沈大伟尤其关注了国际台的业务发展。他强调，国际台不仅在亚非拉等发展中国家大力发展广播业务，拥有了稳定的受众群，也在积极购买北美和欧洲的调频和调幅广播频率和时段，扩大其在北美和欧洲的影响力。他还注意到为了突出节目本土化特色，增强传播效果，国际台的对外广播不仅强调了节目形态的多样化，也更加注重报道内容的丰富性，而且还聘用了富有经验的外籍人士担任节目主持和新闻主播。①

　　本次受众调查的结果也印证了海外分台全球影响力的提升。在非洲，开办仅 6 年的国际台内罗毕调频台已成为肯尼亚受众经常收听的外国电台之一，排名超越了德国之声，仅次于英国广播公司。调查结果显示，在国外电台中，英国广播公司的斯瓦希里语广播收听人数最多，达到 67.21%；国际台斯瓦希里语广播排名第二，有 24.59% 的受访者收听内罗毕调频台的斯瓦希里语节目。

**（二）海外分台成为对外传播中国信息的重要出口，是传播我国原则立场、政策主张，回应国际社会关切，消除误解，打破西方媒体垄断格局的关键平台**

　　海外分台的独特作用和得天独厚的优势在于传播有关中国的信息。本次全球受众调查显示，海外分台已成为一些国家受众获得中国信息的第一渠道。一部分海外受众已将获得有关中国的信息作为收听海外分台的目的，并已形成了自己固定收听的栏目。如在西班牙语受众中，77% 的受访者通过中国媒体获得有关中国的信息；在尼日利亚、尼日尔、阿富汗和阿拉伯地区的受众中，通过中国媒体获取关于中国信息者占以上四地受访者的 73.64%。在伊朗、土耳其、阿富汗和阿拉伯地区有 66.2% 的受访者在收听国际台节目时有固定收听的栏目。其中 32.23% 的伊朗受访者固定收听《新闻时事》栏目；32.43% 的阿拉伯语受访者固定收听《听众信箱》；25.4% 的土耳其受访者固定收听《中国新闻》。

　　国际台海外分台将根据调查结果，精心打造传播中国信息的品牌栏目，以此塑造我国媒体不可替代的核心竞争力。

　　数年前，国际台还没有一家海外整频率落地电台，国际台英语中心的员工在观看某一境外媒体对我国国家领导人访问美国活动的现场直播时发表议论说，"这样的直播，我们也能做呀"，"我们应该直播"，"可直播给谁听呢？"在短波平台上做直播节目，效果差强人意。时至 2012 年 2 月，国际台英语广播通过在美国华盛顿等地的整频率海外电台，向美国听众直播了我国

---

① 　http：//www.nytimes.com/2010/06/08/opinion/08iht-edshambaugh.html？_ r = 1

国家副主席习近平在美中友好团体午餐会和中美经贸论坛开幕式上的讲话。国际台利用美国本土电台向美国听众报道习近平副主席访美活动，体现了海外分台独特的平台价值和作用。[①]

**（三）海外分台贴近新闻现场，第一时间报道世界，参与国际传媒市场竞争，提高我国媒体国际新闻信息产品的自采率、首发率、海外转载率和落地率**

海外分台改变了国际台外语广播以往编译通讯社电讯稿，然后国内录制节目、海外播出的传统节目制作方式，把编辑部和直播间前移至新闻第一线，第一时间把握国际舆论动态，参与国际传媒市场竞争。

2012 年 4 月，第 20 届东盟峰会在柬埔寨首都金边闭幕，东盟轮值主席国柬埔寨首相洪森会后举行了新闻发布会。一些记者在提问时借南海问题把矛头直指中国。在现场的国际台金边节目制作室记者抢在其他媒体记者之前，直接用柬埔寨语请洪森评价中国在东盟国家经济、社会发展中所发挥的作用等问题。洪森首相在听到提问后，首先澄清了个别媒体对中国与东盟关系的不实报道，积极评价了中国与东盟的关系，并重申了柬埔寨对南海问题的立场，即柬埔寨支持在东盟和中国的框架内解决南海问题，反对外部势力介入，反对把南海问题国际化。新闻发布会在柬埔寨国家电视台等媒体现场直播，并在当晚重复播放。看到电视节目后，柬埔寨各大媒体纷纷致电国际台万象调频台，认为中国记者的提问及时、恰当。

随着海外分台的建立，一批与之配备建设的海外节目制作室应运而生，有效地提高了我国媒体国际新闻信息的自采率、落地率、时效性和贴近性。如老挝万象节目制作室自 2011 年建立以来，先后报道了老挝执政党——老挝人民革命党第九次全国代表大会、老挝第七届国会国家领导人换届选举等重大报道，赢得了老挝政府、媒体和受众的一致好评。节目制作室记者专访通辛总理等独家报道被老挝和我国多家媒体转载、转播。再比如，柬埔寨金边节目制作室建立以来，积极参与当地重大活动报道，赢得了柬埔寨新闻主管部门的认可。柬埔寨内阁办公厅新闻办已将金边节目制作室的工作人员视为柬埔寨国内媒体成员，安排其参加柬埔寨国内的各种报道活动，从官方层面认可了国际台海外分台在当地的主流媒体地位。

**（四）融入当地主流人群，连续跟踪国际舆情动态，适时调整国际传播策略和内容，有效引导国际舆论**

海外分台的建立促使国际台的节目加强针对性、贴近性，以当地听众可

---

① 关娟娟：《没有最好只有更好》，《国际广播影视》，2012 年第 3 期。

接受的传播内容和方式融入当地主流社会。通过调频台的短信平台、社交网络等互动手段实时关注舆情动态，准确把握受众的信息需求和对节目的反馈，及时调整传播策略，使节目能入耳、入心，真正赢得当地听众。

以 2009 年 5 月在澳大利亚开播的 CRI 堪培拉调频台为例，在了解到当地广播节目内容基本上以本地要闻、体育、娱乐新闻和音乐为主，但缺乏有深度的国际新闻报道和有关中国的资讯类节目后，国际台英语环球传播中心在设计堪培拉落地节目时，集中精干力量，推出了一档 2 小时的时政访谈类直播节目《今日》，由中外员工搭档主持，针对听众关注的全球热点问题以及中国正在发生的新闻事件，广邀专家、学者和业界人士作客直播间或通过电话直播连线，与主持人一起参与讨论。这档节目每周一到周五在堪培拉下午1 点至 3 点播出，节目经常邀请澳大利亚专家、学者参加直播讨论，使当地听众倍感亲切。该调频台在堪培拉开播 3 年来，已培养了一批忠实听众。澳大利亚听众罗斯·凯利写信说："国际台在堪培拉播出的英语节目质量高，是了解国际时政要闻的一个非常好的渠道。虽然在澳大利亚也可以听到澳大利亚广播公司的新闻节目，但你们的新闻讨论和访谈质量更高。"

## 三、海外分台文化作用和影响力凸显

### （一）传播中华文化精髓　海外分台作用独特

介绍中华文化的专题节目一向是国际台对外广播中最受听众青睐的节目，这与博大精深的中华文化的无穷魅力密不可分。本次受众调查收集的数据再次证明了中华文化在海外的独特魅力以及国际台海外分台在有效传播中华文化方面的突出作用。数据显示，在国际台西班牙语受众中，77% 的受访者经常收听中国文化旅游类专题，58% 的受访者希望听到汉语教学节目。在意大利受众中，57.7% 的受访者喜欢文化类节目。在肯尼亚，49.5% 的英语受众希望听到汉语教学节目。在伊朗，22.26% 的受访者固定收听国际台《中国旅游文化》栏目。在阿拉伯语受众中，50.68% 的受访者固定收听国际台《学汉语》栏目。

目前，国际台各海外分台都有介绍中华文化、教授汉语的节目，此类节目广受听众欢迎。以国际台在墨西哥的分台 CRI 蒂华纳中波台为例，开播后的受众调研显示，介绍中国文化的节目，如美食节目，是最受墨西哥听众欢迎的。国际台节目中穿插播出的中国古典音乐和现代流行音乐对于墨西哥听众来讲非常新鲜，尽管听不懂歌词，但听众非常喜欢中国音乐，认为那是中国本土的、很有特色的音乐。

为拉近节目与当地受众的心理距离，国际台海外分台播出的节目现已大量采用中外主持人搭档，共同主持的节目形态。实践证明，语言是沟通的桥梁，精通外语的中国主持人在海外分台广播中担当着跨文化交流使者的重任，施展了独特的吸引力和影响力。肯尼亚副总统穆西约卡曾高度评价国际台斯瓦希里语主持人的水平。他说："2008 年我访问国际台时，发现那里的工作人员斯瓦希里语说得比我还好，使我非常惊奇。"CRI 蒂华纳中波台的合作电台（Uniradio）总裁卡洛斯认为，国际台主持人的西班牙语说得非常好，既有中方主持人，又有墨方主持人的交叉安排，对于墨西哥听众接受国际台的节目很有好处。

### （二）丰富各国多元文化　担当跨文化交流使者

国际台海外分台节目丰富了所在国的多元文化内涵，让当地人听到了来自东方文化的声音，这种来自异域的广播节目对于当地人来说，充满了新鲜感和独特魅力，发挥着平等交流的桥梁作用。澳大利亚堪培拉大学人文社科学院劳伦斯博士认为："堪培拉之声电台（国际台堪培拉海外分台）给堪培拉的多元文化事业注入了一种新的动力，它给整个社区提供了一个了解中国时事和文化的平台。听了这个电台的节目后，我很希望能找时间去中国亲眼看一看，了解一下这个伟大的国家。"

### （三）促使国际台转变传播观念　打造品牌实现有效传播

众多海外分台的建立使国际台的对外传播有了实实在在的平台和渠道，而海外节目制作室的建立，使国际台节目制作人员能走进外国社区，观察当地人的生活方式，了解听众需求，与听众面对面地互动交流，形成自身的凝聚力。截至目前，国际台万象调频台等海外分台已开通短信平台，使听众能与电台的主持人进行实时交流互动。主持人也可通过互联网随时查看听众发来的短信，了解听众的需求和心声。

经过 6 年的努力，一些国际台海外分台的落地节目已渐成品牌效应。联合国高官访华时，点名要接受国际台英语广播节目《专家论坛》的专访。老挝国家主席朱马利称赞国际台万象调频台通过丰富的内容、多彩的形式，不断吸引着老挝听众，特别是年轻听众群体，增进了老挝人民对中国的了解，成为老中两国媒体合作的典范。

美国华盛顿新世界电台是第一家把国际台的声音介绍到美国的电台。该台台长潘德顿亲身经历了国际台最近 20 年的变化。他在访问国际台时感叹道，与 20 年前相比，国际台的英语节目发生了巨大变化。从连卫星发送都没有的时代到现在能够实现实时传送播出华盛顿落地节目，从以前纯粹由中文翻译过来的英语节目，到现在更现代、更国际、更多样的节目类型，国际台的英语广播实现了质的飞跃。

## 四、海外分台大幅提升国际台节目生产能力，促使非通用语言广播超常规发展

国际台海外分台建设是从斯瓦希里语、老挝语等非通用语言广播起步的。尽管这些非通用语言广播面临着语言人才短缺、节目制作能力不足等诸多挑战，但经过 6 年的探索和奋斗，随着海外分台的建立，国际台一些非通用语言广播实现了超常规发展。

例如，斯瓦希里语、老挝语、柬埔寨语等非通用语言广播节目已逐步成为肯尼亚内罗毕、老挝首都万象、柬埔寨首都金边的主流媒体，令人刮目相看。联合国苏丹特派团第二战区司令、肯尼亚籍军官昂迪艾克上校曾高度评价国际台在肯尼亚以及东非地区的落地调频节目。他说，国际台调频节目在东非和肯尼亚有着良好的覆盖。这些节目非常及时地报道了有关中非伙伴关系，以及非洲各国的资讯。国际台的斯瓦希里语节目在东非甚至比英语节目更加受欢迎，这说明国际台的工作是卓有成效的。

本次受众调查的数据显示，国际台豪萨语广播和斯瓦希里语广播在尼日利亚和肯尼亚的收听率仅次于 BBC，名列第二，这表明国际台的非洲语言广播在当地受众中受到欢迎，且今后有进一步提升的空间。

## 五、解决三大突出问题  进一步提升传播效果

国际台海外分台受众调查在揭示受众收听习惯、收听目的、审美取向的同时，也暴露出海外分台亟需解决的三大问题，即节目题材选择有待加强，音乐编排有待改进，中方主持人外语主持水平有待提高。调查结果显示，在美国波特兰，63% 的受访者认为海外分台节目在题材选择方面需改进，20% 的人认为音乐编排待改进，14% 的受访者认为主持风格有待改进；在意大利，39.7% 的受访者认为节目的语言水平有待改进，35.9% 的受访者认为节目内容的贴近性有待改进，35.9% 的受访者认为节目内容的趣味性有待提高，37.2% 的受访者认为播音水平有待改进，42.3% 的受访者认为音乐选择有待改进。可见，海外分台要进一步提升国际传播效果，需在题材选择、内容贴近性、趣味性以及音乐编排方面大胆改革、创新，同时，大量雇用本土化的知名主持人势在必行，将取得事半功倍的传播效果。

# 第二节  受众研究促进海外分台科学决策

受众研究在国际台对外传播工作中，始终是一项重要的系统性工程。从

20 世纪 60 年代成立专门的听联部对世界各地的听众来信进行整理、分析，到如今国内外各机构联动，分领域、分层次进行综合的海外受众调研，这一体系随着对外传播事业和新闻传播学术领域的发展而不断改进、壮大。

在大众传播的图谱中，受众与媒体、市场、社会、历史、文化等诸多因素密切交织、相互影响。而且，如本研究绪论中所述，与普通受众相比，国际传播受众还具有跨地域、跨文化、多样不定和认知开放的特点。因此，国际台的受众研究体系既包括对受众构成、参与度、满意度等传统指标的研究，也包含对受众所在国家政治、经济、法律、人文历史环境的研究，特别是对该国传媒产业的研究。国际台的受众调研，一方面贯穿海外分台筹建、日常运行和未来规划的全程，力争为各海外分台的决策提供科学依据；另一方面，通过对全球不同地域数十个国家的数据分析，可以从宏观层面了解国际台海外媒体的发展态势，为进一步优化国际台的海外分台布局、完善对外传播策略提供科学依据。

## 一、评估对象国大环境　灵活选择落地方式

所谓大环境评估，指的是研究受众长期所处的政治、经济、文化及历史环境的特征。这些因素不仅沉淀为对象国的基本价值观，也直接影响着受众对传播内容的选择性接受。国际台目前使用 61 种语言向全球传播，覆盖世界五大洲 200 多个国家和地区，实现全球的有效覆盖和传播。由于各对象国的国情千差万别，国际台在实施海外整频率落地的过程中，首先需要全面评估对象国受众所处的大环境，了解受众对中国的知晓程度、对广播的应用习惯、内容偏好以及该国对外国媒体的相关政策等，从而依据调研结果采用不同的模式，实现海外落地。

### （一）在对象国法律无限制且受众乐于接受中国信息的国家，采取新建电台模式，做当地人的"中国邻居"

在肯尼亚、尼日尔、老挝、柬埔寨等一些长期与中国保持友好合作关系的国家，一方面，普通受众在很大程度上对中国持友好态度，对有关中国的信息有较强的知悉欲望。例如，在对肯尼亚受众的调研中，希望了解中国的受访者比例达到了 91.4%，并且他们对关于中国文化、经济和教育方面的报道最感兴趣。另一方面，受众仍然保持着长时间收听广播的习惯，且政府对于中国电台的进入没有限制。在肯尼亚，偏好收听调频广播的受众高达81.3%；在尼日尔为 46%；在老挝，这一比例也达到了 70%。特别是在收听时长方面，西亚、非洲地区的受众平均每天收听广播的时间约为 2 小时。在老挝，单次收听广播时长在 1 小时至 3 小时之间的受访者占 48%，3 小时以上者占 12%。

针对上述对象国，国际台采取了灵活多样的落地模式。

2006 年 1 月 28 日，国际台在肯尼亚首都内罗毕建设的调频电台竣工试播，2 月 27 日正式开播，每天播出国际台 19 个小时的英语、斯瓦希里语和汉语普通话节目。CRI 内罗毕调频台是国际台在海外开办的第一家调频电台，在我国对外广播史上具有里程碑的意义。2007 年 10 月 1 日，在尼日尔的 CRI 尼亚美调频台开播，每天播出 18 小时的法语、豪萨语、英语和汉语普通话节目。该台是国际台在西非法语区国家开办的第一个整频率电台。2008 年 11 月 19 日，国际台在利比里亚蒙罗维亚等城市建立的 5 个调频台正式开播，每台每天播出 18 个小时的英语和汉语普通话节目。

至今，在国际台已建的 80 个海外分台中，有 33 个属于新开频率，约占 41%。同时，由于受众对中国经济、文化普遍感兴趣，新建电台基本上为"新闻＋专题报道＋音乐节目"的综合性电台。这些电台有着较鲜明的中国特色，仿佛当地人的"中国邻居"，既充分关注当地受众对新闻和娱乐资讯的需求，也全面介绍中国。

**（二）在直接建台受限国家，通过迂回方式做本土化电台**

在对欧美等国家的研究中，我们发现如下特点：一是传媒产业发达，私有化程度高。二是地方色彩突出，从广播、电视到报纸，地方性媒体占绝大多数。如在意大利，全国性电台有 19 家，而地方性电台则超过了 1000 家。三是为保护本国文化而限制外来媒体的内容与比例。如欧洲理事会与欧盟为规范欧洲范围内的广播电视，制定了一系列指导性法规文件，力图构建全欧统一的信息与思想交流平台和统一的广播与电视市场，推广"欧洲意识"，抵制美国影视业的入侵，也严格限制其他外来媒体的内容与比例。在俄罗斯和东欧地区，一些国家甚至在法律上明确规定，禁止社会主义国家或有国家背景的外国媒体落地。四是受众对关于中国的讯息有着较广泛的知悉欲望，但主要通过本国媒体来了解中国。如对意大利米兰受众的调查显示，90% 的受访者表示对中国怀有浓厚的兴趣，82% 的受访者选择通过本地媒体了解中国。

上述特点虽然使国际台无法在这些国家直接建台落地，但也呈现出另一种契机，即这些国家高度市场化的媒体环境对于私人资本的进入没有过多限制。在充分研究对象国媒体市场和法律法规的基础上，国际台创新海外落地的工作模式，以当地电台的身份出现，润物无声地介绍中国，满足受众对中国信息的需求，从而实现境外整频率落地的规模化和可持续发展。

2009 年 5 月 8 日，国际台堪培拉 FM88 调频台正式开播，每天播出 12 个小时英语节目。这是国际台在西方国家开办的第一个英语整频率调频电台。

2010 年，国际台在西方发达国家的整频率落地取得突破性进展。在美国、加拿大、新西兰、澳大利亚等西方发达国家建立了 11 个海外分台。此外，国际台还在墨西哥蒂华纳和匈牙利布达佩斯建立了 2 个海外分台。他们分别是国际台在拉美地区和俄东地区建立的首个整频率电台。在传播内容、形式、方法、手段等方面，巧妙结合当地实际，充分考虑不同国家受众的文化传统、思维方式和审美情趣，进行软包装。在坚持中国视角、中国立场、中国观点，在重大国际问题上发出中国声音的前提下，因地制宜、因人制宜，使受众在潜移默化中了解中国的历史文化、发展成就、时代风貌和价值观念等。

## 二、参考受众调研结果　精准海外分台定位

精准定位是海外分台发展的基础与核心问题。受众调研可以为海外分台提供当前受众和潜在受众的基本信息，如性别、年龄、受教育程度、职业、收入等，以及受众收听广播的习惯、对广播内容的偏好与禁忌、对中国信息的需求、同一市场中主要竞争对手的情况等。上述信息可以有效帮助海外分台进行受众细分、找出自己的核心竞争力，从而精准定位。

以 CRI 万象调频台为例。该台当前的受众具有显著的年轻化特点（20 岁至 35 岁的听众占 66%），受教育程度较高（大学本科及以上者占 75%），主要为大学生和公司职员。该台受众不仅普遍怀有了解中国的意愿，对内容的偏好也相对均衡。在调查中，27% 的受访者表示最喜欢音乐节目，其他则依次为新闻资讯类节目（20%）、汉语教学节目（18%）、中国文化及旅游节目（12%）和生活类节目（11%）。此外，该台受众参与互动活动的热情较高，45% 的受访者希望参加听众见面会，55% 的受访者表示愿意参加有奖竞赛、征文或短信、热线电话等节目互动。

为满足受众对中国信息的不同需求，CRI 万象调频台以"新闻资讯综合台"为基本定位。同时，该台参考调研结果，不断调整频率定位，使其精准化。2006 年开播初期，该频率有老挝语、英语、汉语普通话三种语言的节目，后经研究发现，受众英语水平有限，且长期生活在当地的华侨对汉语普通话的掌握程度不高，于是该频率将 12 个半小时的调频节目全部改版为老挝语。为满足受众参与节目互动的需求，从 2011 年 7 月 1 日起，万象节目制作室承担了 3 小时的本土化节目直播。同年 8 月 2 日，该频率的短信平台开通，大量听众参与到直播互动中，原有 3 小时的直播节目很快就无法满足听众的点播和互动需求。为此，万象节目制作室从 2011 年 10 月 15 日起，将原有的直播节目扩展为 6.5 小时。至此，老挝万象调频台不仅有"新闻资讯综合台"的明确定位，同时还进一步凸显了直播互动的特色。

再以墨尔本 3CW 中波台（AM1341）为例。该台是一家位于澳大利亚墨尔本的华语广播电台，主要面向澳大利亚墨尔本地区的华人社区广播，属于拥有小众广播牌照的商业电台。2010 年 3 月，3CW 电台同中国国际广播电台签署合作协议，每天转播 10 个小时的国际台节目，并以该电台为依托，建立

了国际台的海外节目制作室。受众调查结果显示,3CW 中文电台的听众以 40 岁至 50 岁的中老年为主,其中 40 岁以上的受众占到近一半的比例。形成这一现象的主要原因是由于早期来澳的华人移民英文水平不高,主要从事手工和体力劳动,当时工厂的工人有边劳动边听收音机的习惯。特别是在当地听中文广播,更能缓解思乡之情,排遣寂寞,很多在墨尔本的老华侨都以中文广播为精神支柱,在日常生活中已经离不开中文广播,因此形成了中老年听众集中的现象。此外,该台的听众主要是工人、手工业者、个体经营者、退休人员和家庭妇女。听众受教育水平普遍不高,接受过高等教育的听众不到 10%,高中学历的听众占到三分之二以上。

针对上述特点,墨尔本 3CW 中波台勇于放弃精英路线和时尚电台的定位,立足中老年受众群体,保证节目通俗易懂,专心打造社区居家服务型电台。该台不仅提供基于当地的信息服务,更注重满足华人听众思念家乡、关注祖国、需要母语文化环境的需求。

### 三、依据动态研究结果  不断调整节目内容

在频率定位明晰的前提下,面对"内容为王"的媒体竞争态势,国际台海外分台须随时调整节目内容,以确保对受众的吸引力和传播效果。在这一环节中,受众调查可以通过分析、整理听众反馈、搜集社交网站舆情、问卷调查、小组访谈等多种形式,随时向海外分台传递受众的最新需求。这些动态的研究成果,为推动海外分台节目融入当地主流社会发挥了重要作用。

以 2009 年 5 月在澳大利亚开播的 CRI 堪培拉调频台为例。在了解到当地广播节目内容基本上以本地要闻、体育、娱乐新闻和音乐为主,多为轻松的谈话风格,但缺乏有深度的国际新闻报道和有关中国的资讯类节目后,国际台英语环球广播在设计堪培拉落地节目时,集中精干力量,推出了时政访谈类直播节目《今日》、《专家论坛》、《新闻纵贯线》、新闻杂志类直播节目《脉动中国》和《轻松杂志》等。这些节目以轻松幽默的风格介绍中国的社会新闻、热点话题、文化信息和风土人情,邀请澳大利亚驻华使馆的工作人员和在京的澳大利亚人参与演播室讨论。在堪培拉落地 3 年来,调频台已培养了一批忠实听众。

### 四、根据受众媒体接触习惯  确定多种平台传播策略

"多媒体融合,全媒体发展"不仅是国际台提出的发展思路,也是当今媒体的显著特征。无论是电子媒体,还是平面媒体,都在积极利用新媒体和新技术,不断丰富自身的传播渠道,以期提高传播内容的到达率。据不完全统计,目前比较热门的新媒体不下 30 种,如移动多媒体(手机短信、手机彩信、手机电视、手机电台、手机报纸等)、数字广播电视、IPTV、网络电台、

虚拟社区、简易聚合（RSS）等等，可谓日新月异。因此，海外分台需要通过细致调研，随时掌握受众媒介使用的新动态，在做好调频广播的同时，及时调整多媒体平台传播策略。

以意大利米兰和罗马调频台为例。《中意》双语杂志在意大利的发行不仅有纸质版本，还开发了 iPhone、安卓和 iPad 版本，拓展了杂志的发布平台。同时，调频电台的节目还可以通过网站实时在线收听，实现了广播、互联网、手机终端多渠道的发布平台，大大拓展了听众的收听途径，丰富了收听体验。

值得注意的是，"多媒体融合、全媒体发展"并不意味着每家海外分台都要均力发展所有的传播平台，而是要依据对象国的具体情况，整合最有效的传播渠道，确定优先发展次序。受众调研体系中，关于受众媒体接触行为的调查恰恰为海外分台在传播平台的选择上提供了参考和依据。

以 CRI 内罗毕调频电台为例。由于东非国家互联网基础设施建设相对落后，目前该地区的个人电脑普及率还很低，此次调查中仅有 8% 的受访者选择通过互联网来收听广播，因此发展网络广播的条件尚不成熟。然而，肯尼亚手机的普及率极高。由于手机上网费用十分低廉，大部分人都过手机浏览网页。国际台的竞争对手 BBC 斯瓦希里语网站已推出了手机版和不定期的短视频节目。为此，国际台斯瓦希里语部已计划推出斯瓦希里语网站的手机版，并开发针对安卓和苹果系统的斯瓦希里语音频节目，实现节目在移动终端的收听。

此外，此次受众调研还发现了一个重要趋势，即内罗毕的网络受众已经超过了传统的短波和中波受众。尽管发展阶段相对落后，但目前海底光缆已经铺设到肯尼亚最大的港口城市蒙巴萨。网络广播依然是内罗毕调频电台需要密切关注的传播渠道。

再以匈牙利的 CRI 布达佩斯调频台为例。经调查发现，该台受众目前主要通过车载收音机和互联网来收听广播节目。在此次调查中，63% 的受访者选择车载收音机；36% 的受访者选择网络电台；27% 的受访者选择收音机；只有 19% 的受访者选择移动设备。由此可见，固定收听方式占主流。相对于移动终端，CRI 布达佩斯调频台应优先发展网络广播。根据美国 eMarketer 发布的欧洲 3G 用户数据显示，2012 年波兰、匈牙利等东欧国家的 3G 覆盖率达到 70% 至 80%。因此，移动终端应该是继网络电台之后，CRI 布达佩斯调频台重点发展的新领域。

## 五、分析全球受众调研数据　把握海外媒体总体态势

海外落地是一项点面结合的庞大工程。以单个调频台为基础的调研可以反映"点"的特点，为分台的决策提供科学依据。将针对不同电台、不同国家的调研数据进行横向比较，则可以呈现"面"的态势，为国际台调整区域

传播战略和全球传播战略提供参考。

以英语环球广播为例。作为国际台最大的通用语言部门，目前共有 53 个海外落地项目。从整体布局来看，北美的项目占 27%，亚洲占 27%，非洲占 24%，大洋洲占 18%，欧洲只有 4%，而在拉丁美洲和南美洲还是一片空白。因此，要提升英语环球广播的影响力，还需要进一步研究海外市场，以灵活多样的方式扩大海外落地，包括尝试网络电台、数字电台、手机广播等新型广播形式，让更多的听众能够轻松、便捷、清晰地听到国际台的节目。

此次英语中心选取了美国 CRI 波特兰中波台和 CRI 内罗毕调频台作为调研对象。两家电台，一个来自发达国家，一个来自发展中国家，受众特征迥异。通过对两组数据的综合分析，可以梳理出一些当前英语环球广播体系中的共性问题。例如，在被问到节目还有哪些有待改进的地方时，不论是美国波特兰的听众，还是肯尼亚内罗毕的听众，选择最多的都是题材选择，这说明海外分台的节目内容还缺乏贴近性。同时，很多听众在给英语环球广播的反馈中都提到了希望能够增加对本地新闻的关注，这也是广播贴近性的基本要求。尽管自 2012 年 8 月起，英语环球广播的三个海外节目制作室（美国洛杉矶、加拿大温哥华、新西兰奥克兰）已经正式启动，每天共生产 10 个小时的广播节目，分别在北美和新西兰播出，但远不能满足环球广播网的本土化内容需求。为此，英语环球广播已制定了系统的发展计划：一是要争取在欧洲、非洲分别建立节目制作室；二是要加强对海外节目制作室的管理，向海外节目制作室输出有实力的节目管理和制作人员，生产出既符合本土广播特色，又能提升我对外传播效果的广播节目；三是要强化本土化节目的针对性，让本土生产的节目能够满足本土听众的需求，推出更多的本土化精品；四是实现北京总部与海外节目制作室的良性互动，资源共享，实现节目产量和效益最大化。

## 六、改进海外受众研究方法　为海外分台提供决策依据

《CRI/CIBN 海外分台受众市场研究》项目是国际台首次在全球范围内开展的大规模专项受众调查，不仅具有重要的历史突破性意义和战略意义，也为今后海外分台的受众调研构建了一个可行的机制。同时，由于跨国抽样难度大，样本缺乏控制，无法做到概率抽样，在信度和效度上存在一定问题。总结此次调研的经验与不足，国际台将在今后进一步改进海外受众调研方法，为海外分台提供更科学的决策依据。

### （一）将海外分台调研常态化、制度化

受众调研贯穿海外分台筹建、日常运行和未来规划的全程，不仅为具体的海外分台决策提供依据，而且，通过不同地区数据的横向比较，呈现宏观

发展的态势，为进一步优化国际台的海外分台布局、完善区域和全球传播策略提供参考。然而，无论是传媒市场，还是受众需求都处在快速发展变化中，这就要求相关的受众研究工作必须及时跟进、快速反应，只有这样，才能为决策提供科学的参考。为此，国际台今后将把海外分台受众调研常态化、制度化，并提供相应的人员和经费保证。

### （二）与高校和专业调查机构合作，改进研究方法

由于国际台的海外受众调研工作尚处于起步阶段，在问卷设计、抽样实施、数据分析等环节均存在不足。今后，受众调研将借助外力，通过与我国或对象国家学术研究机构合作，不断改进研究方法，提高受众调研的专业性。同时，鉴于跨国抽样的难度和客观限制，国际台将增加资金投入，与海外专业的调查机构合作，增强调研的信度与效度，进一步提高研究成果的参考价值。

### （三）海外分台及时反馈，前后方联动

随着海外节目制作室建设的快速推进，海外分台直播互动类节目的比例迅速增加，大量的听众短信和网友留言随之产生。这些一线听众的反馈构成了海外分台研究的第一手鲜活资料。今后，国际台海外分台将对这些受众反馈进行初步分类整理，及时反馈给北京总部，以便进行深入分析研究。前后方联动，及时捕捉受众的最新需求。

### （四）加强对海外分台的宏观性研究

当前的海外分台受众调研主要着力于受众的态度、行为等微观层面研究，运用社会心理学的普遍性逻辑进行分析，研究呈现的是直接的、当下的传播效果。然而，海外分台承担的是跨国界、跨文化的复杂传播工程，仅靠这些个体的微观指标，往往会出现代表性不足、容易以偏概全的局限性。因此，在受众微观研究的基础上，国际台将加强对对象国政治、经济、文化以及中外双边关系等宏观层面的研究，关注对外传播的长期效果和发展趋势。

## 第三节　海外分台受众研究的启示

当今世界媒体发展日新月异，国际传媒竞争日趋激烈。近年来，国际台贯彻中央关于增强国际传播能力的战略部署，秉持"中国立场、世界眼光、人类胸怀"的传播理念，深入分析当今国际传播总体格局和发展态势，围绕

打造现代综合新型国际一流传媒的战略目标，着眼于实现"由传统传媒向现代媒体转变、由单一媒体向综合媒体转变、由对外广播向国际传播转变、由本土媒体向跨国媒体转变"，把走出国门、发展海外业务作为主战场，以大力推进海外分台建设为重要抓手。2006 年以来，国际台已建成 80 个海外分台，节目覆盖 38 个国家和地区的 1.85 亿人口，特别是在西方发达国家和人口大国建立了一批海外分台，有效地提升了节目的海外覆盖率，缩小了与 BBC 等世界一流媒体在节目覆盖率上的差距。但受制于起步晚、起点低等因素，要全面提升国际传播能力，还有很多艰巨的工作要做。

本次海外受众调研，对国际台深入了解海外分台媒体市场环境和受众需求，进一步推进海外分台建设，优化海外分台布局，充分利用海内外资源，加强媒体内容和品牌建设，规范和完善海外分台经营和管理具有重要的启示意义。

## 一、顺应国家总体战略需要　积极参与国际传媒竞争

与国家总体发展战略和外交重点相适应，是国际台海外分台建设、发展的立足点。海外分台建设作为国际台全面建设现代综合新型国际传媒集团的重要内容，是增强我国国际话语权和影响力，争取有利的国际舆论环境的迫切需要，是树立我国和平发展的良好国家形象的有效途径之一。海外分台建设是我国媒体走向世界的重要标志，是我国"软实力"建设的重要组成部分。

海外分台建设是打破我国国际传播能力瓶颈，参与国际传媒竞争、与西方强势媒体争夺话语权的重要突破口。经过 6 年时间，海外分台在提升国际传播能力和影响力方面的积极作用已初步显现。本次受众调查数据显示，国际台在非洲落地的豪萨语和斯瓦希里语广播的收听率仅次于英国广播公司，分别达到 64% 和 24.59%。在尼日利亚、尼日尔、阿富汗和阿拉伯地区进行的受众调查显示，73.64% 的受访者希望通过中国媒体获取关于中国的信息。国际台海外落地节目良好的收听率说明海外分台为提升我国媒体在海外受众中的影响力发挥了积极作用。

海外分台建设是让海外受众更好地了解中国的需要，是我国媒体参与国际媒体竞争、提升国际传播影响力和国家软实力的现实选择。海外分台拥有贴近目标受众的天然优势，是提高我国媒体新闻信息产品自采率、首发率、海外转载率和落地率的重要手段，是第一时间报道世界、提升国际传播能力的有效途径。海外分台作为我国对外传播信息的重要出口，是传播我国原则立场、政策主张，回应国际社会关切，消除误解，打破西方媒体垄断格局，争取国际舆论主动权的重要平台。

尽管国际台海外分台建设近年来快速发展，但受制于起步晚、起点低等因素，在数量和分布的广泛性方面还有提升的巨大空间。首先，从数量和分

布的广泛性上看，国际台海外分台与 BBC 等媒体相比差距悬殊。其次，国际台海外分台布局还不够合理，如在南美洲和绝大多数阿拉伯国家还没有建立海外分台；在多数世界人口大国和我国多数周边国家尚没有建立海外分台。在世界人口最多的 20 个国家中，目前仅在美国、印度尼西亚、墨西哥和泰国 4 个国家实现了整频率落地。在我国 14 个陆上和 8 个海上邻国中，目前只在老挝、阿富汗、吉尔吉斯斯坦、蒙古国、尼泊尔、印度尼西亚、韩国 7 个国家建立了海外分台。在已经实现整频率落地的国家，特别是在一些人口大国，国际台目前还只是在个别城市建立了调频台，节目的人口覆盖率依然不高。因此，加大海外分台建设步伐，提高节目覆盖率，仍将是国际台在未来一段时期内的工作重点。

## 二、灵活运用落地模式　合理布局海外分台

自 2006 年以来，国际台运用多种模式登陆欧美国家，扩大了多语种节目在欧美发达国家的有效覆盖，成功地破解了我国节目难以在西方发达国家落地的难题。

根据中央推进国际传播能力建设的战略部署，国际台在"十二五"发展规划中明确提出，把海外分台建设成为当地受众了解中国的主要渠道，实现全球有效覆盖和传播。然而，目前国际台海外分台建设还面临着对象国法律壁垒、市场风险等重重阻碍。因此，在坚持中国立场、维护国家核心利益的前提下，按照"填补空白、进入主流、扩大影响、增强实效"的原则，因地制宜、灵活务实地加快海外分台合理布局，进一步提升国际传播影响力，服务于国家"软实力"建设。

首先要在一些重点国家和地区实现零的突破。如，在南美洲地区，国际台目前尚未建立海外分台；在拥有 3 亿人口、22 个国家的阿拉伯世界，也只是在毛里塔尼亚首都努瓦克肖特开办了一家城市调频台。充分发挥不同落地模式的优势，因地制宜地在重点国家和城市实现海外分台零的突破仍是当务之急。尤其要把首都和经济中心城市作为落地工作重点，以期形成以点带面的效果。比如，在肯尼亚内罗毕的落地，为推进国际台海外分台在肯尼亚其他主要城市和周边国家落地打开了方便之门。

其次，要提高国际台重点语种节目在海外的覆盖。重点语种应包括英语、汉语、法语、阿拉伯语、俄语、西班牙语等全球广泛使用的语言和德语、斯瓦希里语等具有地区影响力的非通用语言，以及波斯语、印尼语、土耳其语等人口大国通用语言。

再次，要加强国际台海外分台在我国周边邻国和地区重要国家的落地，以多种模式积极推进国际台多语种节目在我国陆上和海上邻国落地。同时，利用边境分台，加强国际台节目对周边地区的有效覆盖。

国际台海外媒体事业的发展不仅要面对 BBC 等国际一流传媒的严峻挑战，同时也要面对本土媒体的激烈竞争。本次受众调查结果显示，在许多地区，绝大多数受众仍然通过本土媒体了解中国。如在土耳其，76.3% 的受访者选择本土媒体了解中国相关消息；在意大利，约 82.1% 的受访者选择通过本地媒体了解中国；在美国波特兰，这一比例占到 82.08%。以上调查数据显示，通过与对象国家媒体合作，建设本土化海外分台，对于有效提升我国媒体的国际传播能力是十分明智的选择。

### 三、充分利用海内外资源  打造本土化内容和品牌

海外分台快速发展，对节目内容质量和节目制作能力提出了更高的要求。2011 年以前，国际台海外分台采取"国内生产、海外播出"的节目制作模式，即由国内制作完成绝大多数标准化的落地节目后，通过卫星或网络发往世界各海外分台播出。由于国内节目制作团队难以真正了解不同对象国家受众的需求，不可能为不同海外分台量身定制个性化的节目，体现不同频率的定位，致使受众对国际台海外分台的关注度、忠诚度不够高。这说明传统制作模式已完全不能适应海外分台的需求，必须及时作出相应的调整。目前，国际台已初步形成了国内总部提供素材，海外节目制作室负责节目本土化生产和包装的工作流程。这一以国内总部为核心，以世界各地海外分台为媒体内容经营管理独立单元的跨国媒体产业链条，通过充分利用国内外资源，发挥各自优势，服务于国际传播能力建设。

通过建设海外分台、海外节目制作室和地区总站，国际台将采编和节目制作播出机构前移，强化了海外播出内容的本土化创意、策划和研发。从"大而全"的综合型节目生产思路转向精品化、定向化节目生产思路；从脱离受众转向贴近受众，实现了对舆情和受众需求连续、准确的把握，以便及时调整传播内容和策略，为赢得受众和引导舆论提供可能。本次受众调研获得的数据再次说明了国际台海外分台大力推进节目内容本土化，贴近本土受众需求的重要性。数据显示，目前，在泰国，有 79% 的受访者是通过本地媒体了解中国的；在柬埔寨，这一比例是 59.1%；在美国波特兰，82.08% 的受访者通过本地媒体了解中国；在意大利米兰，通过本地媒体了解中国的受访者约占 82.1%。本土化无疑是国际台海外分台发展的方向。

### （一）加快海外节目制作室建设  提高本土化节目内容制作能力

城市电台要在一个城市生存和发展下去，关键是节目内容要有贴近性，必须符合特定国家和城市的基本特性。不同地区和国家海外分台的节目应具有当地特色，本土化采编制作是避免各分台节目千篇一律的前提。以往海外分台播出的新闻资讯节目由于在北京总部制作完成，并通过卫星或网络方式

传送到海外分台播出，导致对当地新闻资讯报道时效性、互动性、贴近性、服务性明显不足，且形式单一，缺乏娱乐性。海外节目制作室通过雇用当地有影响力的主持人和海外报道员等，可以大幅提升国际台非通用语言广播节目的制作能力，这既有利于根据当地受众的需求和习惯提供喜闻乐见的节目，也有利于规避对象国对外国媒体的壁垒和管制。

国际台从 2010 年开始启动海外节目制作室建设，至 2011 年 12 月底，国际台已有 24 个境外节目制作室建设项目获得国家广电总局的批准，目前已建立了 18 个境外节目制作室。海外节目制作室拥有"天时、地利、人和"的独特优势，可以通过研究对象国电台的节目形态和内容，在熟悉对方节目模式的基础上，结合当地受众的需求和触媒偏好打造特色节目。

首先，要提升中国新闻资讯和专题节目本土化加工和包装的水准。海外节目制作室对北京总部提供的中国新闻资讯节目、专题节目或者娱乐节目素材，在播出前需要进行加工和包装，增强节目内容与本土受众间的关联度，以实现中国立场和观点的本土化表达。其次，加强本土新闻资讯的采编能力，打造高品质新闻资讯节目。本土新闻资讯的采编是贴近本土受众的重要手段，海外分台应积极关注当地经济、社会发展和受众身边发生的重要事件，提供权威、专业的资讯服务。同时，要积极挖掘中国与对象国的双边新闻资讯，争取将海外分台打造成双边资讯的集散平台。再次，加强海外节目制作室直播节目的制作能力，打造本土化直播品牌栏目。本土化直播对话和访谈类节目具有时效性、互动性、针对性强的突出优势，节目应围绕本土受众身边的新闻事件和感兴趣的话题展开，采取"说新闻、聊话题"的方式进行，中外主持人搭档配合，既为热线电话和短信互动提供了空间，也有利于营造轻松、愉快、平等对话交流的氛围。此外，聘用当地资深媒体从业人员，特别是当地有影响力的主持人，将有助于迅速凝聚人气和提升品牌影响力。

### （二）明确海外分台定位　贴近受众打造品牌

在国际台已建的 80 个海外分台中，有 47 个海外分台属于在已有频率上播出。这些原有频率分别属于音乐台、新闻资讯综合电台、宗教台等类型。另有 33 个电台属于新开频率，需要国际台根据当地受众的需求和自身的传播目标对海外分台进行全新的频率定位，明确传播重点，确定栏目设置。目前，国际台海外分台多以新闻资讯综合电台为主，今后需要根据当地受众的需求以及市场环境进一步类型化，精准定位。

无论是新开频率还是在已有频率上建立的分台，国际台海外分台的定位都不应当千篇一律。海外分台的定位要迎合目标受众的需求和接受习惯，填补当地广播市场的内容空白，成为当地独一无二、不可替代的类型电台。只有如此，才有可能为受众认同，进而形成媒体品牌和传播影响力。海外分台应突出地方特色、类型化特色，实现定位贴近市场，节目贴近受众。

品牌是市场环境中具有辨识度，且体现媒体价值的重要标识。鉴于地区差异巨大，海外分台在打造品牌时需要因地制宜。根据不同国家的法律法规、市场环境、双边关系等因素，灵活选择使用"CRI"品牌，或者打造本土化品牌。在那些普遍对华友好且对外国媒体法律限制较少的国家，使用 CRI 品牌呼号不仅不会令当地受众反感，反而容易获得当地受众的信任和亲近感，有利于传播内容为主流人群所接受。如，国际台斯瓦希里语广播在东非国家，豪萨语广播在西非国家尼日利亚和尼日尔均使用了 CRI 品牌呼号，以中国媒体的身份开展传播。对于准入门槛高，且在意识形态和双边关系上与我国较为疏远的国家，则应淡化"中国官方媒体"的形象，打造本土品牌，这样有助于海外分台融入当地社会，达到润物细无声的传播效果。

### （三）多渠道多手段开展互动活动 多媒体联动提升传播效果

受众调查显示，受众参与互动活动的热情普遍很高，特别是在尼日利亚、肯尼亚、阿富汗和阿拉伯地区，乐于参加互动的受众比例达到 96.02%。为此，海外分台应重视开发互动品牌栏目，拓展和升级与受众互动的技术手段。

首先，开发和增设互动品牌栏目，推动名牌栏目由传统的录播形式向直播形式转变。调研数据显示，超过半数参与电台互动的受众的目的是为了表达意见，在肯尼亚和尼日利亚，这一比例达 66.2%。因此，应积极考虑增设新闻资讯和时事访谈直播栏目，并增设互动环节，为受众参与节目，表达意见，提供畅通的渠道。其次，加强互动技术手段和渠道建设，运用社交网站等便捷的新媒体手段加强与受众的互动。再次，当前，多种新媒体手段的出现正在打破传统收听模式，比如，在国际台海外分台西班牙语受众中，通过互联网收听广播者占 30%；在土耳其，这一比例为 26.3%；在伊朗，这一比例为 37.97%。另外，使用手机、MP3 等移动设备收听广播的受众也占到了一定比例，在西班牙为 16%，在加拿大温哥华为 12%。这些数据说明，越来越多的人开始通过网络、手机等新媒体手段来收听节目、参与互动。因此，进一步强化广播与微博、博客、手机等多媒体手段的互通和联动，对于扩大节目的覆盖面具有积极的意义。

面对国际传媒领域新媒体融合、多媒体联动的发展趋势，国际台海外分台在新媒体建设方面仍然相对滞后。如，国际台阿拉伯语等网站目前还存在着无法提供下载、视频速度慢、缺少有效的新媒体推送终端、互动性差等技术问题，而各国受众对多媒体平台的要求却在不断提高。因此，海外分台迫切需要顺应世界传播技术和媒体发展的趋势，在立足传统业务的同时，加快拓展新型业务，实现多媒体融合、全媒体发展。

## 四、契合国际广播发展趋势　发挥调频台主力军作用

近年来，国际台积极推进由传统短波节目为主向网络电台、调频电台节目为主转变，加快多语种环球广播工程建设，发挥城市调频台的主力军作用。这一决策契合了国际广播的发展趋势，同时也符合广大海外分台受众的收听习惯。

调频广播自 20 世纪 90 年代末兴起后，因其立体声音质而获青睐，成为广播的主流，而中波台则以覆盖面积范围广为特点。本次受众调查数据显示，在肯尼亚，偏好收听调频广播的受众达到 81.3%；在尼日利亚，这一比例为 46%；在受访的西班牙语受众中，68% 的人收听本国的调频或中波台，其中 55% 为调频台受众。西亚、非洲地区的受众对调频广播节目有着较大的热情，不仅收听频率高，单次收听时间也较长。如在阿拉伯国家，57.42% 的受访者持续收听广播的时长在 2 小时以上。城市调频和中波广播拥有较高的节目到达率，且听众大多为中青年，是城市经济、社会活动中最活跃的人群。

## 五、强化新闻立台理念　加强中国新闻资讯报道

本次受众调研结果显示，新闻资讯是国际台海外分台受众关注度最高的节目类型。79% 的西班牙语受众经常收听新闻资讯类节目；在西亚、非洲地区（尼日利亚、肯尼亚、伊朗和土耳其），关注新闻类节目的受访者为 53.24%；在美国波特兰英语受众中进行的抽样调查显示，70% 的受访者喜爱收听新闻资讯类节目；在意大利米兰，喜欢时政新闻资讯类节目的受访者约占受访人数的 51.3%。

此外，国际台海外分台受众绝大多数是中青年，其中有不少是教师、经贸人士，是受教育程度较高的社会主流人群。他们具有国际化视野，关注国际动态，有获取新知识的能力和意愿，因此，增强新闻资讯类节目的时效性、信息量，加强对国际热点问题的深度报道和解读，增加时事评论、在新闻资讯报道中展示中国视角，实现新闻资讯节目直播化、加强与受众的互动，都将有助于提升国际台海外分台作为国际媒体的品牌形象。

本次调查结果还显示，世界各国受众对有关中国的信息有着浓厚的兴趣。如在西亚、非洲地区的受访者中，表示希望了解中国的受众比例达到 88.03%；在肯尼亚，91.40% 的受访者希望了解中国；在土耳其，关注中国新闻的受访者比例为 43.1%；在意大利米兰，约 69.2% 的受访者收听国际台海外分台的目的是想了解与中国有关信息。因此，加强有关中国新闻的报道，提供及时、权威的中国新闻资讯，将有助于把国际台海外分台打造成为受众了解中国的第一渠道。

# 附　录

## 撰稿人名单

**绪　论**

第一节　李纳新
第二节　蒋生元
第三节　雷湘平

**第一章**

第一节　李　红
第二节　年永刚
第三节　年永刚
第四节　年永刚

**第二章**

第一节　徐　扬
第二节　徐　扬　汪　华
第三节　徐　扬
第四节　徐　扬

**第三章**

第一节　姜　平
第二节　萨仁图雅
第三节　盛　莉
第四节　姜　平

**第四章**

第一节　刘　立

　　　　第二节　赵晓虹
　　　　第三节　韩　希
　　　　第四节　郭翔青

第五章

　　　　第一节　汪　渝　汪　华
　　　　第二节　周　游
　　　　第三节　汤剑昆
　　　　第四节　韩　梅

第六章

　　　　第一节　楚群力　赵　静
　　　　第二节　田　宇
　　　　第三节　楚群力
　　　　第四节　刘　岩

第七章

　　　　第一节　金　京　冀　媛　许　欣　刘　娜　王　路
　　　　第二节　冀　媛
　　　　第三节　热西提
　　　　第四节　金　京

第八章

　　　　第一节　杨　明
　　　　第二节　陈　强
　　　　第三节　刘　岩　陈家蒂

结　语

　　　　第一节　曲慧斌
　　　　第二节　李纳新　年永刚
　　　　第三节　葛怀宇

策划、统筹

　　　史　利

统　稿

　　　蒋生元　李纳新　曲慧斌　刘　岩
　　　葛怀宇　汪　华　杨　明　魏家富

# 后　记

　　受众是媒体的衣食父母，一个缺乏受众的媒体终将失去话语权。自 2006 年以来，6 年多的时间里国际台已经在全球五大洲开播 80 家海外分台，回望 6 年多的耕耘，遍及世界的海外听众是我们最宝贵的收获，同时，深入了解、研究我们为之服务的这些海外分台受众，也已经成为提升传播实效、促进国际传播事业进一步科学发展的当务之急。

　　于是，2012 年初，在王庚年台长大力支持下，国际台国际传播研究中心将《CRI/CIBN 海外分台受众市场研究》作为重点研究课题立项，全台上下高度重视，由受众市场部牵头组织成立课题组，集中各部门的业务骨干、研究人才，着手对海外分台受众进行全面调研。

　　国际台王明华副台长在开题会上明确指出，这不是一项纯理论研究，要来自于实践服务于实践。国际传播领域的受众研究本身就是一个崭新的课题，对于国际台海外分台的受众进行调研，更是专之又专，几无前人资料可供参考，并且研究对象庞杂纷繁，研究成果不能止于"论道"，而要"践行"、"解渴"，此次调研对于课题组成员来说，可谓机遇与挑战并存。

　　半年多的时间里，课题组成员历经了等候回卷的焦急、研讨会的激情碰撞、挑灯夜战的磨砺、反复修改的煎熬，终于成稿。全书除了采用传统的邮寄问卷调查和面访外，还结合互联网问卷调查方法以及文献分析法、文本分析法、比较分析法等兼有定性与定量多种方法结合，对国际台 80 家海外分台的受众进行了"点面结合"的调研，既论述了国际台海外分台受众的整体状况，又着重剖析了重点海外分台受众的构成、特点及需求，并依据工作实践提出了相应的传播策略。作为第一本全面论述海外分台受众的书籍，本书的价值在于既是对国际台传播实效的梳理，也是为海外分台可持续发展提供动力。

　　课题组团队"不是一个人在战斗"，全台上下各部门都给予了大力的支持和协助，总编室臧具林主任对全书大纲提出了具体的指导意见，各传播中心领导亲自批阅审稿，国际合作交流中心欧洲拉美处谭蕾处长积极提供海外分台第一手资料，并提出许多宝贵意见，海外总站、记者站、节目制作室乃至海外合作媒体纷纷伸出援手，在所在国发放回收调查问卷、查询资料。国际传播理论专家温飚同志不顾身体有恙，大到框架，微至标点，悉心指导修改，提出了建设性的意见和建议。在这成果付梓之际，课题组谨向他们的辛勤劳动表示深深的谢意！

国际台已进入多媒体融合、全媒体发展的新时期，但愿此书在建设现代综合新型传媒集团的进程中，能起到一砖一瓦一沙一石的铺垫作用。由于时间仓促，调研专业水平有限，再加上跨境调研的种种困难，本书必定有不成熟不准确的地方，疏漏在所难免，望方家、读者批评指正。本书出版得到国际台财经办大力支持，谨致谢意！

《CRI/CIBN 海外分台受众市场研究》课题组
2012 年 11 月 1 日于北京

# 图书在版编目（CIP）数据

CRI/CIBN海外分台受众市场研究 / 王庚年主编. —北京：
中国国际广播出版社，2013.1
（国际传播研究丛书）
ISBN 978-7-5078-3586-1

Ⅰ.①C… Ⅱ.①王… Ⅲ.①中国国际广播电台－受众－
研究 Ⅳ.①G229.24

中国版本图书馆CIP数据核字（2012）第301611号

## CRI/CIBN海外分台受众市场研究

| | | |
|---|---|---|
| 主　　编 | 王庚年 | |
| 责任编辑 | 赵　芳　张淑卫 | |
| 版式设计 | 国广设计室 | |
| 责任校对 | 徐秀英 | |
| 出版发行 | 中国国际广播出版社（83139469　83139489[传真]） | |
| 社　　址 | 北京复兴门外大街2号（国家广电总局内） | |
| | 邮编：100866 | |
| 网　　址 | www.chirp.com.cn | |
| 经　　销 | 新华书店 | |
| 印　　刷 | 环球印刷（北京）有限公司 | |
| 开　　本 | 710×1000　1/16 | |
| 字　　数 | 400千字 | |
| 印　　张 | 24.5 | |
| 版　　次 | 2013年1月 北京第一版 | |
| 印　　次 | 2013年1月 第一次印刷 | |
| 书　　号 | ISBN 978-7-5078-3586-1 / G·1404 | |
| 定　　价 | 68.00元 | |